Sue Stuart-Smith
Vom Wachsen und Werden

Sue Stuart-Smith

Vom Wachsen und Werden

Wie wir beim Gärtnern zu uns finden

Aus dem Englischen von
Antoinette Gittinger und Cornelia Stoll

Mit 32 Farb- und Schwarz-Weiß-Abbildungen

PIPER

Mehr über unsere Autorinnen, Autoren und Bücher:
www.piper.de

Inhalte fremder Webseiten, auf die in diesem Buch (etwa durch Links) hingewiesen wird, macht sich der Verlag nicht zu eigen. Eine Haftung dafür übernimmt der Verlag nicht.

MIX
Papier aus verantwortungsvollen Quellen
FSC® C014496
FSC
www.fsc.org

ISBN 978-3-492-07077-5
Die Originalausgabe erschien 2020 unter dem Titel
The Well Gardened Mind bei William Collins,
an imprint of HarperCollins*Publishers*, London

Satz: Fotosatz Amann, Memmingen
Gesetzt aus der Minion Pro
Litho: Lorenz & Zeller, Inning am Ammersee
Druck und Bindung: GGP Media GmbH, Pößneck
Printed in Germany

Für Tom

Alle wirklich klugen Gedanken sind schon tausendmal gedacht worden; um sie zu unseren eigenen zu machen, müssen wir sie aufrichtig überdenken, bis sie sich in unseren persönlichen Erfahrungen niederschlagen.

Johann Wolfgang von Goethe

Inhalt

1 Die Anfänge

Heraus, das Licht der Dinge macht nicht blind:
Lass die Natur dein Lehrer sein![1]
William Wordsworth (1770–1850)

Lange bevor ich den Wunsch verspürte, Psychotherapeutin zu werden, lange bevor ich auch nur ahnte, dass das Gärtnern einmal eine wichtige Rolle in meinem Leben spielen könnte, erinnerte ich mich gelegentlich daran, dass in meiner Familie darüber gesprochen wurde, wie mein Großvater nach dem Ersten Weltkrieg wieder ins Leben zurückfand.

Mein Großvater hieß Alfred Edward May, wurde aber von allen Ted genannt. Er war fast noch ein Kind, als er in die Royal Navy eintrat. Dort ließ er sich zum Marconi-Funker ausbilden und wurde Matrose auf einem U-Boot. In der Schlacht von Gallipoli im Frühjahr 1915 lief sein U-Boot in den Dardanellen auf Grund. Fast die gesamte Mannschaft überlebte, geriet aber in türkische Kriegsgefangenschaft. Die ersten Monate seiner Gefangenschaft hielt Ted in einem winzigen Tagebuch fest. Dann folgte eine Phase der Internierung in mehreren barbarischen Arbeitslagern, die nicht dokumentiert ist. Zuletzt arbeitete er in einer Zementfabrik am Marmarameer, aus der er im Jahr 1918 über das Meer entkommen konnte.

Ted wurde geborgen und auf einem britischen Lazarettschiff versorgt. Kaum war er wieder halbwegs bei Kräften, wagte er die lange Heimreise über den Landweg. Er wollte so schnell wie möglich seine Verlobte Fanny wiedersehen. Er hatte sie als stattlicher junger Mann verlassen, nun stand er in einem abgewetzten, alten Regenmantel und mit einem türkischen Fez auf dem Kopf vor ihrer Tür. Sie erkannte ihn kaum wieder, denn er wog gerade mal 38 Kilo und hatte seine Haare verloren. Er erzählte Fanny, dass die 4000 Meilen lange Reise »ein Horror« gewesen sei. Seine Unterernährung war derart fortgeschritten, dass man ihm nach einer medizinischen Untersuchung im Krankenhaus der Navy nur noch wenige Monate gab.

Fanny pflegte Ted aufopferungsvoll, flößte ihm stündlich wenige Löffel voll Suppe und anderen Speisen ein, bis er langsam wieder in der Lage war, Nahrung zu verdauen. Nach und nach kam Ted wieder zu Kräften, und kurz darauf heirateten sie. In diesem ersten Jahr strich Ted oft stundenlang mit einer weichen Bürste über seinen kahlen Schädel, um seine Haare zum Wachsen zu animieren. Und tatsächlich wuchsen sie wieder, waren aber weiß geworden.

Mit Liebe, Geduld und Entschlossenheit trotzte Ted seiner düsteren Prognose, doch seine Erlebnisse der Kriegsgefangenschaft verließen ihn nicht und quälten ihn nachts. Vor allem Spinnen und Läuse machten ihm Angst, denn sie hatten die Gefangenen heimgesucht, wenn sie schlafen wollten. Noch jahrelang konnte er nicht allein im Dunkeln sein.

Die nächste Phase seiner Genesung begann im Jahr 1920, als er sich zu einem einjährigen Gartenbaulehrgang anmeldete; es war eine der vielen Maßnahmen, die in der Nachkriegszeit zur Wiedereingliederung von kriegsversehrten Veteranen durchgeführt wurden. Nach der Ausbildung reiste Ted nach Kanada, ohne Fanny. Er suchte nach neuen Arbeitsmöglichkeiten, auch in der Hoffnung, durch Landarbeit seine körperlichen und seelischen Kräfte wiederzugewinnen. Die kanadische Regierung hatte damals ein Programm aufgelegt, um ehemalige Weltkriegssoldaten ins Land zu holen. Tausende folgten ihrem Ruf und machten sich auf die lange Reise über den Atlantik.

Ted arbeitete zuerst in Winnipeg bei der Weizenernte und fand dann auf einer Rinderfarm in Alberta eine feste Anstellung als Gärtner. Zwei Jahre blieb er in Kanada, und einen guten Teil der Zeit war auch Fanny bei ihm, aber aus welchen Gründen auch immer kam ihr Traum eines neuen Lebens nicht zustande. Gleichwohl kehrte Ted gekräftigt und gesund nach England zurück.

Nach einigen Jahren erwarben die beiden einen kleinen Bauernhof in Hampshire, wo Ted Schweine, Bienen und Hühner hielt und Blumen, Obst und Gemüse anbaute. Während des Zweiten Weltkriegs arbeitete er als Funker in der Admiralty Wireless Station in London. Meine Mutter erinnert sich noch an seinen mit Fleisch aus eigener Schlachtung und selbst gezogenem Gemüse vollgepackten schweinsledernen Koffer, mit dem er nach London reiste. Und dann kam er mit dem Koffer voll mit Zucker-, Butter- and Teevorräten wieder zurück. Nicht ohne Stolz erzählt sie, dass die Familie während des Kriegs niemals Margarine essen musste und dass Ted sogar seinen eigenen Tabak anbaute.

Ich erinnere mich an seinen Humor und an sein warmherziges Wesen. In meinen Kinderaugen war er ein Mann, der robust und mit sich selbst im Reinen zu sein schien. Ich musste keine Angst vor ihm haben, und er trug seine Kriegstraumata nicht nach außen. Er verbrachte Stunden mit der Arbeit im Garten und in den Gewächshäusern, immer die Pfeife dabei und den Tabaksbeutel in Reichweite. Teds langes und gesundes Leben – er wurde beinahe achtzig Jahre alt – und die Tatsache, dass er sich mit den in der Kriegsgefangenschaft erlittenen Misshandlungen abzufinden vermochte, ist Teil unseres Familienmythos über die regenerierende Wirkung von Gartenarbeit und Ackerbau geworden.

Ted starb ganz unerwartet an einem Aneurysma, als er gerade mit seinem geliebten Shetland Schäferhund spazieren ging. Ich war damals zwölf Jahre alt. Die Überschrift seines Nachrufs in der Lokalzeitung lautete: »Ehemals jüngster

U-Boot-Matrose gestorben.« Dort stand, dass Ted im Ersten Weltkrieg zweimal für tot erklärt worden war und dass er und die anderen Häftlinge, mit denen er aus der Zementfabrik geflohen war, sich 23 Tage lang nur von Wasser ernährt hatten. Der Schlusssatz des Nachrufs bezog sich auf seine Liebe zum Gärtnern: »Er widmete seine Freizeit der Pflege seines großen Gartens und erlangte mit einigen seltenen Orchideenarten lokale Berühmtheit.«

Vielleicht hat sich meine Mutter unbewusst daran ein Beispiel genommen, als mein Vater noch vor seinem fünfzigsten Geburtstag starb und sie als relativ junge Witwe zurückließ. Im zweiten Frühling nach seinem Tod zogen wir in ein anderes Haus, und sie machte sich daran, einen verwahrlosten Bauerngarten herzurichten. Selbst ich in meiner jugendlichen Selbstbezogenheit bemerkte, dass sie sich beim Graben und Jäten mit ihrem Verlust abfand.

In dieser Phase meines Lebens konnte ich mir nicht vorstellen, dass mich Gartenarbeit jemals intensiv beschäftigen würde. Mich interessierte die Welt der Literatur, und ich wollte mir das Leben des Geistes erschließen. Gartenarbeit war für mich eine Art ins Freie verlagerte Hausarbeit, und Unkraut zupfen kam mir genauso wenig in den Sinn wie Kuchen backen oder Vorhänge waschen.

Während meines Studiums war mein Vater immer wieder im Krankenhaus; er starb, als gerade mein letztes Studienjahr begonnen hatte. Die Nachricht erreichte mich in den frühen Morgenstunden per Telefon. Kaum war die Sonne aufgegangen, ging ich durch die stillen Straßen von Cambridge, durchquerte den Park und kam hinab zum Fluss. Es war ein heller, sonniger Oktobertag; die Welt war grün und still. Die Bäume, das Gras und das Wasser hatten etwas Tröstliches. Erst in dieser friedvollen Umgebung war ich fähig, mich der schrecklichen Wahrheit zu stellen, dass mein Vater diesen schönen Tag nicht mehr erleben konnte.

Vielleicht erinnerten mich das Grün und das Wasser an

glücklichere Tage und an die ersten Landschaften, die als Kind Eindruck auf mich gemacht hatten. Mein Vater hatte ein Boot auf der Themse, und als mein Bruder und ich noch klein waren, verbrachten wir viele Ferien und Wochenenden auf dem Wasser. Einmal machten wir eine Expedition bis zur Quelle des Flusses, oder so nah wir ihr eben kamen. Ich erinnere mich noch an die Stille des Morgennebels, an meine Freiheitsgefühle, als wir auf den Sommerwiesen spielten. Angeln gehörte damals zu unseren Lieblingsbeschäftigungen.

Während meiner letzten Semester in Cambridge erschloss sich mir ein neuer, sehr emotionaler Zugang zur Lyrik. Meine Welt hatte sich unwiederbringlich geändert, und ich klammerte mich an Verse, die von der tröstenden Natur und vom Kreislauf des Lebens handelten. Dylan Thomas und T. S. Eliot waren mir eine Stütze, aber hauptsächlich wandte ich mich Wordsworth zu, jenem Dichter, der selbst erfahren hatte:

> Zu betrachten die Natur
> nicht mehr gedankenlos wie in der Jugend,
> vernehmend oftmals nun den ruhigen,
> getragenen Gesang der Menschheit …[2]

Trauer macht einsam, selbst wenn sie gemeinsam erfahren wird. Ein Verlust, der eine Familie erschüttert, weckt das Bedürfnis, sich gegenseitig zu stützen; doch gleichzeitig verstummen die Menschen und erleiden einen seelischen Zusammenbruch. Sie entwickeln den Impuls, sich gegenseitig vor zu heftigen Gefühlen zu bewahren, und es erscheint ihnen einfacher, ihren Gefühlen im Stillen freien Lauf zu lassen. Bäume, Wasser, Steine und Himmel mögen menschlichen Gefühlen gegenüber gleichgültig sein, aber sie weisen uns auch nicht zurück. Die Natur ist von unseren Gefühlen unbeeindruckt, und da sie sich von uns nicht anstecken lässt, erfahren wir in ihr einen die Einsamkeit des Verlusts lindernden Trost.

In den ersten Jahren nach dem Tod meines Vaters fühlte

ich mich zur Natur hingezogen – nicht zu Gärten, sondern zum Meer. Seine Asche war den Wassern des Solent übergeben worden, einer von Booten und Schiffen viel befahrenen Meerenge unweit seines an der Südküste gelegenen Elternhauses. Am meisten Trost fand ich jedoch an den langen, einsamen Stränden im Norden von Norfolk, wo kaum ein Boot in Sicht war. Der Horizont erschien mir so unendlich weit, als befände ich mich am äußersten Rand der bekannten Welt – und ihm so nahe, wie es irgend ging.

Für eine Prüfung an der Universität hatte ich mich mit Freuds psychoanalytischer Theorie beschäftigt. Mein Interesse für die Funktionsweise der menschlichen Psyche war geweckt. Meine angestrebte Promotion in Literatur gab ich auf und entschied mich für ein Studium der Medizin. Dann heiratete ich im dritten Studienjahr Tom, für den das Gärtnern Teil des Lebens war. Er liebte es so sehr, dass ich mich entschied, es ebenfalls zu lieben, wenngleich ich, ehrlich gesagt, immer noch eine Gartenskeptikerin war. Gärtnern war für mich lediglich eine zu erledigende Aufgabe, wenngleich es draußen im Freien – jedenfalls wenn die Sonne schien – schöner war als im Haus.

Nach einigen Jahren zogen wir mit Rose, unserem Baby, auf einen umgebauten Bauernhof unweit von Toms Familie in Serge Hill in Hertfordshire. Im Laufe der folgenden Jahre kamen noch unsere Söhne Ben und Harry hinzu. In dieser Zeit machten Tom und ich uns mit Feuereifer daran, einen von Grund auf neuen Garten anzulegen. The Barn (die Scheune), wie wir unser neues Zuhause nannten, war von Feldern und Wiesen umgeben und, da das Gelände sich an einem Nordhang erstreckte, Wind und Wetter ausgesetzt. Als Erstes bauten wir also einen Windschutz. Wir gruben an mehreren Stellen den steinigen Boden um, pflanzten Bäume und Hecken, hegten Flächen mit Flechtzaun ein und arbeiteten an der Verbesserung des Bodens. Dies alles wäre ohne die enorme Unterstützung und Ermutigung von Toms Eltern und einer Reihe von hilfsbereiten Freunden nicht möglich gewesen. Manchmal feierten wir Steinlesefeste; dann halfen Rose, ihre Großeltern, Tanten und Onkel und füllten Eimer um Eimer mit großen und kleinen Steinen, die weggeschafft werden mussten.

Ich war körperlich wie seelisch entwurzelt und musste erst wieder ein neues Heimatgefühl entwickeln, dennoch war mir damals noch nicht ganz bewusst, dass die Gartenarbeit mir möglicherweise dabei half, Wurzeln zu schlagen. Viel gegenwärtiger war mir die wachsende Bedeutung des Gartens im Leben unserer Kinder. Sie bauten Unterschlüpfe in den Büschen und verbrachten Stunden in selbst erschaffenen Fantasiewelten. Der Garten war ein Reich der Fantasie und zugleich ein realer Ort.

Toms kreative Energie und seine Vision trieben unsere Gartengestaltung voran. Erst als Harry, unser Jüngster, im Krabbelalter war, begann ich selbst etwas anzupflanzen. Ich interessierte mich für Kräuter und vertiefte mich in die einschlägige Literatur. Dieses neue Studiengebiet führte zu einigen Versuchen in der Küche und zu einem »eigenen« kleinen Kräutergarten. Es gab auch ein paar gärtnerische Missgeschicke wie das Ausreißen eines kriechenden Borretschs und eines hartnäckigen Seifenkrauts, aber es war eine Bereicherung, unser Essen mit allen möglichen selbst gezogenen Kräutern zu würzen. Danach war es nur noch ein kleiner Schritt zum Gemüseanbau. Damals reizte es mich am meisten, selbst Lebensmittel anzubauen.

Ich war Mitte dreißig und arbeitete als Assistenzärztin für Psychiatrie im National Health Service. Die Gartenarbeit belohnte meine Mühen mit sichtbaren Erträgen und stellte ein Gegengewicht zu meinem Berufsleben dar, in dem ich mit den weniger greifbaren Eigenschaften der Psyche zu tun hatte. Die Arbeit auf der Station und in der Ambulanz fand vorwiegend in Innenräumen statt, wogegen die Gartenarbeit mich nach draußen brachte.

Ich entdeckte die Freude, mit frei schwebender Aufmerksamkeit durch den Garten zu schlendern und zu registrieren, wie sich die Pflanzen veränderten, wuchsen, kränkelten, Früchte hervorbrachten. Meine Einstellung zu profanen Tätigkeiten wie Unkrautjäten, Hacken und Gießen änderte sich. Ich stellte fest, dass es weniger wichtig war, alles zu erledigen, als sich ganz in die Arbeit zu vertiefen. Gießen beruhigt – solange man nicht in Eile ist –, und eigenartigerweise fühlt man sich nach getaner Arbeit ebenso erfrischt wie die eben gewässerten Pflanzen.

Bis heute begeistert mich beim Gärtnern am meisten, Pflanzen aus Samen zu ziehen. Samen verraten nicht, was einmal aus ihnen werden wird. Ihre Größe ist unabhängig von dem ihnen innewohnenden Leben. Bohnen keimen effektvoll und sind dabei nicht besonders schön, aber man spürt von Anfang an die sich in ihnen entfaltende impulsive Energie. Die Samen vom Ziertabak sind fein wie Staubkörnchen, man sieht sie eigentlich nicht beim Säen. Kaum vorstellbar, dass aus ihnen etwas entstehen könnte – Wolken von duftenden Blüten –, und doch ist es so. Ich spüre, wie das neue Leben eine Bindung schafft, wenn ich mich dabei ertappe, wie ich fast zwanghaft zurückkomme, um nach meinen Samen und Setzlingen zu sehen, wie ich zum Gewächshaus hinausgehe, mit angehaltenem Atem hineintrete, um ja nichts zu unterbrechen und die Stille des gerade entstehenden Lebens nicht zu stören.

Die Jahreszeiten lassen beim Gärtnern grundsätzlich nicht mit sich debattieren – vielleicht verzeihen sie einem einen kleinen Aufschub. Ich säe diese Samen oder pflanze jene Sämlinge erst am nächsten Wochenende aus. Doch an einem gewissen Punkt merkt man, dass eine Verzögerung zur verpassten Chance wird, zu einer ungenutzten Gelegenheit. Hat man jedoch seine Setzlinge in die Erde ausgebracht, wird man von der Energie des Erdenkalenders fortgetragen wie von einem Fluss.

Besonders liebe ich die Gartenarbeit im Frühsommer, wenn die Wachstumsenergie am stärksten ist und es viel zu pflanzen gibt. Habe ich einmal begonnen, will ich nicht mehr aufhören. Ich arbeite bis zum Einbruch der Dunkelheit, wenn ich fast nichts mehr sehe. Dann zieht mich der warme Schein der Lampen wieder ins Haus hinein. Und wenn ich mich am nächsten Morgen aus dem Haus schleiche, sehe ich es: An welchen Beeten ich auch gearbeitet habe, alle haben sich über Nacht gesetzt und eingelebt.

Natürlich muss man beim Gärtnern immer auch Niederlagen einstecken – insbesondere wenn man voller Erwartung den Garten betritt und mit den traurigen Überresten von allerliebsten jungen Salatpflänzchen oder Reihen von unbarmherzig kahl gefressenem Grünkohl konfrontiert wird. Zugegeben, das unbekümmerte Essgebaren der Schnecken und Kaninchen kann hilflose Wutanfälle auslösen, und die Beharrlichkeit und Ausdauer von Unkraut kann sehr, sehr zermürbend sein.

Die aus der Pflege von Pflanzen resultierende Befriedigung hat nicht nur mit dem Erschaffen von Neuem zu tun. Der Gartenarbeit ist auch ein destruktives Element eigen, aber das Gute daran ist, dass es nicht nur erlaubt, sondern sogar notwendig ist, denn wenn es nicht geschieht, wird man überwuchert. Viele Tätigkeiten bei der Gartenpflege sind also auch von Aggressionen durchdrungen – sei es beim Schneiden mit der Heckenschere, beim Rigolen des Gemüsebeets, beim Schneckenmorden, beim Vernichten von Blattläusen, beim Ausreißen von Gänsegras oder beim Ausgraben von Brennnesseln. Man kann sich rückhaltlos und ohne Probleme in diese Arbeiten stürzen, denn sie sind Formen der Destruktivität, die dem Wachstum dienen. Dauert solch eine Phase sehr lang, ist man möglicherweise vollkommen verausgabt, fühlt sich innerlich aber seltsam erneuert – gereinigt und gleichzeitig gestärkt, als hätte man bei diesem Vorgang an sich selbst gearbeitet. Eine Art Garten-Katharsis.

Jedes Jahr, wenn der Winter vorbei ist und die Welt im kalten Märzwind fröstelt, zieht mich das Gewächshaus mit seiner verlockenden Wärme an. Was macht das Betreten eines Gewächshauses so besonders? Liegt es an der Sauerstoffsättigung der Luft, an der Art des Lichts und der Wärme? Oder ist es einfach die Nähe der Pflanzen, ihr Grün und ihr Duft? Als wären alle Sinne in diesem intimen, geschützten Raum geschärft.

An einem verhangenen Tag im vorigen Jahr war ich mit Arbeiten im Gewächshaus beschäftigt – Gießen, Säen, Kompost umsetzen und überhaupt alles herrichten. Dann riss der Himmel auf, die Sonne strömte hinein und versetzte mich in eine Welt aus schillerndem Grün und vom Licht durchschienenen Blättern. Die Tropfen auf den frisch gegossenen Pflanzen fingen aufreizend funkelnd das Licht auf, und einen Augenblick lang wurde ich von einer Empfindung irdischer Güte überwältigt – einem Gefühl, das ich mir bewahrt habe, wie ein Geschenk zur rechten Zeit.

An diesem Tag säte ich im Gewächshaus Sonnenblumen aus. Als ich die Keimlinge ungefähr einen Monat später ins Freie pflanzte, dachte ich, dass es einige nicht schaffen würden. Die größeren sahen vielversprechend aus, andere jedoch wirkten im Freien schmächtig und ungeschützt. Zufrieden beobachtete ich, wie sie größer und allmählich auch kräftiger wurden, auch wenn ich das Gefühl hatte, sie immer noch besonders im Auge behalten zu müssen. Dann nahm ihr Wachstum Fahrt auf, und ich widmete mich anderen, empfindlicheren Setzlingen.

Für mich ist Gärtnern ein sich wiederholendes gegenseitiges Geben. Ich mache etwas, dann verrichtet die Natur ihren Teil, dann reagiere ich darauf und so weiter – fast wie in einem Gespräch. Es ist kein Flüstern, Schreien oder Sprechen, aber das Hin und Her ist ein verlangsamter, ununterbrochener Dialog. Ich gebe zu, dass ich manchmal die Langsame bin und mich etwas zurückhalte. Zum Glück gibt es Pflanzen, die trotz Vernachlässigung überleben. Und wenn man Zeit mit anderen Dingen verbracht hat, ist die Faszination bei der Rückkehr umso größer, als würde man entdecken, was der andere in seiner Abwesenheit ausgeheckt hat.

Eines Tages bemerkte ich, dass die ganze Reihe von Sonnenblumen kräftig gewachsen war und ihre knospenden Blüten hochmütig und selbstbewusst emporreckte – und ich fragte mich: Wann und wie seid ihr so groß geworden? Es verging nicht viel Zeit, und der erste vielversprechende Keimling – immer noch die kräftigste Pflanze von allen – blickte mit seinem strahlend gelben Blütenteller von weit oben auf mich herab. Ich kam mir in seiner Gegenwart sehr klein vor, fühlte mich aber eigenartig bestätigt, hatte ich doch sein Leben auf den Weg gebracht.

Wie sehr hatten die Sonnenblumen sich nach gut einem Monat verändert! Die Bienen hatten sie ausgesaugt; ihre Blütenblätter waren verblasst, und die größte Blume konnte kaum ihren herabhängenden Kopf stützen. Gerade noch so stolz, und jetzt so melancholisch! Ich hätte sie am liebsten alle abgeschnitten, aber ich wusste, dass sie, würde ich ihre desolate Traurigkeit noch eine Weile ertragen, sie in der Sonne bleichen und trocknen und mit dem heranziehenden Herbst eine andere Gestalt annehmen würden.

Die Pflege eines Gartens ist wie ein immerwährendes Kennenlernen. Es setzt voraus, ein Verständnis dafür zu entwickeln und zu verfeinern, was funktioniert und was nicht. Man muss eine Beziehung zu dem Ort in seiner Gesamtheit aufbauen – zu seinem Klima, seinem Boden und den Pflanzen, die in ihm wachsen. Das sind die Realitäten, mit denen man sich auseinandersetzen muss, und auf dem Weg dorthin müssen fast immer bestimmte Träume aufgegeben werden.

Unser Rosengarten, mit dessen Anlage wir begannen, als wir das erste Mal einige Beete aus dem steinigen Feld herausarbeiteten, war solch ein verlorener Traum. Wir hatten die

Beete mit den schönsten alten Rosensorten bepflanzt: Belle de Crécy, Cardinal de Richelieu und Madame Hardy; meine Lieblingsrose aber war die zarte, berauschende und bezaubernde Rose Fantin-Latour mit ihren breiten Blütenblättern, die wie blassrosa Seidenpapier leicht gerüscht sind. Sie ist so weich und samtig, man kuschelt sich in ihre Blüte hinein und versinkt in ihrem Duft. Wir wussten nicht, dass sie nur kurze Zeit bei uns bleiben würden, doch schon bald lehnten sie sich gegen ihre Lebensbedingungen auf. Unser Boden war für Rosen nicht geeignet, und die mangelhafte Belüftung innerhalb unserer Einhegungen tat das ihrige. Jedes Jahr ein neuer Kampf gegen Sternrußtau und Mehltau, von denen sie immer häufiger befallen wurden. Wenn wir sie nicht spritzten, sahen sie traurig und krank aus. Wir zögerten erst, sie herauszureißen, aber gibt es einen Grund, sich beim Gärtnern gegen die Natur zu stellen? Natürlich nicht, also mussten sie fort. Oh, wie habe ich sie vermisst und vermisse sie immer noch! Und obwohl jetzt keine einzige Rose in diesen Beeten mehr wächst und wir längst Stauden dort gepflanzt haben, sprechen wir immer noch von unserem Rosengarten. So bewahren wir die Erinnerung.

Weder Tom noch ich waren Befürworter chemischer Spritzmittel. Vor allem ich fürchtete sie aufgrund der Krankheit meines Vaters. Als ich Kind war, entwickelte er eine Knochenmarkinsuffizienz, die durch ein Umweltgift hervorgerufen worden war. Man fand nie genau heraus, was die Katastrophe ausgelöst hatte, aber als ein möglicher Verursacher wurde ein längst verbotenes, im Gartenschuppen lauerndes Insektengift ausgemacht sowie ein Antibiotikum, das ihm im Sommer des vorausgegangenen Jahres bei einem Italienurlaub verschrieben worden war. Er wäre damals beinahe gestorben, doch die Krankheit konnte eingedämmt werden, und obwohl er nicht geheilt wurde, waren ihm noch weitere vierzehn Lebensjahre vergönnt. Er war ein großer, kräftiger Mann, und manchmal vergaßen wir, dass sein Knochenmark nur halb funktionsfähig war. Doch im Hintergrund war die Krankheit immer präsent, und wenn seine sporadischen Gesundheitskrisen auftraten, blieb uns nichts als die Hoffnung.

In dieser Phase meiner Kindheit gab es einen Garten, der meine Fantasie weit mehr beflügelte als der Garten zu Hause. Oft ging meine Mutter mit meinem Bruder und mir und irgendwelchen Freunden im Schlepptau zur Isabella Plantation, einem Waldgarten im Richmond Park. Kaum waren wir angekommen, rannten wir los und verschwanden im Rhododendrondickicht, um es mit Schaudern zu erforschen und uns darin zu verstecken. So dicht standen die Büsche, dass es durchaus möglich war, sich für kurze Zeit darin zu verirren und die Panik der Trennung zu spüren.

Es gab auch noch ein weiteres, eher verstörendes Element in diesem Garten. Auf einer kleinen Lichtung entdeckten wir einen rot-gelb gestrichenen Wohnwagen aus Holz, über dessen Tür ein Schild hing, in das die Worte eingeschnitzt waren: »Die ihr eintretet, lasst alle Hoffnung fahren!« Wir forderten uns gegenseitig heraus, der Anweisung zu trotzen, aber die Hoffnung aufzugeben war etwas, was ich nicht auf die leichte Schulter nehmen konnte – ganz so, als würde, wenn ich die Tür öffnete, die schreckliche Angst freigesetzt, die ich nicht in die Welt zu entlassen wagte. Am Ende erwies sich, wie bei allem Unbekannten, die Fantasie als weitaus mächtiger als die Realität. Als wir eines Tages doch die Tür öffneten, offenbarte sich uns lediglich ein gelb gestrichener Raum mit einer hölzernen Schlafkoje, und natürlich geschah nichts Schreckliches.

Erfahrungen prägen uns. Aber wir sind uns dessen nicht bewusst, während wir sie machen, denn was auch immer geschehen mag, es ist einfach unser Leben. Wir haben kein anderes, und es ist immer ein Teil dessen, was wir sind. Erst viel später, als ich im Rahmen meiner Ausbildung zur Psychoanalytikerin mit meiner eigenen Analyse begann, wurde mir klar, wie sehr die Welt meiner Kindheit von der Krankheit meines Vaters erschüttert worden war. Ich verstand nun, warum die Anweisung an der Tür des Wohnwagens meine kindliche Vorstellungskraft so geprägt hatte, und auch, warum ich im Alter von sechzehn Jahren den Nachrichten über ein Leck in einer chemischen Fabrik im italienischen Seveso so viel Aufmerksamkeit geschenkt hatte.[3] Eine Explosion hatte toxische Gase freigesetzt. Das ganz Ausmaß der verheerenden Folgen wurde erst nach und nach bekannt. Der Boden war verseucht, und die Gesundheit der Menschen dieser Region war schwerwiegend und langfristig beeinträchtigt. Die Katastrophe bewirkte, dass ich mich zum ersten Mal mit Umweltthemen und Umweltpolitik beschäftigte. Mein Unterbewusstsein hinderte mich, eine Parallele zu dem unbekannten Gift zu ziehen, das meinen Vater so krank gemacht hatte. Nur eins war mir klar: Mein Umweltbewusstsein wurde mit Macht wachgerüttelt.

Die Beschäftigung mit der Vergangenheit und das Wiederaufgreifen solcher Erinnerungen im Laufe meiner Analyse schärften auch meinen Blick für einen weiteren Aspekt – den des Seelenlebens. Ich begriff, dass Trauer nach unten sinken kann und Gefühle andere Gefühle verdecken können. Momente neuer Einsichten durchdringen die Psyche, erschüttern sie und wühlen sie auf. Und obwohl manche willkommen und erfrischend sein mögen, sind andere schwerer zu integrieren und anzupassen. Während dieser ganzen Zeit arbeitete ich auch im Garten.

Der Garten schenkt uns einen physischen Schutzraum, der uns hilft, unser Gespür für geistige Räume zu schärfen. Er schenkt uns Ruhe, sodass wir unsere eigenen Gedanken hören können. Je mehr wir uns in die Arbeit mit den Händen vertiefen, desto mehr Freiheit haben wir innerlich, Gefühle zu sortieren und zu verarbeiten. Heute wende ich mich der Gartenarbeit zu, wenn ich mich beruhigen und mental entspannen möchte. Das Geflecht widerstreitender Gedanken beruhigt und klärt sich mit jedem vollen Eimer. Ideen, die im

Untergrund schlummerten, kommen an die Oberfläche, und Gedanken, die bis dahin kaum ausgebildet waren, verknüpfen sich und nehmen unerwartet Gestalt an – als würde ich neben all der körperlichen Arbeit auch meine Seele beackern.

Heute weiß ich, dass bei der Gestaltung und Pflege eines Gartens existenzielle Prozesse beteiligt sein können. Daher frage ich mich: Welche Auswirkungen hat das Gärtnern auf uns? Wie kann es uns helfen, unseren Platz in der Welt zu finden oder wiederzufinden, wenn wir ihn verloren glauben? Gegenwärtig werden immer mehr Menschen von Depressionen, Ängsten und anderen psychischen Erkrankungen heimgesucht; unsere allgemeine Lebensweise wird zunehmend urban und technologieabhängig, daher ist es vielleicht wichtiger denn je, die vielfältigen Interaktionsprozesse zwischen unserer Psyche und dem Garten zu verstehen.[4]

Bereits in der Antike wurde die regenerative Wirkung des Gartens erkannt. In zahlreichen Ländern auf der ganzen Welt gehört das Gärtnern heute zu den zehn beliebtesten Hobbys. Die Pflege eines Gartens ist im eigentlichen Sinn eine fürsorgliche Tätigkeit, und für viele Menschen gehört seine Bewirtschaftung neben Kindern und Familie zu den wichtigsten Dingen im Leben. Natürlich gibt es auch diejenigen, für die Gartenarbeit eine lästige Pflicht ist und die immer lieber etwas anderes machen würden. Die Kombination von Bewegung im Freien und einer alle Sinne umfassenden Aktivität wird von vielen als beruhigend und zugleich belebend anerkannt. Auch wenn andere Bewegungsformen im Freien und wiederum andere kreative Aktivitäten sich ebenfalls positiv auswirken können, ist die enge Beziehung, die bei der Gartenarbeit zu den Pflanzen und dem Erdreich entsteht, etwas ganz Besonderes. Unsere Beziehung zur Natur wirkt sich auf unterschiedlichen Ebenen aus. Manchmal sind wir ganz davon erfüllt, voll präsent und erfassen ihre Auswirkungen; aber diese Beziehung wirkt auch langsam und unbewusst auf uns ein, und zwar auf eine Weise, die besonders für Menschen hilfreich sein kann, die unter Traumata, Krankheit und Verlust leiden.

William Wordsworth erforschte vielleicht intensiver als jeder andere den Einfluss der Natur auf unsere Gemütsverfassung. Er war hinsichtlich unserer seelischen Befindlichkeit sehr weitsichtig, und aufgrund seiner Fähigkeit, sich auf das Unterbewusstsein einzustimmen, wird er manchmal als ein Vorläufer des psychoanalytischen Denkens angesehen.[5] Instinktiv verstand Wordsworth – und die moderne Neurowissenschaft bestätigt das –, dass unsere Sinneswahrnehmungen nicht passiv aufgezeichnet werden, sondern dass wir Erfahrungen konstruieren, während wir sie erleben.[6] Wie er es ausdrückte, »halb erschaffen« wir die Welt um uns herum und nehmen sie zugleich auch sinnlich wahr. Die Natur belebt den Geist, und umgekehrt belebt der Geist die Natur. Wordsworth glaubte, dass eine so geartete lebendige Beziehung zur Natur eine Kraftquelle darstellt, die die gesunde Entwicklung des Geistes fördern kann. Und er wusste, was es bedeutet, Gärtner zu sein.

Für Wordsworth und seine Schwester Dorothy war die gemeinsame Arbeit im Garten ein wichtiger Akt der Wiedergutmachung.[7] Sie war eine Reaktion auf einen Verlust, denn die Eltern starben, als sie noch Kinder waren, und sie mussten eine lange und schmerzliche Phase der Trennung ertragen. Nachdem sie sich im Dove Cottage im Lake District niedergelassen hatten, wurde der gemeinsam angelegte Garten ein zentrales Element ihres Lebens und ermöglichte es ihnen, wieder ein inneres Heimatgefühl zu entwickeln. Sie zogen Gemüse, Heilkräuter und andere Nutzpflanzen. Den größeren, sich steil hügelaufwärts ziehenden Teil des Grundstücks gestalteten sie jedoch als naturnahen Landschaftsgarten. Dieser kleine »Winkel des Berggartens«, wie Wordsworth ihn bezeichnete, war voll von »Geschenken« – Wildblumen, Farnen und Moosen –, die er und Dorothy auf ihren Wanderungen gesammelt und wie Opfergaben dem heimischen Garten dargebracht hatten.[8]

In diesem Garten arbeitete Wordsworth oft an seinen Gedichten. Er beschreibt das Wesen der Poesie als ein »Gefühl, dessen man sich in Ruhe erinnert«.[9] Und das gilt auch für uns; wir müssen uns in der richtigen Umgebung befinden, um die notwendige Seelenruhe zu erlangen, starke oder aufwühlende Gefühle zu verarbeiten. Der Garten des Dove Cottage mit seiner Geborgenheit und seinen herrlichen Ausblicken vermittelte Wordsworth genau dies. Dort schrieb er viele seiner bedeutendsten Gedichte. Dort gewöhnte er sich an, im Versmaß die Wege abzuschreiten und dabei laut die Verse zu deklamieren – eine Gewohnheit, die er sein Leben lang beibehielt.[10] Der Garten stellte also sowohl einen physischen Rahmen für das Haus als auch einen Rahmen für die Seele dar – einen Rahmen, der umso mehr Bedeutung hatte, als er von seinen und Dorothys eigenen Händen geschaffen worden war.

Wordsworths Liebe zum Gartenbau ist ein weniger bekannter Aspekt seines Lebens, aber er blieb bis ins hohe Alter ein passionierter Gärtner.[11] Er legte mehrere Gärten an, auch einen geschützten Wintergarten für seine Gönnerin Lady Beaumont. Als therapeutisches Refugium gedacht, sollte er ihre Anfälle von Melancholie lindern. Der Sinn eines solchen Gartens war, schrieb er, »der Natur beizustehen und die Erkrankung zu beseitigen«.[12] In Gärten wirken die Heilkräfte der Natur in konzentrierter Dosis auf unsere Gefühle ein; doch auch wenn sie als Refugium bestimmt sind, befinden wir uns, wie Wordsworth schreibt, »inmitten der Realitäten des Lebens«. Sie umfassen sowohl die Schönheiten der Natur als auch den Kreislauf des Lebens und den Wechsel der Jahreszeiten. In anderen Worten: Gärten mögen uns Rast und Ruhe bieten, bringen uns aber auch mit den grundsätzlichen Aspekten des Lebens in Verbindung.

Der geschützte Raum des Gartens ermöglicht unserer inneren und unserer äußeren Welt, unabhängig von den Zwängen des Alltags nebeneinander zu existieren, als würde er uns von der Zeit entbinden. In diesem Sinn verschaffen uns Gärten einen *Zwischenraum,* der ein Begegnungsort unseres von Träumen durchdrungenen Selbst und der realen physischen Welt ist. Der Psychoanalytiker Donald Winnicott bezeichnete dieses Auflösen der Grenzen als einen »Übergangsbereich« von Erfahrungen.[13] Bis zu einem gewissen Grad war Winnicotts Konzeptualisierung von Übergangsprozessen von Wordsworths Auffassung beeinflusst, dass wir der Welt in einer Kombination von Wahrnehmung und Imagination begegnen.

Winnicott war auch Kinderarzt, und seine Theorie bezieht sich auf die Beziehung des Kindes zur Familie und des Babys zur Mutter. Er betonte, dass ein Baby nur aufgrund seiner Beziehung zu einer Betreuungsperson existieren kann. Wenn wir Mutter und Kind von außen betrachten, ist es leicht, sie als zwei getrennte Wesen zu unterscheiden, aber die subjektive Erfahrung jedes Einzelnen ist nicht so eindeutig. Die Beziehung umfasst einen wichtigen Überlappungs- oder Zwischenbereich, in dem die Mutter die Gefühle, die das Baby äußert, wahrnimmt, und das Baby wiederum noch nicht die physischen Grenzen zu seiner Mutter erfassen kann.[14]

So wie es kein Baby ohne einen Betreuer geben kann, so wenig kann es einen Garten ohne einen Gärtner geben. Der Garten ist immer Ausdruck der Seele eines Menschen und das Ergebnis seiner Pflege. Auch bei der Gartenpflege lässt sich nicht scharf voneinander trennen, was »Ich« und »Nicht-Ich« ist. Wie können wir unterscheiden, was die Natur bereitgestellt und was wir selbst beigetragen haben, wenn wir unsere Arbeit betrachten? Dies ist selbst während der Arbeit nicht immer klar. Manchmal, wenn ich ganz in der Gartenarbeit aufgehe, kommt in mir ein Gefühl auf, dass ich ein Teil davon bin und es ein Teil von mir ist. Die Natur wirkt in mir und durch mich.

Der Garten verkörpert einen Übergangsraum, stellt einen *Zwischenbereich* zwischen dem Haus und der umgebenden Landschaft dar. In ihm überschneiden sich die wilde und die kultivierte Natur, und wenn der Gärtner in der Erde wühlt, widerspricht das nicht den Träumen vom Paradies oder den kultivierten Idealen von Raffinesse und Schönheit. Der Garten ist ein Ort, an dem diese Gegensätze zusammenkommen – vielleicht der einzige Ort, an dem sie so ungehindert zusammenkommen können.

Donald Winnicott glaubte, dass das Spiel grundsätzlich befriedigend sei; er betonte jedoch, dass wir uns, um in eine imaginäre Welt einzutreten, sicher und frei von Kontrolle fühlen müssen.[15] Unter Verwendung einer seiner bekannten Paradoxien griff er diese Erfahrung auf und verwies darauf, wie wichtig es für das Kind sei, die Fähigkeit zu entwickeln, im Beisein der Mutter allein zu sein.[16] Bei meiner Gartenarbeit habe ich oft das Gefühl, in ein Spiel vertieft zu sein – als befände ich mich im geschützten Raum des Gartens in einer Gesellschaft, die es mir ermöglicht, allein zu sein und in meine eigene Welt einzutauchen. In der psychologischen Forschung wird zunehmend die Bedeutung der Tagträume und Spiele für die seelische Gesundheit hervorgehoben, und dieser Nutzen besteht auch über die Kindheit hinaus.

Der emotionale und körperliche Einsatz bei der Gartenarbeit durchwirkt mit der Zeit immer mehr unser Identitätsgefühl und kann so auch zu einem schützenden Teil unserer Identität werden, der uns auffängt, wenn es wirklich schwer wird. Doch in dem Maß, wie das traditionelle Muster einer verwurzelten Beziehung zur Scholle verloren gegangen ist, haben wir auch aus den Augen verloren, welche potenziell stabilisierenden Auswirkungen die Bindung an ein Stück Land auf uns haben kann.

Der Psychiater und Psychoanalytiker John Bowlby leistete in den 1960er-Jahren Pionierarbeit auf dem Gebiet der Bindungstheorie, über die heute umfangreich geforscht wird.[17] Für Bowlby war die Bindung der Grundstein der Humanpsychologie. Seine Leidenschaft für die Natur inspirierte die Entwicklung seiner Theorie. Er beschrieb, wie Vögel Jahr für Jahr denselben Ort zum Nestbau aufsuchen, oft in der Nähe ihres Geburtsorts, und dass Tiere nicht aufs Geratewohl umherstreifen, wie oft angenommen wird, sondern ein Heimatrevier rund um ihr Lager oder ihren Bau besetzen.[18] In diesem Sinn schrieb er, dass die Umgebung jedes Menschen einzigartig für ihn sei.

Bindung an einen Ort und Bindung an einen Menschen haben einen gemeinsamen entwicklungsgeschichtlichen Weg, und ihre Einmaligkeit ist für beides von zentraler Bedeutung.[19] Die Ernährung eines Säuglings allein reicht nicht aus, um Bindung herzustellen, denn wir sind biologisch so programmiert, dass die Besonderheit von Gerüchen, Texturen und Geräuschen sowie angenehme Gefühle Bindung herstellen. Auch Orte rufen Gefühle hervor, und Naturschauplätze sind besonders reich an Sinnesfreuden. Wir sind heute immer häufiger von rein funktionalen Orten umgeben, denen es an Charakter und Individualität mangelt, wie zum Beispiel Supermärkten oder Einkaufszentren. Sie versorgen uns mit Lebensmitteln und anderen nützlichen Dingen. Wir entwickeln ihnen gegenüber jedoch keine liebevollen Bindungen; tatsächlich wirken sie oft sogar zutiefst beunruhigend auf uns. Deshalb rückt für uns die Vorstellung eines Ortes immer mehr in den Hintergrund, und die Interaktion mit ihm ist, falls überhaupt vorhanden, nur vorübergehend; jedenfalls stellt sie keine lebendige Beziehung von Dauer dar.

Im Zentrum von Bowlbys Theorie steht die Annahme, dass die Mutter der allerwichtigste Bezugspunkt für das Kind ist. Kinder suchen ihre schützenden Arme, wenn sie Angst haben, müde oder wütend sind. Dieser »sichere Hafen« wird nach Bowlby zur »sicheren Basis« durch wiederholte kurze Erfahrungen von Trennung und Verlust, denen Wiedervereinigung und Erholung folgen. Wenn ein Sicherheitsgefühl besteht, fühlt sich das Kind ermutigt, seine Umgebung zu erforschen; es verliert die Mutter aber als Rückzugsort nie ganz aus den Augen.

Das Spielen im Freien ist heute für Kinder leider in den Hintergrund getreten. Ursprünglich stellten Parkanlagen und Gärten einen wichtigen Rahmen für fantasievolles und erforschendes Spielen dar. Im Gebüsch Unterschlüpfe als »erwachsenenfreie Zone« zu bauen ist eine Möglichkeit, zukünftige Unabhängigkeit zu erproben, und dies ist auch von emotionaler Bedeutung. Untersuchungen zeigen, dass Kinder, wenn sie wütend sind, instinktiv ihre »speziellen« Orte als sicheren Hafen aufsuchen. Dort fühlen sie sich geschützt, während ihre aufgewühlten Gefühle abklingen.[20]

Bindung und Verlust gehören zusammen, sagt Bowlby. Wir sind nicht dafür gerüstet, Bindungen zu trennen; wir sind dafür gerüstet, die Wiedervereinigung anzustreben. Gerade die Stärke unseres Bindungssystems macht es so schmerzhaft und schwer, uns von einem Verlust zu erholen. Wir besitzen zwar eine starke angeborene Fähigkeit, Bindungen einzugehen, aber wir sind biologisch nicht darauf programmiert, mit Bindungen umzugehen, die gebrochen werden, und das bedeutet, dass wir Trauer durch Erfahrung kennenlernen müssen.

Zur Bewältigung von Verlust müssen wir einen sicheren Hafen finden – oder wiederfinden – und den Trost und das Mitleid der anderen spüren. Für Wordsworth, der als Kind einen schmerzlichen Verlust erlitten hatte, waren die sanften Seiten der Natur auf eine tröstende, mitfühlende Art präsent. Darauf spielt die Psychoanalytikerin Melanie Klein in einer ihrer Schriften über das Trauern an, wenn sie schreibt: »Der Dichter erzählt uns, die Natur trauert mit den Trauernden.«[21] Und weiter zeigt sie uns, dass wir ein Gefühl für das Gute in der Welt und in uns selbst wiedererlangen müssen, wenn wir aus dem Stadium der Trauer wiederauftauchen wollen.

Wenn ein sehr nahestehender Mensch stirbt, ist es, als stürbe auch ein Teil von uns. Wir wollen diese Nähe festhalten und unseren emotionalen Schmerz ausschalten. Doch dann kommen wir an den Punkt, an dem wir uns fragen: Wie werden wir wieder lebendig? Wenn wir eine Gartenfläche bearbeiten, Pflanzen aufziehen und pflegen, sind wir ständig mit Verschwinden und Wiederkehr konfrontiert. Der natürliche Kreislauf von Wachstum und Verfall hilft uns, Trauer als Teil des Lebenskreislaufs zu sehen und zu verstehen, dass ein ewiger Winter über uns hereinbräche, wenn wir unfähig wären zu trauern.

Rituale und andere symbolische Handlungen ermöglichen uns, der Erfahrung einen Sinn zu geben. In der profanen, vom Konsumdenken geprägten Welt, in der wir heute leben, haben wir jedoch die Verbindung zu traditionellen Ritualen und Riten verloren, die uns helfen könnten, unseren Lebensweg zu finden. Auch Gärtnern kann eine Art von Ritual sein. Es verwandelt die äußere Realität und schafft Schönheit um uns herum, aber es wirkt durch seine symbolische Bedeutung auch in uns. Der Garten bringt uns mit Metaphern in Kontakt, die die menschliche Psyche seit Jahrtausenden tief greifend geprägt haben – so tief, dass sie in unserem Denken fast verborgen sind.[22]

Beim Gärtnern treffen zwei kreative Energien aufeinander – die Kreativität des Menschen und die Kreativität der Natur. Hier überschneiden sich das Ich und das Nicht-Ich – das, was wir uns vorstellen, und das, was die Umwelt uns an Arbeit überträgt. Wir schlagen also eine Brücke über die Kluft zwischen unseren Träumen und dem Boden unter unseren Füßen und wissen, dass wir die Kräfte von Tod und Verderben zwar nicht aufhalten, ihnen aber zumindest trotzen können.

Irgendwo in den Tiefen meines Gedächtnisses verbarg sich eine Geschichte, die ich wohl als Kind gehört hatte und die beim Schreiben dieses Buchs wiederauftauchte. Es handelt sich um ein klassisches Märchen, in dem es um einen König, seine liebliche Tochter und viele um ihre Hand anhaltende Freier geht. Der König beschließt, die Freier loszuwerden, und stellt ihnen eine unerfüllbare Aufgabe. Er verkündet, dass derjenige seine Tochter zur Frau bekäme, der ihm einen einzigartigen Gegenstand beschaffen würde – etwas Besonderes, völlig Unbekanntes. Nur er dürfe diesen Gegenstand als Erstes erblicken. Die Freier machen sich also auf den Weg, reisen in entlegene Länder, an fremde Orte und suchen den Preis, der ihnen den Erfolg sichern soll. Sie kehren mit ungewöhnlichen, neuartigen Geschenken zurück, auf die sie selbst noch keinen Blick geworfen haben. So sorgfältig verpackt, so außergewöhnlich ihre Fundstücke auch sind – immer hat ein menschliches Auge sie schon gesehen. Irgendjemand hat den schönen Gegenstand entweder hergestellt oder gefunden, wie den Edelstein aus der tiefsten Diamantenmine, das seltenste und kostbarste aller Geschenke.

Der Gärtner des Königs hat einen Sohn, der die Prinzessin heimlich liebt und die Aufgabe auf eine andere, naturgemäße Weise interpretiert. Die Bäume um das Schloss biegen sich unter der Last der vielen Nüsse. Der junge Mann überreicht also dem König eine Nuss und einen Nussknacker. Der König ist irritiert, dass er etwas so Gewöhnliches wie eine Nuss geschenkt bekommt. Doch dann erklärt der Gärtnersohn, dass der König, wenn er die Nuss aufbreche, etwas sehe, was noch keine Menschenseele vor ihm gesehen habe. Der König kommt nicht umhin, sein Versprechen einzulösen, und so ist es, wie in jedem guten Märchen, eine Geschichte vom Aufstieg eines Armen und der Vereinigung von Liebenden. Aber es geht auch darum, wie sich die Wunder der Natur uns offenbaren, wenn wir nicht über sie hinwegsehen. Zudem ist es ein Märchen über die Selbstkompetenz des Menschen, weil die Natur allen zugänglich ist.

Gäbe es keinen Verlust in der Welt, wären wir nicht motiviert, etwas zu erschaffen. Dir Psychoanalytikerin Hanna Segal drückt es folgendermaßen aus: »Wenn die Welt in uns zerstört wird, wenn sie tot und lieblos ist, wenn unsere Lieben vernichtet sind und wir selbst in hilfloser Verzweiflung, müssen wir unsere Welt in allen Teilen neu erschaffen, die Teile sammeln, den toten Fragmenten Leben einhauchen und das Leben neu erschaffen.«[23]

Beim Gärtnern geht es darum, Leben in Gang zu setzen. Samen, toten Fragmenten gleich, helfen uns, die Welt neu zu erschaffen. Es ist genau dieses Neue, das den Garten so unwiderstehlich macht. Er ist ein Ort, wo das Leben endlos erneuert und umgestaltet wird – ein Ort, an dessen Anfängen wir teilhaben und an dessen Gestaltung wir mitwirken können. Sogar der bescheidene Kartoffelacker bietet diese Möglichkeit, denn beim Wenden der aufgehäuften Erde wird ein Kartoffelhaufen ans Licht gebracht, den noch niemand zuvor gesehen hat.

2 Grüne Natur – menschliche Natur

Wer hätt gedacht, mein Herz, verdorrt?
Würd wieder grün? Ganz unter Grund geronnen
War's schon
George Herbert (1593–1633)[1]

Schneeglöckchen sind das erste Zeichen für neues Leben in unserem Garten, wenn der Winter seinen Höhepunkt überschritten hat. Ihre grünen Triebe tasten sich aus der dunklen Erde empor, und ihre einfachen weißen Blüten weisen unmissverständlich auf einen Neuanfang hin.

Jedes Jahr im Februar, bevor die Schneeglöckchen wieder absterben, vereinzeln wir einige von ihnen und pflanzen sie um. Einen Großteil des Jahres sind sie unsichtbar; sie wachsen und vermehren sich im Untergrund. Die Mäuse im Garten ernähren sich von anderen Blumenzwiebeln; sie lassen die Schneeglöckchen in Ruhe, sodass sich diese hemmungslos vermehren. Nicht nur ihre schiere Masse beeindruckt, sondern auch ihr Sinn für Vermächtnis. Die Legionen von Schneeglöckchen, die heute unseren Boden bedecken, stammen von ein paar Eimern voll Zwiebeln, die vor mehr als dreißig Jahren aus dem Garten von Toms Mutter verpflanzt wurden.

In der Pflanzenwelt finden Erneuerung und Regeneration auf natürliche Weise statt, die psychische Instandsetzung bei uns Menschen ist jedoch nicht so selbstverständlich. Obwohl dem Menschen ein natürlicher Drang zu Wachstum und Entwicklung innewohnt, funktioniert er nicht ohne Tücken. Bei

Traumata und Verlusterfahrungen wirken viele unserer automatischen Reaktionen – zum Beispiel Vermeidungsverhalten, Erstarrung, Isolation und das Wiederkäuen negativer Gedanken – der Möglichkeit einer Genesung entgegen.

Bei Depressionen treten sich wiederholende Muster von angstbesetztem und zwanghaftem Denken auf, die einen Teufelskreis in Bewegung setzen. Mit solchen beherrschenden Gedanken versuchen wir den Dingen einen Sinn zu geben. Wenn wir aber schwerwiegende Probleme angehen, sind wir in einer Endlosschleife gefangen, die uns am Weiterkommen hindert. In Depressionen ist noch eine andere Schleife eingebaut: Wenn wir deprimiert sind, nehmen wir die Welt und uns selbst viel negativer wahr und interpretieren sie auch viel negativer. Dies wiederum nährt unsere schlechte Stimmung und verstärkt den Drang, uns zu isolieren. Und wenn wir uns selbst überlassen sind, führt uns die Psyche schnell in eine Abwärtsspirale.

Vor vielen Jahren hatte ich eine Patientin, die, lange bevor ich anfing, über die therapeutischen Auswirkungen der Gartenarbeit nachzudenken, einen Samen in meinen Kopf säte. Kay lebte mit ihren beiden Söhnen in einer Wohnung, zu der ein kleiner Garten gehörte. Sie litt unter wiederkehrenden depressiven Phasen, von denen einige schwerwiegend waren. Ihre Kindheit war von Gewalt und Vernachlässigung geprägt gewesen. Als Erwachsene hatte sie Schwierigkeiten, Beziehungen aufzubauen; ihre Söhne hatte sie weitgehend allein erzogen. Die Teenagerjahre der Jungen verliefen sehr konfliktreich, und als die beiden rasch nacheinander das Haus verließen, verfiel Kay wieder in Depressionen. Zum ersten Mal seit zwanzig Jahren lebte sie wieder allein.

In ihrer Therapie wurde deutlich, dass sie viele negative Gefühle über sich selbst verinnerlicht hatte – Gefühle, die aus der Kindheit herrührten und die es ihr schwer machten, Gutes in ihrem Leben zuzulassen, weil sie tief in ihrem Inneren überzeugt war, Gutes nicht zu verdienen. Wenn etwas

Gutes in ihr Leben trat, bekam sie nach einer gewissen Zeit Verlustängste. Infolgedessen sabotierte sie oft Beziehungen und andere Gelegenheiten, ihr Leben zu verändern, und nahm damit die Enttäuschungen vorweg, von denen sie dachte, dass sie, wie das Leben sie gelehrt hatte, unweigerlich folgen würden. Auf diese Weise kann die Depression zu einem sich selbst verstärkenden Zustand werden. Aus Angst, von Enttäuschungen in noch tiefere Abgründe gestoßen zu werden, erscheint es dann sicherer, nichts wachsen zu lassen und lieber keine Hoffnung zu wecken.

Auf der Rückseite von Kays Wohnung befand sich ein kleiner Garten, der im Laufe der Jahre von ihren Söhnen verwüstet worden war. Nun, da sie nicht mehr zu Hause wohnten, beschloss sie, die Fläche wieder für sich zu nutzen, und in den folgenden Monaten wurde ihr die Gartenarbeit zur Gewohnheit. Eines Tages sagte sie mir: »Das ist die einzige Zeit, in der ich spüre, dass ich gut bin.«[2] Ich fand diese Aussage bemerkenswert, einmal wegen der Entschiedenheit, mit der sie geäußert wurde, aber auch, weil es ihr so schwerfiel, sich selbst zu mögen.

Was meinte Kay also mit diesem Gefühl des Gutseins? Die Arbeit im Garten lenkte die Aufmerksamkeit nach außen und gab ihr einen geschützten Ort; beides war hilfreich für sie. Vor allem aber lieferte die Gartenarbeit eine lebensnahe Bestätigung dafür, dass die Welt nicht so schlecht war, dass auch sie nicht so schlecht war. Kay entdeckte, dass sie Dinge zum Wachsen bringen konnte. Gartenarbeit war zwar kein Heilmittel für ihre schon sehr lange währende Depression, aber sie half ihr, sich zu stabilisieren, und schenkte ihr einen dringend benötigten Impuls, ihr Selbstwertgefühl zu steigern.

Gärtnern findet oft keine besondere Wertschätzung, obwohl es ein kreativer Akt ist. Manchmal wird es als »nettes« Hobby oder als überflüssiger Luxus bagatellisiert. Oder es wird zur niederen Handarbeit degradiert. Der Ursprung dieser gegensätzlichen Betrachtungsweise lässt sich auf die Bibel zurückführen. Der Garten Eden ist fruchtbar und schön, und Adam und Eva leben in einem Zustand der Vollkommenheit, bis sie aus diesem Paradies vertrieben werden und sich auf hartem Boden abrackern müssen. Der Garten steht also einerseits für das Paradies und andererseits für die harte Arbeit als Form der Bestrafung. Gibt es jedoch auch einen Weg dazwischen? Wo finden wir eine Beschreibung der Gartenarbeit als sinnstiftende Tätigkeit?

Die Geschichte des heiligen Maurilius, Bischof von Angers Anfang des 5. Jahrhunderts, trägt zur Beantwortung dieser Frage bei.[3] Eines Tages, während Maurilius die Messe zelebrierte, betrat eine Frau die Kirche und flehte ihn an, sie zu begleiten und ihrem sterbenden Sohn das heilige Sakrament zu spenden. Maurilius erkannte nicht die Dringlichkeit der Situation und fuhr mit der Messe fort. Noch bevor er sie beendet hatte, war der Junge tot. Von Schuldgefühlen und dem Empfinden der eigenen Unwürdigkeit gepeinigt, verließ der Bischof heimlich Angers und bestieg ein Schiff nach England. Auf der Reise fielen ihm die Schlüssel zur Kathedrale ins Meer; Maurilius nahm dies als Zeichen, dass er nicht zurückkehren sollte. In England arbeitete er dann als Gärtner für einen hochstehenden Adligen. Unterdessen schickten die Einwohner von Angers einen Suchtrupp nach ihrem geliebten Bischof aus. Nach sieben Jahren gelangten sie schließlich zu dem Herrenhaus des Adligen und trafen auf Maurilius, der gerade aus dem Garten kam, um seinem Herrn Obst und Gemüse zu bringen. Sie begrüßten ihn herzlich, und Maurilius war erstaunt, als sie ihm die verlorenen Schlüssel übergaben, die sie auf ihrer Reise wiedergefunden hatten.

Als Maurilius erkannte, dass ihm nun vergeben war, nahm er sein Leben als Bischof wieder auf und wurde später heiliggesprochen. Auf Wandgemälden in der Kathedrale von Angers und in einem erhaltenen Fragment eines Wandteppichs ist dargestellt, wie er, von Obstbäumen und Blumen umgeben, den Garten des englischen Adeligen umgräbt und ihm die Früchte seiner Arbeit darbietet.

Ich interpretiere die Geschichte von Maurilius folgendermaßen: Reue und Schuldgefühle, die er nach dem Tod des Jungen empfand, erschütterten sein Identitätsgefühl und lösten eine Art depressiven Zusammenbruch aus. Über geraume Zeit versuchte er sich mit dem zu versöhnen, was er als Versagen in seiner Fürsorgepflicht betrachtete. Mithilfe der Gartenarbeit fand er einen Weg, eine Art Wiedergutmachung für seine Schuld und sein Gefühl der Unwürdigkeit zu leisten. Am Ende erlangte er sein Selbstwertgefühl zurück (was in der Geschichte durch die Rückgabe der Schlüssel versinnbildlicht wird). So konnte er in seine Gemeinde zurückkehren und seine frühere Funktion wieder aufnehmen.

Nach dem Tod von Maurilius interpretierten Religionsgelehrte die sieben Jahre Gartenarbeit jedoch als Beispiel, wie Sünden gesühnt werden können, indem wir »unsere Arbeit im Geiste der Buße verrichten«.[4] Für mich verweist die Geschichte des Maurilius jedoch nicht auf Buße oder Selbstbestrafung. Er floh nicht wie die frühchristlichen Mönche in die Wüste und kultivierte den harten Boden; er ging auch nicht in ein einsames Exil wie die Heiligen Phokas und Fiacrius, die Schutzheiligen der Gärtner. Stattdessen entschied er sich dafür, Blumen und Früchte an einem weltlichen Ort anzubauen. Vielleicht fand er durch die Arbeit im Garten des Adligen eine Beziehung zu seinem Gott, die nicht ein Übermaß an Selbstbestrafung verlangte, sondern ihm auf eine gütigere Weise eine zweite Chance bot – eine Chance, »wiedergutzumachen« und schließlich seine Rolle in der Welt zurückzugewinnen. Mir gefällt der Gedanke, dass es sich um eine frühe Dokumentation einer praktischen Umsetzung des therapeutischen Gartenbaus handelt, und ich sehe darin eine Allegorie des heilenden Potenzials der Gartenarbeit.

Im folgenden Jahrhundert war es der heilige Benedikt mit seinem *Regelkatalog* für das monastische Leben, der die Gartenarbeit offiziell aus dem Reich der Buße entließ und die Heiligkeit der körperlichen Arbeit pries.[5] Benedikts Überlegungen waren revolutionär, als er sie zum ersten Mal vorbrachte – nicht nur innerhalb der Kirche, denn bis dahin wurde die Bodenbearbeitung mit Leibeigenschaft und einem drangsalierten Bauernstand verbunden. Für die Benediktiner war die Gartenarbeit ein Ausgleich, und niemand innerhalb des Klosters war zu hochstehend oder zu gelehrt, um nicht einen Teil des Tages im Garten zu arbeiten. In Benedikts Lehre standen Fürsorge und Ehrfurcht im Mittelpunkt, die Werkzeuge des Gärtners sollten mit dem gleichen Respekt behandelt werden wie die Gefäße des Altars. Es war eine Lebensweise, in der Körper, Geist und Seele im Gleichgewicht gehalten wurden und in der das tugendhafte Leben Ausdruck unserer Vernetzung mit der Natur war.

Nach dem Untergang des Römischen Reiches brachen dunkle Zeiten über Europa herein, eine landwirtschaftliche Neuorientierung war dringend erforderlich. Unter römischer Herrschaft waren große Landgüter, sogenannte Latifundien, entstanden, die mithilfe von Sklaven bewirtschaftet worden waren. Der Boden war bis zur Erschöpfung ausgebeutet worden. Als der Orden des heiligen Benedikt an Größe und Einfluss zunahm, übernahm er einige dieser verlassenen Landgüter, ließ sie zu Klöstern ausbauen und sorgte für die Regeneration des Bodens. Die von den Benediktinern geleistete Aufbauarbeit war sowohl materieller als auch spiritueller Natur. Beides war untrennbar miteinander verbunden, denn der heilige Benedikt glaubte, dass das geistige Leben auf eine Beziehung mit der Erde gegründet werden müsste.

Das typische Kloster besaß Weinberge, Obstgärten und Parzellen für den Anbau von Gemüse, Blumen und Heilkräutern. Es gab auch umfriedete Gärten, die als Ruheräume für die Meditation und zur Erholung von Krankheiten dienten. Der Bericht des heiligen Bernhard über die Hospizgärten der

Abtei von Clairvaux in Frankreich stammt aus dem 11. Jahrhundert und ist eine der frühesten Beschreibungen eines therapeutischen Gartens.[6] »Der Kranke sitzt im grünen Gras«, schrieb er, und »zur Linderung seiner Schmerzen zieht der Duft von allerlei Gras in seine Nasenlöcher ... das liebliche Grün von Kräutern und Bäumen nährt seine Augen ... der Chor der bunten Vögel liebkost seine Ohren ... die Erde atmet vor Fruchtbarkeit, und der Kranke selbst trinkt mit Augen, Ohren und Nasenlöchern die Freuden der Farben, Lieder und Düfte.« Es ist eine beeindruckend sinnliche Beschreibung dessen, wie Kraft aus der Schönheit der Natur geschöpft wird.[7]

Die im 12. Jahrhundert lebende Äbtissin Hildegard von Bingen führte die benediktinische Lehre weiter. Als Komponistin und Theologin sowie als Heilkräuterkundige hoch geachtet, entwickelte sie ihre eigene Philosophie, die auf der Verbindung zwischen dem menschlichen Geist und der Wachstumskraft der Erde basierte – sie bezeichnete sie als Viriditas.[8] Wie die Quelle eines Flusses ist Viriditas die Quelle der Energie, von der letztlich alle anderen Lebensformen abhängen. Das Wort ist eine Verbindung aus dem Lateinischen für Grün und für Wahrheit. Viriditas, die Grünkraft, ist die Quelle von Güte und Gesundheit, im Gegensatz zu Ariditas, der Trockenheit, die Hildegard als ihr lebensfeindliches Gegenteil betrachtete.

Die Grünkraft ist sowohl wörtlich als auch symbolisch zu verstehen. Sie bezieht sich sowohl auf das Erblühen der Natur als auch auf die Lebendigkeit des menschlichen Geistes. Indem Hildegard »Grün« in den Mittelpunkt ihres Denkens stellte, verwies sie darauf, dass der Mensch nur gedeihen kann, wenn die Natur gedeiht. Sie erkannte, dass es eine zwangsläufige Verbindung zwischen der Gesundheit des Planeten und der körperlichen und geistigen Gesundheit des Menschen gibt, weshalb sie zunehmend als Vorreiterin der modernen ökologischen Bewegung angesehen wird.

In einem lichtdurchfluteten und von der Energie des neuen Wachstums durchdrungenen Garten ist der grüne Puls des Lebens am stärksten zu spüren. Ob wir uns die natürliche Wachstumskraft im Sinne von Gott, Mutter Erde, Biologie oder einer Mischung aus diesen Begriffen vorstellen – immer ist eine lebendige Beziehung am Werk. Gärtnern ist eine Schnittstelle, an der die Natur unserem Wunsch nach Wiedergutmachung Leben einhaucht, sei es durch die Umwandlung von Abfall in nährstoffreichen Kompost, die Unterstützung der Bestäubung bei der Vermehrung oder die Verschönerung der Erde. Zur Gartenarbeit gehört das Bemühen, Schädlinge und Unkraut in Schach zu halten, um Nahrung in all ihren verschiedenen Formen hervorzubringen – Grün in allen Abstufungen, Farbe und Schönheit und alle Früchte der Erde.

Die emotionale Bedeutung der Wiedergutmachung wird in der heutigen Welt eher übersehen, aber sie spielt eine wichtige Rolle für unsere psychische Gesundheit.[9] Im Gegensatz zur religiösen Absolution ist die psychoanalytische Sichtweise der Wiedergutmachung nicht schwarz-weiß. Im Gegenteil: Wie ein kontinuierlich arbeitender Gärtner müssen wir verschiedene Formen der emotionalen Wiederherstellung und Instandsetzung im Laufe des Lebens immer wieder überarbeiten. Melanie Klein erkannte dies zum ersten Mal, als sie kleine Kinder beim Spielen beobachtete. Sie war beeindruckt, wie oft in ihren Zeichnungen und imaginären Spielen destruktive Impulse zum Ausdruck gebracht oder erprobt wurden, auf die dann Wiedergutmachungsakte folgten, in denen sie Liebe und Besorgnis ausdrückten, und dass dieser ganze Zyklus intensiv mit Bedeutung aufgeladen war.

Klein veranschaulichte ihr Denken anhand einer Betrachtung von Maurice Ravels Oper *L'enfant et les sortilèges* (Das Kind und der Zauberspuk).[10] Die Handlung, die auf einer Geschichte der Schriftstellerin Colette basiert, beginnt damit, dass ein kleiner Junge von seiner Mutter auf sein Zimmer geschickt wird, weil er sich weigert, seine Hausaufgaben zu machen. In seiner Verbannung bekommt er einen Tobsuchtsanfall; er verwüstet sein Zimmer und fällt über seine Spielsachen und Haustiere her. Doch mit einem Mal erwacht das Zimmer zum Leben, und das Kind fühlt sich bedroht und hat Angst.

Zwei Katzen erscheinen und bringen den Jungen in den Garten, wo ein Baum, an dem er am Tag zuvor die Rinde verletzt hatte, vor Schmerzen stöhnt. Der Junge empfindet Mitleid und legt seine Wange an den Baumstamm, wird aber von einer Libelle zur Rede gestellt, deren Partner er kürzlich gefangen und getötet hat. Es wird ihm langsam bewusst, dass die Insekten und Tiere im Garten einander lieben. Als einige der Tiere, die er zuvor verletzt hatte, anfangen, sich zu rächen, und ihn beißen, bricht ein Kampf aus. Bei der Auseinandersetzung wird ein Eichhörnchen verletzt, und der Junge nimmt instinktiv sein Halstuch ab, um seine verletzte Pfote zu verbinden. Mit diesem Akt der Fürsorge verwandelt sich die Welt um ihn herum. Plötzlich ist der Garten kein feindlicher Ort mehr, die Tiere loben singend seine Güte und helfen ihm zurück ins Haus, um mit seiner Mutter wiedervereint zu werden. Wie Klein schrieb: »Er ist in die humane Welt der Hilfsbereitschaft zurückgekehrt.«

Kinder brauchen eine positive Bestätigung ihrer selbst in der sie umgebenden Welt, und sie müssen an ihre Fähigkeit zu lieben glauben. Erwachsene sind nicht anders. Aber wenn wir in eine Spirale aus Wut und Groll geraten, wie der kleine Junge in Ravels Oper, fällt es uns möglicherweise schwer, unseren Unmut auf sich beruhen zu lassen, besonders wenn Stolz mit im Spiel ist. Was schließlich dazu führt, dass sich diese Gefühle verlagern und eine Rückkehr zu fürsorglicheren Impulsen bewirkt, ist eine Art Rätsel, und es vollzieht sich manchmal über Umwege. Die Umgebung des Gartens machte dem kleinen Jungen die Verletzlichkeit und Verbundenheit des Lebens bewusst und half ihm, Mitgefühl zu entwickeln. Daraufhin konnte er sich wieder mit seiner Mutter verbinden. Die Wiedererlangung von großherzigen und fürsorglichen Gefühlen setzt eine positive Entwicklung in Gang, die anstelle von Wut und Verzweiflung Hoffnung aufkommen lässt. Dieser Aspekt unserer inneren Entwicklung steht im Gegensatz zum Lebenskreislauf in der Natur, bei dem auf Zerstörung und Verfall Wachstum und Erneuerung folgen.

Pflanzen sind viel weniger fordernd und einschüchternd als Menschen, und die Arbeit mit ihnen kann uns helfen, uns wieder mit Leben spendenden Impulsen zu verbinden. Für meine Patientin Kay war Gartenarbeit eine Möglichkeit, einer fürsorglichen Seite Ausdruck zu verleihen, die von der Unberechenbarkeit und Komplexität menschlicher Beziehungen nicht zunichtegemacht wurde. Wenn wir uns in einem Garten aufhalten, nehmen wir Hintergrundgeräusche weniger wahr. Hier können wir den Gedanken und Urteilen anderer Menschen entfliehen und fühlen uns vielleicht freier, uns selbst mit positiven Gefühlen wahrzunehmen. Diese Befreiung vom zwischenmenschlichen Lebensbereich birgt paradoxerweise die Chance, sich wieder mit unserer Menschlichkeit zu verbinden.

Wie bei der Kindererziehung haben wir auch im Garten nie alles unter Kontrolle. Der Gärtner kann nicht viel mehr tun, als gute Wachstumsbedingungen zu schaffen. Alles andere hängt von der Lebenskraft der Pflanzen ab, die in ihrem eigenen Tempo und auf ihre eigene Weise wachsen. Das heißt nicht, dass der Gärtner eine Laisser-faire-Haltung einnehmen darf, denn Pflege erfordert eine besondere Form der Aufmerksamkeit – ein Einfühlungsvermögen, bei dem es darum geht, auf die kleinen Details zu achten. Pflanzen reagieren sehr empfindlich auf ihre Umwelt, und natürlich sind komplexe Variablen im Spiel – Temperatur, Wind, Regen, Sonne und Schädlinge. Viele Pflanzen halten trotzdem durch, aber der Gärtner muss ihnen genug Aufmerksamkeit schenken;

er muss die ersten Anzeichen von schlechter Gesundheit bemerken und herausfinden, was sie brauchen, um zu gedeihen.

Wenn wir den Boden kultivieren, entwickeln wir auch eine fürsorgliche Haltung gegenüber der Welt. Diese Haltung wird gegenwärtig meistens nicht gefördert. Die Kultur des »Ersetzens« statt des »Reparierens«, einhergehend mit fragmentierten sozialen Netzwerken und der Schnelllebigkeit des städtischen Lebens, hat zu einer die Fürsorglichkeit hintanstellenden Werteordnung geführt. Wir sind sogar so weit davon entfernt, die Fürsorge in den Mittelpunkt unseres Lebens zu stellen, dass sie, wie die Umweltschützerin und Sozialaktivistin Naomi Klein bemerkte, zu einer »radikalen Idee« geworden ist.[11]

Es geht dabei nicht nur um Werte – in unserer heutigen Welt wirken viele Faktoren diesen Impulsen entgegen. Unsere Maschinen sind viel zu komplex geworden, als dass die meisten von uns auch nur daran denken könnten, sie zu reparieren, und wir haben uns an das ständige Feedback und die »Likes« gewöhnt, die wir über unsere Smartphones und andere Geräte erhalten. Die langsameren Rhythmen der natürlichen Abläufe – nicht nur der Pflanzen, sondern auch unseres Körpers und unseres Geistes – werden abgewertet. Diese Rhythmen passen nicht zu der »Schnellreparatur«- Mentalität, die inzwischen so viele Bereiche des modernen Lebens beherrscht.

Der auf diese Weise entstehende Druck äußert sich in der Forderung nach Behandlungspaketen und -programmen, die schnelle Ergebnisse versprechen, als ob es möglich wäre, psychische Gesundheit auf Knopfdruck zu erlangen. Ein Problem wird sofort weniger belastend, wenn wir fehlerhaftes Denken oder unangebrachte Gefühle erkennen; es dauert jedoch viele Monate, die neuronalen Bahnen festzuschreiben, die mit dauerhaften Veränderungen einhergehen. In komplexeren Situationen müssen wir nicht nur darauf warten, dass die Dinge wachsen, sondern wir müssen zuerst den Punkt erreichen, an dem wir sie wirklich wachsen lassen wollen, denn die Aussicht auf Veränderung – sosehr wir auch meinen, sie zu wollen – ist fast immer mit Ängsten verbunden.

Das Gehirn wird heutzutage häufig mit einem Computer verglichen. Dies wiederum fördert die Vorstellung, es gäbe schnelle Lösungen. Die physische Struktur des Gehirns steht für die Hardware, Verstand und Psyche für die Software; ebenso wird seine Funktionsweise mit Begriffen wie »Programm«, »Modul« und »Anwendung« beschrieben. Das unentwickelte kindliche Gehirn wird manchmal sogar mit einer Datenbank verglichen, die auf die Eingabe von Daten wartet. Diese Hirn-als-Computer-Metapher ist ein beklagenswerter Irrtum, nicht zuletzt aufgrund der Annahme, dass es möglich sei, unsere Hardware von unserer Software getrennt zu betrachten. Beides ist aber so eng miteinander verbunden, dass es praktisch untrennbar ist. Unsere Erfahrungen, Gedanken und Gefühle formen unentwegt unsere neuronalen Netze und beeinflussen wiederum, wie wir denken und fühlen. Aber die eigentliche Problematik der Hirn-als-Computer-Metapher ist, dass sie den Menschen als etwas Unnatürliches darstellt.

Die Vorstellung, dass wir die Seele oder das Ich wie einen Garten kultivieren können, geht bis in die Antike zurück und wird heute von manchen Wissenschaftlern auch auf das Gehirn übertragen. Natürlich ersetzt diese Vorstellung eine Metapher durch eine andere, aber ohne Metaphern ist differenziertes Denken nicht möglich. Außerdem ist diese Metapher zutreffender. Die Zellen, die unsere neuronalen Netzwerke bilden, wachsen in Form von baumartigen Verzweigungsstrukturen und wurden ursprünglich wegen ihrer optischen Ähnlichkeit mit einem Baum *Dendrites* benannt, was sich vom altgriechischen Wort δένδρον (Baum) herleitet. Diese Ähnlichkeit trägt, wie erst kürzlich entdeckt wurde, dem Umstand Rechnung, dass neuronale Bäume und Pflanzen gemäß der Funktionsweise derselben drei mathematischen Gesetze wachsen.[12] Eine größere Gemeinsamkeit zeigt sich darin, dass eine Gruppe von Zellen wie Gärtner im Gehirn tätig sind und im aktiven Prozess des Beschneidens und Unkrautjätens die Gesundheit unserer neuronalen Netzwerke erhält.

Wenn das menschliche Leben sich zu entwickeln beginnt, besteht das Gehirn aus einem wilden Geflecht von mehr als 500 Milliarden Neuronen. Um sich zu einem reifen Gehirn zu entwickeln, müssen 80 Prozent dieser Zellen weggeräumt werden. Nur so haben die verbleibenden Zellen Platz, Verbindungen herzustellen und komplexe Netzwerke zu etablieren. Dieser Vorgang führt zu dem einzigartigen Muster der Konnektivität, das uns zu dem macht, was wir sind. Die Gehirnentwicklung im Kleinkindalter hängt davon ab, wie es gehegt und gepflegt wird; sie ist abhängig von der Liebe, Fürsorge und Aufmerksamkeit, die ein Baby erhält. Da die Neuronen des Gehirns in Reaktion auf Erfahrungen feuern, werden die Verbindungen zwischen benachbarten Neuronen entweder verstärkt oder geschwächt. Bei diesen als Synapsen bezeichneten Verbindungspunkten handelt es sich um einen winzigen Spalt, den die Neurotransmitter genannten Gehirnchemikalien überbrücken, um sich mit Rezeptoren auf der anderen Seite zu verbinden. Im Laufe der Zeit werden nicht genutzte Synapsen gekappt, damit die regelmäßig genutzten Synapsen sich besser etablieren und Platz zum Wachsen haben.

Die neuronalen Netzwerke in unserem Gehirn werden während des gesamten Lebenszyklus modelliert und überarbeitet. Diese Fähigkeit der neuronalen Verbindungen, sich ständig umzuformen, wird Plastizität genannt, ein Begriff, der vom altgriechischen Wort πλάσσειν abgeleitet ist, was »formen« oder »modellieren« bedeutet, heutzutage aber eine unglückliche Konnotation von etwas Unnatürlichem in sich trägt. Als das Phänomen in den 1950er-Jahren zum ersten Mal identifiziert wurde, ahnte niemand, wie die Formung der

Netzwerke des Gehirns zustande kam. Erst als die Rolle der Mikrogliazellen entschlüsselt wurde, war das Rätsel gelöst. Diese Zellen sind Teil des Immunsystems und machen zehn Prozent der Gehirnzellen aus. Früher dachte man, dass sie passiv seien und nur durch eine Infektion oder Verletzung aktiviert werden würden; heute weiß man jedoch, dass sie nur wenige Tage nach der Zeugung im Embryo auftreten und von Anfang an daran beteiligt sind, wie das Gehirn wächst und sich selbst repariert.

Diese spezialisierten Zellen sind sehr mobil, sie kriechen zwischen unsere neuronalen Netzwerke und jäten und zerstören schwache Verbindungen und beschädigte Zellen.[13] Der größte Teil dieser Aktivität geschieht im Schlaf, wenn das Gehirn schrumpft und den Mikroglia Raum gibt, ihrer Arbeit nachzugehen. Mit ihren fingerartigen Fortsätzen entfernen sie Giftstoffe, reduzieren Entzündungen und beschneiden überflüssige Synapsen und Zellen.[14]

Jüngste Entwicklungen bei den bildgebenden Verfahren haben es ermöglicht, Mikroglia in Aktion zu beobachten, und es scheint, dass jede dieser Zellen für einen bestimmten Teil des neuronalen Territoriums zuständig ist.[15] Wie richtige Gärtner jäten und entfernen sie nicht nur Unkraut, sondern unterstützen die Neuronen und Synapsen des Gehirns auch beim Wachstum. Dieser Prozess, den wir als Neurogenese bezeichnen, wird durch ein Protein ermöglicht, das die Mikroglia und andere Gehirnzellen freisetzen, der vom Gehirn abgeleitete neurotrophe Faktor (Brain-Derived Neurotrophic Factor; BDNF). Die Wirkung auf die neuronalen Zellen ähnelt der eines Düngemittels, was ihm den Ruf als »Miracle-Gro« für das Gehirn eingebracht hat.[16] Niedrige BDNF-Spiegel führen zu abgeschwächten neuronalen Netzwerken und werden zunehmend mit Depressionen in Zusammenhang gebracht.[17] Der BDNF-Spiegel kann durch verschiedene Formen der Stimulation erhöht werden, zum Beispiel durch Bewegung, Spiel und soziale Interaktion.

Kontinuierliches Unkrautjäten, Beschneiden und Befruchten hält das Gehirn auf zellulärer Ebene gesund. Die Aktivität der Mikroglia veranschaulicht eines der grundlegenden Gesetze, die das Leben bestimmen – dass Gesundheit kein passiver Prozess ist. Was sich im mikroskopischen Maßstab abspielt, muss auch in einem größeren Kontext geschehen. Auch die Psyche muss gärtnerisch versorgt werden. Unser Gefühlsleben ist komplex und muss ständig gepflegt und überarbeitet werden. In welcher Weise dies geschieht, ist für jeden von uns unterschiedlich; grundsätzlich müssen wir jedoch, um negativen und selbstzerstörerischen Kräften entgegenzuwirken, eine fürsorgliche und kreative Haltung kultivieren. Vor allem müssen wir erkennen, was uns nährt und aufrechterhält.

Der Mensch ist eine Graslandspezies, die in den Savannen Afrikas ihren Ursprung hat.[18] Im Laufe der Evolution wurden unser Nervensystem und unser Immunsystem dafür gerüstet, optimal auf verschiedene Gegebenheiten der natürlichen Welt zu reagieren. Dazu gehören, wie viel Sonnenlicht wir aufnehmen, welchen Mikroben wir ausgesetzt sind, die Menge der uns umgebenden grünen Vegetation und die Art der Bewegungen, die wir ausführen. Die Bedeutung all dessen wird im weiteren Verlauf dieses Buches klarer werden. Hildegard von Bingens Erkenntnis, dass es einen Zusammenhang gibt zwischen der Art und Weise, wie Pflanzen in der Natur gedeihen und wie wir Menschen gedeihen, hat sich als richtig erwiesen. Wenn wir mit der äußeren Natur arbeiten, arbeiten wir mit der inneren Natur. Aus diesem Grund fühlen sich Menschen draußen in der Natur lebendiger und voller Energie, und deshalb berichten uns Gärtner, dass ihre Arbeit sie beruhigt und erfrischt, denn der Aufenthalt in der Natur weckt die konstruktiven Elemente des menschlichen Wesens.

Im Rahmen meiner Forschung besuchte ich verschiedene gartentherapeutische Gruppen, die mir einen umfassenden Eindruck von den genannten Vorzügen vermittelten. Bei einem dieser Besuche lernte ich Grace kennen, eine Frau, die unter Ängsten litt und seit fast einem Jahr an einem kleinen Gartenbauprojekt teilnimmt. Etwa zehn Jahre zuvor, als sie in ihren Zwanzigern war, hatte sie eine Reihe von unglücklichen und belastenden Erfahrungen gemacht, die im Tod eines engen Freundes gipfelten. In der Folge entwickelte sie eine Depression und bekam Panikattacken. Obwohl die ihr verschriebenen Medikamente zur Stabilisierung einiger Symptome beitrugen, war sie zunehmend eingeschränkt. Aufgrund ihrer Ängste konnte sie nicht mehr selbstständig einkaufen gehen. Sie verbrachte die meiste Zeit im Haus, gefangen in einem Kreislauf aus geringem Selbstwertgefühl und der Empfindung, dass sich nichts ändern würde.

Grace hatte zuvor noch nie in einem Garten gearbeitet, und als ihr Psychiater das Projekt vorschlug, konnte sie sich zuerst kaum vorstellen, dass es ihr helfen würde. Obwohl sie sich nicht sicher war, ob sie daran teilnehmen sollte, war sie, als sie erst einmal dabei war, sofort von der Ruhe des Gartens eingenommen. »Hier gibt es keinen Trubel«, sagte sie. »Ich komme hier einfach zur Ruhe.«

Ihr gefiel, dass niemand ihr vorschrieb, wie viel sie arbeiten sollte. Sie konnte auch einfach nur dasitzen und sich entspannen, wenn ihr danach war. Grace entdeckte jedoch bald, dass sie, wenn sie sich darauf einließ, vom Schwung der Gruppe mitgerissen wurde. Gemeinsame Aufgaben helfen bei der Gruppenbildung, aber auch die natürliche Umgebung spielt eine Rolle, weil Menschen sich leichter verbinden, wenn sie zusammen in der Natur sind. Das heißt, dass der psychische, soziale und physische Nutzen der Gartenarbeit Hand in Hand gehen.

Das Gefühl, dass andere Personen aus der Gruppe, die schon länger dabei waren, sie unterstützten, war für Grace eine besonders wichtige Erfahrung. Ihr gefiel auch, dass die Gartentherapeutin ihr genau zeigte, was sie zu tun hatte. Dies gab ihr Vertrauen. Bei einer solchen Unterweisung geht es zum einen um praktische Fertigkeiten; darüber hinaus aber wird dem Menschen, der so sehr in seinem Leben feststeckt wie Grace, unbewusst eine entscheidende Botschaft vermittelt – dass Veränderung und Erneuerung möglich sind und dass er etwas zum Wachsen bringen kann.

Wenn die Pflanzen nach und nach wachsen – und natürlich werden sie wachsen –, dann heißt »sehen« auch »glauben«. Und das gilt auch für das Essen. Denn wenn man kocht und Obst und Gemüse miteinander teilt, dann schmeckt man die Produkte des Gartens wirklich, und man weiß – man weiß *wirklich* –, dass etwas Gutes geschehen ist. Wie Grace sagte: »Es macht einen gewaltigen Unterschied, ob man die Dinge von Anfang bis Ende sieht und weiß, dass man zu ihrem Wachstum beigetragen hat.« Das gemeinsame Zubereiten von Essen und die gemeinsamen Mahlzeiten waren für sie eine neue Erfahrung, ebenso wie der Geschmack selbst angebauter Produkte. Als sie zum ersten Mal frisch aus dem Garten zubereiteten Mais probierte, war sie überwältigt, wie geschmacksintensiv und saftig er war. Sie erinnerte sich, wie einmal die ganze Gruppe beim Aufräumen nach dem gemeinsamen Verzehr einer Suppe in einem spontanen Freudenausbruch zu singen und zu tanzen begann.

Grace war überrascht, wie sehr sie sich zu den Pflanzen hingezogen fühlte, um die sie sich kümmerte, und wie viel Freude und Befriedigung sie empfand, als dann Blumen blühten und Früchte reiften. Grace hatte bis dahin angenommen, es würde sie zu viel Energie kosten, sich um nicht direkt sie selbst angehende Dinge zu kümmern. Bei der heutigen Fokussierung auf Selbstoptimierung und Selbstinvestition wird Fürsorge möglicherweise als eine ermüdende Tätigkeit angesehen, weil sie Anstrengungen erfordert, die nicht auf uns selbst bezogen sind. Auch wenn sich nicht leugnen lässt, dass stark fordernde Formen der Fürsorge anstrengend sein können, sind fürsorgliche Tätigkeiten mit wichtigen neurochemischen Belohnungen verbunden. Das Gefühl der Ruhe und

Zufriedenheit, das mit dem Hegen und Pflegen einhergeht, hat sowohl für den Geber als auch für den Empfänger Vorteile, und es gibt eindeutige evolutionäre Gründe, warum dies so ist. Die stressmindernde und antidepressive Wirkung dieser positiven Empfindungen wird durch das Bindungshormon Oxytocin und die Freisetzung von Beta-Endorphinen, den natürlichen Opioiden des Gehirns, hervorgerufen. »Es hilft mir so sehr«, sagte Grace, »es ist ein ganz neues Gefühl – wenn ich gärtnere, bin ich in einer anderen Welt.«

Diese »andere Welt« hängt nicht nur mit der Erfahrung von Fürsorge und Pflege zusammen, sondern auch mit der beruhigenden Wirkung, die das Eintauchen in die Natur und die Anregung zu geselligen Aktivitäten wie dem Pflanzen, Ernten und gemeinsamen Verzehr von Nahrung hervorbringen. Ein Projekt wie dieses spiegelt in gewisser Weise das einfache Gemeinschaftsleben auf dem Land wider, das unsere Spezies während des größten Teils ihrer Existenz kennzeichnete. Grace besucht das Gartenbauprojekt einmal in der Woche, und die positiven Empfindungen, die sie dort erfährt, bleiben danach noch einige Tage erhalten. Wenn sie zu Hause unruhig wird, hilft es ihr schon, an den Garten zu denken. »Als hätte ich jetzt einen ruhigen Platz in meinem Kopf«, sagte sie. So kann sie mittlerweile allein in den kleinen Lebensmittelladen an der Ecke gehen, und sie hat begonnen, auch andere Dinge zu tun. Als ich mit ihr sprach, hatte sie sich gerade für ein zweites Jahr im Projekt angemeldet. Es stand für sie außer Frage, wie sehr es ihr geholfen hat. »Ich gebe ihm elf von zehn Punkten«, sagte sie, obwohl ich sie nicht um eine Bewertung gebeten hatte.

Der Gedanke, dass Gärten und Natur zur Gesundung und zur Erholung von psychischen Krankheiten beitragen, kam in Europa erstmals im 18. Jahrhundert auf.[19] Zu dieser Zeit kämpften Reformer wie der britische Kaufmann und Quäker William Tuke gegen die entsetzlichen Bedingungen und brutalen Behandlungen, denen psychisch Kranke üblicherweise ausgesetzt waren. Tuke glaubte an die Heilkraft der Natur und errichtete im Jahr 1796 auf dem Land unweit von York ein psychiatrisches Krankenhaus. Er nannte es *The Retreat.* Dort wurden die Patienten nicht mehr gefesselt, sondern durften sich auf dem Gelände frei bewegen und verschiedenen sinnvollen Tätigkeiten nachgehen, darunter auch Gartenarbeit. *The Retreat* war als »ruhiger Zufluchtsort gedacht, wo die zerbrochene Barke Mittel zur Instandsetzung oder Sicherheit vorfindet«.[20] Der Behandlungsansatz basierte auf Güte, Würde und Respekt. Es folgte eine Ära, in der Heime in Parklandschaften mit Gärten und Gewächshäusern gebaut wurden. Dort konnten die Patienten einen Teil des Tages mit dem Anbau von Blumen und Gemüse verbringen.

Auf der anderen Seite des Atlantiks veröffentlichte im Jahr 1812 der amerikanische Arzt Benjamin Rush, einer der Gründerväter der Vereinigten Staaten von Amerika, ein Handbuch über die Behandlung psychischer Erkrankungen. Darin stellte er fest, dass Patienten, die auf dem Gelände der psychiatrischen Anstalt arbeiteten, weil sie für ihre Behandlung durch Arbeiten wie Ästeschneiden, Feuermachen und Gartenarbeit aufkommen mussten, eher wieder genasen als andere, sozial höher gestellte Personen. Bei diesen war es wahrscheinlicher, dass sie »ihr Leben dahinsiechend zwischen den Mauern des Hospitals verbrachten«.[21]

Bis weit ins 20. Jahrhundert hinein verfügten viele Einrichtungen über große, von Mauern umgebene Gärten, in denen Blumen, Obst und Gemüse von den Patienten angebaut und im Krankenhaus verwendet wurden. In den 1950er-Jahren wurde die Behandlung psychischer Störungen jedoch durch die Einführung neuer und wirksamer Medikamente radikal verändert. Der Schwerpunkt der Versorgung verlagerte sich auf die Medikation, und die Rolle der Umwelt verlor an Bedeutung, mit der Folge, dass die nächste Generation neu errichteter Krankenhäuser kaum noch Grünflächen im Freien aufwies.

Der Kreis beginnt sich zu schließen. Das Ausmaß von Depressionen und Angstzuständen hat zugenommen, die Kosten für Arzneimittel steigen. Dies, zusammen mit einer wachsenden Zahl von Anhaltspunkten für die gesundheitsfördernde Wirkung der Natur, gibt der Gartenarbeit und verschiedenen anderen Formen der Grünpflege neuen Aufschwung. In Großbritannien gibt es seit einiger Zeit die soziale Medikation.[22] Sie ermöglicht Allgemeinmedizinern, ihren Patienten zusätzlich zu Medikamenten zum Beispiel einen Kurs für Gartenarbeit oder Outdooraktivitäten zu verschreiben. Die derzeitige Gesundheitspolitik in England sieht vor, diese Art von sozialintegrativen Maßnahmen noch weiter auszubauen. Der Allgemeinmediziner William Bird, Mitherausgeber des unlängst in Oxford veröffentlichten *Oxford Textbook of Nature and Public Health,* ist ein starker Befürworter der Green Care.[23] Auf der Grundlage vorliegender Erkenntnisse schätzt er, dass jedes Pfund, das der National Health Service (NHS) für die Einrichtung eines Gartenbauprojekts ausgäbe, fünf Pfund bei den allgemeinen Gesundheitskosten einsparen könnte. Wie er es ausdrückt, »leben die Menschen in einem Zustand des Getrenntseins von der Natur und voneinander«.[24]

Die therapeutische Gärtnerei basiert in der Regel auf den Prinzipien des ökologischen Anbaus. Der Schwerpunkt liegt sowohl auf der ökologischen Nachhaltigkeit als auch auf der psychologischen Nachhaltigkeit, das heißt, den Menschen wird das zur Verfügung gestellt, was sie brauchen, um zu wachsen. In einer groß angelegten Studie der britischen Wohltätigkeitsorganisation *Mind* über die Erfahrungen der Menschen mit verschiedenen ökologischen Aktivitäten, einschließlich nachhaltig konzipierter Fitnessstudios und Gartenarbeit, betonten 94 Prozent der Probanden, dass dies ihrer psychischen Gesundheit zugutegekommen sei.[25]

Eine wesentliche Erkenntnis aus der Forschung der letzten Jahrzehnte ist, dass Gartenarbeit die Stimmung und das

Selbstwertgefühl steigert und Depressionen und Ängste lindert.[26] An diesen Studien sind immer Menschen beteiligt gewesen, die sich für die Gartenarbeit entschieden hatten.[27] Das bedeutet, dass sie nicht den höchsten wissenschaftlichen Standards für klinische Studien entsprechen, bei denen die Patienten nach dem Zufallsprinzip einer Behandlung zugeteilt werden. Eine Gruppe dänischer Forscher setzte unlängst jedoch genau dieses um. In ihrer Studie wurden Patienten mit diagnostizierten Belastungsstörungen zwei verschiedenen Gruppen zugeteilt. Eine Gruppe erhielt einen anerkannten zehnwöchigen Kurs in kognitiver Verhaltenstherapie (CBT), während die andere Gruppe an einem zehnwöchigen Gartenbauprogramm teilnahm. Ein paar Stunden pro Woche Gartenarbeit, und das zehn Wochen lang, ist nicht sehr viel, aber selbst in diesem kurzen Zeitraum lieferte die Gartenarbeit ein ähnliches Erfolgsniveau wie das evidenzbasierte CBT-Programm. Die Studie, die im Jahr 2018 im *British Journal of Psychiatry* veröffentlicht wurde, war der erste gartenbauliche Therapieversuch, der in die Zeitschrift aufgenommen wurde, was darauf hindeutet, dass Gartentherapie in der medizinischen Fachwelt an Glaubwürdigkeit gewinnt.[28]

Wissenschaftliche Versuche wie diese können, so wichtig sie auch sind, die positiven Auswirkungen des therapeutischen Gartenbaus nicht in seiner Gänze erfassen. Gartenarbeit ist außergewöhnlich, betrachtet man die emotionalen, physischen, sozialen, beruflichen und spirituellen Aspekte des Lebens, die sie umfasst. Das ist einerseits ihre Stärke, macht es der Forschung aber auch schwer, ihr gerecht zu werden. Darüber hinaus sind wissenschaftliche Studien notwendigerweise zeitlich limitiert, doch für viele Menschen wie Grace ist für gewöhnlich eine längere Therapiedauer erforderlich. Wenn wir nämlich davon profitieren wollen, Dinge wachsen zu sehen, müssen wir den Wachstumszyklus über die Jahreszeiten hinweg erleben.

Bridewell Gardens in Oxfordshire ist eines der am längsten bestehenden und erfolgreichsten gartentherapeutischen Projekte in Großbritannien. Dort können die Menschen bis zu zwei Jahre verweilen. Die Gärtner, die an dem Projekt teilnehmen – sie werden nämlich Gärtner genannt, nicht Patienten –, sind Menschen, die in der Regel schwerwiegende, oft lang andauernde psychische Probleme haben. Sie sind oft sozial ausgegrenzt und durch ihre Krankheit stigmatisiert. In Bridewell Gardens arbeitet das Team jedes Jahr mit etwa 70 oder 80 Personen, von denen die meisten an zwei Tagen pro Woche teilnehmen.

Gartenarbeit ist eine alltägliche Tätigkeit, die nicht mit Krankenhäusern oder Kliniken und schon gar nicht mit Kranksein in Verbindung gebracht wird, und das wirkt an sich schon normalisierend. Mit der natürlichen Wachstumskraft zu arbeiten bedeutet, das Gute zu pflegen. Dafür entwickeln die Gärtner von Bridewell ein Verständnis und erkennen, dass es auch auf ihr eigenes Leben übertragbar ist und dass das Schlechte nicht weitergeführt werden muss. Das Follow-up zeigt, dass rund 60 Prozent der Teilnehmer nach Abschluss dieses Programms irgendeine Form von Arbeit, entweder bezahlt oder ehrenamtlich, aufnehmen oder eine Ausbildung beginnen. Den anderen gelingen zu einem großen Teil verschiedene positive Schritte in ihrem Leben, sie nehmen entweder eine neue Tätigkeit auf oder treten in eine gemeinnützige Gruppe ein. Bedenkt man, an welchem Punkt sie begonnen haben, sind diese Veränderungen beachtlich.

Bridewell liegt in einem großen, von einer Mauer umgebenen Garten am Rand des Cotswolds Landschaftsschutzgebiets. Wie die benediktinischen Klostergärten besteht es aus einer Mischung aus produktiven Arbeitsbereichen einschließlich eines eigenen Weinbergs sowie Räumen, die so gestaltet sind, dass sie Ruhe und Schutz bieten. Es gibt auch eine Schreinerei und eine Schmiede. Das beeindruckende schmiedeeiserne Tor am Eingang wurde vor einigen Jahren dort angefertigt. Es wurde aus alten Gartenspaten und -gabeln konstruiert und ist ein originelles Zeugnis der Wiederverwertung.

Die Mitarbeiter haben beobachtet, dass die Arbeit in der Schmiede gerade den Menschen hilft, die in ihrem früheren Leben möglicherweise Gewalt und Missbrauch erlebt haben. Es ist eine Art von Katharsis, bei der Emotionen und Konflikte bearbeitet werden, die sich nicht ohne Weiteres in Worte fassen lassen. Es ist ein therapeutisch bedeutsamer Effekt, denn eine der wichtigsten Determinanten unserer psychischen Gesundheit besteht darin, wie wir mit unseren negativen Gefühlen und Erfahrungen umgehen. Sigmund Freud bezeichnete diesen Prozess als Sublimierung.[29] Sie kann durch jede Art von transformativer und kreativer Arbeit entstehen. In der physikalischen Chemie ist die Sublimation der unmittelbare Übergang eines Stoffes vom festen in den gasförmigen Aggregatzustand, ohne sich vorher zu verflüssigen. Der Künstler, so Freud, tut etwas Ähnliches, indem er rohe Instinkte und starke Emotionen nutzt und sie in ästhetisch wertvolle Kreationen verwandelt.

Es gibt viele Möglichkeiten, Wut, Trauer und Frustration zu sublimieren oder kreativ zu kanalisieren; eine davon ist die Gartenarbeit.

Nur wenn wir uns der Trauer des Verlustes stellen, können wir uns davon erholen, doch der damit verbundene Schmerz lässt uns manchmal zu anderen Lösungen greifen. Miss Havisham in Charles Dickens' Roman *Große Erwartungen* weigert sich zu trauern und pflegt ihren Groll.[30] Nachdem sie an ihrem Hochzeitstag sitzen gelassen wird, hält sie die Uhren an, sperrt das Tageslicht aus und schließt sich im Haus ein. Satis House wird zu einem Mausoleum der zerbrochenen Träume. Die Brauttorte, aus der ein großer schwarzer, von Spinnen bewohnter Pilz wächst, liegt wie eine verrottende Leiche auf dem Tisch.

Es ist eine Eigenart der menschlichen Natur, dass Menschen in der Lage sind, etwas Gutes in etwas Schlechtes zu verwandeln und sich dann daran ergötzen. Estella, das junge Mädchen, das Miss Havisham adoptiert hat, ist von ihr nicht liebevoll umhegt, sondern, wie der Waisenjunge Pip, der Held des Romans, entdeckt, dazu erzogen worden, »am ganzen männlichen Geschlecht Rache zu üben«. Anstelle von Liebe und Mitgefühl sind Verachtung und Gleichgültigkeit in Estellas beeinflussbares Herz gepflanzt worden.

Zu Satis House gehört »ein verwilderter Garten ... von Unkraut überwuchert«, aber Dickens betont, dass es sich nicht um einen gewöhnlichen Rückfall in die Wildnis handelt. Als Pip durch den trostlosen und »vernachlässigten Garten« wandert, stößt er auf einen verworrenen Haufen von Kohlstrünken und dann auf etwas noch Bizarreres – einige Melonen- und Gurkenbeete, die in ihrem Verfall schwächliche Versuche angestellt zu haben schienen, von selbst gedeihenden Pflanzenwuchs an Stücken alter Stiefel und Hüte zu entwickeln und hie und da einen unkrautartigen Ableger in Form einer verbeulten Bratpfanne hervorzubringen. Die dem Garten innewohnende natürliche Wachstumskraft ist pervertiert worden, und der Verfall findet ohne Erneuerung statt.

Bei seinem letzten Besuch im Satis House erkennt Pip, wie sehr das jahrelange einsiedlerische Grübeln Miss Havisham dazu gebracht hat, aus »ihrer verschmähten Liebe und ihrem verletzten Stolz« eine »beherrschende Manie« zu entwickeln. Er erkennt darüber hinaus, dass »sie mit dem Tageslicht unendlich mehr aus ihrem Leben ausgeschlossen hatte, dass sie sich in ihrer Abgeschiedenheit vor tausend natürlichen und heilsamen Einflüssen verschloss«. Hätte sie doch nur die Gartenschere in die Hand genommen. Ihre ganzen Rachegefühle hätten in die Umgestaltung ihres Gartens fließen können. Stattdessen wird sie von ihrem Leid verzehrt; sie geht in Flammen auf, und Satis House brennt bis auf die Grundmauern nieder.

Am Ende des Romans treffen sich Pip und Estella zufällig an der Stelle, an der einst Satis House stand. Unter den Trümmern entdeckt Pip, dass »einiges von dem Efeu wieder Wurzeln geschlagen hatte und über niedrigen, stillen Schutthügeln wieder grünte«. Mit diesem kleinen Zeichen der Erneuerung der Natur spüren wir, dass das Leben von Pip und Estella vielleicht doch nicht ganz in Trümmern liegt.

3 Samen und Selbstvertrauen

Es wachsen viele Dinge im Garten, die dort nie gesät wurden.
Thomas Fuller (1654–1734)[1]

Wenn es darum geht, etwas wachsen zu lassen, sind die Belohnungen, die sich aus kleinen Eingriffen ergeben, manchmal unverhältnismäßig groß. Ich identifiziere mich auf eine geradezu absurde Weise mit unserem Spargelbeet, weil es als ein sehr kleines Samenpäckchen in meiner Hand seinen Anfang nahm. Aus dem gleichen Grund bin ich aufgeregt, wenn im Frühjahr meine Aurikeln aufblühen. Ihr zerfließender Farbverlauf und ihr zuckriger Blütenstaub sind schlicht und einfach köstlich. Sie vermitteln immer ein Gefühl der Freude, das noch verstärkt wird, weil ich weiß, dass ich zu ihrem Werden beigetragen habe. Es ist wie ein Zauber, der in einem braunen Umschlag von der Chelsea Flower Show zu mir nach Hause gefunden hat.

Spargel und Aurikeln erfordern in der Tat Geduld und Ausdauer. Säen wir aber eine Handvoll Kürbiskerne, werden diese Samen im Herbst wahrscheinlich mehr Ertrag bringen, als wir überhaupt essen können. Nirgendwo in unserem Garten ist das Wunderwerk der Natur augenfälliger als bei der Kürbisschwemme, die unser Komposthaufen jedes Jahr hervorbringt, und das alles aus ein paar Samen und einem Haufen Biomüll.

Gartenarbeit ist leichter zugänglich als andere kreative Tätigkeiten wie beispielsweise Malen oder Musik, denn die halbe Arbeit ist schon getan, bevor man überhaupt angefangen hat. Das Saatgut trägt sein ganzes Potenzial in sich – der Gärtner hilft nur, es freizusetzen. Die Bedeutung dieser Tatsache aus dem Blickwinkel der Psychologie wurde mir bewusst, als ich ein Gartenbauprojekt in einem Gefängnis besuchte und Samuel interviewte. Er hatte in den vergangenen dreißig Jahren die meiste Zeit im Gefängnis gesessen – hauptsächlich wegen Drogendelikten. Mit seinen dünnen, grauen Haaren und den stark zerknitterten Wangen sah er vom Leben gezeichnet aus, und als er von seiner Familie sprach, sah ich, wie sehr ihn das Gefühl von Scham und Versagen lähmte. Samuel wusste, dass er seine Angehörigen immer wieder im Stich gelassen hatte, und er spürte, dass sie nicht mehr daran glaubten, dass er es schaffen würde, den Drogen zu entsagen und sein Leben umzukrempeln.

Die Zeit in diesem Gefängnis war anders verlaufen als seine früheren Aufenthalte. Auf dem Gefängnisgelände gab es ein Gartenbauprojekt, und da Samuel noch nie zuvor in einem Garten gearbeitet hatte, beschloss er etwas Neues auszuprobieren. Er erzählte mir von einem Telefongespräch mit seiner achtzigjährigen Mutter, das ein paar Tage zuvor stattgefunden hatte, kurz nach der Ernte eines Kürbisses, den er selbst angebaut hatte. Zum ersten Mal seit Jahrzehnten konnte er ihr etwas Positives mitteilen – etwas, worauf er stolz war. Seine Mutter erinnerte sich gemeinsam mit ihm an die Zeiten, als sie selbst im Garten arbeitete, und sie sprachen über die Kürbisblüten, die sie immer so geliebt hatte. »Es war eine Freude für sie, das zu hören und sich keine Sorgen um mich machen zu müssen.«

Beim Gespräch mit Samuel hatte ich den Eindruck, dass die Vergangenheit ihn vollständig erdrückte, doch die Kürbisernte war für ihn ein erster greifbarer Beweis, dass sich etwas ändern könnte. Er drückte es so aus: »Wenn sich nichts ändert, dann ändert sich auch nichts. Irgendetwas muss es doch geben. Und jetzt habe ich einen Ansatzpunkt gefunden.« Die im Garten neu entdeckten Möglichkeiten hatten dazu geführt, dass er sich für ein Gartenbaupraktikum bewarb, das er unmittelbar nach seiner Entlassung beginnen wollte.

Jeder, der zum ersten Mal im Garten arbeitet, macht sich unweigerlich Sorgen, ob seine Pflanzen auch gedeihen werden. Aber wenn neues Leben beginnt und wir Zeuge eines Wachstumsschubs werden, beflügelt uns das ungemein. Im Zentrum dieser Erfahrung und der damit verbundenen Bestätigung steht, meiner Meinung nach, eine Illusion, die die Menschen dazu verführt, Dinge wachsen zu lassen.

Der erfahrene Gärtner vergisst leicht den dieser Illusion innewohnenden Zauber der Überraschung, aber ich glaube nicht, dass er jemals vollständig verklingt. Ich habe das erst unlängst bei meinem Mann Tom gesehen, als aus einer Pflanzschale einige Pfingstrosensämlinge sprossen. Er hatte sie beinahe drei Jahre zuvor gesät und stand im Begriff, sie endgültig aufzugeben. Mit einem Lächeln im Gesicht, als hätte er etwas besonders Schlaues getan, sagte er: »Das zeigt mal wieder, dass es sich immer wieder lohnt zu warten.«

Michael Pollan erzählt in seinem Buch *Meine zweite Natur* von einer Kindheitserinnerung, die diese Illusion verdeutlicht.[2] Pollan ist vier Jahre alt. Er ist im Garten der Familie und versteckt sich hinter einer Hecke. Beim Herumtreiben entdeckt er plötzlich einen »getüpfelten grünen Fußball, mitten in einem Gewirr von Ranken und breiten Blättern«. Es ist eine Wassermelone. Ein Gefühl überkommt ihn, schreibt er »als hätte ich einen Schatz gefunden«. Aber es ist mehr als das: »Dann stelle ich die hochbedeutsame Verbindung zwischen dieser Melone und einem Samen her, den ich vor vielen Monaten gepflanzt oder jedenfalls ausgespuckt und verbuddelt habe: *Das ist mein Werk.* Einen Augenblick lang bin ich hin- und hergerissen zwischen der Möglichkeit, die Melone am Fundort reifen zu lassen, und dem überwältigenden Wunsch, meine Leistung öffentlich bekannt zu machen: *Mami muss das einfach sehen.* Ich zerreiße den Strang, der die Melone mit den Ranken verbindet, nehme sie schützend in meine Arme und renne die ganze Zeit aus Leibeskräften schreiend Richtung Haus.« Die Wassermelone ist allerdings tonnenschwer, und was dann passiert, ist eine der kleineren Tragödien des Lebens. In dem Augenblick, als er die hintere Treppe erreicht, verliert er das Gleichgewicht, die Melone springt aus seinen Armen und zerplatzt explosionsartig auf dem Boden.

Die Worte, die mir auffielen, als ich diese Passage las, waren: »*Das ist mein Werk.*« Pollans kindliche Gewissheit und sein überschäumender Stolz sind beeindruckend. Glücklich ist, wer so etwas schon einmal selbst empfunden hat. Kostbare Momente wie diese sind sowohl im Erwachsenenleben als auch in der Kindheit von Bedeutung. Es sind die Empfindungen des kleinen Jungen Pollan, der auf das Haus zurennt, als auch Samuels Empfindungen, als er seine Mutter aus dem Gefängnis anruft. Wie einflussreich solche Momente sein können, verdeutlicht Pollans Annahme, dass die Erregung, die er empfand, als er entdeckte, dass er versehentlich eine Wassermelone zum Wachsen gebracht hatte, ihn maßgeblich zu seinem späteren Leben als Gärtner motiviert habe.

Die Psychoanalytikerin Marion Milner entdeckte die schöpferische Kraft der Illusion, als sie sich selbst das Malen beibrachte, ein Prozess, über den sie in einem Buch mit dem Titel *Zeichnen und Malen ohne Scheu: Ein Weg zur kreativen Befreiung* schrieb.[3] Donald Winnicott, der an die lebenslange Bedeutung von Kreativität glaubte, entwickelte Milners Theorie weiter. Er schloss mit schöpferischer Klarsicht, dass ein Baby nicht nur das Zentrum seiner eigenen Welt ist, sondern auch seine Welt geschaffen zu haben meint.[4] Wenn also das Baby nach der Mutter verlangt und diese im selben Moment oder kurz darauf reagiert, kann das Baby flüchtig das Gefühl bekommen, es habe die Mutter erschaffen und nicht umgekehrt – so groß ist das Ausmaß der kindlichen Omnipotenz!

Wir können nicht auf die subjektive Erfahrung der frühesten Lebensphase zurückgreifen, um diese Überlegung zu überprüfen, aber wir beobachten, dass kleine Kinder gerne glauben, sie seien mächtiger, als sie es tatsächlich sind. Diese Illusion muss sehr behutsam gebrochen werden, denn sie bildet die Grundlage des Selbstvertrauens. Zu viel zu früh ist nicht gut, denn das Gefühl des Kindes, klein und verletzbar zu sein, wird sonst möglicherweise ebenfalls zerstört. Das bedeutet aber nicht, dass die Illusion in aller Offenheit gefördert werden muss; sie sollte nur ein wenig unterstützt werden. In der Praxis beobachten wir das in den Fantasiespielen der Kinder, mit denen sie ihre Ohnmachtsgefühle kompensieren und die sie »die Freude am Ursache-Sein« erleben lassen.[5] All dies ist nicht auf die Kindheit beschränkt. Winnicott und Milner erkannten, dass viele bereichernde und inspirierende Erfahrungen im Leben mit einem ähnlichen Gefühl der kreativen Illusion verbunden sind.

Bei der Samenanzucht und der damit verbundenen Interaktion zwischen unserem Inneren und der Natur spüren wir etwas von dieser Illusion. Pflanzen zum Wachsen zu bringen hat etwas von einem Wunder an sich, und einen Teil dieses Wunders können wir uns zuschreiben. Wir haben sogar einen Namen für die hier beschriebene Illusion, denn es handelt sich um die Fähigkeit des Menschen, Dinge zum Wachsen zu bringen, die wir als »grünen Daumen« bezeichnen. Diese Illusion ist meines Erachtens von zentraler Bedeutung für die grundlegende Verbindung, die zwischen Menschen und Pflanzen besteht, und sie trägt zu der enormen Befriedigung bei, die wir daraus ziehen, dass wir etwas ermöglichen, und zu der Freude, die wir am Ursache-Sein empfinden.

Die Rolle der, wie Winnicott sagte, »ausreichend guten Mutter« besteht darin, die Illusionen des Kindes in ausreichendem Maß zu fördern.[6] Weil die Mutter nicht ganz perfekt (z. B. immer verfügbar) ist, lässt sie das Kind kleine Frustrationen erleben. Dem Kind wird so allmählich bewusst, dass es keine magische Kontrolle über die Realität gibt. »Die Aufgabe der Mutter«, so Winnicott, »besteht letztlich darin, das Kind nach und nach zu desillusionieren; Aussicht auf Erfolg besteht aber nur, sofern sie zunächst einmal in der Lage war, ihm genügend Gelegenheiten zur Illusion zu geben.«[7] Dieser »fördernde« Prozess, wie Winnicott es nannte, schafft eine Umwelt, in der ein Kind in sich selbst hineinwachsen kann, ohne vorschnell beurteilt oder unter Druck gesetzt zu werden, etwas anderes zu sein, als es selbst möchte. Die Therapie hat gemäß Winnicott eine ähnliche Aufgabe, und er benutzte einmal eine gärtnerische Analogie, um sie zu veranschaulichen. Als er sich gegen die unbeholfene Arbeit eines Kollegen aus der Psychoanalyse wandte, schrieb er: »Wenn er eine Narzisse pflanzen würde, dann dächte er, dass er die Narzisse aus einer Zwiebel macht, und nicht, dass er es der Zwiebel durch hinlänglich gute Pflege ermöglicht, sich zu einer Narzisse zu entwickeln.«[8]

Winnicott glaubte, dass Kinder, die nicht genügend Gelegenheit haben, Illusionen zu erleben, die Desillusionierung viel schwerer ertragen und daher leichter entmutigt oder in Verzweiflung gestürzt werden können. Mit anderen Worten: Die Erfahrung der Illusion unterstützt unsere spätere Fähigkeit, die Enttäuschungen und die Härte der Realität zu ertragen, und ist eine Quelle des Selbstvertrauens und der Hoffnung. Auch im Garten erinnert uns Mutter Natur, die uns wie eine »gute Mutter« mit ihrer Gebefreudigkeit beschenkt, immer wieder an die Grenzen unserer menschlichen Macht. Sie gestattet uns die Illusion, wenn auch nicht sehr lange, und doch reicht diese Illusion irgendwie aus, uns über die unsanften Realitäten von starken Winden, Dürren und Frost zu tragen, von all den Schädlingen, die unsere Gartenarbeit zunichtemachen, ganz zu schweigen. Sicherlich gehört auch Stolz zum emotionalen Lexikon des Gärtners; dennoch denke ich gerne, dass trotz der schmerzhaften Ermahnungen von

Mutter Natur, die uns unseren Platz im Gesamtgefüge der Dinge weisen, Selbstüberschätzung ein Unkraut ist, das im Kopf eines Gärtners nicht so häufig vorkommt.

Es macht uns stark, wenn wir die Realität ein bisschen mitgestalten können, doch bei der Gartenarbeit ist entscheidend, dass wir nie ganz Herr der Lage sind. Die Erfahrung lehrt uns, dass wir uns am besten in Situationen entwickeln, die wir bis zu einem gewissen Grad, aber nicht vollständig beherrschen. Es strengt an, wenn man sich einer Situation nicht vollständig gewachsen fühlt; zugleich ist es auch wenig stimulierend, wenn man sie zu gut beherrscht, weil das Leben dann langweilig und vorhersehbar wird. Paradoxerweise verleitet uns die Erfahrung der Illusion und Desillusionierung, der Ermächtigung und Entmachtung nicht zum Aufgeben – sie spornt uns sogar an. Den Rausch der Illusion wieder zu spüren ist an sich schon unwiderstehlich. Aus diesem Grund schreibt Michael Pollan auch zu Recht, dass die Entdeckung der Wassermelone im Gebüsch ihn maßgeblich zu seinem späteren Gärtnerleben motiviert hat.

Gartenneulinge, die befürchten, keinen grünen Daumen zu haben, empfinden das Anbauen von Pflanzen möglicherweise als etwas Bedrohliches. Ist der erste Streifzug in die Welt der Samen nicht erfolgreich, bewirkt die Illusion möglicherweise, dass er nicht nur als entmutigend oder enttäuschend empfunden wird, sondern sogar Ängste bestätigt – Minderwertigkeitsgefühle wie: »Bei mir funktioniert nie etwas« oder: »Alles, was ich berühre, ist dem Untergang geweiht«. Deshalb ist es für Kinder und Anfänger so wichtig, im Garten mit etwas wirklich Verlässlichem wie Sonnenblumen oder Radieschen zu beginnen. Denn tatsächlich haben wir alle einen grünen Daumen, vorausgesetzt, der Kontext, in dem wir das entdecken, stimmt.

Die transformative Kraft des Gartens zeigt sich am deutlichsten in Situationen, in denen das Selbstwertgefühl wenig Anregung erfährt. Seit 2007 bietet die Royal Horticultural

Society (RHS) ein Gartenbauprogramm für Schulen an.[9] Der Verband hat vor Kurzem eine Untersuchung über die Auswirkungen der von ihm unterstützten Projekte in einer Reihe von Grundschulen in Auftrag gegeben, vor allem in benachteiligten Vierteln großer Städte. Die Studie wies viele positive Effekte nach, nicht zuletzt, dass der Garten an sich schon ein beruhigendes Umfeld bietet. Der Anbau von Gemüse und Blumen und die Herstellung von Kompost stellten eine konkrete Umsetzung mancher Aspekte des Lehrplans dar, die so eine neue Relevanz erhielten. Die Gartenarbeit nivellierte auch Unterschiede zwischen den Schülern und Schülerinnen, denn die akademische Hackordnung spielte eine viel geringere Rolle. Am deutlichsten zeigten sich die positiven Auswirkungen bei Kindern, die unmotiviert waren, besonderer Förderung bedurften oder verhaltensauffällig waren.

Ein Ergebnis der Studie erregte besonders meine Aufmerksamkeit. Es handelte sich um ein Halloween-Projekt in einer Schule unweit von Luton. Die meisten Kinder, die diese Schule besuchen, leben in Hochhäusern ohne Gärten und mit wenig umliegenden Grünflächen. Viele Kinder haben Lernschwierigkeiten, und die Leistungen eines Großteils von ihnen liegen weit unter dem nationalen Durchschnitt. Für die Siebenjährigen wurde der Anbau eigener Halloween-Kürbisse weit mehr als eine aufregende Neuheit. Viele erfuhren eine Stärkung ihres Selbstvertrauens und ihrer Motivation – Veränderungen, die weit über das Projekt hinausgingen. Einerseits ist das Anbauen von Kürbissen eine Möglichkeit, sachbezogenen Unterricht unterhaltsam zu gestalten; andererseits gewinnen Kinder mit geringem Selbstwertgefühl auch ein Gefühl von Handlungskompetenz und Interesse.

Von Kindern mit Lern- und Verhaltensproblemen zu Gefangenen wie Samuel mag es wie ein großer Schritt aussehen, doch tatsächlich sind die meisten Gefängnisse voll von Menschen, die im Bildungssystem auf der Strecke geblieben sind, und die Häufigkeit von Lernschwierigkeiten ist bei Gefängnisinsassen sehr hoch. Darüber hinaus leiden viele Strafgefangene unter einem tief verwurzelten negativen Selbstvertrauen, das es ihnen schwer macht, sich die Möglichkeit einer Veränderung vorzustellen. Die Erfahrung, etwas wachsen zu lassen, kann jedoch ein erster Schritt zu einem Identitätsgefühl sein, das sich nicht aus kriminellen Handlungen speist. Es kann zur Grundlage eines Selbstwertgefühls werden, das nicht auf Gewalt oder Einschüchterung beruht.

Samuel war Strafgefangener auf Rikers Island, einer der größten Strafkolonien der Welt. Er nahm an einem Projekt teil, das von der Horticultural Society of New York (The Hort) in Zusammenarbeit mit dem New York City Department of Correction und dem New York City Department of Education durchgeführt wird. Das sogenannte GreenHouse-Programm bietet jedes Jahr 400 Männern und Frauen die Möglichkeit, den Anbau und die Pflege von Pflanzen zu erlernen, und gibt ihnen damit eine Quelle der Hoffnung und Motivation, die sie unter Umständen davor schützt, rückfällig zu werden.

Ein besonders innovativer Aspekt des GreenHouse-Programms besteht darin, dass es nach der Entlassung Praktika beim Hort's Green Team außerhalb des Gefängnisses vermittelt. Ehemalige Strafgefangene arbeiten in Hunderten von verschiedenen Garten- und Parkanlagen in der Stadt; sie tragen zur Begrünung der städtischen Umwelt bei und stellen Beziehungen zur Gemeinschaft her.

Für diese Maßnahme hatte Samuel sich angemeldet. Sie half vielen ehemaligen Straftätern, die auf Rikers Island erlernten Fähigkeiten weiterzuentwickeln. Nach Beendigung einer Haftstrafe kann es extrem schwierig sein, wieder in ein richtiges Arbeitsverhältnis zu kommen. Die ehemaligen Häftlinge müssen eine unsichere Übergangszeit überstehen, und die Rückfallquote bei denen, die Rikers Island verlassen, ist hoch – über 65 Prozent landen innerhalb von drei Jahren nach ihrer Entlassung wieder im Gefängnis. Im Gegensatz dazu beträgt die Rückfallquote bei denjenigen, die am Hort-Programm teilnehmen, nur zehn bis 15 Prozent.[10]

Als ich im frühen Morgenlicht die Brücke nach Rikers Island überquerte, blickte ich auf die atemberaubende Skyline von Manhattan zurück, die sich nur wenige Kilometer entfernt über die Flushing Bay erhebt, während deutlich näher in der anderen Richtung die Start- und Landebahnen des Flughafens LaGuardia liegen. Rikers Island war lange Zeit als ein finsterer und gefährlicher Ort berüchtigt; dieser Ruf hat sich nach einer Reihe von Skandalen in den letzten Jahren noch verstärkt.

Auf der Insel gibt es acht separate Gefängnisse, die zusammen etwa 8000 Männer und Frauen beherbergen. 90 Prozent der Insassen sind Afroamerikaner oder Hispanoamerikaner, und bei 40 Prozent wurde eine psychische Erkrankung diagnostiziert. Viele von ihnen sind Untersuchungshäftlinge, die noch auf ihren Prozess warten. Die meisten werden wegen Drogenbesitzes, Ladendiebstahls und Prostitution verurteilt. Es heißt, allein der Aufenthalt auf der Insel sei wegen der übermäßigen Methanemissionen gesundheitsschädlich. In den 1930er-Jahren wurde das Gelände von der ursprünglichen Größe von 35 Hektar auf seine heutigen 162 Hektar mit Aufschüttungen aus Deponiemüll – darunter auch Giftmüll – erweitert. Also kein Ort, an dem man unbedingt an die Anlage eines Gartens denken würde: Doch genau dies hat die Horticultural Society bereits 1986 getan, als sie das Green-House-Programm auf der Insel ins Leben rief. Der damalige Direktor James Jiler ließ ein Gewächshaus bauen und beaufsichtigte die Umwandlung von circa einem Hektar Brachland in einen fruchtbaren Garten. Seit Hilda Krus im Jahr 2008 die Leitung des Programms übernahm, sind auf der Insel sieben weitere Gartenanlagen entstanden. Sie und ihr Team aus zwölf Gartentherapeuten und -lehrern bieten an sechs Tagen pro Woche Gartenbaukurse an.

Der Erlös aus der jährlichen Produktion von achtzehntausend Pfund wird geteilt, damit Gefangene, Personal und ehemalige Häftlinge, die im Green Team arbeiten, davon profitieren. Die Teilnehmer züchten auch Stauden für die Parkverwaltung, und einige der Schnittblumen werden zur Dekoration des Aufenthaltsraums für das Personal verwendet. Letzteres mag nebensächlich erscheinen, aber, wie Hilda mir erklärte, ist es wichtig, dass sowohl die Justizangestellten als auch die Teilnehmer von dem profitieren, was der Garten zu bieten hat. Ich konnte dies konkret erleben, als ich mit Hilda durch die Sicherheitskontrolle ging und einer der Vollzugsbeamten sie mit den Worten begrüßte: »Hey Hilda! Machst du immer noch den grünen Daumen?«

Der GreenHouse-Lehrplan verbindet Elemente der Gartentherapie, der Berufsbildung und der Umwelterziehung. Am Ende jeden Arbeitstreffens werden Werkzeuge und andere Utensilien überprüft und gezählt und dann weggeschlossen. Obwohl innerhalb der Gefängnisse Gewalt zur Tagesordnung gehört, hat es in über dreißig Jahren in keinem der Gärten einen Ausbruch von Gewalt gegeben.

Auch wenn die Gärten von hohen Stacheldrahtzäunen umgeben sind, kommt man sich vor wie in jedem anderen Garten. Dieses Gefühl wird nur durch die orange-weiß gestreiften Overalls gestört, die Arbeitskleidung der verurteilten Häftlinge. Als ich sie fragte, ob dies ihre erste Erfahrung mit Gartenarbeit sei, antwortete ein Teilnehmer blitzschnell: »Ja – außer dem Grasanbau in meinem Schrank!« Die Häftlinge, die an diesem Morgen im Garten arbeiteten, saßen alle wegen Drogendelikten im Gefängnis. Ihnen war der Garten aus unterschiedlichen Gründen wichtig. Die einen wollten nach ihrer Entlassung Gemüse anbauen; andere wollten ihren Kindern beibringen, wie man Dinge pflanzt und pflegt, und ein junger Mann stellte sich vor, mit einer Freundin im Central Park spazieren zu gehen und sie mit seinem neu erworbenen Wissen über Pflanzen zu beeindrucken.

»Hier gibt's kein Geprotze«, sagte mir ein Mann, und als

ich fragte, was er damit meine, fingen alle an zu reden und zu erklären. »In den Schlafsälen reden wir kaum. Es ist zu abgeschlossen, sechzig Jungs auf engem Raum und zu viel Testosteron da drinnen. Aber hier kann man seinen wahren Charakter zeigen.« Und ein anderer sagte: »Niemand will die Blumen einschüchtern oder andere fertigmachen.« Und noch ein anderer: »Hier sind alle gleich. Das ist es ja gerade: Wenn es ein Problem gibt, sprechen wir darüber. Wir vergleichen uns hier nicht mit den anderen Insassen.« Soweit ich es verstanden und auch aus anderen Gefängnissen gehört habe, haben Gärten eine stark nivellierende Wirkung. Sie bieten ein Umfeld, in dem soziale Hackordnung und Rassenunterschiede von weit geringerer Bedeutung sind. Die Arbeit mit der Erde und den Pflanzen scheint unverfälschte Beziehungen zwischen den Menschen zu fördern, die frei von den Posen und Vorurteilen sind, die so viele zwischenmenschliche Beziehungen kennzeichnen.

Ganz anders als im grauen, eintönigen Rest von Rikers Island blühten bei meinem Besuch Chrysanthemen und andere bunte Schnittblumen, und in den Gemüsebeeten wuchsen Grünkohl, Mangold und Paprika. Die Männer führten mich herum und bestanden sogar auf einem Umweg, um mir einige ausgewachsene Maispflanzen zu zeigen, die aus versehentlich verschüttetem Vogelfutter gekeimt waren. Sie freuten sich darauf, den Mais zu essen, und fanden es toll, dass er aus etwas gewachsen war, das eigentlich weggeworfen werden sollte.

Mir fiel ein großer, schlanker Mann mit einer sanften Ausstrahlung auf, der auf mich besonders eifrig wirkte. Als ich später mit Martin sprach, erzählte er mir jedoch, dass er sich nicht aus eigenem Antrieb für den Kurs eingeschrieben hatte, sondern, wie er es ausdrückte, »ausgewählt« worden sei. Er sei von einem der Vollzugsbeamten vorgeschlagen worden. Er hatte es verpasst, bei einer früheren Möglichkeit seine Teilnahme anzumelden, weil er angenommen hatte, dass ihm die

Gartenarbeit nichts zu bieten habe. Kaum hatte er angefangen, wurde er süchtig danach, und mittlerweile weiß er, dass seine Seele zuvor »eingekerkert« gewesen war. »Alles im Garten ist natürlich, nichts ist erzwungen oder genötigt oder manipuliert. Das ist besser. Ich habe es schätzen und lieben gelernt.«

Die Teilnehmer spüren im Garten eine körperliche Freiheit, die von einem Gefühl der inneren Freiheit begleitet wird, und sie bemerken, dass eine andere Lebensweise durchaus denkbar ist.

Tomaten, so erzählte mir Martin, waren für ihn die größte Offenbarung – sie wachsen zu sehen und dann den unglaublichen Unterschied im Geschmack zu erleben. Seiner Frau fiele es schwer, seine Gartenbegeisterung zu verstehen, aber er wolle sie davon überzeugen und auch seinen Kindern das Gärtnern beibringen. Ganz in der Nähe seiner Wohnung gäbe es einen Stadtbauernhof, an dem er früher immer vorbeigegangen sei. Jetzt wolle er dort unbedingt mitarbeiten. Bevor er in den Garten von Rikers Island kam, dachte er, Obst und Gemüse aus dem Supermarkt seien das Beste, was man bekommen könne. »Ich dachte immer, es gäbe nichts Besseres, weil es in Plastik verpackt war.«

Abgesehen vom inneren Auftrieb, den Martin durch die Gartenarbeit erfuhr, waren die Ruhe und die frische Luft im Garten ein weiterer positiver Aspekt für ihn. »Hier sprechen wir eine andere Sprache. Drinnen ist alles negativ, überall nur Randale und Gewalt. Hier draußen kann man sich selbst wiederfinden. Der Garten ist ein Stück Vernunft auf einer Insel des Wahnsinns.« Und als wir unser Gespräch beendeten, klopfte er sich an den Kopf, fast als glaubte er, mich nicht genug überzeugt zu haben, und sagte: »Wenn du da drin ein Türchen hast, kann man da echt etwas rausholen.« In diesem Moment rief einer der Vollzugbeamten laut: »Die Zeit ist um!« – »Das ist seine Gefängniswärterstimme«, sagte Martin zu mir. »So klingt sie immer, wenn es Zeit ist.«

Einige der Teilnehmer haben Kindheitserinnerungen an Großeltern oder Eltern, die ein Stück Land bearbeiteten. Andere hingegen hatten bisher so wenig Kontakt mit der Natur, dass sie Angst haben, die Erde zu berühren. Martin hatte vorher keine Ahnung, was Gartenarbeit bedeutet. Er fand es erst durch die hellsichtige Intervention eines Vollzugsbeamten heraus. Dieses »Türchen« in seinem Kopf, in das der Keim einer Möglichkeit gesät worden war, erlaubte es ihm, mit solcher Beredsamkeit und mit so viel Gefühl darüber zu sprechen.

Später traf ich auch einige Frauen, die im Garten arbeiteten. Ich wollte etwas über ihre Erfahrungen mit dem Projekt hören, aber als sie anfingen zu reden, sprudelte ihr vergangenes Leben aus ihnen heraus. Nur so konnten sie mir vermitteln, was es für sie bedeutete, bei dem Projekt mitzuarbeiten. Sie erzählten von brutalen Zuhältern, gewalttätigen Beziehungen, Totgeburten, dem Tod von Geschwistern und von Eltern, die starben, als sie noch Kinder waren. Ihre Geschichten zeigten, wie wenig Fürsorge sie im Laufe ihres Lebens erfahren hatten und dass die Mehrzahl ihrer Beziehungen nur Leid verursacht hatte oder gewaltsam endeten.

Vivian sagte mir, dass sie einen Punkt erreicht hatte, an dem sie nicht mehr weiterleben wollte, dass sie aber nun, dank »all der lebenden Dinge im Garten«, diesen Punkt überwunden habe. Schon bald nach Beginn ihrer Arbeit im Projekt war sie dem Garten verfallen – der Ort, sagte sie, »hat mich umgehauen«. Im Gespräch mit ihr spürte ich, wie wichtig es für sie war, sich um etwas anderes zu kümmern als um sich selbst, und wie sehr sie auf die Ruhe und den Frieden im Garten angewiesen war. »Es ist so eine Wohltat hier, der ganze Stress verschwindet. Mein Lieblingsplatz ist das Gewächshaus, und ich lerne alles über die Wüstenpflanzen – wie die Pflanzen das aufnehmen, was wir ausatmen. Manchmal spreche ich mit den Pflanzen, sie teilen unsere Geheimnisse mit uns.«

Wie für Martin war auch für Carol die Gartenarbeit eine

Offenbarung, und sie will sie weiterführen: »Ich habe hier viel gelernt – wie man sein eigenes Saatgut herstellt und es wachsen lässt. Ich habe nie gewusst, wie eine Erdbeere entsteht. Zuerst treibt sie eine Blüte aus. Ich kann meinem Mann jetzt wirklich interessante Dinge erzählen, und ich sage zu ihm: ›Ich werde solche Sachen alle selbst anpflanzen.‹ Ich möchte es gemeinsam mit meinen Kindern machen und ihnen zeigen, wie man Dinge wachsen lässt. Es ist billiger, und es schmeckt und riecht gut!«

Wie viele Menschen entdecken die Liebe zur Gartenarbeit, wenn sie begeistert erleben, wie eine Handvoll Samen zu einem Ernteertrag führt? Die Frauen auf Rikers Island bildeten keine Ausnahme, auch sie waren von der verborgenen Kraft der Samen fasziniert. Einige Wochen zuvor hatte Hilda eine Kokosnuss mitgebracht, um den Teilnehmern zu zeigen, wie groß ein Samenkorn sein kann. Jetzt lag die Nuss, aus der schon ein sechzig Zentimeter hoher Trieb herauswuchs, in einem Wassereimer in der Mitte des Gartens. Eine Kokospalme kam auf die Welt, und alle waren begeistert, dass sie dem Geschehen beiwohnen konnten.

Pflanzen besitzen eine innere Qualität. Mit ihnen in eine Wechselbeziehung zu treten ist eine beruhigende Erfahrung und geschieht unvoreingenommen. Wir alle können von dieser Erfahrung profitieren, auch wenn sie innerhalb eines Gefängnisses eine andere Dimension haben mag. Die Vögel und Insekten kommen und gehen; anders die Pflanzen, denn sie wurzeln in der Erde. Vielleicht existiert in einer Gemeinschaft von Gefangenen eine Art von gegenseitigem Mitgefühl. Verurteilte Strafgefangene wissen, wie viel Zeit sie absitzen müssen, doch die Untersuchungshäftlinge leben in ständiger Unsicherheit. Gartenarbeit kann ihnen helfen, mit dieser Unsicherheit besser zurechtzukommen. Prozessverzögerungen sind oft verheerende Rückschläge, und manchmal gibt es sogar mehrfach solche Verzögerungen, wie im Fall von Alberto. Er erzählte mir, dass er immer in den Garten ginge, wenn er schlechte Nachrichten bekäme. Das würde ihn beruhigen. »Das bringt einen vorübergehend auf andere Gedanken.«

Dino war ein sehr schüchterner Untersuchungshäftling. Er sprach mit mir über die Veränderungen, die er bei sich selbst und anderen beobachtet hatte. »Es bringt das Gute in uns zum Vorschein. Ich rede nicht viel, ich tue lieber etwas.« Sein ganzer Stolz war die Verschönerung des Gartens, aber es lauerten auch Fallstricke für ihn darin, denn er neigte zur Besitzgier. Dino lernte zu teilen und mit anderen zusammenzuarbeiten. »Es ist nicht gut, wenn man etwas zu sehr liebt. Ich muss mich davor hüten, überfürsorglich zu sein – das verdirbt den anderen die Freude. Manchmal würde ich die Leute am liebsten wegjagen, aber ich muss daran denken, dass ich das nicht für mich tue, sondern für uns alle.«

Jaro schien der Jüngste in der Gruppe zu sein. Er wollte mir seine Lieblingsblume zeigen und führte mich durch den Garten zu einem Beet, in dem einige tiefrote Löwenmäulchen wuchsen. »Ich möchte Ihnen etwas zeigen«, sagte er. Als er ein Löwenmäulchen pflückte, erinnerte ich mich daran, wie ich als Kind mit diesen Blumen spielte – genau so, wie er es gerade tat, als er den »Mund« des Löwenmäulchens so zurechtdrückte, dass es wie ein Püppchen aussah.

Dann ging Jaro mit mir zu einer anderen Lieblingspflanze – einem Essigbaum. Er forderte mich auf, den weichen Flaum des Stammes zu streicheln. »Es fühlt sich an wie ein Tigerfell«, sagte er und streichelte selbst darüber. Mich beeindruckte seine jungenhafte Art und darüber hinaus auch, dass der Garten für ihn ein sicherer Ort war, an dem er seine Zärtlichkeit zum Ausdruck bringen konnte – ein Gefühl, das er im bedrohlichen Innern des Gefängnisses niemals aufkommen lassen durfte.

Den neuen Teilnehmern bei dem Projekt bringt Hilda immer bei, behutsam mit den Pflanzen umzugehen und auf bestimmte Dinge zu achten. Sie glaubt, dass die Pflege von Pflanzen ihnen hilft, sich einer Beziehung zu öffnen, die nicht von Gewalt geprägt ist. Der Umstand, dass Pflanzen nicht sofort reagieren oder uns antworten, dass sie nicht zucken, lächeln oder Schmerzen empfinden – zumindest für uns nicht erkennbar –, ist in diesem Zusammenhang ein wichtiger Aspekt ihrer heilsamen Wirkung. Wenn man in der frühen Kindheit wenig Fürsorge erhalten oder sogar das Gegenteil davon erfahren hat, dann ist es schwierig, im späteren Leben Fürsorglichkeit zu erlernen. Es fehlt nicht nur ein inneres Vorbild, die Verwundbarkeit anderer kann auch das Schlimmste in einem selbst hervorbringen. Dies ist einer der Gründe, warum Missbrauch oft unwissentlich in der nächsten Generation fortgesetzt wird. Die Verwundbarkeit einer Pflanze unterscheidet sich von der eines kleinen Tieres oder eines verwundbaren Menschen – deren Verwundbarkeit kann bei Personen, die selbst Opfer von Missbrauch und Gewalt geworden sind, grausame oder sadistische Impulse auslösen. Da man einer Pflanze keinen Schmerz zufügen kann, lädt sie auch nicht zu Grausamkeiten ein. Die Arbeit mit Pflanzen wird zu einem sicheren Verfahren, um etwas über Pflege und Zärtlichkeit zu lernen – es passiert nicht viel Schlimmes, wenn man mal etwas falsch macht.

Die Gespräche mit Martin, Samuel und einigen anderen auf Rikers Island erinnerten mich an meine jahrelange klinische Erfahrung im National Health Service. Dort hatte ich mit Patienten gearbeitet, die in benachteiligten Gegenden von Hertfordshire aufgewachsen waren, umgeben von Gewalt, Alkoholismus und diversen Straftaten. Es ist schwierig, solche transgenerationalen Zyklen anzugehen. Die psychotherapeutische Bearbeitung kommt manchmal nie richtig in Gang – und wenn doch, besteht immer die Gefahr eines vorzeitigen Abbruchs. Ich hatte aber immer einige Patienten, die die Kunst beherrschten, aus wenig viel zu machen, und denen es gelang, mit einer Therapiesitzung pro Woche ihr Leben im Laufe eines Jahres in eine andere Bahn zu lenken.

In unserer materiellen Kultur scheint alles seinen Preis zu haben. Menschen, die arm sind und in einer großen Stadt leben, sind unweigerlich von vielen sie umgebenden Dingen ausgeschlossen. Die Arbeit mit der Natur ist eine andere Art von Erfahrung. Dies bestätigt auch eine Beobachtung, die Hildas Vorgänger, James Jiler, gemacht hat. Über Rikers Island führen mehrere Vogelfluglinien. Eines Tages tauchte im Garten ein kleiner roter Kardinalvogel auf. Der Gefangene, mit dem Jiler an diesem Tag arbeitete, bemerkte ihn und fragte Jiler, wie viel so ein Vogel kosten würde.[11] Die Vorstellung, dass die Natur Reichtümer besitzt, die keinen Preis haben und umsonst genossen werden können, ist für die meisten Gefangenen eine Offenbarung und führt zu einer völlig neuen Beziehung zu ihrer Umwelt.

Bei der Gartenarbeit geht es, wie auch sonst bei den meisten Dingen, weniger darum, was man tut, sondern wie man es tut. Schon immer war die Anlage von Gärten meistens mit dem Ziel verbunden, die Natur zu kontrollieren und zu beherrschen – und manchmal sogar, sie zu schädigen. Es gibt Gärtner, die in ungeeigneten Klimazonen übermäßig viel Wasser für makellose Rasenflächen verbrauchen und den Boden mit unzähligen Chemikalien verunreinigen. Beim therapeutischen Gärtnern hingegen geht es um Nachhaltigkeit; hier wird nicht gegen, sondern mit den vitalen Kräften der Natur gearbeitet. Die Teilnahme an einem Projekt wie dem GreenHouse-Programm beinhaltet das Erlernen ökologischen Grundwissens. Dies führt auch zu dem weitergehenden Thema der Lebensmittelproduktion und zu der grundsätzlichen Frage, wie wir auf diesem Planeten leben.

In einem Gefängnis gibt es nicht viele Gelegenheiten, bei denen man das Gefühl hat, etwas Gutes getan zu haben. Wie kann es auch Hoffnung auf Veränderung geben, wenn man das Gefängnis mit der Überzeugung betritt und verlässt, man sei nicht fähig, etwas Sinnvolles zu bewerkstelligen? Mit einer derart negativen Einstellung ist man an sich schon sein Leben lang gestraft.

Dies zeigt auch eine Untersuchung, die der Kriminologe Shadd Maruna in Liverpool durchgeführt hat.[12] In einer Reihe von Tiefeninterviews ging er der Frage nach, was Wiederholungstätern hilft, sich von Straftaten abzuwenden. Er stellte fest, dass Täter, die ihren kriminellen Weg unerbittlich weitergingen, in ihrem Leben typischerweise einem, wie er es nannte, »Drehbuch der Verdammung« folgten. Im Gegensatz dazu gelang es denjenigen, die ihr Leben veränderten, ein neues, eher »generatives« Selbstnarrativ anzunehmen, in dem die Fehler der Vergangenheit in eine hoffnungsvollere Geschichte integriert werden konnten.

Berufliche Bildung trägt dazu bei, die Beschäftigungsaussichten eines Gefangenen zu verbessern; sie muss jedoch mit anderen psychischen Veränderungen einhergehen, da Einzelkriminalität und Bandenkriminalität fast immer lukrativer sein werden als jeder Wiedereinstiegsjob im Arbeitsmarkt. Maruna bemerkte auch, dass in manchen hoffnungsvollen Narrativen ehemaliger Täter eine gewisse Trotzhaltung enthalten war. Natürlich ist Gartenarbeit eigentlich ein hoffnungsvoller Akt, und es ist ein Akt der Wiedergutmachung, aber gerade in der heutigen Zeit kann sie auch ein Akt der Auflehnung sein. Stadtbauernhöfe wie der, bei dem Martin mitarbeiten wollte, sind Teil einer expandierenden Gegenkultur, die sich auf den nachhaltigen Anbau von Obst und Gemüse als Alternative zu einem hoch industrialisierten Ernährungssystem konzentriert. So gesehen, stellt Gartenarbeit möglicherweise einen größeren narrativen Rahmen auf, in dem sich die Menschen selbst verorten können.

Die Wirkung, die die Aneignung eines größeren Narrativs auf die Gefangenen hat, wird durch Forschungsergebnisse belegt, die bei einer gärtnerischen Maßnahme in San Quentin, dem ältesten Gefängnis Kaliforniens, gewonnen wurden. Das Insight-Garden-Programm wurde 2002 von Beth Waitkus ins

Leben gerufen. Eine Evaluierung des von ihr entwickelten Programms zeigte, dass sich die persönlichen Werte eines Gefangenen umso stärker verändern, je höher der Grad der von ihm erworbenen Umweltkompetenz ist.[13] Mit anderen Worten: Der Permakultur- und Ökologiekurs, den sie innerhalb des Gefängnisses durchführt, ist pädagogisch wertvoll, stellt aber auch ein wirkungsvolles therapeutisches Instrument für Veränderungen dar, da er den Teilnehmern einen anderen Kontext zum Verstehen des eigenen Lebens bietet. Wie Beth mir erklärte, können die Prinzipien des nachhaltigen Gärtnerns zu einem Schlüssel für das Leben werden. Indem die Gefangenen ihre Hände in die Erde stecken, akzeptieren sie die Notwendigkeit, »mit der Umwelt zu leben und nicht gegen sie, und dass das genauso auf das Zusammenleben mit Menschen zutrifft«.

Das Insight-Garden-Programm wurde erweitert und wird nun in acht weiteren Gefängnissen in Kalifornien angeboten. Solche Wiedergutmachungsverfahren sind kosteneffizient, sagt Beth und hebt hervor, dass das gesamte Programm in San Quentin jedes Jahr weniger kostet als die Gefängnisunterbringung eines einzigen Gefangenen für den entsprechenden Zeitraum. Wie beim Hort-Programm sind auch hier die Rückfallquoten sehr niedrig, und ein Teil des Erfolgs ist darauf zurückzuführen, dass starke Verbindungen zu Gartenbauprojekten in der Gemeinde, wie z. B. Planting for Justice, aufgebaut wurden – eine Einrichtung für Landschafts- und Gartenbautraining, die bereit ist, mit ehemaligen Straftätern zu arbeiten. Beth beschrieb, wie sich Veränderungen ergeben, wenn Menschen den Schritt vom Ich zum Wir vollziehen, und bemerkte, sie habe immer wieder beobachtet, wie das Anbauen und Pflegen von Pflanzen den Menschen eine andere Einstellung zum Leben verleihen. Sie beginnen es wertzuschätzen.

Gartenarbeit kann einem geringen Selbstwertgefühl entgegenwirken. Dies ist gerade für junge Menschen wertvoll, die Gefahr laufen, straffällig zu werden. Die Interaktion mit der Natur wirkt beruhigend, und die Arbeit mit der Wachstumskraft von Pflanzen ermöglicht es ihnen, etwas Konstruktives zu vollbringen. Die meisten Kinder wachsen heutzutage jedoch naturfern auf. Nur selten kommen sie ins Freie. Tatsächlich zeigen jüngste Zahlen, dass ein Kind durchschnittlich jede Woche weniger Zeit im Freien verbringt als ein Häftling im Hochsicherheitstrakt.[14]

Thrive, die größte Vereinigung für Gartentherapie in Großbritannien, ist in London, den Midlands und Reading tätig. Sie führt therapeutische und pädagogische Programme für Menschen mit verschiedenen sozialen und gesundheitlichen Bedürfnissen durch. Ihr Projekt Growing Options arbeitet mit vierzehn- bis sechzehnjährigen Kindern, die von der Schule ausgeschlossen worden sind. Die meisten dieser Kinder haben mit den Grundkenntnissen in Mathematik und Englisch zu kämpfen und hatten bisher kaum Gelegenheit, praktisch tätig zu sein. Viele leiden unter einem negativen Selbstbild und verhalten sich auflehnend und trotzig.

Die Jugendlichen sind einen Tag in der Woche ganztägig anwesend, und jeder hat ein eigenes kleines Grundstück zu betreuen, das ihm ganz allein gehört. Die Beete befinden sich auf einem freien Feld und sind nur von einem niedrigen Maschendrahtzaun umgeben; dies vermittelt ihnen ein Gefühl der Sicherheit in der großen Weite um sie herum, grenzt sie aber auch nicht ein. Die Durchführung eines solchen Projekts ist eine anspruchsvolle Aufgabe, besonders zu Beginn jeder Neuaufnahme. Die Mitarbeiter und Freiwilligen müssen belastbar und geduldig sein, um mit schwierigen Verhaltensweisen umzugehen; es ist jedoch hilfreich, einfach draußen zu sein, weil die Schüler sich austoben können, wenn sie Dampf ablassen müssen.

Donald Winnicott, der die Einrichtung für junge Straftäter

beriet, hatte keine sentimentale Sichtweise von antisozialem Verhalten und Delinquenz, sondern glaubte, dass man die Bedeutung der verschiedenen Formen von Deprivation anerkennen müsse, die ein solches Verhalten hervorrufe. Er prägte den Ausdruck »Delinquenz als Zeichen der Hoffnung«, um deutlich zu machen, dass junge Menschen, die Ärger machen, auf eine falsche Weise etwas suchen, von dem sie nicht wissen, wie sie es bekommen können.[15] Und er betonte, wie wichtig es sei, dass sie noch nicht die Hoffnung verloren haben, es zu bekommen. Hinter ihrer Zerstörungswut steckt der Wunsch nach Anerkennung, und jede Hoffnung auf Zukunft hängt davon ab, wie damit umgegangen wird.

Die Teilnehmer am Projekt Growing Options erfahren nach und nach eine Bestätigung, wenn sie sehen, wie die von ihnen angebauten und gepflegten Pflanzen gedeihen und Früchte tragen. Ich erfuhr von einem Mädchen, das im Vorjahr teilgenommen und gleich zu Beginn angekündigt hatte: »Mir hat noch nie jemand gesagt, was ich tun oder lassen soll.« Für die Mitarbeiter war es nicht einfach, denn das Mädchen war nicht einmal bereit, seine Stiefel anzuziehen. Aber am Ende des Jahres erzählte dasselbe Mädchen in einem Vortrag, dass es entdeckt habe, wie viel man erreichen kann, auch wenn man meint, es gar nicht zu wollen. In einer Welt, in der es für junge Menschen immer schwieriger zu werden scheint, an die eigene Leistungsfähigkeit zu glauben, kann das Bestellen von Erde und der Anbau von Obst und Gemüse ein Gefühl für die eigene Effizienz schaffen. Daher verbesserte sich auch das Selbstwertgefühl dieses Mädchens, genau wie bei vielen anderen, die an dem Projekt teilnehmen. Im Anschluss besuchte sie eine weiterführende Schule; diese Entwicklung war zu Beginn der Maßnahme nicht im Entferntesten abzusehen.

Obwohl im Rahmen des Projekts Growing Options einzelne Module einer gartenbaulichen Grundausbildung absolviert werden, ist es nicht das Ziel, die jungen Leute auf eine Zukunft als Gärtner vorzubereiten. Vielmehr ist das Projekt darauf ausgerichtet, ihnen »übertragbare Fähigkeiten« zu vermitteln, die ihnen im nächsten Lebensabschnitt helfen sollen, unabhängig davon, in welche Richtung sie sich orientieren werden. Bei den »übertragbaren Fähigkeiten« geht es in erster Linie um Selbstvertrauen und den Glauben an sich selbst.

Das Gefühl der »Freude am Ursache-Sein« ist ein intensiver, aber vorübergehender Moment, der höchst motivierend sein kann, Gartenarbeit hingegen wirkt auf eine andere, langsamere Weise. Die Verinnerlichung von Verhaltensänderungen vollzieht sich schrittweise, durch Wiederholung. In ihrem Buch über Kreativität und das Erlernen der Malerei beschreibt Marion Milner, wie sie durch wiederholtes Ausführen einer Tätigkeit das Gefühl hatte, neue Konzepte in die Struktur ihres Wesens »einzuknüpfen«.[16] Ich glaube, etwas Ähnliches passiert auch im Garten, wo das »Tun« eine Möglichkeit ist, nicht nur etwas über die Natur zu lernen, sondern auch über uns selbst und darüber, wozu wir fähig sind.

Die Arbeit im Garten mit dem Einsatz von Händen und dem ganzen Körper erfordert eine direkte Auseinandersetzung mit der Erde und beinhaltet etwas, das einer der Pioniere der Entwicklungspsychologie, Jean Piaget, als sensomotorisches Lernen bezeichnete.[17] Diese Art des experimentellen Lernens, von der Piaget glaubte, dass es unsere kognitive Entwicklung unterstützt, wird in modernen Bildungsplänen etwas vernachlässigt, wodurch das konzeptuelle Lernen tendenziell begünstigt wird. Nur durch die Interaktion mit der Welt können wir innere Modelle der Welt aufbauen. »Learning by doing« integriert die motorischen, sensorischen, emotionalen und kognitiven Aspekte unseres Arbeitens, und darin liegt seine Kraft. Wie Marion Milner hervorhob, werden die Dinge auf diese Weise in unser Wesen »eingeknüpft« und gewinnen eine persönliche Bedeutung.

Kinder haben einen natürlichen Drang, ihre Umgebung zu erforschen und zu steuern, aber in der heutigen Lebenswirklichkeit wird dieser Drang zunehmend unterdrückt.[18] Dieser

Mangel an Möglichkeiten wird häufig nicht einmal als Entbehrung erkannt, weil Kinder durch neueste Technologien leicht abgelenkt werden, und sie gelten als »sicher« aufbewahrt, wenn sie zu Hause bleiben. Mit ihren verschiedenen Gadgets und Gizmos liefert die Technologie eine Fülle vorprogrammierter Spiele, aber trotz all ihrer Vielfalt und ihres Einfallsreichtums halten uns solche fabrizierten Illusionen in einem Zustand der Abhängigkeit – sie könnten nicht weiter von der Art kreativer und ermächtigender Illusionen entfernt sein, über die Winnicott und Milner geschrieben haben. Als Kinder – und nicht zu vergessen: auch als Erwachsene – müssen wir träumen, müssen tätig sein und Einfluss auf unsere Umwelt nehmen. All dies vermittelt uns ein optimistisches Gefühl hinsichtlich unserer Fähigkeit, unser eigenes Leben zu gestalten.

Der aufwallende Stolz, den Michael Pollan als kleiner Junge empfand, als er seine Wassermelone hinter einer Hecke entdeckte, hatte zur Folge, dass er als Teenager ernsthaft begann, sich mit Gartenarbeit zu beschäftigen. Er entwickelte seine gärtnerischen Fähigkeiten nicht nur durch den Anbau von Melonen, sondern pflanzte auch Paprika, Gurken, Tomaten und etliche andere Gemüsesorten. Als wollte er sich besondere Kräfte aneignen, verglich er seine Herangehensweise an das Handwerk des Gärtners mit einer »Form der Alchemie, einem quasi magischen System zur Umwandlung von Saatgut und Erde sowie Wasser und Sonnenlicht in Dinge von Wert«.[19]

Wenn wir Energie in die Kultivierung der Erde stecken, bekommen wir etwas zurück. Es liegt ein Zauber darin, und es ist harte Arbeit, aber die Früchte und Blumen der Erde sind reale Formen des Guten. Sie sind es wert, dass wir an sie glauben, und sie sind nichts Unerreichbares. Wenn wir einen Samen einpflanzen, pflanzen wir ein Narrativ über zukünftige Möglichkeiten. Es ist ein Akt der Hoffnung. Nicht alle Samen werden keimen, aber das Wissen, dass wir Samen in der Erde haben, schenkt uns Sicherheit.

4 Der sichere grüne Raum

Friede kommt aus dem inneren Raum.
Erik Erikson (1902–1994)[1]

Jedes Jahr, wenn sich der Sommer einstellt, hänge ich eilig die Hängematten zwischen den Kastanienbäumen und Zelkoven auf, die in unserem Garten stehen. Wenn ich mich in ihren schützenden Schatten lege, spüre ich ihre Verlässlichkeit. Als ich die Hängematten zum ersten Mal aufhängte, überlegte ich, ob die Zweige stark genug sein würden, um mein Gewicht zu tragen, aber da nun viele Jahre des Wachstums hinter ihnen liegen, steht es außer Frage, dass sie mich sicher halten. Ich blicke hinauf in das wechselhafte Spiel von Licht und Schatten und lasse meine Seele treiben, bis das Flüstern der Blätter und das Säuseln des Windes meine Gedanken zum Leben erwecken.

Würde ich die Zeit messen, die ich hier in einer Hängematte verbringe, erschiene das jämmerlich kurz gemessen daran, wie viel mir dieser kleine Hain bedeutet. Entscheidend ist meiner Meinung nach jedoch, dass ich den Zugang dazu habe; es genügt zu wissen, dass ich mich dorthin begeben kann, wenn ich es will. Wichtig ist nur, dass ich es auch von Zeit zu Zeit mache.

Neben dem realen Garten gibt es auch den imaginierten oder erinnerten Garten. In meiner Vorstellung hat dieser Hain ein ganz eigenes Leben, und ich kann ihn zu jeder Zeit des Jahres betreten. In meiner Vorstellung sind die Bäume immergrün, unberührt vom Lauf der Jahreszeiten, ganz anders als die blattlosen Bäume, die im Winter den Hain bevölkern. Vielleicht bedeutet mir dieser Ort so viel, weil Tom und ich etwa zehn Jahre lang von einem offenen, weiten Feld umgeben waren. Der fehlende Schatten im Sommer war bedrückend, und den Winterwinden schienen wir schutzlos ausgesetzt zu sein. Wir warteten und beobachteten die Setzlinge, wie sie Wurzeln schlugen und langsam zu wachsen begannen. Sie waren kaum mehr als kniehoch gewesen, als wir sie gepflanzt hatten.

Bäume geben einem Ort Struktur und vermitteln ein Gefühl von dauerhaftem Leben. Sie gewähren uns Sicherheit und Schutz. Ihre Größe und ihre Schönheit tragen dazu bei, dass wir uns intensiv mit ihnen verbinden. Sie bieten einen Lebensraum für Vögel, Insekten und viele andere Lebewesen und auch für uns – wenn nicht physisch, so doch emotional. Vielleicht liegt darin etwas Ursprüngliches, denn schließlich waren Bäume die Heimat unserer Vorfahren. Die Hominiden, Vorfahren des Menschen, bauten hoch über dem Waldboden Nester und Schlafplattformen, wo sie vor den Raubtieren unten auf der Erde sicher waren. Bäume erinnern mit ihren Ästen und Kronen an die menschliche Gestalt, und wir verleihen ihnen mehr als jeder anderen Pflanzenart menschliche Eigenschaften wie Ausdauer, Weisheit und Kraft.

Von hoch oben im Baum überblicken wir die ganze Umgebung. Und jeder, der gern auf Bäume klettert, hat sich von Ästen schon wie in einer Armbeuge wiegen lassen. Die beste Art des Festhaltens ist schützend und offen zugleich, sodass man sich sicher, aber nicht gefangen fühlt. Die meisten Babys, die das Stadium der Neugeborenen überschritten haben, fühlen sich am glücklichsten, wenn sie in vertrauten Armen gehalten werden und gleichzeitig hinausschauen und die Welt überblicken können.

Der amerikanische Psychiater und Psychoanalytiker Harold Searles beobachtete, dass Patienten, die einen Zusammenbruch erlitten hatten, oft stundenlang auf Bäume starrten und in ihnen eine Nähe fanden, die ihnen Menschen nicht boten.[2] Er glaubte, dies spiegele eine tiefe und uralte emotionale Verbundenheit mit der Natur wider, die wir in vielen Bereichen des täglichen Lebens nicht spüren, weil wir zu beschäftigt sind.

In der Autobiografie des Schriftstellers und Gelehrten Goronwy Rees gibt es ein markantes Beispiel für diese Art von Verbundenheit. In den späten 1950er-Jahren wurde Rees nach einem lebensgefährlichen Unfall ins Krankenhaus eingeliefert. Von seinem Bett aus sah er in einen kleinen Garten, den er intensiv in sich aufnahm. »Ich wurde so vollständig ein Teil davon«, schrieb er, »dass, wenn ich von Zeit zu Zeit einschlief, mir war, als ob die Bäume ihre langen, grünen Finger in das Krankenzimmer streckten und mich aufnahmen und umhüllten, bis ich erfrischt von der kühlen Berührung ihrer Blätter erwachte.«[3] Tagsüber, wenn er wach war, beruhigte und besänftigte ihn der Garten. Bei Einbruch der Nacht hingegen, wenn er den Garten nicht mehr betrachten konnte, überfiel ihn Panik. Mit seinen Erinnerungen und den schrecklichen Schmerzen seiner Verletzungen allein gelassen, blieb ihm nichts anderes übrig, als auf den Sonnenaufgang zu warten.

Rees fühlte sich von der Umarmung der Bäume in einer Weise gehalten und umsorgt, die auch die beständigste und aufmerksamste Krankenschwester nicht hätte aufbringen können – und abgesehen davon, hielt er sich, wie viele Patienten, mit seinen Ansprüchen sehr zurück. Wenn wir krank sind, ist es nicht immer leicht, auf der Empfängerseite der Pflege zu stehen. Wir wollen den anderen möglicherweise nichts zumuten und fühlen uns in ihrer Schuld; wenn wir uns jedoch der Natur öffnen, empfangen wir ihre Fürsorge ohne Einschränkungen.

In Winnicotts Modell der Entwicklungspsychologie spielt das frühkindliche Gefühl des Gehaltenwerdens eine zentrale Rolle.[4] Er schrieb: »Der Säugling fällt auseinander, wenn er nicht gehalten wird, und physische Pflege ist in diesem Stadium psychische Pflege.« Körper und Seele bilden zu Beginn des Lebens eine Einheit, das physische Halten ist zugleich auch ein emotionales Halten. Durch unsere früheste Erfahrung, gehalten und besänftigt zu werden, entwickeln wir ein Grundbild, das uns hilft, das Gefühl des Gehaltenwerdens wiederzuerwecken, wenn wir uns später angesichts von Schock und Bedrängnis »zusammenhalten« müssen.

Das Gefühl des Nichtgehaltenwerdens ist nach einem schweren Trauma besonders ausgeprägt. Winnicott erlebte dies ganz direkt, als er als Medizinstudent während des Ersten Weltkriegs mit Soldaten arbeitete, die an einer Bombenneurose litten. Diese Erfahrung hinterließ einen nachhaltigen Eindruck bei ihm. Anhand des beliebten Kinderliedes, das mit einer großen, eierartigen Figur namens Humpty Dumpty beginnt, die auf einer Mauer sitzt, veranschaulichte er später, was passiert, wenn das Halten scheitert. Als Humpty von der Mauer stürzt, heißt es: »Alle Pferde des Königs und all seine Mannen brachten Humpty Dumpty nicht wieder zusammen.« Winnicott schrieb die universelle Anziehungskraft des Liedes der ihm zugrunde liegenden psychologischen Erkenntnis zu, dass wir uns nicht gerne eingestehen, zusammenbrechen zu können, wenn wir einen ausreichend starken Schlag erhalten.[5]

Der Geograf Jay Appleton entwickelte in den 1970er-Jahren eine Psychologie der Landschaft, die auf dem Bedürfnis des Menschen basiert, selbst zu bestimmen,, wie weit er sehen kann, ohne selbst gesehen zu werden. Er glaubte, dass wir eine angeborene Vorliebe für Umgebungen haben, die Elemente der »Perspektive« mit Elementen des »Schutzes« verbinden. Seiner »Habitat-Theorie« zufolge bewerten wir unsere physische Umgebung automatisch im Hinblick auf mögliche Gefahren und Schutzmöglichkeiten.[6] In verschiedenen Kulturen gibt es eine Präferenz für parkähnliche oder savannenartige Landschaften, die sowohl Aussicht als auch Schutz bieten. Appleton glaubte, dass dies darauf zurückzuführen sei, dass im

Laufe der Evolution für das Überleben vorteilhafte Merkmale wie mit Bäumen bestandenes Grasland auf ästhetisch ansprechende Weise symbolisiert wurden. Gärten, die Ausblicke bieten und gleichzeitig geschützte Bereiche besitzen, befriedigen unser Bedürfnis nach Aussicht und Schutz. So wie körperliches oder emotionales Festhalten schützend und offen zugleich sein kann, so kann ein Garten ein Gefühl der Geborgenheit ohne Fallstricke bieten.

Sowohl in westlichen als auch in östlichen Kulturen boten umfriedete Gärten Schutz vor den Turbulenzen der Welt und den Turbulenzen des Geistes. Wenn wir einen von Mauern umgebenen Garten betreten, haben wir sofort das Gefühl, uns an einem wärmeren Ort zu befinden. Die Wärme der Sonne strahlt von den Mauern ab, und wir sind vor den Winden und Geräuschen der Außenwelt geschützt. Diese Konstellation ist besonders hilfreich für Menschen, die von einer posttraumatischen Belastungsstörung (PTBS) genesen, denn die Kombination von Geborgenheit und Offenheit erzeugt in ihnen ein starkes Gefühl der Sicherheit und Ruhe. Grundsätzlich ist ein Garten ein Raum, der frei von Angst ist.

Wer noch nie ein schweres Trauma erlebt oder mit traumatisierten Menschen gearbeitet hat, unterschätzt leicht die lang anhaltenden, destruktiven Auswirkungen von Traumata. Wir alle wissen, wie schnell der Körper reagiert, wenn wir uns bedroht fühlen, und wie schwer es ist, ein rasendes Herz oder zitternde Hände zu kontrollieren. Diese »Kampf oder Flucht«-Reaktion wird durch das Alarmzentrum des Gehirns, die Amygdala, ausgelöst, die sich tief im Inneren des Gehirns befindet und vom autonomen Nervensystem kontrolliert wird.

Wir leben mit unserer evolutionären Vergangenheit, oder besser gesagt: Sie lebt in uns weiter. So ist auch im Gehirn im Laufe der Evolution nichts verloren gegangen, und seine Struktur ist, wie der Neurowissenschaftler Jaak Panksepp es beschrieben hat, eine in sich »verschachtelte Hierarchie«.[7]

Die Schichten des Gehirns sind übereinandergefaltet, wobei die höheren kortikalen Teile die älteren Säugetier- und Reptilienstrukturen umschließen. Diese verschiedenen Strukturen kommunizieren über eine Vielzahl von neuronalen Netzen, die es uns ermöglichen, Erinnerungen, Empfindungen, Gedanken und Gefühle zu integrieren. Unter normalen Umständen ist das Gehirn ein Wunder der Konnektivität, aber ein Trauma stört diesen Zustand der Vernetzung tief greifend, weil die Aktivierung der Amygdala die Verbindungen zu den höheren Denkebenen des Cortex unterbindet. Wenn es ums Überleben geht, macht das Sinn, denn warum sollten wir nachdenken, wenn wir von einem Tiger verfolgt werden? Wenn dies jedoch in anderen Situationen passiert, scheint die Angst uns in Geiselhaft genommen zu haben – unsere Gedanken sind eingefroren, unser Gedächtnis versagt, und es fällt uns schwer, zusammenhängend zu sprechen.

Wenn jemand an einer PTBS leidet, wird dieses Gefühl, von der Angst in Geiselhaft genommen zu werden, Teil des täglichen Lebens. Die Aktivierung der Amygdala verändert auch die Art und Weise, wie auf das implizite Gedächtnis zugegriffen wird, sodass Ereignisse weniger erinnert als wiedererlebt werden. Traumatische Erinnerungen wiederholen sich als Flashbacks, als ob eine Erfahrung noch einmal durchlebt würde. Das Trauma wird also weder integriert noch zur Ruhe gebracht.[8] Wie in einem ständig wiederkehrenden Albtraum untergräbt das wiederholte Erleben eines Traumas allmählich das Gefühl der inneren Sicherheit. Die Welt erscheint immer unsicherer, und es entsteht ein konstanter Zustand der Wachsamkeit gegenüber möglichen Bedrohungsquellen. Dieser Zustand wird als Hypervigilanz bezeichnet und ist von einer dauerhaften Erschöpfung begleitet, sodass kaum Ressourcen für die Erholung bleiben. Die Betroffenen entwickeln alle möglichen Gewohnheiten, die darauf abzielen, ein essenzielles Sicherheitsgefühl zu schaffen, zum Beispiel das Bedürfnis, mit dem Rücken zur Wand zu sitzen.

Ein an einer posttraumatischen Belastungsstörung leidender und sich in einem konstanten Zustand der Angst und Erregung befindlicher Mensch, durch dessen Körper unkontrolliert Adrenalin gepumpt wird, kann nicht einfach als schwierig, manipulativ oder aggressiv abgestempelt werden. Andere leben in ihren sicheren Blasen und erkennen nicht die Ursache für die Angst und Erregung in einer Person, die unerwartet ausflippt und schreit. Oft gelangen Familienangehörige von PTBS-Patienten nach einiger Zeit ans Ende ihrer Kräfte, weil sie das Gefühl haben, ständig auf Eierschalen laufen zu müssen.

Der erste Schritt jeder Traumabehandlung besteht darin, wie die amerikanische Psychiaterin und Traumaexpertin Judith Herman schreibt, dass wir ein Gefühl der Sicherheit zurückgewinnen.[9] Die anderen von ihr skizzierten Phasen der Behandlung umfassen aktivere Interventionen, aber diese erste Phase ist von grundlegender Bedeutung. »Solange [die Sicherheit des Patienten] nicht in ausreichendem Maß gewährleistet ist, muss jede weitere Therapiearbeit erfolglos bleiben.« Wird ein Gefühl des Vertrauens und der physischen Sicherheit geschaffen, ist es für den Patienten nicht mehr notwendig, übermäßig wachsam zu sein und sich in die Defensive zu flüchten. Dies zeigt im Extrem etwas, das für uns alle gilt, denn nur, wenn wir uns sicher fühlen, sind wir in der Lage, unsere Verteidigungshaltung aufzugeben, und nur, wenn unsere Verteidigungshaltung nachlässt, können wir neue Erfahrungen zulassen, denn sonst wird es uns an der erforderlichen Selbstsicherheit mangeln. Für die Gartentherapie heißt das, dass der eingefriedete Garten schon für sich genommen ein therapeutisches Mittel darstellt.[10]

Wenn man durch das schmiedeeiserne Tor des Gartens in Headley Court in Surrey eintritt, wird man sofort in eine Welt versetzt, die einem weit entfernt erscheint von dem direkt angrenzenden Rehabilitationszentrum des Verteidigungsministeriums. Die Wahrnehmung der sicheren Einfriedung in Verbindung mit klaren Sichtlinien entlang der Wege schafft ein räumliches Erlebnis, in dem ein traumatisierter Mensch sich in seinem Drang nach Wachsamkeit entspannen kann. Die von der Gartentherapeutin Anna Baker Cresswell ins Leben gerufene Wohltätigkeitsorganisation HighGround führt hier ihr Gartentherapieprogramm durch. Nach den guten Therapieerfolgen ist nun der Umzug in einen größeren ummauerten Garten auf dem Gelände des neu errichteten Defence Medical Rehabilitation Centre (DMRC) in Stanford Hall in Nottinghamshire geplant.

Der Garten in Headley Court ist von hohen Eibenhecken umgeben. In seiner Mitte befinden sich ein großer Teich und ein Springbrunnen. Hinter den terrassenförmig angelegten, nach unten abfallenden Gemüsebeeten liegt ein Obstgarten. Als ich an einem Spätsommertag zu Besuch kam, registrierte ich allgegenwärtigen Überfluss. Die Blumenrabatten strotzten nur so von Farben – blauer und rosa Rittersporn und Massen von Kornblumen und Kosmeen hoben sich von einem wohltuenden grünen Rahmen ab.

Viele der am HighGround-Programm teilnehmenden Männer haben Kopfverletzungen oder Amputationen hinter sich und leiden häufig auch an posttraumatischen Belastungsstörungen (PTBS) . Die meisten Patienten müssen sich mehreren chirurgischen oder anderen medizinischen Eingriffen unterziehen, meistens erfordert das eine Abfolge von Krankenhausaufenthalten, zwischen denen sie immer wieder nach Hause entlassen werden. Die Gartentherapeutin in Headley Court, Carol Sales, stellt für jeden von ihr behandelten Patienten ein individuelles Programm zusammen. Sie plant ihre Aktivitäten so, dass sie von der Aussaat bis zur Ernte alles einmal durchgemacht haben und Gemüse und Blumen mit nach Hause nehmen können. Wenn man mit Carol spricht, spürt man ihre menschliche Wärme und ihr grandioses Engagement.

Für PTBS-Patienten sind oft spezifische, mit ihrem Trauma zusammenhängende Gerüche Auslöser für schmerzhafte Erinnerungen.[11] Ein typischer Auslöser für Menschen, die in Kampfhandlungen verstrickt waren, ist der Geruch von Diesel oder Brandgeruch. In einem Therapiegarten besteht jedoch keine Gefahr, solchen Gerüchen zu begegnen. Im Gegenteil, die duftenden Pflanzen, die Carol in Headley Court züchtet, haben eine beruhigende und wohltuende Wirkung. Ihre Patienten berichten, dass sich innerhalb von wenigen Minuten nach dem Durchschreiten des schmiedeeisernen Tors ihre Herzfrequenz verlangsamt.

Gärten unterstützen in besonderem Maß die körperliche Entspannung. Pflanzen mögen manchmal stachelig oder giftig sein, aber sie werden niemals eine plötzliche Bewegung machen oder uns anfallen; wir müssen also nicht auf der Hut sein, wenn wir von ihnen umgeben sind. Auch das leise Rauschen des Windes in den Bäumen beruhigt und trägt dazu bei, andere potenziell störende und aufdringliche Geräusche herauszufiltern. Darüber hinaus wirkt die Farbe Grün auf die Augen so besänftigend, dass sie keiner zusätzlichen Gewöhnung bedarf.[12] Grün und Blau wirken automatisch dämpfend auf unseren Erregungsspiegel. Die Ärztin Ester Sternberg, die ein Buch über heilende Räume geschrieben hat, bezeichnet die Farbe Grün als den »Standardmodus für unser Gehirn«. Sie erklärt, dass das Photopigmentgen, das als Erstes in der Evolutionsgeschichte auftauchte, am empfindlichsten auf die spektrale Verteilung des Sonnenlichts und auf die Wellenlängen des von grünen Pflanzen reflektierten Lichts reagieren würde. Es überrascht daher nicht, dass die Menge der Grünpflanzen in einem Garten in direktem Zusammenhang mit seiner regenerierenden Wirkung steht.

Roger Ulrich, Professor für Architektur an der Chalmers Universität in Schweden, hat als einer der Ersten mit Messungen an Herz, Haut und Muskeln die positiven Auswirkungen der Natur auf die menschliche Stressreaktion untersucht.[13]

Seine Untersuchungsergebnisse während der letzten drei Jahrzehnte haben immer wieder gezeigt, dass die regenerierende Wirkung der Natur auf das Herz-Kreislauf-System innerhalb weniger Minuten im Körper nachweisbar ist. Die unmittelbar eintretende beruhigende Wirkung des Gartens zeugt von der Schnelligkeit und Sensibilität, mit der das Gehirn unsere sensorischen Erfahrungen verarbeitet und unsere physiologischen Reaktionen anpasst. Die Aktivität des vegetativen Nervensystems, das für unsere Kampf- oder Fluchtreaktion verantwortlich ist, wird reduziert, während der Parasympathikus, der einen für die Verdauung der Nahrung und die Rückgewinnung von Energie notwendigen Ruhezustand hervorruft, aktiviert wird. Es ist unbestreitbar ein Überlebensvorteil, wenn man angenehm entspannt ist und sich aus einer blühenden und Leben spendenden Umgebung nicht fortbewegen möchte. Man glaubt, dass diese vegetativen Reaktionen unseren entfernten Vorfahren geholfen haben, Umgebungen auszuwählen, in denen sie größere Überlebenschancen hatten.

Während Veränderungen der Herzfrequenz und des Blutdrucks[14] innerhalb von Minuten nachdem man einer natürlichen Umgebung ausgesetzt ist, nachweisbar sind, dauert der Abbau des Stresshormons Cortisol[15] etwas länger; der Cortisol-Spiegel fällt typischerweise erst nach 20 bis 30 Minuten ab. Wenn die Werte über lange Zeiträume erhöht sind, hat Cortisol eine schleichend schädigende Wirkung, weil es das Immunsystem unterdrückt und den Stoffwechsel von Glukose und Lipiden stört. Es beeinträchtigt auch das Gedächtnis durch seine zerstörerische Wirkung auf die Neuronen im Hippocampus und hemmt die Produktion des vom Gehirn abgeleiteten Wachstumsfaktors BDNF, der gesundes Wachstum und gesunde Erneuerung fördert. So gesehen ist anhaltender Stress Gift für das Gehirn. Diese Auswirkungen erschweren nicht nur das Lernen, sondern tragen auch dazu bei, dass das Leben massive Einschränkungen erfährt.

Ein umfriedeter Garten wie Headley Court ist wie eine konzentrierte Dosis von blühender Natur und kann dem Stress massiv entgegenwirken. Gemäß Carol ist das Gewächshaus in der Mitte des Gartens der Ort, an dem sich die Männer am sichersten fühlen. Der Duft von Rosengeranien, lieblichen Alpenveilchen und anderen Blumen macht es zu einem beruhigenden und produktiven Refugium. Der Raum bietet Schutz, wodurch die Aufmerksamkeit der Patienten, die sonst ihre Umgebung abtasten würden, auf die anstehende Aufgabe gelenkt wird. Bei meinem Besuch im Gewächshaus fiel mir besonders ein Mann auf, der ganz darin vertieft war, Tomaten zu pflücken, während er die Sonnenwärme in sich aufsog. Für die meisten von uns ist es selbstverständlich, dass wir uns auf das, was wir tun, konzentrieren können, aber für traumatisierte Menschen ist es ein großer Schritt nach vorn und hilft ihnen, eine gewisse Selbstkontrolle zurückzugewinnen.

Die Pflege von Pflanzen erfordert Achtsamkeit. Pflege, die unaufmerksam oder gedankenlos durchgeführt wird, ist keine echte Pflege. Wahre Fürsorge bedeutet, für unser Gegenüber empfänglich zu sein, uns auf die Bedürfnisse eines anderen oder auf anderes einzustellen und uns darauf zu konzentrieren. Carol hilft den Patienten in Headley Court, genau diese Fähigkeit zu entwickeln. Am Anfang fällt es ihnen oft schwer, sich auf das eigene Tun zu konzentrieren, aber mit etwas Übung können sie jede Aufgabe aufmerksam erledigen. Carol nennt das »Therapie im Verborgenen«.

Ein Trauma behindert die rechtzeitige Verarbeitung von Erfahrungen, weil die Vergangenheit ständig in die Gegenwart eindringt. Das Einüben von Achtsamkeit erfordert die Konzentration auf den gegenwärtigen Moment und kann so zu einer Umkehrung dieses Phänomens beitragen.[16] Gedanken, Gefühle oder Erinnerungen, die diesen Prozess stören, werden nicht weiterverfolgt oder bewertet, sondern lediglich zur Kenntnis genommen. Die Aufmerksamkeit kann sich also wieder der Gegenwart zuwenden. Wenn Carol mit einem ihrer Patienten Möhren ausgräbt, die sie dann mit ihm gemeinsam wäscht und isst, fordert sie ihn auf, seinen Empfindungen nachzugehen und mit ihr über den Geschmack und die Textur der Möhre zu sprechen. Wenn sie Unkraut jäten oder Sämlinge auspflanzen, bremst sie den Arbeitsprozess absichtlich etwas ab, damit die Patienten die Farben der Blumen und die Insekten auf der Suche nach Pollen und Nektar wahrnehmen können. Sie versucht die ganze Zeit, sie in der Gegenwart zu halten. Wenn unser Bewusstsein auf Alarmstufe Rot agiert, ist es schwierig, sich zu entspannen und sich Erfahrungen zu öffnen; es ist jedoch entscheidend, diese Fähigkeit wiederzuerlangen, weil sie uns darin unterstützt, der Gegenwart die Priorität einzuräumen. Studien zeigen, dass Achtsamkeit die Signale an die Amygdala reduziert und dazu beiträgt, die neuronale Aktivität im Gehirn wieder stärker zu integrieren.[17]

Carol erzählte mir von einem Soldaten namens Rob, der seine Freizeit schon immer gerne im Freien verbracht hatte. Nachdem er bei einer Explosion beide Beine verloren hatte, sah er für sich keine Zukunft mehr. Rob war schon längere Zeit im Krankenhaus gewesen, bevor ihn seine Neugier in den Garten trieb. Carol begann mit ihm im Gewächshaus zu arbeiten. Nach ein paar Terminen entschied er sich dann, es mit Umgraben im Freien zu versuchen. Er erlebte einen richtigen »Aha-Moment«, erzählte sie mir, als er merkte, dass er sogar mit seinen Prothesen umgraben konnte. Nach dieser Erfahrung kam er, so oft es ging, in den Garten. Als Rob entlassen wurde, gab Carol ihm einige Pflanzen mit nach Hause, die er in seinem eigenen Garten weiter versorgen konnte.

Es ist wichtig, jemanden wie Rob zu motivieren, die Gartenarbeit nach dem Krankenhausaufenthalt fortzusetzen, da die Patienten nur für die relativ kurze Dauer ihrer Rehabilitationsbehandlung in HighGround sind. Wenn sie zu Hause nichts haben, was sie nach draußen bringt, bleiben viele von ihnen im Haus und sind auf Fernsehen und Internet angewiesen, um Anregungen aus der Außenwelt zu erhalten. Carol sagt, dass die Männer dies gern als ein Sich-in-die-Höhle-zurückziehen rechtfertigen, aber tatsächlich ist es viel problematischer, denn tatsächlich führt die Inaktivität zu einem fast vollständigen Rückzug aus dem Leben.

Es ist wichtig, zwischen Rückzug und Zuflucht zu unterscheiden, weil damit unterschiedliche psychische Auswirkungen verbunden sind. Ein Rückzug ist eine defensive, meist rückwärtsgewandte Bewegung. Ein Zufluchtsort ist ein Haltepunkt – ein Ort der Ruhe, aus dem wir gestärkt hervorgehen und uns wieder auf das Leben einlassen können. Als Jay Appleton feststellte, dass ein »universelles Merkmal des primitiven Menschen, das sich von Natur aus auf seine modernen Nachkommen übertragen hat, der Wunsch ist, zu sehen, ohne gesehen zu werden«, wies er auf eine in unserer Psyche tief verwurzelte voyeuristische Tendenz hin.[18] Das Internet befördert diesen Wunsch, und da es einen Blick auf die Welt zulässt und gleichzeitig den Rückzug erleichtert, kann es zu einem Rückzugsort werden, der die Menschen immer weiter vom wirklichen Leben entfernt. Der Garten als Zufluchtsort hält jedoch die Verbindung zur Lebenswirklichkeit aufrecht und verschafft gleichzeitig eine Atempause. Wichtig ist dabei, dass er auch den Weg in die Außenwelt weist.

Ein ganz elementarer Vorteil des Aufenthalts im Freien ist die Tageslichtexposition. Wir vergessen leicht, dass Licht eine Form von Nahrung ist.[19] Aus dem Sonnenlicht, das auf unsere Haut fällt, bildet unser Körper das Vitamin D; das blaue Licht der Sonnenstrahlen setzt unseren Schlaf-Wach-Zyklus in Gang und reguliert die Geschwindigkeit, mit der Serotonin im Gehirn produziert wird. Serotonin sorgt für ein grundlegendes Wohlbefinden, es reguliert unsere Stimmungen und fördert die Empathie. Es beeinflusst auch unser Denken und Handeln, weil es Aggressionen abbaut, reflexives Denken fördert und unsere Impulsivität dämpft. Es gibt immer mehr Hinweise, dass die posttraumatische Belastungsstörung mit einer Funktionsstörung des Serotoninsystems einhergeht. Dadurch geraten die Betroffenen in einen Teufelskreis, denn bei Serotoninmangel wird die Schwelle für die Aktivierung der Amygdala herabgesetzt, sodass der Körper immer schneller auf Stress reagiert.[20]

Das gesamte Serotonin im Gehirn wird von zwei Neuronenbündeln abgeleitet, die sich tief im Hirnstamm befinden und als Serotonin-Raphe-Kerne bezeichnet werden. Von dort strahlen sie weit in die übrigen Bereiche des Gehirns aus. Professor David Nutt vom Imperial College in London ist ein Experte für das Serotoninsystem. Er hebt hervor, dass sich das menschliche Gehirn evolutionär gesehen überaus schnell entwickelt hat und dass, während die kortikale Ausdehnung des Gehirns zu einer Verachtfachung seiner Größe führte, die Serotonin-Raphe-Kerne unverändert geblieben sind. So gesehen sind wir konstitutionell anfällig für einen Serotoninabbau, eine Situation, die für unsere frühen Vorfahren durch reichlich Sonnenlicht, Bewegung und Kontakt mit der Erde gelöst wurde – alles Faktoren, die dazu beitragen, den Serotoninspiegel zu erhöhen.

Bewegung wirkt sich stimmungsaufhellend aus, da die Konzentration von Neurotransmittern wie Endorphinen und Dopamin sowie Serotonin ansteigt.[21] Sie fördert auch die Freisetzung des vom Gehirn abgeleiteten neurotrophen Faktors (BDNF) und kann eine Aufwärtsspirale in Gang setzen, in der sich die Wirkung von Serotonin und BDNF gegenseitig verstärkt. Darüber hinaus hat körperliche Bewegung eine unmittelbar integrierende Wirkung auf das Gehirn, die die bei PTBS auftretenden, abnormal niedrigen Aktivitätsniveaus im präfrontalen Cortex umkehren kann.

Kürzlich wurde eine weitere positive Auswirkung von körperlicher Bewegung entdeckt.[22] Anhaltende Stresszustände sind mit erhöhten Konzentrationen eines Metaboliten namens Kynurenin verbunden, der mit entzündlichen Veränderungen im Gehirn in Zusammenhang gebracht wird. Wenn wir die großen Beinmuskeln benutzen, aktivieren wir ein Gen, das den Kynurenin-Stoffwechsel verringert. Es ist schon lange bekannt, dass sich Bewegung positiv auf das Gehirn auswirkt, aber diese Erkenntnis zeigt, dass der Muskelstoffwechsel eine spezifische Antistresswirkung haben kann.

Insbesondere ein Aspekt der Umwandlung von »passiv zu aktiv« stärkt die Bedeutung der Gartenarbeit grundlegend. Robert Sapolsky, Professor für Neurowissenschaften an der Universität Stanford, hat festgestellt, dass Stress bei Primaten auf eine viel schädlichere Weise verinnerlicht wird, wenn er physisch nicht abreagiert werden kann.[23] Grundsätzlich hilft körperliche Bewegung beim Stressabbau, aber je angenehmer oder absorbierender die Bewegung ist, desto stärker ist ihre Wirkung. Noch besser ist die Bewegung im Freien – Green Exercise.[24] Es hat sich gezeigt, dass das sogenannte Grüne Training wirksamer zur Senkung des Stressniveaus und zur Verbesserung der Stimmung und des Selbstwertgefühls beiträgt als ein Besuch im Fitnessstudio. Der Garten bringt uns in Schwung. Auf einem Trainingsgerät werden vielleicht die Minuten gezählt, doch nicht so im Garten. Dort ist keine Trainingszeit angesagt, sondern einfach Gartenzeit.

Der Geruch von feuchter Erde trägt zu unserer Freude beim Graben im Garten bei. Das als Geosmin bekannte Aroma wird durch die Aktivität von Bodenbakterien, den Actinomyceten, freigesetzt und hat auf die meisten Menschen eine angenehme und beruhigende Wirkung.[25] Der Geruchssinn des Menschen ist dafür bemerkenswert sensibel, vermutlich weil er unseren prähistorischen Vorfahren beim Aufspüren wichtiger Lebensquellen geholfen hat. Manche Menschen nehmen diesen Geruch sogar bei einer Konzentration von nur fünf Billionstel (5 ppt) noch wahr.

Im Garten zu graben wirkt nicht nur über die Bewegung und die Gerüche stimmungsaufhellend, sondern trägt auch aufgrund der direkten Einwirkung anderer Bodenbakterien zur Regulierung des Serontoninspiegels bei. Vor etwa zehn

Jahren entdeckte der Neurowissenschaftler Christopher Lowry, dass geringe Mengen eines häufig im Boden vorkommenden Bakteriums den Serotoninspiegel im Gehirn erhöhen können. Die Vacca-Bakterien *(Mykobacterium vaccae)* entwickeln sich in Böden, die mit Dung und Kompost angereichert wurden, und wenn wir Unkraut jäten oder die Erde umgraben, nehmen wir sie über die Atmung auf.

Die Vacca-Bakterien, die zur Regulierung des Immunsystems beitragen, sind erst vor Kurzem als »old friends« anerkannt worden, jene symbiotischen Bakterien, die die Evolution des Menschen von jeher begleiteten.[26] Lowry stellte in seinen Experimenten fest, dass Mäuse, denen Vacca-Bakterien gespritzt werden, geringere Entzündungswerte und eine erhöhte Stressresistenz aufweisen. Andere Studien zeigten, dass Mäuse, die Vacca-Bakterien konsumieren, für einen Labyrinth-Test nur halb so lange brauchen wie andere Mäuse. Bei weiteren Forschungsarbeiten kam heraus, dass diese Bakterien durch noch unbekannte Mechanismen die im Gehirn ansässigen Gärtner, die Mikrogliazellen, aktivieren, sodass Entzündungswerte im Gehirn reduziert werden. Sie wirken auch direkt auf den Teil des Serotoninsystems, der den präfrontalen Cortex und den Hippocampus mit Serotonin versorgt. Das könnte erklären, warum die Mäuse in diesen Experimenten auch Anzeichen einer besseren Stimmungsregulierung zeigten und weshalb sich ihre kognitive Funktion und ihr Gedächtnis verbesserten.

In welchem Ausmaß Vacca-Bakterien beim Menschen wirken, ist noch nicht geklärt. Es könnte sich als schwierig erweisen, ihren Wirkungsgrad in einer Gartenumgebung zu messen, nicht zuletzt, weil es dort so viele andere Aspekte gibt, die sich physisch wie psychisch positiv auswirken. Dennoch haben die Ergebnisse das Forscherteam vor die Frage gestellt, ob wir nicht alle viel mehr Zeit damit verbringen sollten, im Dreck zu spielen.

Von den Vacca-Bakterien abgesehen, gibt es vermutlich

noch andere im Boden häufig vorkommende Bakterienstämme, die unsere psychische Gesundheit fördern.[27] Ein einziger Teelöffel Gartenerde enthält ungefähr eine Milliarde Mikroben, daher überrascht es nicht, dass Gärtner ein auffallend vielfältiges, gesünderes Spektrum an Darmbakterien aufweisen. Verschiedene Studien stützen die Annahme, dass diverse bakterielle Metaboliten, die im Darm produziert werden, zur Aktivierung des Vagusnervs beitragen, der Teil unseres parasympathischen Ruhe- und Verdauungssystems ist, und dass andere Stoffwechselprodukte eine Art »Wechselgespräch« mit den Mikrogliazellen führen, wodurch das Gehirn weitgehend vor Entzündungen geschützt wird.

Sonnenlicht, Bewegung und der Kontakt mit der Erde sind die wichtigsten Faktoren bei der regenerierenden Wirkung der Gartenarbeit auf das Nervensystem. Wenn ein schwerer Verlust verarbeitet werden muss, ist auch die metaphorische Bedeutungsebene in einem Garten entscheidend. In einem traumatisierten Zustand ist die Fähigkeit der Psyche zur Symbolbildung eingeschränkt; der Garten bietet jedoch ein gebrauchsfertigtes Set von Symbolen, die zum psychischen Rettungsanker werden können. Carol gab mir ein denkwürdiges Beispiel dafür. Die alten gekappten Maronenbäume im Obstgarten von Headley Court ziehen ihre Patienten auf magische Weise an. Manchmal sprechen sie davon, dass sie auf ihre breiten Stümpfe hinaufklettern wollen. Sie stellen sich vor, wie sie dann zwischen den nachgewachsenen Ästen sitzen. Gekappte Bäume sind ein lebendiges Symbol des Überlebens. Ihre Äste wurden abgesägt und zurückgeschnitten, die Bäume haben aber einen Weg gefunden, weiterzuwachsen – genau wie die verletzten Soldaten, die ebenfalls einen Weg zur Erneuerung finden müssen.

Dorthe Poulsen und Ulrika Stigsdotter arbeiten an einem Forschungsprojekt mit dänischen Veteranen.[28] Sie beschreiben, wie die ehemaligen Soldaten in der Nähe von Bäumen

Sicherheit gewinnen und dass die Bäume zu einem primären Fokus für ihre Wiederanbindung an das Leben werden. Das Projekt wird im Hørsholm Arboretum nördlich von Kopenhagen durchgeführt. Tief im Inneren des Parks befindet sich, wie eine Enklave im Wald, der Garten Nacadia. Man erreicht den Garten über einen breiten, von Magnolien und Rhododendren gesäumten Weg. Nadelbäume – einige von ihnen sind selten und sehr alt – ragen in den Himmel; Vogelgesang erfüllt die Luft. Durch ein Holztor kommt man in einen Laubengang, der in den Garten führt. Auf dem zwei Hektar umfassenden Grundstück befinden sich ein Gewächshaus, ein See und ein Bach. Es gibt Rastplätze mit Liegestühlen, Hängematten, die zwischen Bäumen aufgehängt sind, und Gemüsebeete.

Dorthe Poulsen und Ulrika Stigsdotter beobachteten, dass die meisten Veteranen bei ihrer Ankunft einen Baum oder einen Lagerplatz suchten und dort ihren eigenen besonderen Ort der Sicherheit fanden. Einige nutzten die Baumplattformen, die auf dem Gartengelände errichtet worden waren, während andere unter dem großen Mammutbaum saßen, der mit seinen niedrigen Ästen ein ausgeprägtes Gefühl der Geborgenheit vermittelt. Ein Veteran sprach davon, wie ihm allein schon die Nähe eines Baumes Linderung verschaffte. »Da ist ein Baum, und ich sitze hier – keine Erwartungen, keine Fragen, einfach nichts.« Ein anderer sagte, dass er sich zum ersten Mal sicher genug fühle, die Augen zu schließen. In der Pflanzenwelt gleicht der Mammutbaum einem sanften Riesen. Ein Veteran, der sich besonders zu ihm hingezogen fühlte, beschrieb seine starke taktile Beziehung zu ihm: »Wenn man ihn berührt, fühlt er sich fast porös und irgendwie gemütlich an. Er hat eine so dicke Rinde, mit der er sich schützt. Er gibt mir hier Frieden. Er hat eine richtig majestätische Ausstrahlung – so ein alter Baum.«

Die Bindung, die wir zu Bäumen aufbauen, unterscheidet sich diametral von unserer Bindung zu winzigen Sämlingen.

Ein Sämling ist so viel kleiner als wir, wir pflegen und schützen ihn. Doch im Schatten eines Baumes sind wir es, die klein sind und uns auf seine große Kraft stützen. Die Bindung zu den Bäumen besitzt eine stark präverbale Komponente, denn wir alle sehnen uns manchmal danach, unsere tiefsten Gefühle ohne Worte mitzuteilen. Es ist vielleicht ein natürlicher Impuls, Ängste und Leiden, die schwer zu artikulieren sind, auf eine Lebensform zu übertragen, die keiner Worte bedarf. In James Frazers klassischer Darstellung der Mythologie und Religion mit dem Titel *Der goldene Zweig* finden wir Beispiele aus der ganzen Welt für alte Riten der Baumanbetung, die darauf hindeuten, dass dieser Impuls tief in der Psyche verwurzelt ist.[29] In manchen Ritualen werden Krankheit, Trauer oder Schuld symbolisch auf einen Baum übertragen; sie sind Ausdruck des Glaubens, dass ein Baum die Last menschlichen Leidens tragen kann. Als würde ein Baum uns in seiner stummen und beruhigenden Gegenwart mit allem, was uns quält, annehmen und vor unserer Einsamkeit, unserer Trauer oder unserem Schmerz nicht zurückschrecken.

Alles, was in einem Garten geschieht, vollzieht sich langsam. Die Blumen, Sträucher und Bäume wachsen ruhig in ihrem eigenen Tempo, und so ist es auch mit den Menschen. Die Genesung von einem schweren Trauma verläuft notwendigerweise über längere Zeit hinweg. Nehmen wir das Beispiel von Eddie, einem ehemaligen Soldaten in den Vierzigern, den ich in einem Gartenbauprojekt der Wohltätigkeitsstiftung Thrive kennenlernte. Er hatte fast zwei Jahre lang an diesem Projekt teilgenommen und stand kurz davor, eine gartenbauliche Qualifikation zu erwerben.

Zu Beginn seiner Tätigkeit war Eddie sehr verunsichert. Er war sprunghaft und misstrauisch; er musste erst wieder lernen, mit der Nähe anderer Menschen umzugehen. Gartentherapeuten kennen diese Verhaltensweisen; sie müssen erkennen, wann jemand zur Zusammenarbeit mit anderen

Menschen bereit ist. In den ersten Monaten war Eddie mehrmals nahe daran, seine Teilnahme an dem Projekt abzubrechen, aber allmählich schwand sein Misstrauen, und seine Sprunghaftigkeit ließ nach; nach wie vor arbeitete er jedoch möglichst immer noch lieber allein.

Traumata führen zu extremer Selbstisolierung. Während andere Beziehungsformen anfangs vielleicht als Bedrohung empfunden werden, kann der Aufenthalt in der Natur dazu beitragen, diese Abschottung gegenüber anderen aufzubrechen. Dies erlebte ich, als Eddie auf einem Rundgang auf dem Gelände an einem Eukalyptusbaum innehielt. »Ich gehe hier nie vorbei, ohne dies zu tun«, sagte er, pflückte ein paar Blätter, zerrieb sie und atmete ihren Duft ein. Er gab mir einige Blätter und forderte mich auf, das Gleiche zu tun. Dabei erklärte er: »Das gibt mir immer einen mentalen Kick.« Ich spürte es ebenfalls, denn der Geruch von Eukalyptus erfrischt Geist und Seele. Es fiel mir auf, dass diese Interaktion mit dem Baum für ihn zu einem Ritual geworden war, zu einer Art formalisierter Begrüßung, die er jedes Mal vollzog, wenn er an ihm vorbeiging. Eddie hatte sich in jeder Hinsicht mit diesem Baum angefreundet und mit ihm verbunden, und es wurde deutlich, wie sehr dies vor allem während der ersten Monate im Projekt zu seiner Stabilisierung beigetragen hatte.

Bis zu diesem Moment beim Eukalyptusbaum hatte Eddie keinen Augenkontakt mit mir hergestellt. Nun schenkte der Baum ihm irgendwie die dafür notwendige Sicherheit. Ich betrachtete sein Gesicht, das trotz seines Alters einen jungenhaften Ausdruck behalten hatte. Als ich seiner Geschichte zuhörte, fixierte er mich mit seinen grauen Augen. Er hatte sich im Alter von achtzehn Jahren zur Armee gemeldet, mit Ende zwanzig zeigten sich dann die ersten Anzeichen seiner Probleme. Eddie begann im Schlaf zu schreien und wachte häufig ruckartig auf. Wann immer er vom Dienst nach Hause kam, war er sprunghaft und misstrauisch. Er erzählte, wie schwer es ist, wenn man seinen Feind nicht sehen kann und immer denkt: »Was hat dieser Mensch jetzt vor? Wird das Auto explodieren?« Alkohol wurde zu einer Art Selbstmedikation. Obwohl es ihm gelang, sein Leben im Griff zu behalten, machte er allmählich eine Persönlichkeitsveränderung durch und verlor seine unbekümmerte und redselige Wesensart.

Eddies Probleme spitzten sich schließlich zu, als sein Alkoholkonsum eskalierte und seine Ehe zerbrach. Vorübergehend wohnte er in seinem Auto. Bald darauf wurde er ins Krankenhaus eingeliefert, wo er eine kognitive Verhaltenstherapie machte und an einem gruppentherapeutischen Wutbewältigungstraining teilnahm. Eddies Geschichte ist nicht ungewöhnlich, denn im Durchschnitt dauert es elf bis dreizehn Jahre, bis ein Veteran mit einer posttraumatischen Belastungsstörung Hilfe sucht. Zu diesem Zeitpunkt befindet sich der Betreffende meist in einer kritischen Situation. Wie im Fall von Eddie zerbricht bei vielen am Ende die Ehe; sie verlieren ihre Arbeit und auch ihr Zuhause, wobei etwa 75 Prozent von ihnen alkoholabhängig sind. In den Streitkräften ist es schwierig, offen damit umzugehen, dass man im Leben nicht mehr zurechtkommt. Eddie meinte, er habe Jahre damit verbracht, diesen Wahnsinn allein zu bekämpfen. »Es ist reiner Stolz, dass man es nicht zugeben kann«, sagte er. Trotzdem vermisste er das Leben in der Armee und sprach nostalgisch über die Kameradschaft.

Scham ist nicht nur ein großes Hindernis bei der Suche nach Hilfe, sie behindert einen auch dabei, Unterstützung in Anspruch zu nehmen, wenn sie endlich verfügbar ist. Eddie erzählte mir, wie misstrauisch er anderen gegenüber war, als er mit der Gartenarbeit anfing. Und fügte hinzu: »Zugegeben, ich war voreingenommen. Ich dachte, was soll ich hier unter Menschen, die psychische Probleme haben?« Die Natur hingegen bietet eine Umgebung, in der sich die Menschen so akzeptiert fühlen können, wie sie sind. Eddie war hin- und hergerissen, wenn es darum ging, Hilfe von anderen Menschen anzunehmen; der aufmunternde Duft des Eukalyptusbaums war jedoch ein Gratisgeschenk der Natur, und es gab keinen Grund, sich zu schämen, wenn man sich von einem Baum aufmuntern ließ.

Es ist bezeichnend, dass die erste Verbindung, die Eddie im Garten der Wohltätigkeitsorganisation Thrive herstellte, auf die reinigenden und erhebenden Düfte eines Baumes zurückzuführen war. Es ist schwer, sich neuen Erfahrungen zu öffnen, wenn wir uns seelisch vergiftet fühlen. Ein Geruch kann diesen Effekt jedoch ausschalten. Der Geruchssinn ist der mächtigste und primitivste unserer Sinne, denn die Nase steht in direkter Kommunikation mit der Amygdala und den tief im Gehirn liegenden Zentren für Emotionen und Erinnerung. Es sind Teile des Gehirns, die sich gemeinsam aus dem Geruchssystem entwickelt haben, weshalb Emotionen, Gedächtnis und Gerüche so eng miteinander verbunden sind.

Für traumatisierte Veteranen wie Eddie ist die Zuwendung zum Leben ein schrittweiser Prozess, weil es Zeit braucht, bis sich die bei posttraumatischen Belastungsstörungen auftretenden Veränderungen im Gehirn regenerieren. Aus diesem Grund ist es so wichtig, dass existenzielle Sicherheit immer wieder neu erfahren wird und die lebensbejahenden Gefühle, die durch das Trauma ausgeschaltet oder eingeschränkt wurden, gestärkt werden.

Eddie sprach mit Leidenschaft darüber, wie sich seine Beziehung zum Garten entwickelt hatte. »Man sieht so viele schöne Dinge«, sagte er. Dies habe in ihm das Gefühl geweckt, dass »es einen Gott gibt, etwas Größeres als ich«. Für ihn war es eine überraschende Erfahrung, Teil von etwas Größerem zu sein. »In der Natur ist alles ineinander verflochten, alles hat einen Sinn – die Bienen, die bestäuben, die Schädlinge, die von anderen gefressen werden. Die Blumen und die Pflanzen, warum wachsen sie?« Er beantwortete seine Fragen nicht und erwartete auch von mir keine Antwort. Aber er lehnte sich zurück und sah mich an. Dann rief er aus: »Wow! Die Farbe. Sie richtet dich einfach auf!«

Innerhalb der sicheren Einfriedung dieses Gartens hatte Eddie seine Liebe zur Natur und seine Religiosität wiederentdeckt. Dieses Gefühl der Naturverbundenheit reicht bis in seine Kindheit zurück. Er erinnerte sich daran, wie er als Junge in den Park ging. »Ich lief meilenweit zum Fluss hinunter«, erzählte er und fügte hinzu: »Es gab kleine, geheime Orte, wie versteckte Oasen. Es war die unberührte Natur.«

Durch die Verinnerlichung eines solchen Ortes entsteht im Kopf eine Landschaft – eine innere Ressource, die regenerierend wirkt. Als Eddie mir das alles erzählte, hatte ich das Gefühl, dass der Garten ihm half, sich wieder mit etwas Unbeschädigtem in seiner Seele zu verbinden. Die Art und Weise, wie er seine aktuellen Erfahrungen im Garten mit seinen kindlichen Naturerlebnissen verknüpfte, zeigte, dass seine Selbstwahrnehmung gestärkt wurde und er sein Identitätsgefühl zurückgewann. Wie er sagte, ist in der Natur alles »ineinander verflochten«. Die Arbeit mit Pflanzen und der Erde hatte ihn wieder befähigt, inneren Frieden zu erfahren.

Als der bedeutende amerikanische Psychiater Karl Menninger nach dem Zweiten Weltkrieg in Kansas mit traumatisierten Veteranen zu arbeiten begann, beeindruckte ihn, wie sehr die Arbeit mit Pflanzen seinen Patienten half, sich dem Leben wieder zu öffnen. Eddies Erfahrung entspricht dieser Beobachtung. Während seines gesamten Berufslebens förderte Menninger die Gartentherapie als wertvolle Ergänzung zur psychiatrischen Behandlung. Dabei beschrieb er die Gartenarbeit als eine Tätigkeit, »die das Individuum nahe an die Erde und nahe an Mutter Natur bringt, nahe an die Schönheit, nahe an das unergründliche Mysterium von Wachstum und Entwicklung«.[30] Menninger erkannte, dass Menschen im Garten eine besondere Art von Nähe empfinden – eine Nähe, die nichts mit anderen Menschen zu tun hat.

Im Garten befand sich ein neu angelegtes Beet, das Eddie weitgehend allein bearbeitet und mit Blumen und Gräsern bepflanzt hatte. Zu sehen, wie aus dem »Brachland etwas

Schönes wurde«, bereitete ihm große Genugtuung. Der Boden war verdichtet worden, und es bedurfte harter körperlicher Arbeit, um ihn zu rekultivieren – eine Form der Anstrengung, die gut geeignet ist, Gefühle der Wut und Frustration zu entgiften. Als er erklärte, wie sehr ihn diese Arbeit aufbaute, blieb er stehen und zeigte auf ein Beet: »Das ist es«, rief er aus, »das kleine Beet dort drüben. Das war ich!« Eddies Worte verrieten das Ausmaß seiner Identifikation, als hätte er bei der Umgestaltung dieses Fleckchens Erde auch sich selbst neu aus dem Brachland erschaffen.

5 Natur in der Stadt

Die Freude an den erlesensten Naturszenen des Landes und den damit verbundenen Erholungsmöglichkeiten ist also ein Monopol ganz eigener Art der wenigen sehr reichen Menschen. Die große Masse der Gesellschaft, einschließlich derjenigen, die am meisten davon profitieren könnten, ist davon ausgeschlossen.
Frederick Law Olmsted (1822–1903)[1]

In einer Ecke meines Gemüsegartens wachsen einige Lupinen. Obwohl sie in der Erde von Hertfordshire wurzeln, versetzen sie mich zur Blütezeit im Sommer jedes Mal in ein Tal tief im Herzen von Kreta.

Dieses kleine Lupinenfeld weckt Erinnerungen an eine Reise, die ich mit Tom unternahm, um Kretas Reichtum an Wildblumen zu entdecken. Wir wohnten in einer abgelegenen Taverne, deren Besitzer sich uns als Führer angeboten hatte. Zu dritt machten wir uns auf den Weg, plauderten und blieben da und dort stehen, um Pflanzen zu betrachten oder den überall wachsenden zarten wilden Spargel zu kosten. Irgendwann machten Tom und Lambros einen Umweg, um sich einen bestimmten Baum anzusehen, während ich über den kurvenreichen Pfad in meinem eigenen Rhythmus weiterging.

Hinter einer Wegbiegung eröffnete sich plötzlich vor mir ein Olivenhain, der ganz von Blau umsäumt war. Wir hatten an diesem Morgen schon einige Lupinen gesehen, aber diese Wiese war voll davon – dazu in einer solchen Fülle –, ich konnte nicht widerstehen. Ich verließ den Pfad, stieg zu dem

Olivenhain hinauf und wanderte pflückend durch das Blumenmeer.

Den Bäumen nach zu urteilen, handelte es sich um einen uralten Hain. Mit dem Gefühl, fast etwas Geheimes entdeckt zu haben, blieb ich stehen. Ich kann nicht sagen, wie lange ich in dem Blau badete, während die Sonne vom klaren Himmel herabstrahlte. Die Zeit schien nicht zu vergehen, sondern sich auszudehnen, und eine tiefe Stille breitete sich in mir aus. Der Bann wurde erst gebrochen, als eine vertraute Stimme meinen Namen rief. Ich genoss einen letzten Moment für mich allein, dann rief ich die anderen herbei.

Sobald wir wieder zu Hause waren, forschte ich nach wilden Lupinensamen, erfüllt von dem Wunsch, mich wieder mit diesem Moment in dem Olivenhain zu verbinden. Samen dieser Sorte sind schwer zu bekommen, und am Ende entschied ich mich für eine andere Wildform – den *Lupinus perennis.* Die Lupinen, die ich in jenem Jahr aufzog und die jetzt immer noch in meinem Garten wachsen, sind größer, und ihre Farbe hat nicht die Strahlkraft des ursprünglichen Blaus. Trotzdem ist dieses Lupinenfeld für mich nach wie vor die Verkörperung eines anderen Ortes. Jeden Sommer zur Blütezeit geht in meinem Kopf ein Tor auf, durch das ich meine Schritte in diesem zauberhaften Hain zurückverfolgen kann.

Die Anlage eines Gartens ist eine künstlerische Betätigung, die eine Antwort auf eine Verlusterfahrung sein kann. Es ist ebenso sehr ein Akt der Wiederherstellung wie der Gestaltung, eine Vorstellung vom Paradies – etwas, das uns mit einer Landschaft verbindet, die wir geliebt haben, und das uns für unsere Trennung von der Natur entschädigt. In der Antike dienten die sagenumwobenen hängenden Gärten der Stadt Babylon genau diesem Zweck. König Nebukadnezar II. wollte die Sehnsucht seiner Frau nach den üppig grünen Bergen ihrer einstigen Heimat stillen. Er ließ eine einem grünen Berg sehr ähnliche Gartenpyramide mit terrassierten Gehwegen bauen, auf denen sie lustwandeln und ihr Heimweh lindern konnte.

Lange davor begannen die Sumerer damit, Städte zu bauen, in die sie die Natur einbrachten. Die Idee der Stadtbegrünung ist nicht neu: Städtische Parks und Gärten sind so alt wie die Städte selbst. Auf Plänen von Uruk, einer der ersten Städte überhaupt, die etwa 4000 v. Chr. im heutigen Irak entstand, sind zu einem Drittel Gärten oder Parks, zu einem Drittel Felder und zu einem Drittel Wohnhäuser zu sehen.[2] Die alten Römer nannten es *rus in urbe,* wörtlich: »das Land in die Stadt« bringen. *Rus in urbe* sollte die Menschen dafür entschädigen, dass sie abseits von der Natur lebten, und ihnen ermöglichen, von beidem zu profitieren. Die Menschen der Antike erkannten die belebende Wirkung von Gärten und nutzten die Üppigkeit der Vegetation, den Schatten der Bäume und die Schönheit der Blumen zur Bereicherung ihrer städtischen Umgebung.

Städte, mochten sie noch so gepriesen werden, waren schon immer laut, überfüllt und stinkend. Der im 17. Jahrhundert lebende Essayist und Gärtner John Evelyn griff die Idee von *rus in urbe* auf, als er vorschlug, in London Parks und Gärten anzulegen, um die Stadt von ihrem schädlichen Smog zu befreien.[3] Für die Bepflanzung wählte er unter anderem Geißblatt, Jasmin, Flieder, Rosmarin, Lavendel, Wacholder und Moschusrosen. Diese stark duftenden Sträucher und Bäume würden, so dachte er, durch »unschuldige Magie« die »benachbarten Orte durch ihren Odem parfümieren« und dazu beitragen, dem schwefelhaltigen Kohlenrauch entgegenzuwirken, der die Luft erfüllte. Der Reichtum der Natur sollte auch noch andere Vorzüge für die Londoner haben – eine verbesserte Gesundheit, Freude am Schönen und Angebote zur Entspannung.

Evelyns kühne Pläne wurden nie verwirklicht, obwohl er sehr genau erkannt hatte, dass Gärten den Exzessen der Stadt eine Atempause verschaffen konnten. Bäume filtern Lärm, und Pflanzen reinigen die Luft, aber Evelyns »unschuldige Magie« meint die Art und Weise, wie Gärten alle fünf Sinne beruhigen und stimulieren, sodass wir von der Sinnlichkeit des Ganzen mitgerissen werden. Schon ein kleines Stück Garten kann eine Insel des Friedens schaffen, die dem Verschleiß des Stadtlebens entgegenwirkt und unsere Sehnsucht nach Kontakt mit der Natur stillt. Mit sorgfältig ausgewählten Blumen und Bäumen und möglicherweise auch fließendem Wasser können uns solche Erholungsräume weit weg von der Enge der Stadt bringen, ohne dass wir diese jemals verlassen müssen.

Grünes Land ist lebenserhaltendes Land, sein Grün steht für reichlich Nahrung und zuverlässige Wasservorräte. Es ist eine unleugbare Tatsache, dass es die grünen Blätter sind, die das Leben auf diesem Planeten erhalten – von der Luft, die wir atmen, bis zu den Lebensmitteln, die wir essen. Diese elementare Wahrheit gerät aber in den heutigen Städten mit ihren Landschaften aus Metall, Glas und Beton und den in Dosen oder Plastikschalen gelieferten Lebensmitteln leicht in Vergessenheit. Das alttestamentliche Sprichwort: »Alles Fleisch ist wie Gras«, klingt in unseren Ohren fast unheilvoll, so weit haben wir uns von den grundlegenden Tatsachen des Lebens entfernt.

Wenn wir von Straßen und Hochhäusern umgeben sind, erscheint Natur möglicherweise wie etwas, das an weit entfernten Orten angesiedelt ist, und für das tägliche Leben spielen Pflanzen eine untergeordnete Rolle. Und doch zieht uns der grüne Puls des Lebens immer noch an. Der Beton und der Asphalt in der Stadt sind hart für uns – hart im wörtlichen Sinn –, und Lärm und Umweltverschmutzung gemahnen an Wüste und Trockenheit. Wir mögen von Neonlichtern abgelenkt und von der summenden, pochenden Energie der Stadt in Bann gezogen werden, doch irgendwo in den archaischen Tiefen unseres Geistes schrillt eine Alarmglocke, die uns signalisiert: Dies ist kein guter Ort. Auch wenn das Wasser aus Wasserhähnen fließt – wir sind darauf programmiert, auf Grün zu reagieren. Manchmal reicht schon eine kleine Ahnung davon – ein paar Blumen auf der Fensterbank, das Geräusch des Windes in den Bäumen, die Wärme der Sonne oder das sanfte Fließen des Wassers. Die Reichtümer der Natur unterscheiden sich von denen, die die Stadt bereithält und propagiert.

Man beobachte nur die Büroangestellten in ihrer Mittagspause, dann sieht man, wie sich die Menschen nach Grünflächen und Sonnenlicht sehnen. Die baumbestandenen Londoner Plätze, die Parkbänke und Liegestühle, die Einfassungen der Springbrunnen sind alles Orte, an denen man die Betriebsamkeit der Stadt an sich vorbeiziehen lassen, ihr für eine Weile ausweichen und sich regenerieren kann. Die Zeit, die wir in der Natur verbringen – es muss nicht viel sein, vielleicht zwanzig Minuten –, regeneriert unsere geistige Energie und stärkt die Konzentrationsfähigkeit des Gehirns. Diese unbewusste Wechselwirkung zwischen Geist und Natur hat weitreichende Auswirkungen auf unsere seelische und körperliche Gesundheit.

Frederick Law Olmsted, der amerikanische Landschaftsarchitekt und Gestalter des Central Park in New York, hat Mitte des 19. Jahrhunderts am treffendsten formuliert, welchen Nutzen die Menschen von der Natur haben: Wenn wir »den engen Zusammenhang zwischen Geist und Nervensystem betrachten«, dann verstehen wir, wie es möglich ist, dass eine schöne Naturlandschaft »den Geist beschäftigt, ohne dass er ermüdet, und ihn dennoch trainiert, ihn beruhigt und dennoch erquickt, und so, durch den Einfluss des Geistes auf den Körper, dem gesamten System erfrischende Ruhe und Belebung verleiht«.[4]

Stadtbewohner, so Olmsted, leiden unter etlichen Beschwerden wie »nervöse Anspannung, Überängstlichkeit, Hektik, Ungeduld [und] Reizbarkeit«. Sie haben, wie er ebenfalls beobachtete, eine Tendenz zur »Melancholie«, ein Begriff, der im 19. Jahrhundert häufig für Depressionen verwendet wurde. Olmsted war der Ansicht, die Vorzüge von Grünflächen müssten allen Menschen zur Verfügung stehen, insbesondere der arbeitenden Bevölkerung, die kaum Möglichkeiten hat, die Grenzen der Stadt hinter sich zu lassen. Die Tatsache, dass bereits im 19. Jahrhundert die Friedhöfe zur Erholung genutzt wurden, führte ihm vor Augen, dass ein solcher Raum unseligerweise fehlte – ein soziales Phänomen, das ihn erzürnte. Sein Fazit: Die Städte entsprachen nicht den Bedürfnissen der Menschen.

Auf seiner Englandreise ließ sich Olmsted vom Birkenhead Park in Liverpool inspirieren. Dieser wunderschöne Ort sei ein »Garten des Volkes«, und etwas Vergleichbares wollte er in den Vereinigten Staaten schaffen. In den später von ihm entworfenen Parks gab es keine prachtvollen Blumenbeete und keine formale Geometrie. Er bevorzugte die malerische Idylle und ließ unter Verwendung einheimischer Pflanzen Naturlandschaften entstehen, die seiner Ansicht nach »ein wertvolles prophylaktisches und therapeutisches Mittel« waren.[5] Olmsted dachte, dass die Menschen durch den Besuch seiner Parks gesunden und auch gesund bleiben könnten.

Der rasante Zuzug von Menschen in die Großstädte gab Anlass zu der Annahme, dass das Leben in der Stadt die Gesundheit beeinträchtigen würde. Tatsächlich wurde sogar eine neue Krankheit erfunden, um dies zu erklären: die »Neurasthenie«. Der amerikanische Arzt George Miller Beard, der 1869 die Krankheit erstmals beschrieb, bezeichnete sie als »Zivilisationskrankheit«.[6] Die Betroffenen litten unter einem Mangel an geistiger und körperlicher Energie, oft in Kombination mit anderen Symptomen wie Schlaflosigkeit, Angst und Reizbarkeit. Es hieß, die Neurasthenie werde von Überreizung, Überanstrengung und übermäßigem Genuss hervorgerufen. Verantwortlich gemacht wurden die hektische Geschäftswelt, die Anforderungen des intellektuellen Lebens sowie Laster und Luxus, die mit dem großstädtischen Lebensstil einhergingen. Den von Olmsted genannten Arbeitern wurde diese Diagnose selten gestellt, denn die Neurasthenie wurde schnell zu einer Krankheit der Wohlhabenden und Intellektuellen. Das Heilmittel hieß »Rest or Go West« (Ausruhen oder nach Westen ziehen). Frauen mussten stets das Bett hüten, während den Männern geraten wurde, die Stadt zu verlassen und in die freie Natur einzutauchen. Zu den vielen berühmten Leidenden, die sich einer Naturheilung unterzogen, gehörten auch Walt Whitman und Theodore Roosevelt.

Das Wachstum der Städte hatte gerade erst begonnen, als Olmsted und Beard ihre Schriften verfassten. Zu Beginn des 19. Jahrhunderts lebten nur drei Prozent der Weltbevölkerung in städtischen Räumen, heute sind es über 50 Prozent. Diese Zahl wird in den folgenden dreißig Jahren voraussichtlich auf 70 Prozent steigen und ist in den USA, wo 80 Prozent der Bevölkerung in Städten leben, bereits überschritten worden. Mit der Ausdehnung der Ballungszentren haben auch psychische Erkrankungen zugenommen.

Die Diagnose der Neurasthenie mag aus dem medizinischen Lexikon verschwunden sein, aber das Phänomen, das Beard beschrieb, gibt es noch. Wir bezeichnen diese Symptome jetzt als Angstzustände und Depressionen, und im Vergleich zu ländlichen Gebieten treten sie in städtischen Agglomerationen häufiger auf.[7] Die Fallzahlen bei Depressionen liegen in Städten um etwa 40 Prozent höher, bei Angststörungen sind es 20 Prozent, und der größere Anteil an Gewaltverbrechen kann auch, was nicht überrascht, zu vermehrtem Auftreten von posttraumatischen Belastungsstörungen führen. Die Trennung von Ursache und Wirkung ist jedoch nicht einfach, weil Krankheit und andere soziale Stressfaktoren dazu führen können, dass Menschen in städtische Zentren abwandern. Dies gilt insbesondere für psychotische Erkrankungen, die mit sozialer Deprivation verbunden sind. Eine kürzlich in Großbritannien durchgeführte Studie ergab, dass das Risiko, an einer Psychose zu erkranken, für junge Menschen aus ärmeren Vierteln mit hoher Kriminalitätsrate etwa um 40 Prozent höher liegt.[8]

Städte mögen wirtschaftliche Motoren und kulturelle Drehscheiben sein, doch es sieht so aus, als zahlten wir einen Preis für das Leben in der Stadt, und wir zahlen ihn mit unserer psychischen Gesundheit.[9] Die städtische Umwelt flößt ihren Bewohnern den Stress tröpfchenweise ein. Tag für Tag sind die Menschen lauten, überfüllten und verschmutzten Straßen ausgesetzt. Gesundheitserhebungen bei Pendlern zeigen, was jeder weiß, der schon viel gependelt ist: Der Weg zur Arbeit löst bei vielen Menschen Frustration, Müdigkeit, Angst und bei manchen Menschen auch unbegründete Aggressivität aus.[10]

Soziale Ungleichheit und Isolation sowie ein intensiver Wettbewerb um Wohnungen und Arbeitsplätze sind in den meisten Städten zur Norm geworden. Darüber hinaus neigen Stadtbewohner eher zu einem gesundheitsschädlichen, bewegungsarmen Lebensstil; sie haben weniger Einfluss auf die Gestaltung ihrer Umgebung und größere Angst vor Kriminalität als Menschen, die in ländlichen Gebieten leben. Für jeden Einzelnen mag die Mischung dieser belastenden Faktoren unterschiedlich sein; wenn sie jedoch gehäuft auftreten, fordern sie ihren Tribut.

Die Anfälligkeit der Stadtbewohner für psychische Beeinträchtigungen wird durch einen relativen Mangel an »Schutzfaktoren« in ihrem Leben verstärkt. Das Leben in der Stadt macht es für die Menschen schwieriger, jene positiven Beziehungen zu Familie und Freunden aufrechtzuerhalten, die bekanntermaßen die Anfälligkeit für psychische Erkrankungen verringern. Auch das regelmäßige Eintauchen in die Natur ist erschwert. Durch das rasante Wachstum der Städte werden die Menschen immer mehr von ihrer natürlichen Umwelt isoliert. In einigen Großstädten gibt es heute ausgedehnte

Wohnviertel mit hoher Wohndichte, in denen kaum Grünflächen angelegt worden sind. Die enorme Nachfrage nach Bauflächen führt dazu, dass die verbleibenden städtischen Grünflächen massiv bedroht sind.

Immer mehr Forscherteams auf der ganzen Welt untersuchen heute die positiven Aspekte der Natur. Stadtparks und städtische Gärten mögen sich auf die psychische Gesundheit des Menschen geringer auswirken als starke soziale Bindungen, sie tragen aber dazu bei, die Stresstoleranz der Menschen zu steigern. Die Nähe zu Grünflächen verringert erwiesenermaßen Aggressionen und Ängste, sie wirkt stimmungsaufhellend und trägt zur psychischen Regeneration bei.[11] Sie bewirkt auch Verhaltensänderungen und ermutigt die Menschen zu mehr Bewegung und Interaktion mit ihren Nachbarn. Obwohl all diese positiven Auswirkungen belegt sind, fangen wir jedoch erst langsam an zu verstehen, wie komplex Geist und Körper auf die natürliche Umwelt reagieren.

Die Idee der »grünen Natur« kann nicht einfach auf ein Stück Rasen reduziert werden, für ihre regenerierende Wirkung kommt es auf Komplexität und Vielfalt an. Eine Untersuchung unter Leitung des Ökologen Richard Fuller in der englischen Stadt Sheffield ergab eine eindeutige Beziehung zwischen dem Nutzen, den die Menschen aus dem Besuch von Parks ziehen, und der biologischen Vielfalt der Vegetation.[12] Der antike Ansatz von *rus in urbe* hat also immer noch Gültigkeit. Städtische Parks und Gärten sind umso besser, je lebendiger und natürlicher sie angelegt sind.

Wenn die Vergrößerung städtischer Grünflächen als öffentliche Gesundheitsmaßnahme glaubwürdig sein soll, müssen die positiven Auswirkungen im Verhältnis zur Bevölkerung gemessen werden, was nicht leicht zu bewerkstelligen ist. Fuller untersuchte erst jüngst im australischen Brisbane die Korrelation zwischen der Häufigkeit von Stadtparkbesuchen und dem Gesundheitszustand der betreffenden Menschen.[13]

Wenn man herausfinden will, wie sich die urbane Umwelt auf die Gesundheit auswirkt, stößt man schnell auf das Problem, dass Menschen, die gesünder und wohlhabender sind, es sich weit eher leisten können, in Stadtvierteln mit Grünflächen zu wohnen – und im Allgemeinen tun sie es auch. Um dies zu korrigieren, führten Fuller und sein Team mit den erhobenen Daten eine Reihe von Berechnungen durch, mittels derer sich andere wichtige soziale und wirtschaftliche Faktoren einbeziehen ließen, die bekanntermaßen die Gesundheit beeinflussen. Das Ergebnis legte nahe, dass es sieben Prozent weniger Fälle von Depressionen und neun Prozent weniger Fälle von Bluthochdruck gäbe, wenn jeder Bewohner von Brisbane einmal wöchentlich einen städtischen Park aufsuchen würde. Die Studie befasste sich nur mit dieser einen Stadt, aber Fuller hofft, dass sie bald in einem anderen Teil der Welt wiederholt werden kann.

Zwischen Gesundheit und Einkommen besteht ein zwangsläufiger Zusammenhang. Folglich weisen die Stadtbewohner mit den größten finanziellen Problemen auch den schlechtesten psychischen Gesundheitszustand auf. Verantwortlich hierfür ist ein sehr komplexes Spektrum von Faktoren, aber es zeigt sich immer mehr, dass der mangelnde Zugang zu Grünflächen einer dieser Faktoren ist. Darauf deuten die Ergebnisse einer Studie hin, die am Centre for Research on Environment, Society and Health (CRESH), das an den Universitäten Glasgow und Edinburgh angesiedelt ist, durchgeführt wurde.[14] Die von Richard Mitchell geleitete Forschergruppe untersuchte in einer groß angelegten Studie in mehreren europäischen Städten die sozialen, wirtschaftlichen und gesundheitlichen Ungleichheiten im Zusammenhang mit der in der Umgebung vorliegenden Infrastruktur. Die Wissenschaftler analysierten das Angebot an Läden, öffentlichen Verkehrsmitteln und kulturellen Einrichtungen sowie den Zugang zu Grünflächen. Die einzige dieser Variablen, die eine signifikante Wirkung zeigte, war die Anzahl und Größe von nahe gelegenen Parks und Gärten. Das Team errechnete, dass die mit niedrigem Einkommen verbundene Ungleichheit in Bezug auf die psychische Gesundheit durch die Nähe zu Grünflächen um bis zu 40 Prozent reduziert werden könnte. Diese beeindruckende Zahl überraschte die Forscher. Olmsted hatte also recht mit seiner Einschätzung, dass die von ihm entworfenen Parks die Gesundheit der niedrig entlohnten Arbeiterschaft verbessern könnten.

Allein schon das Vorhandensein von Straßenbäumen hat eine positive Wirkung, denn es hat sich herausgestellt, dass sie einen erheblichen Einfluss darauf haben, wie die Menschen ihr Leben wahrnehmen.[15] Ein Team unter der Leitung von Marc Berman vom Environmental Neuroscience Lab der University of Chicago untersuchte die Verteilung von Bäumen in Wohnstraßen in Toronto. Sie kombinierten die gewonnenen Informationen mit einer Umfrage, in der die Einwohner gebeten wurden, ihre eigene Gesundheit zu bewerten. Nach statistischen Anpassungen in Bezug auf Einkommen, Bildung und Beschäftigung errechnete das Team, dass bereits zehn zusätzliche Bäume pro Häuserblock eine geringere psychische Belastung bedeuten. Diese zehn Bäume haben dieser Studie zufolge die gleiche positive Auswirkung auf die psychische Gesundheit wie ein um 10 000 Dollar höheres Jahreseinkommen bei Menschen, die in einem Viertel ohne diese zusätzlichen Bäume wohnen. Dieser verblüffende Wert spiegelt den Reichtum der Natur wider, obwohl sich die meisten Menschen, wenn sie die Wahl hätten, wahrscheinlich eher für Geld als für Bäume entscheiden würden.

Neben der Förderung der psychischen Gesundheit trägt der Zugang zu baumbestandenen Grünflächen in einem Stadtviertel dazu bei, das Kriminalitätsniveau und das Ausmaß häuslicher Gewalt zu senken. Die Umweltwissenschaftler Frances Kuo und William Sullivan von der University of Illinois veröffentlichten eine Reihe einflussreicher Studien, die diese Auswirkungen in den Nullerjahren belegen.[16] Danach fühlten sich Menschen, die in Sozialwohnungen in benachteiligten Vierteln von Chicago lebten und von Grünanlagen umgeben waren, hinsichtlich ihrer Lebensumstände hoffnungsfroher und weniger hilflos als Menschen, die in ähnlichen Wohnungen mit eingeschränktem Zugang zu Grünflächen lebten. Sie berichteten auch über ein geringeres Ausmaß häuslicher Gewalt.

In einer anderen Studie analysierten Kuo und Sullivan die Häufigkeit von Diebstahl und Gewaltverbrechen und stellten fest, dass diese in der Nähe von Gebäuden mit Baumbestand und Gärten geringer war. Die beiden Wissenschaftler rechneten aus, dass die Zahl der Gesetzesverstöße um bis zu sieben Prozent reduziert werden könnte, wenn zusätzliche Grünflächen angelegt würden. Gärten können dazu beitragen, Nachbarschaften sicherer zu machen, weil sie die Menschen nach draußen locken. Sie fungieren als Zwischenräume, wo die Bewohner sich treffen und Kontakt aufnehmen können, wo Barrieren abgebaut werden und neue Freundschaften entstehen. Kuo und Sullivan stellten fest, dass Menschen, die in Sozialwohnungen mit Gärten lebten, mehr von ihren Nachbarn wussten und sich eher von den sie umgebenden Netzwerken unterstützt fühlten. Man sollte die positiven Auswirkungen von innerstädtischer Begrünung in eher vernachlässigten Vierteln nicht unterschätzen.

Die Städte sind überfüllt, und viele Menschen stehen unter Stress, aber ein Parkbesuch kann dazu beitragen, unseren geistigen Raum zu erweitern. In der Natur können wir innerlich einen Schritt zurücktreten und klarer denken; und wenn wir von unserem Spaziergang zurückkommen, fühlen wir uns freier und von dem, was uns vorher belastet hat, weniger eingeengt. Die Ursache hierfür beruht auf Veränderungen im Gehirn, die in einer von Gregory Bratman vom University of Washington College of the Environment geleiteten Untersuchung gemessen wurden.[17] Die Probanden wurden nach dem Zufallsprinzip zu einem 90-minütigen einsamen Spaziergang eingeteilt – die eine Gruppe in einem Park, die andere entlang einer Schnellstraße. Diejenigen, die im Park spazieren gingen, zeigten Verbesserungen bezüglich ihrer psychischen Gesundheitswerte. Auffallend war, dass sie in weit geringerem Maß Ängste verspürten oder negative Gedanken wälzten. Das Wiederkäuen von negativen Gedanken wird mit der Aktivität im subgenualen präfrontalen Cortex in Verbindung gebracht. Die von den Forschern durchgeführten fMRI-Hirnscans (funktionelle Magnetresonanztomografie) zeigten, dass die Durchblutung in diesem Bereich vermindert war, was der beruhigenden Wirkung entsprach, von der die Teilnehmer berichteten. Wenn sich unsere entfernten Vorfahren, die Jäger und Sammler, in der Landschaft bewegten, hing ihre Sicherheit davon ab, dass sie ihre Umgebung völlig offen und wachsam aufnahmen. Es gibt also evolutionäre Gründe dafür, warum der Aufenthalt in der Natur Ängste ausschalten und ein Gefühl entspannter Wachsamkeit hervorrufen kann – sich in stetem Grübeln zu verlieren ist keine gute Überlebensstrategie.

Entwicklungsgeschichtlich gesehen, bewohnen die Menschen erst seit sehr kurzer Zeit – nämlich seit ungefähr sechs Generationen – große, dicht bebaute Städte. Der Umweltwissenschaftler Jules Pretty hat errechnet, dass die Menschen demgegenüber seit 350 000 Generationen weitgehend oder unmittelbar in der Natur gelebt haben. »Wenn Sie für die Menschheitsgeschichte eine Woche ansetzen, beginnend am Montag«, schreibt er, »dann ist diese moderne Welt etwa drei Sekunden vor Mitternacht am Sonntag entstanden.«[18] Viele negative Auswirkungen des Stadtlebens lassen sich auf ein fundamentales Missverhältnis zurückführen: Das menschliche Gehirn hat sich in Verbindung mit der natürlichen Umwelt entwickelt. Wir erwarten jedoch, dass es in der naturfernen städtischen Umgebung, die die Menschen heute bewohnen, optimal funktioniert.

Unseren entfernten Vorfahren gelang es, durch entspannte und allumfassende Aufmerksamkeit in der Wildnis zu überleben. Mit dieser Art von Aufmerksamkeit, die relativ mühelos ist und daher über lange Zeiträume aufrechterhalten werden kann, konnten sie erfolgreich jagen und sammeln. Im Gegensatz dazu ist der heutige Lebensstil der Menschen stärker auf eine enge, fokussierte Form der Aufmerksamkeit angewiesen. Die Psychologen Rachel und Stephen Kaplan hoben in den 1980er-Jahren in einer Reihe von Experimenten die Bedeutung der beiden unterschiedlichen Arten von Aufmerksamkeit hervor.[19] Ihre richtungweisende Theorie der Wiederherstellung der Aufmerksamkeitsfähigkeit beruht auf der Erkenntnis, dass eine natürliche Umgebung bestens dazu geeignet ist, unserem zielorientierten Denken Ruhe zu verschaffen und unsere geistige Energie wiederherzustellen.[20] Wenn wir unsere kognitiven Verarbeitungsfähigkeiten übermäßig beanspruchen, sind wir anfällig für das, was die beiden Wissenschaftler »Aufmerksamkeitsermüdung« nannten, und in der Folge ist das Gehirn weniger dazu in der Lage, ablenkende Reize zu unterdrücken. Es gibt viele Studien, die diesen Effekt belegen. So stellte man beispielsweise fest, dass Schüler, die 45 Minuten in einem Arboretum spazieren gingen, in nachfolgenden Tests 20 Prozent besser abschnitten als eine vergleichbare Gruppe, die in der gleichen Zeitspanne auf stark befahrenen Straßen in der Stadt unterwegs war.[21] Wie Olmsted bereits schrieb, kann sich der enge Bezug zur Natur beruhigend und gleichzeitig belebend auswirken.

Aufmerksamkeit ist jedoch mehr als eine rein kognitive Funktion. Der Psychiater Iain McGilchrist bezeichnet es als einen Fehler, unser Verständnis von Aufmerksamkeit derart einzuschränken, denn Aufmerksamkeit ist, wie er es ausdrückt, »das Hauptmedium, mit dem wir unsere Beziehung zur Welt darstellen«. McGilchrist hat in den vergangenen zwanzig Jahren die Beziehung zwischen der rechten und der linken Gehirnhälfte erforscht und ist zu dem Schluss gekommen, dass sie auf verschiedene Formen der Aufmerksamkeit spezialisiert sind.[22] In der linken Hemisphäre dominiert eine enge, fokussierte Aufmerksamkeit, während die rechte Hemisphäre durch eine breite und offene Aufmerksamkeit gegenüber unserer Umgebung gekennzeichnet ist. Genau diese hemisphärische Spezialisierung für die Verarbeitung eingehender Informationen finden wir auch bei Tieren; sie war vermutlich notwendig, um zu überleben. Tiere müssen ihre Aufmerksamkeit auf das Fangen und Töten ihrer Beute richten und gleichzeitig ihre weitere Umgebung wachsam im Auge behalten.

Dies ist zwangsläufig ein vereinfachtes Modell hinsichtlich des menschlichen Gehirns, das komplex und hochgradig vernetzt ist. McGilchrist räumt ein, dass unsere zwei Hemisphären ständig kommunizieren und bei allem unserem Tun mitwirken. Bestimmte Fähigkeiten der Verarbeitung können jedoch überstrapaziert, andere vernachlässigt werden, sodass wir uns von unseren Emotionen, unserer Umgebung und anderen Menschen abgekoppelt fühlen. McGilchrist zufolge erfordert unser Lebensstil im digitalen Zeitalter etwa 80 Prozent unserer Zeit für die Aufmerksamkeitsverarbeitung der linken Hemisphäre. Er vermutet, dass dieses Ungleichgewicht die Zunahme von Angsterkrankungen und Depressionen verursacht und innere Leere und Misstrauen auslöst. Das ist so, weil die linke Hemisphäre allem Funktionellen den Vorrang gibt und sich auf die Kategorisierung von Erfahrungen spezialisiert hat. Die Konzentration auf das »Erhalten« und »Nutzen« bringt nicht viel Sinn und Tiefe ins Leben. Die rechte Hemisphäre hingegen ist eher auf Verbindung als auf Kategorisierung spezialisiert. Sie vermittelt uns den Reichtum des Lebens, denn sie verbindet uns besser mit dem Körper und unseren Sinnen. Unsere Fähigkeit zur Empathie wird durch die rechte Hemisphäre hervorgerufen, ebenso wie unsere Naturverbundenheit. Laut McGilchrist bringt uns die rechte Hemisphäre mit der Frische und Vitalität der Welt in Berührung.

Der bedeutende Biologe Edward O. Wilson prägte für die emotionale Beziehung zu anderen Lebensformen und der Wahrnehmung ihrer Vitalität den Begriff Biophilie. Ihm zufolge gibt es eine angeborene »emotionale Affinität von Menschen zu anderen lebenden Organismen«.[23] Seit er im Jahr 1984 zum ersten Mal seine Biophilie-Hypothese aufstellte, ist der Begriff zu einem Schlagwort in der Umweltpsychologie geworden. Wilsons Hypothese basiert auf der Erkenntnis, dass die Natur den größten Einfluss auf die Entwicklung unserer kognitiven und emotionalen Funktionen hatte. Ihm zufolge haben insbesondere naturverbundene Menschen eher überlebt, weil sie sich intensiver mit Pflanzen und Tieren befasst haben. Da wir nicht mehr täglich mit der Natur in Verbindung stehen, entwickeln wir zwar nicht mehr den gleichen Grad der Hinwendung, aber sie ist dennoch latent in uns allen vorhanden.

Wenn wir auf verkehrsreichen Straßen in der Stadt unterwegs sind, müssen wir vielfältige akustische und visuelle Informationen verarbeiten, was wiederum unsere Konzentrationsfähigkeit beeinträchtigt. Hupen und Sirenen sollen uns in Alarmbereitschaft versetzen und uns Sicherheit vermitteln, aber wenn wir versuchen, sie zu verarbeiten und zu filtern, entziehen sie uns Energie. Auch wenn wir auf einem überfüllten Bürgersteig durch eine große Menschenmenge navigieren, erfordert dies eine ziemliche Anstrengung, denn jeder bewegt sich in einem anderen Tempo. Unser physischer wie auch unser mentaler Raum sind im städtischen Umfeld auf unterschiedliche Weise bedroht. Für Menschen, die an psychotischen Erkrankungen leiden, können die schiere Anzahl der Menschen und die sensorische Überlastung, mit der die Fortbewegung in den Straßen verbunden ist, eine große Herausforderung darstellen. In zwei Studien am Londoner Institut für Psychiatrie, Psychologie und Neurowissenschaften wurde beispielsweise gezeigt, dass für Patienten mit einer psychotischen Erkrankung bereits ein zehnminütiger Einkaufsgang auf einem sehr belebten Bürgersteig ausreicht, um eine deutliche Zunahme der Symptome zu verursachen – vor allem Ängste und paranoides Denken.[24]

Als ich Francis kennenlernte, einen jungen Mann mit einer psychotischen Erkrankung, der im Rahmen eines Projekts zur psychischen Gesundung in einem Gemeinschaftsgarten arbeitete, erfuhr ich anhand eines konkreten Beispiels sehr viel über die Auswirkungen solcher Faktoren. Ich war von Francis' sensiblen, blassblauen Augen beeindruckt; in einer anderen Zeit hätte er vielleicht auf der Suche nach einem Zufluchtsort an eine Klosterpforte geklopft. Er war fünf Jahre zuvor erstmals erkrankt und hatte mehrere Krankenhausaufenthalte hinter sich. Bei ihm war Schizophrenie diagnostiziert worden, und er wusste, dass er langfristig Medikamente einnehmen musste.

Das städtische Umfeld kann für einen kranken Menschen schwer erträglich sein und die Genesung behindern. Zwei Jahre zuvor hatte Francis seinen letzten Zusammenbruch gehabt, zu dieser Zeit lebte er noch allein. Nach seinem Empfinden hatte die ihn stark verunsichernde Umgebung zu seinem Rückfall beigetragen. Seine Wohnung lag an einer von Bussen, Autos und Lastwagen stark befahrenen Straße. Vor seinem Fenster liefen Fußgänger auf und ab, und es fiel ihm immer schwerer, die Schritte der Bewohner in der Wohnung über ihm auszublenden. In seiner Wohnung war er von einer ständigen Unruhe getrieben, und draußen verschlimmerten sich sogar seine Ängste und paranoiden Anwandlungen. Aufgrund der Reizüberflutung in der Außenwelt fühlte er sich anderen Menschen schutzlos ausgeliefert. Es schien, als könne er keinen Frieden finden.

Die Beklemmung und die Unruhe, die Francis außerhalb seiner Wohnung erlebte, ließen ein Gefühl der Enge aufkommen. Er kam an einen Punkt, an dem seiner Empfindung nach jeder seiner Gedanken von einer inneren Stimme angefochten wurde; ständig fühlte er sich im Unrecht. Immer häufiger blieb er im Bett liegen und hörte über Kopfhörer Musik, egal ob es Tag oder Nacht war. Dann kümmerte sich der sozialpsychiatrische Dienst um ihn und wies ihn nach längeren täglichen Besuchen wieder ins Krankenhaus ein. Schließlich stabilisierte er sich so weit, dass er in das Haus seiner Eltern ziehen konnte. In den folgenden Monaten absolvierte er einen Kurs in kognitiver Verhaltenstherapie, der ihm half, mit einigen seiner widersprüchlichen Gedanken umzugehen, aber es gelang ihm nicht, sein Motivationstief zu überwinden.

Motivationsverlust ist ein häufiges Symptom der Schizophrenie. Dies war auch bei Francis der Fall. Die Ursache ist oft eine Dysregulation des Dopaminsystems im Gehirn. Dieser Neurotransmitter ist eine der Grundchemikalien des Lebens, der auch bei anderen Säugetieren vorkommt. Dopamin löst ein für das Überleben notwendiges Erkundungs- oder Suchverhalten aus und spielt eine entscheidende Rolle im »Belohnungssystem« des Gehirns – das tatsächlich eher einem Suchsystem ähnelt, da es mehr von der Erwartung einer Belohnung als von der Belohnung selbst angetrieben wird. Es spornte unsere Vorfahren, die Jäger und Sammler, dazu an, ihre weitere Umgebung zu erkunden. Hätten sie gewartet, bis sie hungrig wurden, hätte ihnen die Energie gefehlt, durch das Land zu streifen und Nahrung zu sammeln. Folglich entwickelte sich das Gehirn in einer Weise, dass es uns dafür belohnt, wenn wir die Umwelt erforschen.

Der größte Teil unseres Dopamins entsteht in zwei tief in den alten Schichten des Gehirns befindlichen winzigen Zellklumpen. Lange Nervenfasern leiten es in die weiter entfernten Bereiche einschließlich der Hirnrinde weiter; deshalb ist unser Forscherdrang nicht nur intellektuell, sondern auch physisch gesteuert. Dopamin erzeugt ein Gefühl der Zielstrebigkeit und einen Zustand optimistischer Erwartung, und es fördert die Vernetzung und Kommunikation im gesamten Gehirn. Ist unser Dopaminspiegel sehr niedrig, haben wir das Gefühl, unseren »Glücksbringer« verloren zu haben.

Als Francis über einen Freund der Familie von einem kommunalen Projekt für Gartentherapie erfuhr, beschloss er, einen Versuch zu wagen. Die Gartenanlage lag am Rand einer großen Wohnsiedlung in unmittelbarer Nähe einer Hauptstraße. Es war eine hinter einigen Bäumen versteckte grüne Oase, die in krassem Gegensatz zu seinem Wohnumfeld stand, das, wie er es ausdrückte, »zubetoniert« war. Francis war schon immer gern draußen in der Natur gewesen, aber nach der langen Zeit, die er weitgehend im Bett verbracht hatte, war sein Körper geschwächt.

Die körperliche Arbeit des Pflanzens, Bewässerns und Unkrautjätens war anfangs extrem herausfordernd für ihn, aber er ließ trotzdem nicht locker. Die Projektmitarbeiter im Garten hatten Erfahrungen mit psychisch kranken Menschen; es gab Teilnehmer mit ähnlichen Problemen. Francis hatte kaum Kontakt mit ihnen, aber die gemeinsame Arbeit vermittelte ihm ein Gefühl der Sicherheit. Allmählich konnte er sich auf seine Tätigkeit besser konzentrieren, und da er sich von seiner Umgebung nicht bedroht fühlte, verlagerte sich das Zentrum seiner Aufmerksamkeit. Mit dem Eintauchen in die Natur verfiel er auch nicht mehr so oft in ängstliches Grübeln. Er registrierte nun den Wetterwechsel und wie sich die Pflanzen veränderten. Er begann, ein Sensorium dafür zu entwickeln, »wie sich jeder Tag subtil von einem anderen Tag unterscheidet«. Die Arbeit im Garten befähigte ihn, sich allmählich der Außenwelt zu öffnen.

Während des ersten Jahres im Projekt gestaltete sich Francis' Kontakt zu anderen Menschen weiterhin problematisch. Sein Gefühl, für das Glück des anderen verantwortlich zu sein, erschwerte zunächst jede Begegnung. Demgegenüber war der Umgang mit Pflanzen unkomplizierter. Sie sendeten keine verwirrenden oder Angst einflößenden Signale aus und zeigten keine Gefühle, die es zu berücksichtigen galt. »Ich vertraue der Natur«, sagte er mir. Paranoia und Vertrauen sind Gegensätze, und wenn Ängste überhandnehmen, können alle möglichen Dinge paranoide Gedanken auslösen. Die Arbeit mit Pflanzen ließ Francis zur Ruhe kommen, denn, wie er es ausdrückte, Pflanzen haben im Vergleich zu Menschen etwas Ehrlicheres an sich.

Im Gegensatz zu den Veteranen, die von der Widerstandsfähigkeit und Stärke der Bäume angezogen wurden, ging es bei dieser Beziehung um Verletzlichkeit. Die Pflege der »zarten Pflanzen«, wie er sie nannte, stellte Francis' eigene Verletzlichkeit in einen anderen Kontext. Er identifizierte sich mit den Pflanzen und konnte daher von ihnen lernen: »Sie sind verletzlich, aber sie sind optimistisch und durchlaufen die Jahreszeiten. Sie bleiben hier und sind ziemlich erfolgreich.« Er betrachtete die Pflanzen im Garten als seine »behutsamen Führer«, weil sie ihm eine andere Art des Seins zeigten. Von ihnen hatte er gelernt, dass Verletzlichkeit keine Katastrophe sein muss.

Francis beschrieb, wie er früher »zu sehr an den Dingen klammerte« und dass er, wenn sie nicht verfügbar waren, auf sich selbst wütend wurde. Durch die Gartenarbeit hatte sich ein, wie er es nannte, »tieferes Verständnis« des Lebens eingestellt, und er hatte sich daran gewöhnt, »dass die Dinge kommen und gehen«. Er wurde auch nicht mehr so wütend auf sich. Francis war schon immer ziemlich unordentlich und unorganisiert gewesen, aber im Garten legte er dieses Verhalten ab: »Das geht hier nicht – Gartenarbeit ist eine Frage der Organisation. Wenn man sich um die Pflanzen nicht kümmert, gehen sie ein und sterben.« Francis langweilte sich nie bei der Gartenarbeit, obwohl andere Dinge ihn oft angeödet hatten. Die Versorgung des Gartens verlieh ihm neue Zielstrebigkeit und Motivation. Das Projekt diente der örtlichen Gemeinschaft, und er hatte das Gefühl, damit etwas »Relevantes« zu tun. Es fiel ihm zeitweise immer noch schwer, sich zu konzentrieren, aber sein Gedächtnis hatte sich verbessert. Nach 18 Monaten im Projekt war er fast so weit, mit einer Ausbildung zum Gärtner zu beginnen, und hoffte, später eine entsprechende Anstellung zu finden. Gegen Ende des Interviews fasste er seine Erfahrungen mit den Worten zusammen: »Ich lebe jetzt bewusster – das Leben erschüttert mich nicht mehr.«

Es gibt viele verschiedene therapeutische Aspekte bei Projekten wie dem Gemeinschaftsgarten, in dem Francis gearbeitet hat, angefangen von den positiven Auswirkungen, die der Garten auf das Stressniveau hat bis hin zu den Beziehungen, die die Teilnehmer zu den Pflanzen und Menschen aufbauen.[25] Vor allem für jemanden, der sich wie Francis völlig zurückgezogen hat, bietet die Gartenarbeit eine komplexe Umweltstimulation, die für das Gehirn lebenswichtig ist.[26]

Jahrzehntelange Experimente mit Laborratten, deren neuronale Systeme den menschlichen ähneln, haben gezeigt, dass sie, wenn sie in einer, wie Neurowissenschaftler es nennen, bereicherten Umgebung aufgezogen werden, gesünder, stressresistenter und lernfähiger sind als Ratten, die nicht in dieser Umgebung aufgewachsen sind.[27] Ihre Gehirne zeigen Hinweise auf eine erhöhte Neurogenese und einen ebenfalls erhöhten Spiegel des Wachstumsfaktors BDNF mit doppelt so vielen Neuronen im Gyrus dentatus des Hippocampus, der beim Lernen und der Gedächtnisleistung eine entscheidende Rolle spielt.

Ein Laborkäfig mit einer bereicherten Umgebung enthält in der Regel ein Rad, einen Ball, einen Tunnel, eine Leiter und ein kleines Becken – für Ratten das Äquivalent eines Spielplatzes. Die verschiedenen Stimulationen lösen Such- und Erkundungsaktivitäten aus. Die Ratten der Kontrollgruppe werden in Standardkäfigen aufgezogen, in denen es nur Futter und Wasser gibt. Bis vor Kurzem hatten Labortests zu den Auswirkungen von bereicherten Umgebungen auf das Gehirn

Mein Großvater Ted May war besonders stolz auf seine Orchideen, Ende der 1960er-Jahre.

Sue und Tom mit ihrem Baby Rose beim Pflanzen der ersten Hecken in ihrem Garten The Barn, 1988.

Der Garten wird vorbereitet. Die ganze Familie Stuart-Smith hilft beim Aufsammeln der Steine, 1990.

Tulpen im Gemüsegarten, darunter die Sorten Mickey Mouse, Ballerina und Abu Hassan.

Die Wiese hinter The Barn mit blühenden Skabiosen.

Der westliche Teil des Gartens.

Sigmund Freud in seinem Arbeitszimmer mit blühenden Orchideen, 1930er-Jahre.

Sigmund Freud im Garten seines Hauses in Hampstead, 1939.

Sigmund Freud im Hintergrund auf seiner Schaukelliege. Vorne von links nach rechts: Anna Freud, Prinz Georg von Griechenland und Hanns Sachs, August 1939.

Donald Winnicott in seinem Dachgarten.

Das Insight-Garden-Projekt im Gefängnis San Quentin. Projektteilnehmer legen im Jahr 2002 Blumenbeete an.

Die Gartenanlage in San Quentin, 2019.

Hilda Krus, die Leiterin des GreenHouse-Programms in der Strafkolonie auf Rikers Island, bei der Pflanzarbeit mit Strafgefangenen.

Der Gemüsegarten auf Rikers Island.

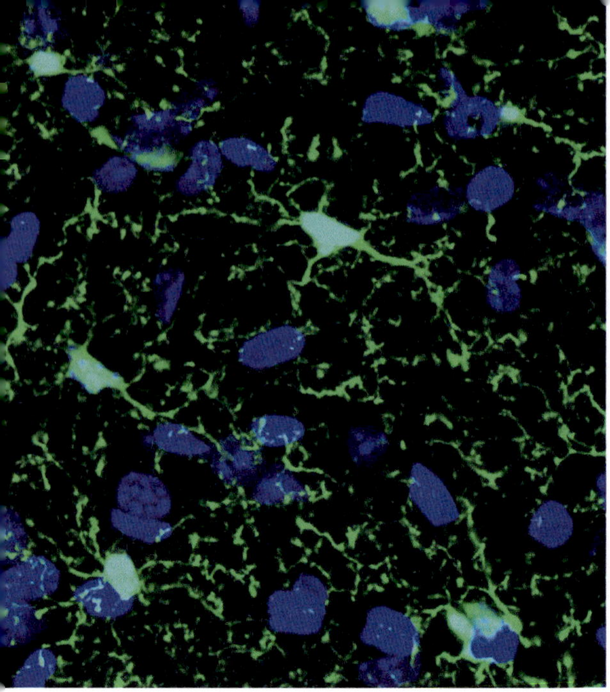

Gärtnern im Gehirn: Mikroglia (grüne Zellen) im Hippocampus des Gehirns einer Maus (blau markierte Zellkerne).

Neuronen und Pflanzen wachsen nach den gleichen mathematischen Gesetzen: zerebelläre Purkinje-Neuronen (grün) und Zellkerne (cyan).

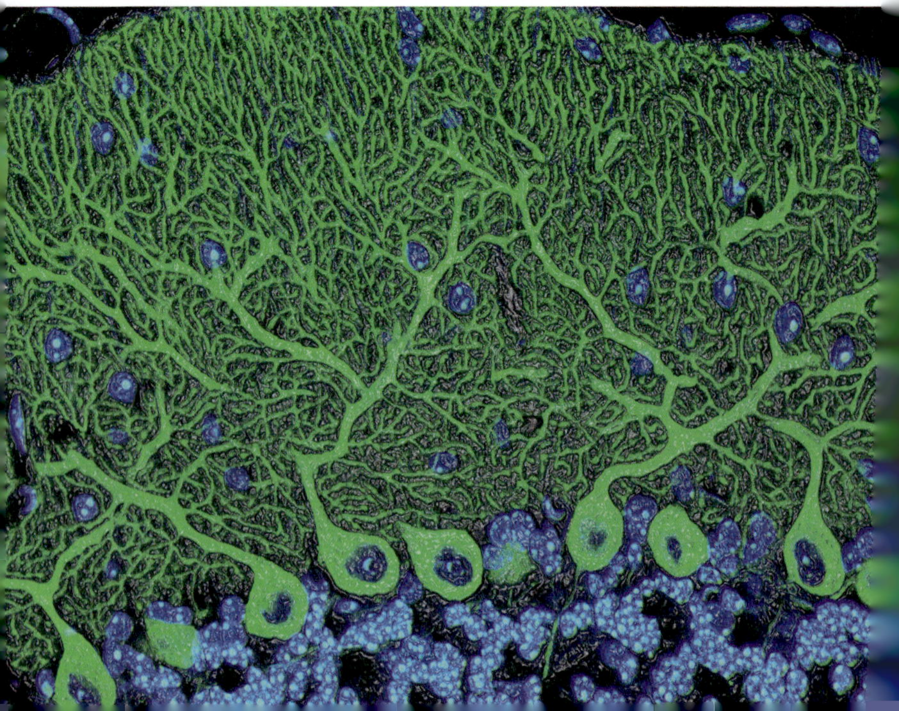

nichts mit den in der Natur vorkommenden Arten der Bereicherung zu tun. Kelly Lambert, Professorin für Verhaltenswissenschaften an der University of Richmond veränderte dann in einer 2016 publizierten Studie die Versuchsanordnung und führte einen dritten Käfig ein.[28] Dieser dritte Käfig enthielt Erde und Pflanzenmaterial, darunter Stöcke, Stümpfe und einen ausgehöhlten Baumstamm.

Da Ratten nachtaktiv sind, wurde ihr Verhalten unter rotem Licht beobachtet, das von ihnen nicht wahrgenommen wird. Als Lambert sich am nächsten Tag das Filmmaterial ansah, hatten sich die Ratten in den relativ leeren Standardkäfigen wie erwartet »wie Zombies« verhalten und kaum miteinander interagiert. Die Ratten in den künstlich gestalteten Käfigen waren aktiver und geselliger. Doch als sie die Ratten in den naturnah ausgestatteten Käfigen sah, traute sie kaum ihren Augen. Überrascht rief sie ihre Assistentin, um sich das Material mit ihr zusammen anzusehen. Keine der vielen Vorgängergenerationen dieser im Labor gezüchteten Ratten war auch nur ansatzweise mit der Natur in Berührung gekommen. Demnach hätte man erwarten können, dass sie das Plastikspielzeug den Stöcken und dem Erdreich vorziehen würden. Aber selbst in der halbwegs naturnahen Umgebung ihrer Käfige waren sie aufgeregter und aktiver als alle Laborratten, die das Forschungsteam je gesehen hatte. Sie spielten, wühlten in der Erde und hatten offensichtlich einen Riesenspaß. Mehr noch, sie interagierten viel geselliger miteinander.

Das Ergebnis war so verblüffend, dass Kelly Lambert und ihr Team eine zweite Versuchsreihe durchführten, diesmal über einen Zeitraum von 16 Wochen. Wieder wurden die »Stadtratten« und die »Landratten«, wie Lambert sie nannte, miteinander verglichen, ebenso die Ratten, die in den Standardkäfigen aufgezogen wurden. Die biochemischen Tests mit den Stadt- und Landratten zeigten weitgehend ähnliche Ergebnisse, wobei beide den nicht stimulierten Ratten überlegen waren; allerdings wiesen die Landratten ein gesünderes

Verhältnis des Hormons DHEA zu Corticosteron auf. Bei der Analyse der Verhaltensmuster hatten die Landratten jedoch eindeutig die Nase vorn. Im Vergleich zu den Stadtratten zeigten sie bei Stress eine viel größere Resilienz; sie erkundeten ihre Umgebung deutlich intensiver, hatten bei Tests mehr Ausdauer und waren insgesamt geselliger.

Lambert bot ihren Landratten keine wirklich natürliche Umgebung – dafür hätte sie sie freilassen müssen. Eigentlich hatten sie eher einen Garten bekommen, in dem sie spielen konnten. Das Erstaunliche daran ist, dass jahrzehntelang über bereicherte Umgebungen geforscht worden ist, doch der Unterschied zwischen natürlichen und künstlichen Reizen war dabei kaum untersucht worden. Offenbar stimuliert der Kontakt mit natürlichen Elementen das Nervensystem stärker als der mit künstlichen. Die Ratten erkannten den Unterschied und zeigten eine Art Äquivalent zur Biophilie.

Der Bereicherungseffekt ist einer der Gründe dafür, dass die »Go West«-Kur aus dem 19. Jahrhundert bei Neurasthenie viel erfolgreicher war als die »Rest«-Kur. Heute leben wir in einem in der Geschichte unserer Spezies noch nie da gewesenen Maße naturfern. Nicht nur das Wachstum unserer Städte hat uns von der Natur entfernt, auch die Technologie mit ihrer allgegenwärtigen Bildschirmkultur trägt dazu bei. In einigen Teilen der Welt gehen die Menschen kaum noch ins Freie. Amerikaner verbringen durchschnittlich 93 Prozent ihrer Zeit entweder in geschlossenen Räumen oder in einem Fahrzeug.[29]

Der gesunde Menschenverstand sagt uns, dass frische Luft, Tageslicht, Bewegung und der Zugang zu naturnahen, ruhigen Orten gut für die Gesundheit der städtischen Bevölkerung sind. Wir sind jedoch an einem Punkt angelangt, an dem wir von diesen Faktoren so weit entfernt sind, dass wir uns ihre Wirksamkeit wissenschaftlich beweisen lassen müssen. Besonders ein positiver Aspekt von Grünflächen lässt sich mit gesundem Menschenverstand allein nicht erklären, nämlich ihre »prosoziale« Wirkung. Die entdeckte Kelly Lambert, als die Landratten sich gegenseitig pflegten und geselliger miteinander interagierten. Auch Frances Kuo und William Sullivan beobachteten in ihren Chicagoer Wohnraumstudien eine Stärkung der sozialen Netzwerke. Das bedeutet, dass natürliche Umgebung sich tief greifend auf das städtische Leben auswirken kann. Einfacher ausgedrückt: Menschen verhalten sich besser und verbinden sich mehr miteinander, wenn sie sich im Umfeld von Pflanzen aufhalten.

Die Wirkung der Vegetation auf die Geselligkeit wurde in Laboruntersuchungen nachgewiesen.[30] Eine Studie ergab, dass die Präsenz von Zimmerpflanzen oder das Betrachten von Naturszenen im Gegensatz zu städtischen Szenen die Menschen dazu veranlasst, Entscheidungen zu treffen, die ein höheres Maß an Großzügigkeit und Vertrauen erkennen lassen. Je mehr die Menschen in die Natur eintauchen, desto stärker ist diese Wirkung. Eine andere Studie, die in Korea mithilfe von fMRI-Hirnscans durchgeführt wurde, zeigte, dass eine angenehme Naturkulisse jene Teile des Gehirns aktiviert, die an der Entwicklung von Empathie beteiligt sind.[31] Die Forscher führten zusätzlich zu den Scans psychologische Tests durch, die ebenfalls eine gesteigerte Großzügigkeit zeigten. Diese Experimente legen nahe, dass wir in einer bereicherten natürlichen Umgebung vertrauensvoller und großzügiger werden.

Das Leben in der Stadt konfrontiert uns mit einer unüberschaubaren Menge von Menschen. Dies hindert uns signifikant, Vertrauen aufzubringen, und untergräbt unsere Fähigkeit zur Empathie. Die urbane Umgebung deformiert uns zu gleichgültigen und misstrauischen Menschen. Die eigenen Überlebensinstinkte treten in den Vordergrund, und diesem Muster folgt auch unser Denken. Naturnähe hingegen hilft uns, uns stärker mit unserer Umgebung zu verbinden. Wir sehen die Welt wie durch eine andere Brille, und das beschränkt sich nicht nur auf die Bäume und die Grünflächen; wir sehen auch unsere Mitmenschen anders. Bäume, Parks und Gärten wirken unmerklich auf uns ein und mildern unseren Blick auf die Umwelt. Sie steigern unser Einfühlungsvermögen und das Zusammengehörigkeitsgefühl.[32]

6 Wurzeln

Soll ich nicht mit der Erde im Einvernehmen sein?
Bin ich selbst nicht zum Teil Blätter und Pflanzenerde?[1]
Henry David Thoreau (1817–1862)

Die ersten Früchte des Gemüsebeetes genießt man am besten an Ort und Stelle. Eine Möhre, die kurz unter dem Gartenwasserhahn abgewaschen wurde, ein mildwürziger Rettich, der noch warm vom Erdreich ist – welch ein Genuss! Zarte neue Rucolablätter sind umso saftiger, wenn man sie isst, während man eine Reihe ausdünnt, und junge Bohnen sind geradezu unwiderstehlich – warum darauf warten, bis sie gekocht werden, wenn man sie vorher schon frisch aus ihren flaumigen Hülsen lösen und kosten kann?

Am Tor zu unserem Gemüsegarten befindet sich ein Beet mit Sauerampfer, den ich vor vielen Jahren in die Ecke eines Hochbeetes gepflanzt habe. Dort hockten unsere Kinder im Frühsommer und mümmelten wie Kaninchen darauf herum. Sie liebten seinen Geschmack, denn junge Sauerampferblätter sind fast wie Brausepulver – ihre zitronige Schärfe explodiert im Mund und regt den Speichelfluss an. Einige Male im Jahr pflücke ich ein paar Blätter für Suppen und Soßen, aber auch ich bleibe oft genug hinter dem Tor stehen, um mir eine Dosis zu gönnen.

Sogar Unkraut hat sein Gutes. In jedem Frühjahr pflücke ich die ersten Brennnesselblättchen für eine Suppe und sammle die roten Blätter der Gartenmelde als Salatzutat. Dann gibt es die Kapuzinerkresse und die Ringelblume, die ich vor vielen Jahren gepflanzt habe und die sich in unseren Gemüsebeeten selbst ausgesät haben. Den ganzen Sommer über sammle ich ihre essbaren roten und orangefarbenen Blütenblätter und verwende sie zur Verzierung aller möglichen Gerichte.

Am liebsten ist mir bei dieser wilden Nahrungssuche die Walderdbeere. Deren kleine alpine Früchte schaffen es nie bis in die Küche, geschweige denn auf einen Teller. Im Sommer spüre ich sie auf, wenn ich im Garten arbeite, taste im Laub nach ihren tiefroten Beeren, die wie kleine Edelsteine aussehen. Ihre köstliche Geschmacksvielfalt macht sie unwiderstehlich: süß und säuerlich, blumig und fruchtig, frisch und muffig – alles zur gleichen Zeit.

Mit der Arbeit im Garten können wir uns ganz unterschiedliche Lebenswelten erschließen, zum Beispiel einen attraktiven Ort für die Nahrungssuche. Wenn wir hinausgehen, um Früchte, Blumen und andere Erzeugnisse des Gartens zu sammeln, stimuliert unsere Vorfreude auf die Belohnung eine energetisierende Dopaminausschüttung. Dieser biochemische Vorgang hat auch schon unsere paläolithischen Vorfahren aus ihren Höhlen getrieben.

Es mag paradox klingen, von Nahrungssuche im eigenen Garten zu sprechen, doch in jeden Garten schleichen sich ständig kleinere Wildnisinseln ein, und selbst auf einem kleinen Grundstück ist die Freude am Suchen und Finden eher ein Sammeln als ein Ernten. Als unsere frühen Vorfahren mit der Kultivierung der Erde begonnen hatten, müssen sich am Anfang Nahrungssuche und Gartenarbeit überlappt haben. Was erfahren wir bei der Erforschung dieser vorgeschichtlichen Phase über die Ursprünge der Gartenarbeit im menschlichen Denken?

Die ersten Versuche des Menschen, den Boden zu bearbeiten, liegen in grauer Vorzeit und sind fraglos schwer zu erforschen. Durch die Recycling- und Regenerationskräfte der

Natur sind praktisch keine Bearbeitungsspuren erhalten, im Gegensatz zu Werkzeugen, Schnitzereien und anderen Artefakten der Ur- und Frühgeschichte. Trotzdem liefern jüngste Fortschritte in der Boden- und Pflanzenanalyse faszinierende Hinweise. Die Ursprünge der Landwirtschaft konnten hingegen viel umfassender belegt werden. Die genetischen Veränderungen, die mit der Domestizierung von Nutzpflanzen einhergehen, zeigen, dass die Landwirtschaft vor etwa 12 000 Jahren im fruchtbaren Halbmond begann, einem großen Gebiet, das den heutigen Nahen und Mittleren Osten umfasst. Früher dachte man, die Landwirtschaft hätte sich wie eine neue Erfindung vom fruchtbaren Halbmond aus ausgebreitet; heute wissen wir jedoch, dass sie sich in mindestens zehn anderen Regionen der Welt, darunter China und Mittelamerika, unabhängig entwickelte.

Diese Periode unserer Vorgeschichte wird »neolithische Revolution« genannt. Der bedeutende Archäologe Vere Gordon Childe prägte vor fast hundert Jahren diese Bezeichnung, weil der Beginn von Ackerbau und Viehzucht tief greifende soziale und wirtschaftliche Veränderungen einleitete. Als Auslöser für diese Veränderungen galt der durch einen Klimawandel verursachte Rückgang der Nahrungsmittelversorgung. Man vermutete, dass Jäger und Sammler erst Erfahrung mit der Saatgutvermehrung sammelten, als die Not sie veranlasste, mit der Kultivierung des Bodens zu beginnen. Da der Fokus auf der Erzeugung von Grundnahrungsmitteln lag, geht man davon aus, dass der Bauernhof vor dem Garten entstand und dass sich der Anbau von nicht lebensnotwendigen Pflanzen später entwickelte. Die für die Pflanzenvermehrung notwendigen Kenntnisse wurden jedoch kaum auf Feldern gewonnen. Vermutlich haben bereits die Jäger und Sammler gelernt, die Erde auf kleinen Parzellen zu bestellen; doch angesichts der Zeitversetzung von der Saat bis zur Frucht sowie des bescheidenen Ertrags dieser ersten Pflanzversuche scheint es unwahrscheinlich, dass ihr Überleben davon abhing.

In seinem bekannten Buch *Der Mensch schafft sich selbst* stellte Childe die Kultivierung als einen wissenschaftlich anmutenden Durchbruch dar, der es den Menschen ermöglichte, die Kontrolle über die Natur zu übernehmen.[2] Er räumte ein, dass der Gartenbau in kleinem Maßstab der Landwirtschaft vorausgegangen war, betrachtete dies jedoch als eine beiläufige Tätigkeit. Anders als in der Landwirtschaft war die Gartenarbeit stets die Domäne der Frauen, während sich die Männer, wie er es ausdrückte, »mit dem wirklich ernsten Geschäft der Jagd« beschäftigten. Die Arbeit im Garten hätte in Verbindung mit anderen weiblichen Tätigkeiten wie Kindererziehung, Nahrungsammeln und Essenszubereitung stattgefunden. Das wichtigste Ackerbaugerät, der Grabstock, wurde sowohl zum Ausgraben von Wurzeln und Knollen als auch zur Bodenbearbeitung verwendet. Die Gärten mochten klein sein, waren aber alles andere als beiläufig. Sie kennzeichneten eine maßgebliche Veränderung in der Beziehung zwischen Pflanzen und Menschen.

Heute wird immer deutlicher, dass der Beginn des Neolithikums keine Revolution war, sondern das Ergebnis einer sich langsam entwickelnden Beziehung zwischen Pflanzen und Menschen.[3] Gemäß Dorian Fuller, Professor für Archäobotanik am University College London, stützten sich die ersten Bauern auf »ein kollektives Gedächtnis und eine tiefe kulturelle Tradition der Pflanzenpflege, die sich im späteren Paläolithikum entwickelte«.[4] Selbst wenn die Jäger und Sammler den Boden nicht kultivierten, so Fuller, lassen die ethnografischen Indizien vermuten, dass sie genau wussten, wie Pflanzen sich reproduzieren.

Fuller ist auf die Ursprünge der Landwirtschaft in China spezialisiert und erklärt, dass die frühesten Gärten nicht Subsistenzprodukten, sondern »hochwertigen Lebensmitteln« vorbehalten waren, die seiner Meinung nach für Feste oder besondere Anlässe bestimmt waren. Mit anderen Worten: Die Motive für den Anbau könnten mit sozialen Ritualen und dem sozialen Status zu tun gehabt haben. Im Gegensatz zu den auf Feldern vorherrschenden Monokulturen zeichneten sich die *präagrarischen* Gärten durch ihre Vielfalt aus. Die Pflanzen wurden angebaut, um sie in verschiedenen Jahreszeiten zu verwenden.

Es versteht sich von selbst, dass in verschiedenen Regionen der Welt unterschiedliche Pflanzen angebaut wurden, aber grundsätzlich lässt sich sagen, dass die ersten Pflanzen, die die Menschen nutzten, immer überaus begehrt oder selten waren.[5] Auch verschiedene nicht essbare Pflanzen waren darunter, zum Beispiel Arzneimittel und Halluzinogene sowie Kräuter, Gewürze, Farbstoffe und Fasern. Der Flaschenkürbis zum Beispiel wurde vielfach sowohl als Behälter als auch als Musikinstrument kultiviert und ist zusammen mit der Feige eine der ersten Pflanzen, die domestiziert wurden. Der Anbau spezieller Pflanzen lange vor dem Anbau von Grundnahrungsmitteln ist in Mexiko besonders gut dokumentiert. Hier wurden Chilischoten, Avocados, Bohnen, mehrere Kürbisarten und einige Obstbaumarten wie Cosahuico und Chupandilla mehrere Tausend Jahre vor den Grundnahrungsmitteln wie Mais, Hirse und Amaranth domestiziert.

Der Archäologe Andrew Sherratt formulierte eine besonders schöne Umkehrung der konventionellen These über die Entwicklung der Landwirtschaft. Ihm zufolge begann der Weg, den die Menschen vom Gartenbau zur Landwirtschaft einschlugen, mit wachsendem Luxus, und er endete mit wachsenden Waren.[6] Der Fokus auf den Anbau von Pflanzen, die das Leben aufwerten sollten, bedeutet, dass der Gartenbau von Anfang an eine kulturelle Bedeutung hatte.

Es häufen sich auch Hinweise dafür, dass viele Volksgruppen der Jäger und Sammler nicht in dem Maß nomadisch lebten, wie man es bisher angenommen hatte. Zudem lassen sich Samen leicht transportieren. Einfacher Gartenbau mit schnell keimenden einjährigen Pflanzen wäre mit einem Wechsel zwischen Saisonlagern vereinbar gewesen. Wenn üppige Nahrungsgründe vorhanden waren, ließen sich Jäger und Sammler manchmal für einen längeren Zeitraum nieder. Vermutlich schuf eher der Überfluss an Nahrungsmitteln als die Nahrungsmittelknappheit die Voraussetzungen für den Beginn der kleinmaßstäblichen Landwirtschaft. Siedlungsgebiete an Seen, Sümpfen oder Flüssen, die Wasser und fruchtbaren Boden bereithielten, und ein ausgeglichenes, warmes Klima in einer Umgebung, die reich an natürlichen Ressourcen war, gaben den Menschen Zeit und Gelegenheit, mit Pflanzen zu experimentieren.[7]

An einem solchen Ort befindet sich das als Ohalo II bekannte prähistorische Jäger- und Sammlerlager.[8] Es ist am See Genezareth gelegen, und die unter Wasser befindlichen Überreste sind bemerkenswert gut erhalten. Um 23 000 v. Chr. lebte hier eine kleine Gemeinschaft in einem am Ufer gelegenen Dorf, das aus sechs Hütten bestand. Im umliegenden Gelände fand man Spuren von mehr als 140 gesammelten Wildpflanzen, was den Schluss zulässt, dass die Bewohner aktiv auf Nahrungssuche waren. Weitere Analysen, die von einem Team israelischer Archäologen durchgeführt wurden, haben ergeben, dass die Bewohner auch Nahrungsmittel anbauten, zum Beispiel Erbsen, Linsen, Feigen, Trauben, Mandeln, Oliven und Emmer. Die Funde datieren ungewöhnlich früh, etwa 11 000 Jahre vor anderen Zeugnissen im fruchtbaren Halbmond.

Diese gemischte Lebensweise sollte korrekter als Jagen-Sammeln-Kultivieren bezeichnet werden. Die Nahrungssuche und die Pflege von Pflanzen fanden parallel statt, und manchmal gingen die beiden Aktivitäten auch ineinander über. Anstatt einfach nur Nahrung zu sammeln, betrieben Jäger und Sammler, je nach Verfügbarkeit von Ressourcen, verschiedene Formen der proaktiven oder, wie sie manchmal genannt wird, kontrollierten Nahrungssuche.[9] Sie rissen unerwünschte Pflanzen aus, schufen Platz für jene Pflanzen, die gedeihen sollten, und entholzten Böden. Tatsächlich existiert zwischen dem Sammeln und dem Anbau von Nahrung keine saubere Trennlinie. Stattdessen gibt es, wie der amerikanische Anthropologe Bruce D. Smith betont, einen »breit gefächerten und vielfältigen Mittelgrund«.[10]

Heute werden die frühesten Formen der Gartenarbeit in den Tropenwäldern Südostasiens verortet.[11] Analysen des Bodens und der Niederschlagsmuster im Urwald von Borneo zeigen, dass die Menschen während der letzten Eiszeit vor 53 000 Jahren die Kraft des Feuers nutzten, um Böden zu düngen und sie dem Sonnenlicht auszusetzen. Irgendwann im Laufe der Evolution wurde der Mensch empfänglich für die Prozesse in der Natur und begann sie nachzuahmen. Vermutlich beobachteten die Waldbewohner, wie der durch einen Blitzeinschlag verbrannte Boden einen zarten Schwall neuer Vegetation hervorbrachte. Auf diese Weise schuf die Natur die ersten »Gärten« und führte dem Menschen eine Vorlage vor Augen. Nach der Verbreitung von Waldgärten begannen die Menschen ihre Umwelt auf andere Weise zu gestalten. Sie leiteten Wasserläufe um, jäteten Unkraut, düngten und verpflanzten Setzlinge. Kultivieren bedeutet, die wilde Natur zu vermenschlichen und die lebensverbessernden Aspekte der Umwelt zu fördern. Gärten sind also gewissermaßen die eigentlichen Ursprünge der Kultur. Das Wort »Kultur« leitet sich schließlich von der Bodenbearbeitung und dem Anbau und der Pflege von Pflanzen her.

Wir neigen dazu, vorwiegend raubtierhafte Beziehungen in der Natur zu sehen, doch es gibt eine Vielzahl partnerschaftlicher Beziehungen, von denen einige bemerkenswert nach Kultivierung aussehen. Alle Arten bilden eine, wie die Ökologen sagen, »Nische« in ihrer Umwelt.[12] Dies ist für jeden Organismus Voraussetzung, um zu leben; dabei kann seine Nische eine destruktive oder konstruktive Wirkung auf andere Organismen in seiner Umgebung haben. Gegenseitige vorteilhafte oder symbiotische Anpassungen zwischen zwei verschiedenen Arten entstehen durch eine wechselseitige Form der Evolution, die als Koevolution bezeichnet wird.

Nehmen wir das Beispiel der Stachligen Napfschnecke, die in den Felsenpools der Westkap-Region Südafrikas lebt.[13] Im Gegensatz zu den meisten anderen Napfschnecken kultiviert sie ihre Nahrungsgründe. Jedes Exemplar bestellt seinen eigenen »Garten« mit Krustenbraunalge *(Ralfsia verrucosa).* Wie sieht diese Gartenarbeit aus? Zuerst rodet die Napfschnecke den Boden, indem sie mit ihrer kräftigen, raspelartigen Zunge einen Bereich des Gesteins abträgt. Wenn dann die Krustenbraunalge die Felsoberfläche besiedelt, jätet die Napfschnecke andere kräftigere, aber weniger erwünschte Algenarten ab. Und bald hat sie eine eigene kleine Weide mit schmackhafter Nahrung. Die Ausscheidungen der Napfschnecke dienen als Dünger, und das Wasser, das sie unter ihrer Schale speichert und abgibt, verhindert, dass die Algen bei Ebbe austrocknen. Mit dieser Pflege und der fortgesetzten Unkrautbekämpfung bleibt der Garten in einem ausgezeichneten Zustand. Wichtig ist, dass die Napfschnecke die Algen nicht schneller verzehrt, als sie nachwachsen. Biologen nennen das »umsichtiges Weiden«, und die Napfschnecke tut dies, indem sie ihren Rasen streifenweise »mäht«.

Ein Schild »Rasen betreten verboten« wäre hier angebracht, denn andere Napfschnecken dürfen sich nicht der Weide einer anderen Napfschnecke nähern und von den Krustenbraunalgen naschen. Die meisten Napfschneckenarten streifen bei der Nahrungssuche umher, und wenn eine dieser Arten es wagt, in einen Weidegarten einzudringen, wird sie zum Rückzug gedrängt. Ohne Schutz kann die Krustenbraunalge nicht lange überleben. Sie wird entweder von der Napfschnecke aufgefressen oder von stärkeren Algen abgeschwemmt. Diese Algengärten sind ein klassisches Beispiel für biologischen Mutualismus, oder anders ausgedrückt: eine Art des inhärenten nachhaltigen Zusammenlebens.

Besonders bei Ameisen gibt es viele symbiotische Beziehungen, von denen manche wahrscheinlich schon seit Jahrmillionen existieren. Die Blattschneiderameise legt zum Beispiel unterirdische Pilzgärten an, und die erst kürzlich entdeckte Fidschi-Ameise Squamellaria sät, düngt und erntet.[14] Die Ameisen üben mit ihrem großen Stamm von Arbeiterinnen eine Tätigkeit aus, die der Landwirtschaft ähnelt, und vergleichbar mit den vom Menschen domestizierten Nutzpflanzen kann sich der Pilz, den die Blattschneiderameise züchtet, nur mithilfe der Ameise vermehren.

Neben den gärtnernden Ameisen und Napfschnecken gibt es auch Termiten- und Käferarten, die »Pflanzenzucht« betreiben, und es gibt sogar einen Wurm, der Samen ausbringt.[15] Bei den Säugetieren jedoch sticht der Homo sapiens als einziges Beispiel heraus: Wir sind die gärtnernden Affen.

Wir wissen nicht, wie der Anbau von Pflanzen begonnen hat und welche Rolle die Menschen dabei gespielt haben mögen; jedenfalls hatte die Natur selbst einen Anteil daran. Wie der Archäologe Kent Flannery schrieb, waren für die Ursprünge der Kultivierung »sowohl menschliche Intentionalität als auch eine Reihe von zugrunde liegenden ökologischen und evolutionären Prinzipien« verantwortlich.[16] Flannery, der an der University of Chicago geforscht hat, ist auf die Vorgeschichte Mexikos spezialisiert. Er hob hervor, welche Rolle die Pflanzen in der Beziehung zwischen Pflanze und Mensch spielen, insbesondere durch ihre Fähigkeit, auf menschliche Eingriffe mit Mutation und Hybridisierung zu reagieren.

Es gibt zwei sehr unterschiedliche Thesen, wie sich aus den von den Jägern und Sammlern bewohnten ökologischen Nischen der Garten entwickelt haben könnte. Während die eine These die Entstehung des Gartens mit der Abfallentsorgung in Verbindung bringt, verweist die andere darauf, dass es sich um eine unbeabsichtigte Folge eines Rituals gehandelt haben könnte.

Die »Abfallhaufen-Theorie«[17] wurde in den 1950er-Jahren

von dem amerikanischen Ethnobotaniker Edgar Anderson vorgebracht. Er stellte die Hypothese auf, dass Jäger und Sammler, wenn sie lange genug an einem Ort bleiben konnten, von Pflanzen profitiert hätten, die auf Abfallhaufen wucherten. Schließlich sind sie der perfekte Ort für jene Alchemie, die Samen und Dung in Nahrung verwandelt. Anderson stellte überrascht fest, dass Pflanzen wie Kürbisse, Amaranth und Bohnen, die auf Abfallhaufen besonders gut wachsen, die ersten Pflanzen waren, die in vielen Teilen der Welt angebaut wurden. Seiner Meinung nach hatten die Archäologen die Rolle unterschätzt, die diese Pflanzen bei der Entwicklung des Ackerbaus spielten, da sie im Gegensatz zu Weizen und Reis als »bescheiden« wahrgenommen wurden.

Auch gerodete Flächen eignen sich für die Ansiedlung von Pflanzen. Die Wissenschaft geht davon aus, dass einige der Selbstsäer in den Lagern der Jäger und Sammler psychoaktive Eigenschaften hatten. Tabak, Bilsenkraut und Mohn gehören alle zu dieser Kategorie und könnten also in einer engeren Beziehung zum Menschen gestanden haben. Darüber hinaus wuchsen in vielen dieser auf Abfallhaufen entstandenen »Zufallsgärten« Pflanzen, die gewöhnlich nicht nebeneinander wachsen. Anderson nahm daher an, dass sie einen Schmelztiegel für Hybridisierung und Pflanzenzüchtung darstellten. Welche Pflanzen auch immer dort wachsen mochten – nur die begehrtesten erhielten Schutz und Pflege, und dies führte zur Entstehung der ersten Haus- oder Vorgärten.

Andersons Theorie über die Ursprünge des Gartens ist weithin anerkannt und biologisch sinnvoll. Eine weniger bekannte Theorie über den Ursprung des Gartens stammt von dem amerikanischen Ethnobotaniker Charles Heiser.[18]

Jedes Jahr erinnert uns das Reifen der ersten Früchte daran, wie abhängig unsere Ernährung von der Erde ist. Traditionell wurde das Reifen mit Festen begangen, bei denen Opfergaben dargebracht wurden. Rituale, die mit der ersten Ernte verbunden sind, gehören zu den frühesten, die aufgezeichnet wurden, und finden sich in den meisten Kulturen der Welt. Dies veranlasste Heiser zu der Frage, ob sie nicht viel älter sein könnten, als wir bisher angenommen haben.

Ethnografischen Aufzeichnungen zufolge gaben einige Volksgruppen der Jäger und Sammler die ersten Früchte als Opfergabe an die Götter. In einigen Fällen wurden Samen in die Erde eingebracht, die Stelle wurde mit Steinen markiert. Heiser mutmaßte, dass bei der Durchführung solcher vorgeschichtlichen Rituale aus verstreuten oder vergrabenen Samen Zufallsgärten entstanden. Er hielt es für möglich, dass »die erste Anpflanzung und der erste heilige Garten gleichzeitig entstanden sein könnten«.

Heisers Theorie führt uns in die Gedankenwelt des Jägers und Sammlers und erinnert uns daran, dass eine bestimmte Umgebung sowohl spirituelle als auch physische Heimat sein kann. Sicherlich, so weit wir es zurückverfolgen können, spielen Gärten in der Religion und Mythologie eine große Rolle, und Chroniken aus der Antike zeigen, dass jeder Tempel seinen eigenen Garten hatte. Allgemein wird angenommen, dass die mit der Pflanzung verbundenen Glaubensvorstellungen und Rituale erst nach der Kultivierung von Gärten aufkamen. Heisers Theorie stellt diese Reihenfolge jedoch auf den Kopf. Er präsentierte seine Idee in den 1980er-Jahren, und seither ist die Bedeutung, die rituelle Praktiken für die Entwicklung der menschlichen Kultur hatten, für unser Verständnis von Vorgeschichte stärker in den Mittelpunkt gerückt. Heute nimmt man an, dass Rituale einen wesentlichen Beitrag zu den Ursprüngen der Kunst geleistet haben, warum also nicht auch zu den Ursprüngen der Bodenbearbeitung? Wie Heiser selbst angedeutet hat, lässt sich darüber nur spekulieren.

Die Welt der Jäger und Sammler war eine belebte Welt. Jeder Aspekt der Natur war mit der ihm eigenen Energie und Seele belebt. Das Heilige war Teil des Alltagslebens, und Rituale waren eine Form der symbolischen Interaktion mit der Geisterwelt. Die Jäger und Sammler verehrten die Erde und versuchten gleichzeitig, sie zu beeinflussen. In unsicheren oder gefährlichen Situationen vermittelten Rituale ein Gefühl von Struktur und Ordnung. Sie linderten Ängste, bekräftigten gemeinsame Werte und förderten die Gruppenbindung. In der prähistorischen Kultur der Jäger und Sammler spielten Rituale vermutlich eine wichtige Rolle, weil sie den sozialen Zusammenhalt aufrechterhielten und so das erfolgreiche Funktionieren von Volksgruppen gewährleisteten.

Der bedeutende Anthropologe Bronisław Malinowski veröffentlichte vor fast hundert Jahren eines der prägenden Werke über rituelle Praktiken.[19] Während des Ersten Weltkriegs lebte er mehrere Jahre auf den Trobriand-Inseln, einem abgelegenen Teil von Papua-Neuguinea, und verfasste drei Bücher über diese untergehende Welt – eines davon, *Korallengärten und ihre Magie,* beschäftigt sich ausschließlich mit den Praktiken des Gartenbaus der Trobriander.

Die Inselbewohner hatten eine lange Tradition im Fischfang, aber Malinowski war der Meinung, dass sie »in erster Linie« Gärtner waren. Obwohl die Männer die Führung innehatten, wurden die Gärten von der Familie gemeinsam gepflegt. Malinowski beobachtete die Freude, die die Insulaner empfanden, in die Erde einzutauchen, sie umzugraben, den Samen zu pflanzen und die Pflanze beim Wachsen, Reifen und Ernten zu beobachten. Das Gemeinschaftsleben drehte sich um die Gärten, die als kollektive Quelle des Stolzes und Ehrgeizes »eine überraschende Sorgfalt bei der Ästhetik des Gärtnerns« hervorbrachten.

Obwohl die Trobriander sachkundige Gärtner waren, reichte Geschicklichkeit allein nicht aus, um sicherzustellen, dass die Pflanzen gut wuchsen. Für die Produktivität eines Gartens war Magie von wesentlicher Bedeutung. Jedes Dorf hatte einen Anführer, den *Towosi,* der auch »Gartenmagier« war. Der *Towosi* führte alle wichtigen Zeremonien nach dem Gartenkalender durch. Bei einigen dieser Rituale wurden den

Geistern Lebensmittel geopfert, bei anderen wurde mit einem heiligen Grabstock auf den Boden geschlagen. Fast immer wurden Zaubersprüche gesungen, die Gedichten oder Hymnen glichen. Die »Magie des Wachstums«, wie Malinowski es nannte, mag uns wie eine andere Welt erscheinen, aber wenn wir vom »grünen Daumen« sprechen, liegt darin vielleicht auch eine Spur von Magie, denn mit dem Wachstum von Pflanzen ist immer ein mysteriöses Element verbunden.

Die ästhetischen Qualitäten des Gartens waren ein wesentlicher Bestandteil der Magie von Trobriand, denn man glaubte, dass die Pflanzen nur dann gut wachsen würden, wenn der Garten die richtige Gestalt hatte. Die Knollen der Jamswurzel wurden gitterförmig ausgepflanzt, und es wurde sehr sorgfältig auf die Ausrichtung der Beete und die vertikalen Stangen geachtet, an denen die Jamswurzeln ranken konnten. Malinowski beschrieb die Gärten als »ein Kunstwerk«, und der Anthropologe Alfred Gell entwickelte diesen Gedanken anschließend weiter. »Wenn wir uns den viereckigen Trobriand-Garten als eine Künstlerleinwand vorstellen, auf der durch einen okkulten Prozess, der teilweise jenseits unserer Intuition liegt, auf geheimnisvolle Weise Formen wachsen, wäre das keine schlechte Analogie«[20], bemerkte Gell. Für ihn war die sorgfältige Ausbildung von Reben und Ranken an den Stangen nicht weniger »ästhetisch« als die Formschnitte in den formalen Gärten Europas. Aufgrund solcher Beobachtungen erscheint es möglich, dass die frühesten Formen ästhetischer Gartengestaltung eng mit der Ausübung von Ritualen verbunden waren.

Menschen und Pflanzen waren in der trobriandischen Kultur eng miteinander verbunden. Tatsächlich wurden menschliche Fortpflanzung und pflanzliche Regeneration gewissermaßen gleich gewertet, denn die Menschen glaubten, dass in beidem derselbe Geist wirkte, der für neues Leben verantwortlich war. Der wachstumsfördernde Zauberspruch, mit dem die ersten Jamswurzel-Pflanzungen besungen wurde, gipfelte in den Worten: »Der Bauch meines Gartens legt sich nieder. Der Bauch meines Gartens schwillt an. Der Bauch meines Gartens schwillt wie mit einem Kind.«[21] Und der Garten schwoll in den folgenden Monaten wirklich an, als sich über jeder aufkeimenden Jamswurzel ein erdiger Hügel bildete. Die Vorstellung von einer symbolischen Schwangerschaft zeigt sich auch in anderen Jamswurzel-Kulturen. Einige bezeichnen das Pflanzen der Jamswurzel als das Einpflanzen einer »Vater«-Knolle in die Erde, wo der »Mutter«-Ort dann zeitgerecht Jamswurzel-Nachkommen hervorbringt.

Dies ist kein Anthropomorphismus im modernen menschenzentrierten Sinn. Pflanzen sind wie Menschen, weil Menschen wie Pflanzen sind. Sie sind Teil einer Natur und durch gemeinsame Eigenschaften verbunden. Diese Vorstellung war nicht nur bei den Völkern in Papua-Neuguinea anzutreffen. Bei dem im Gebiet des oberen Amazonas lebenden Volk der Achuar geht die Humanisierung der Kulturpflanzen sogar noch weiter. Eine Achuar-Frau hat zwei Gruppen von Nachwuchs, ihre Kinder und die Pflanzen, die sie pflegt. Dieses indigene Volk von Jägern und Sammlern, das eine lange Tradition des Anbaus pflegt, wurde Mitte der 1970er-Jahre von dem Anthropologen Philippe Descola erforscht, als er und seine Frau Anne-Christine Taylor, die ebenfalls Anthropologin ist, mehrere Jahre lang bei den Achuar lebten.[22] Im Gegensatz zu den Gärten von Trobriand sind die Gärten von Achuar private Bereiche. Descola war bei den Feldarbeiten größtenteils auf seine Frau angewiesen, da es Männern normalerweise nicht erlaubt ist, diese Bereiche zu betreten.

Die Gärten sind mit Bananenbäumen umfriedet, und innerhalb dieser Anlage kultivieren die Frauen Basisknollen wie Maniok, Jamswurzel und Taro sowie Obstbäume und eine Vielzahl von Heilpflanzen. Die Achuar-Frauen sind erfahrene Gärtnerinnen; auf ihren Parzellen wachsen im Allgemeinen etwa hundert verschiedene Arten, einige domestiziert, andere wild. Für die Bewirtschaftung ihrer großen Parzellen benutzen sie ausschließlich kleine Macheten und Grabstöcke, und ähnlich wie auf den Trobriand-Inseln ist auch hier die ästhetische Gestaltung des Gartens wichtig. Für eine Achuar-Frau ist es eine Quelle persönlichen Stolzes, ihren Garten frei von Unkraut zu halten. Descola beschreibt, wie die Pflanzen in den Gärten ihrer Affinität entsprechend in durch kleine Sandpfade voneinander getrennte Beete gesetzt werden, die so sorgfältig geharkt sind wie die in einem japanischen Garten.

Auch die Achuar glauben an Gartenmagie.[23] Eine gute Gärtnerin muss eine große Anzahl von magischen Liedern kennen, die in der Sprache der Achuar *Anent* heißen. Sie sind ein wesentlicher Bestandteil der Bodenbearbeitung und werden von den Frauen leise bei der Arbeit gesungen. Viele dieser Gesänge sind an das Geistwesen Nunkui gerichtet. Nunkui ist in der Achuar-Mythologie die Mutter aller Kulturpflanzen und lebt direkt unter der Oberfläche des Erdbodens. Garten und Dschungel werden, obwohl sie voneinander abgegrenzt sind, als ein Kontinuum betrachtet. Für die Achuar gehören die Wildpflanzen, die im Wald wachsen, zu einer anderen Art von Garten, der von Nunkuis Bruder Shakaim gepflegt wird.

Die Achuar glauben, dass die Pflanzen gewissermaßen beseelt sind, und sie schreiben den verschiedenen Arten auch unterschiedliche Charaktere zu. Der Anbau von Maniok (oder Yuccawurzel) ist in hohem Maß ritualisiert, denn im Gegensatz zu den anderen Pflanzen im Garten besitzt Maniok unheilvolle Eigenschaften. Der Anbau dieser Pflanze ist mit einem bestimmten Vorgang verbunden, bei dem »Maniok sich von Menschen essen lässt, sofern sie die Verantwortung für seine weitere Vermehrung übernehmen«. Wenn die Frauen die Pflanzen besingen, verbünden sie sich mit Nunkuis generativen Kräften; so wird in dem Bittgesang an den Maniok die folgende Zeile wiederholt: »Als Nunkui-Frau erwecke ich immer die Nahrung zum Leben.« Wie Descola beschreibt, kann die Gartenarbeit der Achuar-Frauen »als eine tägliche Wiederholung jenes Schöpfungsaktes gesehen werden, in dem Nunkui die Kulturpflanzen gebar«.

Diese »gärtnerische Mütterlichkeit«, wie Descola es bezeichnet, beruht auf Gegenseitigkeit, denn die Frauen erfahren im Heiligtum des Gartens selbst eine Art der mütterlichen Fürsorge.[24] Bei den Achuar werden öffentliche Gefühlsäußerungen nicht gern gesehen, im Schutz der Gärten können die Frauen jedoch ihre Trauer und ihr Leid sowie ihre Freude ungehindert ausdrücken. Sie begeben sich auch dorthin, wenn eine Geburt naht. Der Garten ist der Ort, an dem neues Leben in die Welt kommt, wo es Schutz und Nahrung erhält. Mehr noch: Die Frauen werden durch den Glauben gestärkt, dass sie sich in ihrem Garten etwas von Nunkuis schöpferischen Kräften aneignen können.

Das soziale Gefüge der Welt ist für uns auf die Welt der Menschen beschränkt, für Jäger und Sammler ist es jedoch viel umfassender. Das Soziale, die Natur und das Spirituelle sind keine getrennten Bereiche, sondern Teil einer gemeinsamen Welt. Der Psychologe Nicholas Humphrey führt in seiner Arbeit über die Evolution des menschlichen Bewusstseins aus, dass die soziale Intelligenz des Homo sapiens die Entwicklung unserer Spezies am stärksten beeinflusst hat. Ihm zufolge sind wir prädisponiert, das »Nicht-Soziale ins Soziale« einzugliedern, und dies hat seiner Ansicht nach die Anfänge der Bodenbearbeitung erheblich beeinflusst. Die Pflege von Pflanzen erfordert ein gewisses Maß an Abstimmung mit ihren Bedürfnissen, damit sie wachsen und sich entwickeln können. Sie beinhaltet einen Prozess des Gebens und Nehmens, der auf dem basiert, was Humphrey als »einfache soziale Beziehung« bezeichnet.[25]

Teile unseres Jäger-und-Sammler-Erbguts befähigen das menschliche Gehirn, mit der Natur in Kontakt zu treten.

Gartenarbeit ist wohl kaum in unserer DNA verankert, wahrscheinlich aber eine Beziehung zu Pflanzen, denn davon hing das Überleben unserer frühen Vorfahren ab. Daher stammen vermutlich auch unsere tiefe Affinität zu Pflanzen und unsere Neigung, ihre Gewohnheiten und ihre Eigenschaften zu verstehen. Die Kultivierung und Pflege von Pflanzen profitierte von diesen Fähigkeiten, zumal in der Verbindung mit dem menschlichen Instinkt für Fürsorge, der uns von anderen Spezies unterscheidet. Mehr als andere Primaten teilen wir unsere Nahrung und kümmern uns um die Kranken. Unsere Vorgeschichte wird jedoch eher als eine Folge von Fortschritten beschrieben, die auf eine überlegene menschliche Intelligenz und technische Beherrschung hindeuten würden. Aller Wahrscheinlichkeit nach war es aber das veränderte Verständnis von Fürsorge, das die frühe menschliche Beziehung zu Pflanzen prägte.

Der Anthropologe Tim Ingold verweist darauf, dass wir die Früchte der Erde weder erzeugen noch produzieren können; wir können lediglich die Bedingungen für Wachstum schaffen. Der Glaube der Jäger und Sammler spiegelt ihm zufolge diese Realität wider. Der Anbau von Pflanzen und die Aufzucht von Tieren unterscheidet sich nicht wesentlich von der Erziehung von Kindern. »Sich um eine natürliche Umgebung zu kümmern«, schreibt er, »unterscheidet sich nicht von unserer Fürsorge für andere Menschen: Es erfordert ein tiefes persönliches und liebevolles Engagement, nicht nur des Geistes oder des Körpers, sondern auch des eigenen ganzen, ungeteilten Wesens.«[26] Im Gegensatz dazu hat die westliche Kultur der Idee der menschlichen Herrschaft über die Natur den Vorrang eingeräumt.

Unsere koloniale Vergangenheit ist weitgehend geprägt durch Siedler, die mit der Vorstellung in weit entfernte Orte kamen, sie könnten die Natur beherrschen und erobern, und die den Wert eines viel älteren Bezugs zu dem Land nicht erkannten.

Zum Beispiel der in Großbritannien geborene Entdecker James Douglas, der im Jahr 1843 an der Südseite von Vancouver Island an der Nordwestküste Nordamerikas an Land ging.[27] Douglas war bei der Hudson's Bay Company angestellt und hatte den Auftrag, landwirtschaftliche Flächen ausfindig zu machen, in deren Nähe ein neuer Handelsposten eingerichtet werden konnte. Im Gegensatz zur nahen Küstenlinie aus »trister Wildnis« und dichten, unwirtlichen Nadelwäldern war dieser Ort, wie er es beschrieb, »ein vollendetes Eden«. Er wanderte über Wiesen, wo sich uralte Garry-Eichen aus einem Meer blauer Blumen erhoben und Millionen von Schmetterlingen die Luft erfüllten. Es gab eine Vielzahl von Blumen, darunter mehrere Lilienarten, aber es war die Blütenpracht der Gemeinen Camas *(Camassia quamash)* und der Großen Camas *(Camassia leichtlinii)*, die den Ort so außergewöhnlich wirken ließ.

Douglas irrte sich jedoch, als er dachte, dies sei ein unberührtes »Eden«, denn in Wirklichkeit war es die Heimat der Lekwungen, einer Volksgruppe der Salish in Britisch-Kolumbien, die seit Tausenden von Jahren an dieser Küste jagten und sammelten. Die Lekwungen lebten im Sommer in Saisonlagern und im Winter in festen Dörfern. Sie ernährten sich von Lachs, Wurzeln und Beeren. Die Männer jagten und fischten, während die Frauen eine Vielzahl von Pflanzen sammelten, darunter Schachtelhalm, Farn, Kuh-Pastinaken und Klee. Sie sammelten auch Früchte und Nüsse und gruben die essbaren Zwiebeln blühender Pflanzen wie der Camas und der Lilie aus. Douglas betrachtete diese Landschaft mit den Augen eines Goldsuchers und bezeichnete ihre Nahrungsgründe als »unkultivierten Abfall«.

Frühere Reisende hatten die Lekwungen mit der Kartoffel bekannt gemacht, die sie unterhalb der Camaswiesen anbauten, wo sie im feuchten Boden gut gedieh. Diese Parzellen waren leicht als landwirtschaftliche Anbauflächen zu erkennen, aber die Idee, dass die blühenden Wiesen mit ihren intensiv malvenblauen Blüten und majestätischen Bäumen durch menschliches Eingreifen entstanden sein könnten, kam Douglas nicht in den Sinn. Die Wiesen galten den Lekwungen sogar als heilig. Es waren Gärten, in denen jede Familie ihre eigenen Parzellen pflegte, die über die mütterliche Linie seit Generationen weitergegeben worden waren.[28]

Die Camas ist eine Art wilde Hyazinthe, und wenn sie im Mai und Juni blühten, schlugen die Familien ihr Lager auf. Diese jahreszeitlichen Zusammenkünfte waren, wie ethnografische Studien zeigen, eine wichtige Zeit des Wiedersehens und des Feierns mit viel Gesang und Klatsch – und auch die Schönheit der Wiesen mag zur überschwänglichen Freude beigetragen haben. Die Frauen verbrachten Tage damit, den Boden umzugraben, um unerwünschte Pflanzen auszusortieren und Steine zu entfernen. Die größeren Zwiebeln der Camas wurden in Körben gesammelt, während kleinere wieder eingepflanzt und »wilde« Camas zur Aufstockung der Bestände verpflanzt wurden. Aber eine Art von Zwiebeln wurde von den Frauen gewissenhaft entfernt – die der weiß blühenden Todescamas. Es handelt sich um eine hochgiftige Pflanze aus der Familie der Germergewächse, die den Camas so ähnlich ist, dass man sie zur Blütezeit kaum unterscheiden kann. Zwiebeln, Blätter und alle anderen Teile dieser Pflanze sind giftig, und ein versehentlicher Verzehr ist oft tödlich.

Manchmal wurden die frisch umgegrabenen Beete zur Bodenverbesserung mit Algen bedeckt, aber die Lekwungen reicherten die Böden auch an, indem sie sie im Herbst abbrannten. Diese jahreszeitlichen Brände beseitigten den Strauchwuchs, der die Camas sonst überwuchert hätte, und dämmte den Bestand der Nadelbäume ein, sodass die Garry-Eichen gut gedeihen konnten, denn intensive Hitze hilft den Eicheln dieses seltenen Baumes beim Keimen.

Die geernteten Camaszwiebeln wurden stundenlang in großen Töpfen gekocht oder in Erdöfen gebacken, manchmal tagelang. Dann wurden sie weich und süß, ähnlich wie Esskastanien, und glichen im Geschmack, wie erzählt wird, gebackenen Birnen. Nach dem Kochen wurden die Zwiebeln entweder sofort gegessen oder als Wintervorrat zum Trocknen in der Sonne ausgelegt. Hätten die Lekwungen die Camas hauptsächlich angebaut, um ihren Bedarf an Kohlenhydraten zu decken, hätten sie sie vermutlich zugunsten der weniger arbeitsintensiven Kartoffel aufgegeben, die ihnen viel zuverlässiger die benötigte Stärke lieferte. Aber die Kultivierung der Camaswiesen war Bestandteil ihrer Kultur, und die Zwiebeln galten als Delikatesse.

Im Jahr nach Douglas' Ankunft verboten die Siedler das Abbrennen der Wiesen. Das Gleichgewicht zwischen Mensch und Pflanze innerhalb des Ökosystems veränderte sich. Die Camas wurden von schnell wachsenden Sträuchern erstickt, die Garry-Eichen verkümmerten, und ihr Bestand verringerte sich.[29] Ein Teil der Wiesen wurde umgepflügt und mit Gerste, Hafer oder Weizen eingesät. Ein anderer Teil wurde als Weideland für Rinder, Schafe und Schweine genutzt. Und an einer anderen Stelle wurde das neue Fort der Hudson's Bay Company in Victoria errichtet. Douglas war davon ausgegangen, dass die blühenden »natürlichen« Parklandschaften mit ihrer Blumenpracht der Landwirtschaft eine gute Zukunft verheißen würden, aber das üppige Frühjahrswachstum auf diesen Wiesen täuschte darüber hinweg, dass die Böden die Feuchtigkeit nicht speicherten und es im Sommer nur spärlich regnete. An diesem Küstenabschnitt herrscht ein mediterranes Klima, und viele Siedler scheiterten mit ihren Farmen.

Die Siedler verschifften Camaszwiebeln in andere Teile Nordamerikas und nach England, aber nicht als essbare Zwiebeln, sondern als Zierpflanzen. Auch in unserem Garten zu Hause wachsen sie, und jedes Jahr blühen sie zwei oder drei Wochen lang – genau dann, wenn der Frühling in den Sommer übergeht. Ich bin immer traurig, wenn sie vergehen, denn ihre eleganten Blüten haben einen wahrhaft himmlischen Blauton.

Viele Pflanzen werden widerstandsfähiger und wachsen besser, wenn sie gekürzt oder ganz abgeschnitten werden. Auch dies ist ein Teil der wechselseitigen Beziehung zwischen Tieren und Pflanzen – ein Effekt, den Jäger und Sammler mit ihrer scharfen Beobachtungsgabe wohl kaum übersehen haben dürften. Die Wiesengärten der Salish Lekwungen entwickelten sich wahrscheinlich aus einfacher Nahrungssuche. Sie gruben die größten Zwiebeln aus, steckten den Rest wieder in den Boden und entfernten die giftigen Todescamas. Auf diese Weise konnten die Camas sich regenerieren und gedeihen.

Im Jahr 2005 untersuchten Forscher der University of Victoria in British Columbia mithilfe eines Experiments die traditionellen Anbaumethoden der Salish. Sie markierten Parzellen, die unbewirtschaftet blieben, um das Wachstum von Camas in der Wildnis zu simulieren, während sie auf anderen Parzellen die jahreszeitlichen Zyklen des Grabens, Erntens, Verpflanzens und Verbrennens der Küsten-Salish nachahmten.[30] Nach einigen Jahren wuchsen die gepflegten Pflanzen viel kräftiger und produzierten größere Zwiebeln, was keinen Zweifel daran ließ, dass die traditionelle Anbaumethode das Wachstum der Camas wirksam gefördert hatte.

Die Archäobotanikerin Glynis Jones, Professorin an der University of Sheffield, charakterisierte mit dem Begriff »landwirtschaftliche Denkweise« die Art und Weise, mit der die europäischen Siedler die vorgefundenen einheimischen Kultivierungsformen missachteten.[31] Als Beispiel nennt sie die Siedler, die die traditionellen Maori-Gärten als »primitive Landwirtschaft mit geringer Technologie« abtaten. Erst in jüngster Zeit wurden ihre landwirtschaftlichen Fähigkeiten als, wie Glynis Jones es beschreibt, »erfolgreicher intensiver Gartenanbau« gewürdigt.

Gartenanbau hat bei den Maori eine lange Tradition.[32] Ihre Vorfahren kamen in kleinen Booten aus Polynesien und brachten Pflanzen mit, um in ihrer neuen Heimat Gärten anzulegen. Sie mussten sich in Neuseeland auf ein ganz anderes Klima einstellen und lernten schnell, ihre Grundstücke mit Schilf und Manuka-Zäunen vor den kalten Südwinden zu schützen, und sie suchten Standorte, an denen sie die kostbare Wärme der Sonne am besten einfangen konnten. Die Maori mussten den Anbau einiger ihrer traditionellen Nahrungsmittel – Bananen, Kokosnuss und Brotfrüchte – aufgeben, aber es gelang ihnen durch die erfinderische Verwendung sorgfältig platzierter flacher Steine, die den Boden erwärmten, weiterhin Kumara (Süßkartoffel) anzubauen.

Die Maori-Gärtner reicherten die Böden mit Holzkohle und Asche an; schwere Lehmböden wurden mit Muscheln, Sand und Kies vermischt. Der Anbau von Taro, Jamswurzel, Kürbis und Kumara ergänzte die Suche von Wildpflanzen, aber die Gärten enthielten noch eine Vielzahl anderer Pflanzen, die sich auf unterschiedliche Weise verwenden ließen, darunter der Kohlbaum wegen seiner Wurzeln, der Karakabaum wegen seiner Früchte, die Aute (Papiermaulbeere) zur Herstellung von Tapa-Tuch und die Ziersträucher Papageienschnabel *(Clianthus maximus)* und Napuka *(Veronica speciosa)*. Diese hoch entwickelten gartenbaulichen Fertigkeiten blieben in den ersten europäischen Beschreibungen der Maori-Gärten unbeachtet.

Die Europäer erkannten auch nicht die kulturelle Bedeutung der kleinen separaten Parzellen, der *Māra Tautāne,* in denen die Maori jedes Jahr die ersten Kumaraknollen anpflanzten. Die in diesen heiligen Gärten produzierte Nahrung war nicht für den menschlichen Verzehr bestimmt, sondern – ähnlich bei den von Charles Heiser beschriebenen Ritualen der ersten Ernte – als Opfergabe für Rongo, den Gott des Landbaus. Die enge Beziehung zwischen Bodenbearbeitung und Religion stieß bei den europäischen Siedlern auf völliges Unverständnis. Ihre Gotteshäuser waren vom Land getrennt, und ihre Vorstellung vom Paradies war überirdisch. Für die Siedler diente die Bearbeitung des Bodens allein einem von wirtschaftlichem Profit angetriebenen, utilitaristischen Zweck. Das Land war einfach dazu da, ausgebeutet zu werden, und hatte keine tiefere Bedeutung. Die Entheiligung der Natur ging mit der Vorstellung einher, dass der Mensch die Natur kontrollieren könne. Dadurch ging der Respekt vor der Erde verloren – ein grundlegender Irrtum, der uns bis heute belastet.

Es gibt einen alten sumerischen Mythos, der davon handelt, wie die Kunst des Gärtnerns erworben wurde und wie der Gärtner seine heilige Verbindung zum Land verriet. Der etwa 5000 Jahre alte Mythos ist eine der vielen Geschichten über die Göttin Inanna, die wie die späteren griechischen Göttinnen Aphrodite und Demeter mit Leidenschaft, Fortpflanzung und Macht verbunden wird.

Das Reich der Sumerer umfasste das Überschwemmungsgebiet zwischen den Flüssen Tigris und Euphrat im heutigen Südirak. Dort entstanden in Verbindung mit der Beherrschung des Landbaus die ersten Städte. Die Sumerer entwickelten auch die erste Schriftsprache und überlieferten so die frühesten Mythologien. Die Sage von der »Todsünde des Gärtners« beschreibt den ersten in der Literatur dargestellten Gärtner.[33] Die von Samuel Noah Kramer ins Englische übersetzte Geschichte beginnt mit einem Mann namens Šukaletuda, der beim Anlegen eines Gartens mit den Elementen ringt. Der heiße, trockene Wind bläst ihm Staub ins Gesicht. Er wässert seine Pflanzen, aber die sengende Sonne brennt auf sie herab; sie verwelken und gehen ein. Dann fällt eines Tages sein Blick auf »das Land unter ihm« und »das Land über ihm«, und er sieht, dass die Pflanzen blühen, wenn sie von einem Baum geschützt sind. Er ahmt die »göttlichen Gesetze« der Natur nach, und als er eine Reihe von Sarbatu-Bäumen pflanzt, die den dringend benötigten Schatten spenden, blüht sein Garten schließlich auf.

Eines Tages legt sich die Göttin Inanna in den Garten von

Šukaletuda, um zu ruhen. Erschöpft von ihren langen Reisen im Himmel und auf der Erde, schläft sie schnell ein. Šukaletuda spioniert ihr nach und vergewaltigt sie im Schlaf. Als sie am Morgen erwacht, stellt sie mit Entsetzen fest, dass sie geschändet wurde, und schwört, den Sterblichen, der sie missbraucht hat, zu finden und zu bestrafen. Šukaletuda jedoch flieht und taucht in den Städten unter. Voller Zorn schickt Inanna drei Plagen über das Volk der Sumerer. Die erste färbt das Wasser rot: »Alle Brunnen des Landes füllte sie mit Blut, alle Haine und Gärten des Landes sättigte sie mit Blut.« Die zweite verwüstet das Land mit zerstörerischen Winden und Stürmen. Die dritte Plage und das Ende der Geschichte sind allerdings unbekannt, da ein entscheidender Teil der antiken Tafel fehlt.

Für die Sumerer war die Urbarmachung des Landes symbolisch mit der menschlichen Fortpflanzung verbunden. Sie glaubten, dass die Fruchtbarkeit ihres Bodens von einer jährlichen rituellen Heirat zwischen dem König der Sumerer und der Göttin Inanna abhing. Die heilige Vereinigung des Königs und der Göttin wird in anderen, ebenfalls von Kramer übersetzten sumerischen Gedichten gepriesen und als eine liebevolle und zärtliche Verschmelzung dargestellt. König Dumuzi ist der erste Ehemann von Inanna. Als er sich ihr nähert, ruft sie entzückt: »Pflüge meine Vulva, mein Geliebter.«[34] Der Dichter beschreibt, wie Dumuzi nach dem Liebesakt ruht und »Getreide hoch an seiner Seite standen« und »Gärten an seiner Seite üppig blühten«.

Es gibt ein kleines, wunderschön verziertes sumerisches Siegel, das 2003 während des Irakkrieges aus dem Nationalmuseum in Bagdad entwendet wurde.[35] Als die US-Panzer heranrollten, brach eine Plünderungswelle aus, und zusammen mit vielen anderen wertvollen Antiquitäten wurde das Siegel gestohlen. Vielleicht taucht es nie wieder auf, aber seine Darstellung einer Erntedank-Szene ist in Fotografien festgehalten. Das vor 4500 Jahren filigran geschnitzte Siegel zeigt

Männer, die einer auf einem Thron sitzenden Göttin Körbe voller Waren als Opfergaben darbieten. Die Sumerer glaubten, sie seien für das Wohl der Götter verantwortlich, und wenn man genau hinsieht, erkennt man, dass die Göttin auf dem Rücken eines Mannes sitzt. Wir sehen ein Fest der ersten Früchte, und wie alle sumerischen Feste symbolisiert es die Erneuerung des Bundes mit den Göttern.

Trotz ihres Glaubens beuteten die Sumerer das Land schließlich aus. Die »Todsünde des Gärtners« erzählt von der Vergewaltigung der Göttin Inanna, im weiteren Sinne aber auch von der Vergewaltigung der Erde. Der Mythos beschreibt die destruktive Veränderung in der Beziehung des Menschen zur Natur, eine Folge des Verrats an einem von Respekt geprägten gärtnerischen Ethos. Obwohl die Sumerer wussten, dass das Land eine Ruhephase brauchte, so wie die müde Göttin im Mythos den Schlaf zur Erholung brauchte, beuteten sie den Boden kontinuierlich aus und lehnten es ab, ihre Felder brachliegen zu lassen. Diese Verhaltensweise führte zur ersten ökologischen Katastrophe der Menschheitsgeschichte und schließlich zum Untergang der sumerischen Kultur. Die von Inanna geschickten Plagen haben eine gewisse Ähnlichkeit mit den realen Geschehnissen. Die mangelnde Pflege der Felder führte zur Bodenerosion, in deren Folge sich die Wasserläufe mit der feinen Krümelung der Äcker rot verfärbten, und es kam häufiger zu Staubstürmen. Außerdem bildete sich durch übermäßige Bewässerung eine weiße Salzkruste an der Oberfläche – dies war vielleicht die nicht überlieferte dritte Plage.

Der Mythos des Gärtners mag Ereignisse in der sumerischen Geschichte vorweggenommen haben, er verdeutlicht aber auch die Zeichen der Zeit in späteren Epochen – einschließlich unserer eigenen. Man kann Land nicht grenzenlos ausbeuten. Europäische Siedler sprachen früher vom Brechen des Landes, als ob man es zur Knechtschaft zwingen könnte. Unser fürsorglicher Umgang mit der Erde hilft uns, uns selbst besser zu verwurzeln. Ohne diese Fürsorge treiben wir haltlos umher wie Šukaletuda, der am Ende seine spirituelle Heimat verloren hat und in den Städten untertaucht. Die Moral ist eindeutig: Unsere Gärten, im weitesten Sinne, werden nicht gedeihen, wenn wir nicht den göttlichen Gesetzen folgen – nämlich den Gesetzen der Natur. Wenn wir aufgrund von Gier und Begierde gegen diese Gesetze verstoßen, tun wir dies auf eigene Gefahr.

Die Natur ist ein lebendiges Kontinuum.[36] Der Triumph über die Natur wird, wie C.G. Jung betonte, teuer bezahlt. Jung verstand, welchen Wert die uralte Verbundenheit mit der Erde hat – eine Verbindung, die sowohl körperlicher als auch geistiger Natur war. Er vertrat die Auffassung, dass dem modernen Leben ein krank machendes Gefühl der Entwurzelung zugrunde liegt, weil so viele Stadtbewohner die Verbundenheit zur Natur nicht mehr erfahren können. Ihm zufolge leben die Menschen so, als würden sie die meiste Zeit in zu kleinen Schuhen gehen.

Jung glaubte, dass, wie modern wir auch sein mögen, unsere primitiven Ursprünge wie eine unerschlossene Ressource in uns liegen: »Wenn ein Mensch fünfzig Jahre alt ist, so ist nur das eine Wesen in ihm ein halbes Jahrhundert existent. Das andere Wesen, das in der gleichen Seele lebt, mag vielleicht Jahrmillionen alt sein.« Der moderne Mensch ist ihm zufolge nur die letzte reife Frucht am Baum der Menschheit. Wir müssen uns wieder mit dem verbinden, was C.G. Jung den dunklen, erdigen Mutterboden unseres Seins nannte, doch im Bestreben, die Natur zu beherrschen, haben wir uns von ihr isoliert und uns unserer Naturgeschichte beraubt. Für Jung lag die Antwort nicht darin, dass wir uns in der Wildnis verlieren; dies betrachtete er als eine Form der Flucht, die der Einnahme einer Droge gleichkäme, sondern im direkten Kontakt mit der Erde und ihren Leben spendenden Eigenschaften. Seine Kartoffeln selbst zu bestellen bereitete ihm große Freude, und er glaubte, dass jeder Mensch ein Grundstück haben sollte, damit seine Instinkte wieder zum Leben erwachen können.

Genau diese lebensfördernden Instinkte sind seither von der modernen Neurobiologie eingehend untersucht worden. Dazu gehört auch das Suchsystem, das uns optimistisch vorausschauen lässt und das Nahrungssuchverhalten oder andere belohnungsbasierte Aktivitäten befördert. Zweifellos finden im Garten auch fürsorgliche und nährende Instinkte ihren Ausdruck. Der andere große lebensfördernde Instinkt ist der sexuelle Instinkt, den Jung vielleicht nicht im Sinn hatte, denn er meinte, dass in der psychoanalytischen Theorie zu viel der sublimierten Sexualität zugeschrieben werde. In ethnografischen Studien und in der antiken Literatur wie dem sumerischen Mythos hingegen wird die Bestellung des Bodens als eine Art Fortpflanzungsritual mit der Erde angesehen.

Die Ausübung der Gartenarbeit hat sich nicht sehr verändert, seit der Mensch begonnen hat, den Boden zu bestellen – immer noch ist wenig Technik dafür erforderlich. Auch die menschliche Psyche hat sich nicht stark verändert. Der Kontakt mit der lebendigen Natur liegt tief in unserer geistig-seelischen Herkunft begründet. Auch wenn die mit der Bepflanzung verbundenen Rituale in unserer heutigen Kultur nicht so manifest sein mögen, schreiben uns der Rhythmus und die Struktur der Jahreszeiten einen Ablauf vor, und wir pflegen das ganze Jahr über dieselben uralten Tätigkeitsmuster.

Bei der Gartenarbeit müssen wir immer mit Kräften rechnen, die größer sind als wir selbst. Wie sehr wir einem Garten auch unseren Stempel aufdrücken und ihn so bearbeiten, dass er unsere Bedürfnisse erfüllt – welche es auch immer sein mögen –, ist dieser Garten doch ein eigenständiges, lebendiges Gebilde, das wir nicht vollständig beherrschen. Es besteht eine Wechselbeziehung, durch die auch wir geformt werden – ein Prozess, den ich als das seelische Wachstum des Gärtners bezeichnen möchte.

Die Vorstellung, dass bei der Pflege von Pflanzen eine »einfache soziale Beziehung« entstehen kann, stützt sich auf Erfahrung. Ich spüre es selbst, wenn ich im Garten arbeite, und es gilt auch für viele der Menschen, die ich für dieses Buch interviewt habe – Eddie mit seinem rituellen Gruß an den Eukalyptusbaum, Vivian, die ihre Geheimnisse mit den Gewächshauspflanzen teilt, und Francis, der von seinen »sanften Führern« gelernt hat, mit seiner Verletzlichkeit umzugehen.

Die Idee des Gebens und Nehmens als Teil unserer Beziehung zur Natur mag im modernen Leben bedroht sein, doch viele Gärtner haben noch ein Gespür dafür. Der amerikanische Schriftsteller Robert Dash brachte es auf den Punkt, als er schrieb, dass die Wurzel gärtnerischer Stärke im »wechselseitigen Verhalten« liege.[37] Wir pflegen den Garten, und im Tausch beschenkt er uns. Eine solche Beziehung ist wichtig, weil sie den Respekt für die Natur vertieft. Wir spüren, dass wir uns die Belohnungen verdient haben, und empfinden Dankbarkeit für die Früchte der Erde. Dies unterscheidet sich sehr von einer auf Ausbeutung basierenden Beziehung, die eine Anspruchshaltung fördert und der Auffassung Vorschub leistet, wir könnten uns von der Erde beliebig bedienen.

Unsere Nahrungsgründe sind nicht nur für uns allein da. Wir setzen etwas in Bewegung, bereichern unsere Umgebung mit großer Artenvielfalt, schaffen Lebenswelten für Vögel und Insekten, und erreichen so, dass die Naturnische Garten ein Eigenleben bekommt. Nirgendwo sonst können wir ein solches Gefühl der Verbundenheit empfinden – eine Verbundenheit, die uralte Wurzeln hat. Mit dem Sammeln von Nahrung, dem Ernten, Pflanzen, Unkrautjäten und all den anderen Formen des Gebens und Nehmens im Garten kehren wir zu unserer eigentlichen Beziehung zur Natur zurück.

7 Flower-Power

An meinem Garten arbeite ich kontinuierlich und mit Liebe, am nötigsten brauche ich Blumen, immer, immer.[1]
Claude Monet (1840–1926)

Zu manchen Zeiten bringt mich unser Garten einfach zum Innehalten. Ich erinnere mich, dass ich einmal von einem Rittersporn aufgehalten wurde. Es war inmitten einer arbeitsreichen Zeit, beruflich wie privat. Auch im Garten häuften sich die Aufgaben: Das nächste Saatgut musste ausgesät, Salat und Kräuter mussten ausgedünnt und Beete geharkt werden. An diesem Morgen wollte ich noch einige Arbeiten erledigen, bevor unsere Wochenendgäste eintrafen, und mir war klar, dass sich an unserem Esstisch bald viele Menschen versammeln würden. Ich verließ also das Haus und ging Richtung Schuppen, wo die Gefriertruhe stand. Dabei kam ich auch an den Rabatten mit Rittersporn vorbei. Fast war ich schon weitergegangen, da winkte mir ein Rittersporn mit seiner blauen Blütentraube zu. Eine besonders schillernde Blüte zog meinen Blick auf sich. Sie saß auf dem höchsten Stängel und erstrahlte in einem tiefen, changierenden Blau, durch das das Sonnenlicht hindurchschimmerte. Intensive Farben erregen unsere Aufmerksamkeit. Sie rufen: »Schau nur! Schau genau hin!« Und genau das tat ich auch. Ich starrte in die Mitte des blauen Blütenkelchs.

Während die anderen Blütentrauben neben mir sanft schwankten, versenkte ich mich in die Schönheit dieses Rittersporns, und zu diesem träumerischen Zustand gesellte sich eine Amsel, die in der Hecke sang. Meine hektischen, in alle Richtungen zerstreuten Gedanken sammelten sich. In meinem Innern öffnete sich ein Raum und dehnte sich aus bis zur Hecke und weiter aufwärts zu der hoch über mir zwitschernden Feldlerche. Die Vögel waren die ganze Zeit dort gewesen. Wie habe ich so blind, so taub sein können, dass ich ihren Gesang vorher nicht wahrgenommen hatte?

Es war eine kurze Unterbrechung an einem geschäftigen Morgen, und doch änderte sie den ganzen Tag und rettete mich vor meiner inneren Hektik. Und mehr als das ist es ein Moment, an den ich mich immer wieder erinnere und der mich staunen lässt. Wie eine Ermahnung, auf die mich umgebende Schönheit zu achten.

Immanuel Kant beschrieb, wie uns Blumen »frei und für sich« gefallen.[2] Kant benutzte Blumen, um sein Konzept der »freien« Naturschönheit zu veranschaulichen, also einer Form von Schönheit, auf die wir unabhängig von Nutzen oder kulturellem Wert reagieren. Gewiss, wir erkennen Schönheit, wenn wir sie sehen. Wir erkennen sie, als ob etwas in uns darauf gewartet hätte. Schönheit hält unseren Blick fest und sättigt unsere Wahrnehmung. Die Grenze zwischen uns selbst und der Welt verschiebt sich gewissermaßen, und in dem Moment, in dem die Schönheit sich offenbart, fühlen wir uns lebendiger. Dies mag eine flüchtige Erfahrung sein, und doch hinterlässt sie eine Spur in unserer Seele, die ihr Vergehen überdauert.

Blumen führten Claude Monet in eine fesselnde Welt aus Farbe, Stille und Harmonie: »Vielleicht verdanke ich es den Blumen, dass ich Maler geworden bin«,[3] sagte er. In seinem Teich pflanzte er Seerosen an, allerdings nicht in der Absicht, sie in einem Gemälde zu verewigen. Für ihn gehörten Gartenarbeit und Malerei gleichermaßen zum Streben des Künstlers. Während des Ersten Weltkriegs blieb er in seinem Garten in Giverny und weigerte sich, sich von seinen Blumen zu trennen, selbst dann noch, als die feindlichen Truppen anrückten.

Auch Sigmund Freud liebte Blumen. Als Knabe streifte er durch die Wälder in der Nähe von Wien und sammelte seltene Pflanzen und Blumen.[4] Seinem Biografen Ernest Jones zufolge entwickelte Freud eine ungewöhnliche Kenntnis von Blumen und wurde gewissermaßen ein Hobbybotaniker.[5] Die Schönheit der Natur nährte Freuds kreative Energie, und im Erwachsenenalter flüchtete er zum Wandern und Schreiben regelmäßig in die Berge. Während der langen Sommerferien in den Alpen bemühte er sich, seine Naturliebe an seine Kinder weiterzugeben, und brachte ihnen bei, Wildblumen, Beeren und Pilze zu erkennen. Freud war fasziniert von dem Einfluss, den Schönheit auf uns ausüben kann: »Der Genuss an der Schönheit hat einen besonderen, milde berauschenden Empfindungscharakter«, schrieb er, und obgleich die Schönheit wenig Schutz gegen drohende Leiden bietet, vermag sie aber »für vieles zu entschädigen«.[6]

Wie erklären wir uns den von Freud beschriebenen berauschenden Empfindungscharakter? Was ist das Geheimnis der uns fesselnden Schönheit? Intuitiv vermuten wir, dass unsere Reaktion auf Schönheit mit unserer Fähigkeit, Liebe zu erfahren, zusammenhängen könnte, und tatsächlich deuten Untersuchungen darauf hin, dass dies so ist. Semir Zeki, Professor für Neuroästhetik am University College London, glaubt, dass unser Bedürfnis nach Schönheit tief in unserer biologischen Struktur verankert ist.[7] Seine Arbeiten haben gezeigt, dass unabhängig von der Quelle unserer Wahrnehmung oder den daran beteiligten Sinnesreizen die Erfahrung von Schönheit auf Hirnscans stets in einem einzigartigen Muster neuronaler Aktivierung sichtbar wird.

Zeki machte seine ersten Experimente mit Menschen, die er mit Musik und Kunstwerken konfrontierte, unter anderem mit einem Gemälde von Monet. Dann beschloss er, seine Fragestellung um eine konzeptuelle Form der Schönheit zu erweitern. Er führte »schöne mathematische Gleichungen« ein und nahm noch eine Gruppe von Mathematikern als Probanden auf. Die Teilnehmer sollten auf verschiedene Bilder, Musik und Gleichungen reagieren. Die als schön empfundenen Eindrücke erzeugten alle das gleiche Aktivitätsmuster innerhalb des medialen orbitofrontalen Cortex, des anterioren cingulären Cortex und des Nucleus caudatus – in Hirnregionen also, die Teil unseres Belohnungssystems sind und auch mit romantischer Liebe assoziiert werden.[8] Das Belohnungssystem spielt auch eine Rolle bei der Integration unserer Gedanken, Gefühle und Motivationen. Es hängt mit unserem Dopamin-, Serotonin- und endogenen Opioidsystem zusammen und dämpft unsere Angst- und Stressreaktionen. Schönheit hat also eine zweifache Wirkung: Sie beruhigt und belebt zugleich.

Die ästhetische Wahrnehmung des Menschen ist mit einer Affinität zu Mustern verbunden, in denen Regelmäßigkeit und Ordnung mit Variation und Wiederholung kombiniert werden. Die in der Natur vorhandenen einfachen geometrischen Formen treten vielleicht in ihrer konzentriertesten und überzeugendsten Form in der Schönheit einer Blüte auf.[9] Wildblumen zum Beispiel haben üblicherweise fünf Blütenblätter, die in einem symmetrischen Fünfeck angeordnet sind. Doch ganz gleich, wie kunstvoll oder einfach eine Blüte gebaut ist: Ihre Struktur zeigt Ausgewogenheit und Harmonie, und wir reagieren darauf genauso wie auf Rhythmus und Harmonie in der Musik. Diese Reaktion mag mit Zekis Erkenntnissen über mathematische Schönheit zusammenhängen, denn in der Entwicklung der menschlichen Kultur haben die in der Pflanzenwelt vorkommenden Muster sicherlich dazu beigetragen, den menschlichen Geist für abstrakte Schönheit und mathematische Formen empfänglich zu machen.

Blühende Pflanzen tauchten erstmals nach dem Verschwinden der Dinosaurier auf. Da sie mit der Erde verwurzelt sind, sind sie für ihre Fortpflanzung auf die Hilfe Dritter angewiesen. Ihre breite Palette an Farben, Mustern und Düften wurde nicht entwickelt, um uns zu erfreuen oder neugierig zu machen, sondern um die Geschöpfe der Luft anzulocken.

Blüten sind Meister der biologischen Signalgebung, sie locken die Insekten, Vögel und Fledermäuse mit dem Versprechen süßen Nektars. Der Duft signalisiert, dass eine Blüte zur Befruchtung bereit ist. Er zieht gerade Nachtbestäuber wie Motten an, die sich in der Dunkelheit am Duft orientieren. Ein Teil dieser olfaktorischen Kommunikation ist aufrichtig gemeint, ein anderer Teil ist bloße Verführung – Pheromone, die das Paarungsverhalten auslösen –, und wieder andere sind schlicht Täuschung – süßer Nektarduft, wo es keinen gibt.

Die Beziehung zwischen Insekten und Blüten beruht jedoch weitgehend auf Gegenseitigkeit. Das Insekt nimmt das »Angebot« der Blüte an und begibt sich in das florale Schlafzimmer. Die Blume erhält die für ihre Fortpflanzung benötigte Unterstützung, und das Insekt sammelt im Gegenzug süßen Nektar. Diese wechselseitige Beziehung, die für beide Seiten viele Vorteile hat, ist durch einen Prozess der Koevolution entstanden. Manchmal ähnelt das Arrangement einer Abmachung mit Exklusivrechten; eine Blüte zielt auf eine bestimmte Insektenart, die der betreffenden Blumenart treu bleibt. Das herausragendste Beispiel für die Koevolution von Blüte und Insekt ist die Blüte der Sternorchidee *Angraecum sesquipedale*. Im Jahr 1862 erhielt Charles Darwin ein Exemplar dieser madagassischen Blume.[10] Zu diesem Zeitpunkt war kein Insekt bekannt, dessen Rüssel lang genug gewesen wäre, in die zwölf Zentimeter lange Nektarröhre zu kommen und diese Pflanze zu bestäuben. Darwin schloss aus seinem bisherigen Wissen über Koevolution, dass es ein noch unentdecktes Insekt geben müsse, das zu dieser großen Reichweite fähig sei. Seine These stieß damals auf Skepsis, doch vierzig Jahre später wurde auf Madagaskar tatsächlich ein Nachtfalter mit überlangem Saugrüssel entdeckt.

Koevolutionär schwieriger zu erklären ist jedoch die Beziehung zwischen Insekten und Blüten, die sexuelle Mimikry praktizieren. Zum Beispiel die Bienenorchidee, deren auffällige Zeichnung die weibliche Biene so gut imitiert, dass sie männliche Bienen anlockt, auf ihr zu landen. Darwin glaubte, irgendwo müsste ein verborgener Nutzen wie eine sorgfältig versteckte Nektarquelle zu finden sein, der erklären würde, warum diese Bienen bereit waren, so viel Energie für die Paarung mit einer Blume aufzuwenden. Aber dies hat sich nicht bewahrheitet; stattdessen liegt die Erklärung in einer Art neuronalem Priming.

Das Nervensystem selbst kleinster Lebewesen ist auf Dopamin oder eng verwandte Moleküle angewiesen, um Suchverhalten auszulösen. Das menschliche Belohnungssystem im Gehirn mag komplexer sein als das der Biene, aber auch dort wiegt ein Versprechen unter Umständen mehr als das Ergebnis. Die Belohnung, die die Blüten den Bienen versprechen, regt die Dopaminproduktion an, wodurch die Bienen zur Nahrungssuche animiert werden. Experimente mit Hummeln zeigen, dass die Nektarsuche der Bienen aufhört, wenn der Neurotransmitter Dopamin blockiert ist.[11] Dies ist vielleicht eine Erklärung dafür, warum manche Insekten bestimmten Blüten die Treue halten, selbst wenn diese keinen Nektar liefern können.

Es gibt zum Beispiel Blüten, deren Blütenblätter einer weiblichen Fliege ähneln und die durch die Pheromone in ihrem Duft männliche Fliegen anlocken. Der Paarungstrieb der Fliege wird durch diese sexuelle Mimikry so effektiv abgegriffen, dass sie, während sie sich die ganze Zeit mit Pollen belädt, auf die Blüte ejakuliert. Man könnte dies als eine Art Insekten-»Pornografie« bezeichnen. Biologen beschreiben ein solches Phänomen als einen übernormalen Reiz – »über«, weil die Anziehungskraft stärker ist als der reale Gewinn. Solche Stimuli heben wichtige Umweltsignale wie Muster und Zeichnungen übermäßig hervor, wodurch ein Instinkt von seiner eigentlichen Funktion abgelenkt wird. Doch wie Menschen sind auch Insekten nicht gleichermaßen beeinflussbar. Es gibt einige Bienenarten, die auf Nummer sicher gehen und vor allem Blüten anfliegen, die kleine, aber zuverlässige Mengen Nektar bereithalten.

Nektar ist nicht die einzige Substanz, die Insekten sammeln; es gibt Fälle, in denen es der Blütenduft selbst ist. Die in den tropischen Regenwäldern beheimatete männliche Prachtbiene *(Euglossini)* ist ein Insektenparfümeur. Sie sammelt Duftproben von jeder Blüte, die sie besucht, mischt sie und bewahrt sie in ihrer Parfümkapsel am hinteren Ende ihres Körpers auf. Auf diese Weise kreiert sie einen eigenen individuellen Duft. Diese Bienen bestäuben in den Regenwäldern über 700 verschiedene Orchideenarten. Die Komplexität der Blütendüfte im individuellen Parfüm der Biene signalisiert vermutlich, wie ausgedehnt die Biene gereist ist und wie tauglich sie bei der Nahrungssuche ist. Die von diesen Bienen gesammelten Düfte haben jedenfalls eine verführerische Wirkung und helfen ihnen bei der Partnersuche.

Ähnlich wie die Bienen berauschen auch wir uns an der Pracht von Blüten. Davon zeugt auch die Vielfalt des Blumenhandels. Blumen sprechen unser Unbewusstes auf eine schwer ergründbare Weise an, und wir reagieren darauf wie auf eine Einladung, als würden sie sagen: »Komm näher, schnupper an mir, pflück mich, nimm mich mit …« Einige tun sich durch Reinheit hervor, andere durch Schlichtheit, während wieder andere in ihrer Form verführerisch – sogar erotisch – sind. Blumen vermitteln uns Schönheit, und wie die Bienen sind auch wir oft einer Lieblingsblume treu.

Sigmund Freud zum Beispiel hatte eine besondere Liebe zu Orchideen. Jedes Jahr überreichten ihm Kollegen, Freunde und Patienten Blumen zum Geburtstag. Dieser Brauch wurde zu einem solchen Ereignis, dass die Wiener Floristen sich schon im Voraus mit Vorräten eindeckten. Laut einem alten Freund von Sigmund Freud, Hanns Sachs, wurden an seinem 75. Geburtstag Wagenladungen voll Orchideen in allen Farben und Formen geliefert.[12] Seine Lieblingsorchidee gab es jedoch nicht zu kaufen. Es war das Schwarze Kohlröschen *(Nigritella nigra)*, eine Alpenorchidee mit dunkelviolett-roten Blüten und einem wunderbar würzigen Duft von Schokolade und Vanille. Laut Martin Freud erinnerte diese kleine Blume seine Eltern an die Zeit, als sie bald nach ihrer Heirat einen Ausflug in die Berge machten. Sie hatten eine Gruppe dieser seltenen Orchideenart entdeckt, und Freud war einen steilen, grasbewachsenen Hang hinaufgeklettert, um für seine frisch angetraute Frau Martha einen Strauß zu pflücken.[13]

Die amerikanische Dichterin Hilda Doolittle (bekannt als H. D.) war in den frühen 1930er-Jahren Patientin von Sigmund Freud. Einmal brachte sie ihm einen Strauß Narzissen mit, deren berauschender Duft so stark auf ihn wirkte, dass sie das Gefühl hatte, unwissentlich, wie sie es ausdrückte, »in sein Unterbewusstsein eingebrochen zu sein«.[14] Wir wissen, dass gerade unser Geruchssinn unser Unterbewusstsein aufschließt. Der süße – manche würden sagen: süßliche – Duft der Narzissen war, wie Freud ihr sagte, »beinahe mein Lieblingsduft«. Die »Dichternarzisse«, wie er sie nannte, wuchs wild in den feuchten Wiesen um das Haus am Aussee bei Salzburg, das er und Martha für Familienferien gemietet hatten, als ihre Kinder noch klein waren. Für Freud war dieser Ort ein Paradies. Es gab, so schilderte er H. D., nur eine Blume, die ihm lieber war als die Narzisse – die »unvergleichlich duftende Gardenie«, die ihn immer in beste Laune versetzte. Er assoziierte sie mit seiner Zeit in Rom zwanzig Jahre zuvor, als er jeden Tag eine frische Gardenie für sein Knopfloch kaufte.

Sicher spielen Erinnerungen und Assoziationen eine Rolle

bei unserer Beziehung zu Blumen, zweifellos aber auch gewisse chemische Vorgänge. Die chemischen Bestandteile der verschiedenen Blumendüfte prägen unsere Stimmungen und beeinflussen, wie wach oder entspannt wir uns fühlen. Vom Lavendel, von dem seit Langem bekannt ist, dass er eine beruhigende Wirkung auf uns hat, wissen wir seit Kurzem, dass er den Serotoninspiegel erhöht.[15] Im Gegensatz dazu wirkt der Geruch von Rosmarin anregend und steigert sowohl den Dopamin- als auch den Acetylcholin-Spiegel.[16] Die Kombination von Serotonin und Dopamin in Zitrusblüten hat eine aufbauende Wirkung.[17] Der Duft von Rosen, den wir vor allem mit Liebe assoziieren, kann den Spiegel des Stresshormons Adrenalin senken, gemäß einer wissenschaftlichen Studie sogar um 30 Prozent. Darüber hinaus reduziert der Duft der Rose in der Verbindung mit Phenylethylamin den Abbau unserer körpereigenen Opioide und erzeugt dadurch ein Gefühl anhaltender Ruhe.[18]

Wie kam die Liebe des Menschen zu den Blüten auf? Der bekannte Evolutionspsychologe Steven Pinker vermutet, dass sich die Menschen ursprünglich zu Blüten hingezogen fühlten, weil diese auf zukünftige Nahrungsvorräte hinwiesen. Jäger und Sammler, die sich für Blüten und ihre Standorte interessierten, wussten, dass sie Nüsse und Früchte sammeln konnten, wenn sie später an ihre Standorte zurückkehrten, und dieses Wissen verschaffte ihnen einen Überlebensvorteil.[19] Blüten können auch einen unmittelbaren Nutzeffekt haben, denn wo es Blüten gibt, gibt es wahrscheinlich Bienen, und wo Bienen sind, gibt es wahrscheinlich Honig. Unsere frühen Vorfahren waren für die Delikatesse Zucker genauso empfänglich wie wir.

Die ältesten Blumen, die in einer Ansiedlung der Jäger und Sammler gefunden wurden, stammen von der 23 000 Jahre alten Ausgrabungsstätte Ohalo II am Ufer des Sees Genezareth.[20] Überreste in einer der Hütten deuten darauf hin, dass die Bewohner eine große Anzahl der Blüten der *Senecio glaucus* sammelten. Sie sind in diesem Teil der Welt endemisch und ähneln kleinen gelben Chrysanthemen. Es ist weder eine kulinarische noch eine medizinische oder andere praktische Verwendung für sie bekannt, die vermuten ließe, dass sie zur Vorbereitung eines Rituals oder eines anderen besonderen Ereignisses in das Dorf gebracht wurden.

Das früheste bekannte Grab, das Blumen enthält, befindet sich in Israel auf einem Bestattungsplatz der Natufien und ist 14 000 Jahre alt. Es handelt sich in diesem Fall wohl um Wildblumen, aber es wird vermutet, dass die Menschen früher als ursprünglich angenommen mit dem Anbau von Blumen begonnen haben – vor ungefähr 5000 Jahren.[21] Die Psychologin Jeannette Haviland-Jones und der Genetiker Terry McGuire von der Rutgers University heben die evolutionäre Bedeutung freudiger Empfindungen für das Handeln unserer frühen Vorfahren hervor. Viele der zuerst kultivierten Blumen wachsen besonders gut auf umgegrabenen Böden. Haviland-Jones und McGuire vermuten, dass einige Blumen, die sich auf den für die Landwirtschaft gerodeten Böden selbst ausgesät hatten, vielleicht stehen gelassen wurden, weil sie den Menschen gefielen. Im Laufe der Zeit wurden die Menschen zu Mittlern für die Verbreitung von Blumensamen und suchten Exemplare aus, die besonders attraktiv waren und stark dufteten. Die Nische der kultivierten Blume im Ökosystem ist also gleichzeitig eine emotionale Nische des Menschen.

Blumen heben unsere Stimmung und bereichern unser Gefühlsleben. Die Wohltätigkeitsorganisation Lemon Tree erkannte erst kürzlich den therapeutischen Wert von Blumen und begann damit, Gärten in syrischen Flüchtlingslagern anzulegen. Obwohl Nahrungsmittellieferungen dringend benötigt wurden, waren etwa 70 Prozent der Pflanzen, die die Flüchtlinge für den Anbau auswählten, Blumen – so intensiv war ihr Bedürfnis, Schönheit in ihren ansonsten bedrückenden Lebensraum zu bringen.

Vielleicht erfuhren unsere frühen Vorfahren durch Blumen zum ersten Mal ein tröstendes Narrativ. Als die frühen Menschen sich erstmals als Individuen wahrnahmen, machten sie auch die ersten Trennungserfahrungen und entwickelten ein Bewusstsein für die Sterblichkeit. Diese existenziellen Nöte begleiten uns seither und werfen uralte Fragen auf: Wie kann man dem Leben einen Sinn geben? Wie geht man mit dem Leid um, das sich im Leben ergibt? Das Leben einer Blume bietet etwas, woran man sich festhalten kann – ein gewisser Schutz gegen die Angst vor der Zerrissenheit im Angesicht des Todes. So vergänglich und zerbrechlich Blumen auch wirken, vermitteln sie doch Kontinuität, denn sie sind in ihrer Schönheit dazu bestimmt, zu sterben, damit ihre Früchte leben und ihre Samen mehr Blüten hervorbringen.

Zweifellos hatten Blumen in den frühen Kulturen eine tiefe Bedeutung. Vor allem die alten Ägypter betrachteten Blumen als göttliche Boten und füllten ihre Tempel manchmal mit Massen von Girlanden und Sträußen.[22] Sie züchteten vor allem Jasmin, Kornblume, Iris und Maiglöckchen, aber die blaue Seerose, auch Lotusblume genannt, war die heiligste Blume von allen. Die Ägypter glaubten, dass die Lotusblume das Geheimnis der Wiedergeburt in sich trage. Ihr süßer, berauschender Duft sollte den Geist auf eine höhere Ebene bringen, einer Brücke entsprechend zwischen dem sinnlichen und spirituellen Bereich.

Der einzige Lebenszweck einer Blüte besteht darin, die Fortpflanzung sicherzustellen. Blüten können sexy sein, denn Sex ist ihr Geschäft. Für das menschliche Auge haben einige Blütenformen eine erotische Qualität. Dies zeigt sich auch in der farbigen Opulenz, mit der Fortpflanzungsorgane in bestimmten botanischen Drucken dargestellt sind. Die Malerin Georgia O'Keeffe wollte das erotische Element in ihrem Werk nicht in den Vordergrund stellen. Das ist durchaus verständlich, denn Eindeutigkeit verdirbt die Wirkung. Solange Eindrücke unterbewusst sind, kann Erotik Schönheit als auch Unschuld beinhalten.

Wie viele Liebhaber vor ihm begann Freud seine Werbung für die junge Martha Bernays, indem er ihr eine rote Rose überreichte. Im ersten Sommer ihrer Verlobung zog Martha für längere Zeit fort und lebte in einem Haus mit einem schönen Garten. Eines späten Abends schrieb Freud ihr einen Brief, der sich zunächst an ihren Gastgeber richtete: »Gärtner Bünsow, glücklicher Mann, der mein Liebchen beherbergen darf. Warum bin ich nicht Gärtner geworden anstatt Doktor oder Dichter. Du würdest vielleicht einen Gesellen brauchen, der Dir im Garten arbeitet, und ich würde mich anbieten, um dem Prinzesschen guten Morgen zu sagen, vielleicht ihm einmal einen Kuss für einen Strauß abzuverlangen.«[23] Freud war siebenundzwanzig Jahre alt, als er dies schrieb, und stand am Anfang seiner medizinischen Karriere. Es sollte neunzehn Jahre dauern, bis er das bahnbrechende Werk über Träume veröffentlichte, das ihn berühmt machte.

Freuds Wunsch, ein Gärtner zu sein, mag der Höhenflug eines Liebhabers in einer heißen Sommernacht gewesen sein, aber er war tatsächlich ein großer Gartenliebhaber. In seinem Werk *Die Traumdeutung* taucht eine große Auswahl an Blumen auf: Alpenveilchen, Artischocken, Maiglöckchen, Veilchen, Nelken, Gartennelken, Kirschblüten, Tulpen und Rosen. Freuds Interesse galt auch den Darstellungen von Pflanzen, die den sexuellen Inhalt von Träumen sowohl darstellen als auch verbergen können. Er schrieb: »In scheinbar harmlosen Anspielungen … lassen sich die hässlichsten wie die intimsten Einzelheiten des Sexuallebens denken und träumen.«[24] Diese Symbole, so betonte er, reichen bis in die ferne Antike zurück, einschließlich des Gartens der Jungfrau im Hohelied Salomos.

Freud deutete auch den Traum einer jungen Frau, der ihre Ängste vor dem Geschlechtsverkehr offenbarte. In diesem Traum kommt sie zunächst von einer Anhöhe herunter und klettert über einen Zaun, um einen Garten zu betreten. Sie ist besorgt darüber, ihr Kleid zu zerreißen, da sie anständig bleiben möchte. In ihren Armen trägt sie einen großen Ast, der mit roten Blüten bedeckt ist, die an Kirschblüten oder Kamelien erinnern. Sie sieht Gärtner, die an den Bäumen hängende moosartige Haarbüschel kämmen. Die junge Frau hält inne und fragt, ob man solche Äste in ihren eigenen Garten umsetzen könne. Einer der Gärtner umarmt sie, sie weist ihn zurück, und dann bietet er ihr an, sie in ihren eigenen Garten zu bringen, um ihr das Einsetzen zu zeigen. Sowohl ihre Sehnsucht nach der sinnlichen Liebe als auch ihre Verwirrung über die Tatsachen des Lebens sind offensichtlich. Die Bilder von dem haarigen Moos, das gekämmt wird, haben etwas Abstoßendes, im Gegensatz zu den verlockenden roten Blüten, von denen sie hofft, sie könnten in ihrem eigenen Garten gedeihen. Der Traumgarten ist frei von den Zwängen und Konventionen der Gesellschaft – ein Ort, an dem man unbesorgt neugierig auf Sex sein kann.

Blumen verändern die Atmosphäre in einem Raum. Sie haben die Fähigkeit, unsere Stimmungen zu beeinflussen, und sorgen für Entspannung. Sie tragen eine Andeutung von etwas Gutem in sich und verheißen Fruchtbarkeit, möglicherweise fördern sie auch ein Erblühen des Denkens. In Freuds Wiener Wohnhaus in der Berggasse gab es nur einen kleinen Hofgarten, und von seinem Arbeitszimmer aus hatte er einen Blick auf die dort wachsende Linde und die Rosskastanien. Martha pflanzte Blumen in ihrem Wintergarten und schmückte das Haus mit Blumen vom Markt. Viele Patienten waren überrascht, wenn sie Freud zum ersten Mal besuchten und sein Sprechzimmer so komfortabel und einladend vorfanden. Oft schmückten rote Tulpen, Narzissen oder Orchideen den Tisch, auf dem seine kostspieligen Antiquitäten ausgestellt waren. Sergei Pankejeff, der Wolfsmann, wurde im Jahr 1910 Freuds Patient. Er erinnerte sich, dass die Pflanzen ein Gefühl von Leben in den Raum brachten und dass »alles dazu beitrug, dass man sich hier dem Hasten des modernen Lebens entrückt und vor den Sorgen des Alltags geborgen fühlte«.[25]

Der Psychoanalytiker und Pastor Oskar Pfister schrieb nach Freuds Tod einen Brief an Martha, in dem er sich an seinen ersten Besuch in ihrem Haus im Jahr 1909 erinnerte: »Man fühlte sich in Ihrem Hause wie in einem sonnigen Frühlingsgarten, hörte lebensfrohe Lerchen und Amseln singen, sah leuchtende Beete und ahnte reichen Sommersegen.«[26] Die Aussage »Blumen anschauen hat etwas Beruhigendes: Sie kennen weder Emotionen noch Konflikte« wird Freud zugeschrieben. Die Schlichtheit der Blumen hat vielleicht einen Kontrapunkt zu seiner mühsamen Arbeit gesetzt, die Konflikte und Emotionen seiner Patienten aufzudecken. Sie erinnerte ihn auch an seine Reisen. Ein Orchideenkorb in seinem Arbeitszimmer, schrieb er, »spiegelte mir Pracht und Sonnenglut vor«.[27]

In Österreich war der Glaube an die heilenden Kräfte der Natur zu dieser Zeit sehr verbreitet, und Freud reiste so oft er konnte in die Berge. Er bezeichnete diese Reisen einmal als »eine Arznei«, die sowohl auf den Geist als auch auf den Körper wirke.[28] In die Natur einzutauchen war für Freud immer eine Erquickung, die ihm neue Lebensfreude spendete.

Auf einer von Freuds Bergwanderungen im Sommer 1913 wurde er von dem Dichter Rainer Maria Rilke und Rilkes Geliebter Lou Andreas-Salomé begleitet. Über das dabei geführte Gespräch schrieb Freud in einem Aufsatz mit dem Titel *Vergänglichkeit*.[29] Er schildert, wie Rilke die Schönheit der Landschaft bewunderte, aber keine Freude an ihr empfinden konnte, weil sie mit dem Winter dahingeschwunden sein würde. In der Schönheit der Natur konnte Rilke nur einen Vorboten des Verlustes sehen. Freud versuchte seine Gefährten davon zu überzeugen, dass die Vergänglichkeit unsere Lebensfreude intensivieren kann. Er sagte: »Wenn es eine

Blume gibt, welche nur eine einzige Nacht blüht, so erscheint uns ihre Blüte darum nicht minder prächtig.« Allerdings konnte er weder Rainer Maria Rilke noch Lou Andreas-Salomé überzeugen.

Als Freud später über das Gespräch nachdachte, kam er zu dem Schluss, dass in den »beiden Empfindsamen« ein starkes affektives Moment am Werk gewesen sein muss. Er wies darauf hin, dass die Wertschätzung vergänglicher Schönheit von uns verlangt, dass wir uns der Zerstörung dessen, was wir schätzen, öffnen. Damit sind wir nicht nur mit der flüchtigen Schönheit der Blume konfrontiert, sondern mit dem Lauf der Jahreszeiten, sodass wir jedes Jahr, wenn der Winter naht, ein wenig trauern müssen. Die Erfahrung der Trauer, die Freud als Auflehnung der Liebe gegen den Verlust bezeichnete, ist unweigerlich mit Schmerz verbunden, aber die Seele weicht von allem Schmerzlichen instinktiv zurück. Freud kam zu dem Schluss, dass die Unfähigkeit seiner Gefährten, seine Freude an diesem Tag zu teilen, eine »seelische Auflehnung gegen die Trauer« gewesen sein musste.

Wenn wir einen großen Verlust erleiden, ziehen wir uns fast unwillkürlich sofort in uns zurück. Wir wollen – und können – die allzu schmerzhafte Realität nicht akzeptieren. Trauer kann die schwerste emotionale Arbeit sein, die wir je zu leisten haben, und wir brauchen eine mitfühlende Präsenz, eine Quelle des Trostes, eine Sache, eine Person oder einen Ort, an der bzw. dem wir uns in unserer Not festhalten können. Aber die Intensität der Trauer schwankt, je nach der Bedeutung dessen, was wir verloren haben. Wir begegnen im Laufe unseres Lebens so vielen verschiedenen Formen des Verlusts, dass wir, wie Freud sagt, nahezu immer Gelegenheit zur Trauer haben. Dabei hilft uns der Kreislauf des Lebens, denn im tiefsten Winter können wir uns an dem Wissen um die baldige Rückkehr des Frühlings aufrichten. »Was die Schönheit der Natur betrifft«, bemerkt Freud, »so kommt sie nach jeder Zerstörung durch den Winter im nächsten Jahre wieder, und diese Wiederkehr darf im Verhältnis zu unserer Lebensdauer als eine ewige bezeichnet werden.« Unser Leben ist eine Gratwanderung zwischen Verlieren und Finden. Dies ist der Gang der Zeit mit ihren wiederkehrenden Zyklen von Verlust und Wiederherstellung und wieder Verlust. Wir erkennen es angesichts eines Kindes im Park, das zu seiner Mutter zurückrennt, die es aus den Augen verloren hatte, um dann wieder wegzulaufen. Es zeigt sich in den Guck-guck-Spielen, die Kinder ab einem bestimmten Alter so faszinieren, und in dem immer wiederkehrenden Muster von Brüchen und Versöhnungen, das unsere engsten Beziehungen ein Leben lang begleitet. Es geht um unsere Liebe und unseren Hass, um Erfüllung und Enttäuschung – und um das Paradoxon, das der Wertschätzung des Lebens und unserer Verbundenheit mit ihm zugrunde liegt. Liebe, die das Herz so sehr erweitert, birgt auch den Verlust in sich.

Der Spaziergang, den Freud in seinem Aufsatz *Vergänglichkeit* festhielt, hatte ein Jahr vor Ausbruch des Ersten Weltkriegs stattgefunden. Als er den Text verfasste, kämpften zwei seiner Söhne an der Front. Während die vergängliche Schönheit der Natur ihren Verlust erahnen lässt, hatte der Krieg die Betroffenen mit Verlusten eines ganz anderen Ausmaßes konfrontiert. Freud beschreibt, wie der Krieg »die Schönheit der Landschaften, die er durchzog«, zerstört hatte, den Stolz auf die Errungenschaften der Kultur brach und »zeigte uns die Hinfälligkeit von manchem, was wir für beständig gehalten hatten«.[30] In den Erholungskräften der Natur fand Freud eine Quelle der Hoffnung, dass es nach Kriegsende möglich sein würde, all das wieder aufzubauen, was zerstört worden war. Seine Söhne Ernst und Martin überlebten die Kämpfe, aber im Verlauf der Grippeepidemie, die nach dem Krieg über Europa hereinbrach, verloren die Freuds ihre Tochter Sophie.

Traumatische und lebensverändernde Verluste welcher Art

auch immer stören die emotionale Landschaft, in der wir leben, und reißen vieles hinweg, was wir wertschätzten und bewahren wollten. In solchen Zeiten der Krise erscheint uns die Welt dauerhaft verändert, und wir sind im Ungewissen darüber, was wiederhergestellt werden kann und was zurückkehren wird. Wenn sich alles so unsicher anfühlt und man sich auf nichts mehr verlassen kann, worauf kann man dann seinen Glauben, seine Liebe und seine Hoffnung stützen? Manchmal stellt sich diese Frage mit höchster Dringlichkeit, und dann, wie ein schlafender Keim, der tief aus unserem Inneren zum Vorschein kommt, ist es das Versprechen des Frühlings, mit dem uns die Natur eine Antwort gewährt.

Der Krieg hatte das Reisen erschwert, aber in den folgenden Jahren konnte Freud in die Berge zurückkehren und wieder in die Natur eintauchen. In dieser Zeit entwickelte er seine Überlegungen zum Lebens- und Todestrieb. In seinen Briefen an seine Tochter Anna schreibt er von seinen einsamen Spaziergängen, auf denen er auch Pflanzen sammelte. »Heute habe ich mich vom Regen nicht abhalten lassen, von einer bestimmten Gegend die herrlichen weißen Orchideen zu holen *(Platanthera bifolia)*, die so unvergleichlich duften«, schrieb Freud mit neu erwachtem Lebenstrieb.[31]

Die in dieser Phase seiner Arbeit entwickelte Theorie von Eros und Thanatos war Freuds Antwort auf den Ersten Weltkrieg.[32] Er beschrieb, wie der Lebens- und Todestrieb in und durch alle Lebewesen wirkt. In seinem Werk *Das Unbehagen in der Kultur* zieht er einen Auszug aus Goethes *Faust* zur Veranschaulichung heran: »Als seinen Gegner nennt der Teufel selbst nicht das Heilige, das Gute, sondern die Kraft der Natur zum Zeugen, zur Mehrung des Lebens, also den Eros.«[33] Die Kraft des Thanatos manifestiert sich durch Gewalt und Destruktivität, oder sie kommt auf eine stillere Weise in der Psyche zum Ausdruck und zieht uns in Richtung Passivität und emotionaler Kälte. Freuds Verständnis von Eros ist viel weiter gefasst als die Sexualität, auf die er manchmal verkürzt wird – er umfasst unsere Kreativität und unsere Liebe zum Leben.

Diese Konzeptualisierung des Eros wurde in den 1960er-Jahren von dem Psychoanalytiker und Sozialpsychologen Erich Fromm[34] weiterentwickelt, der den Begriff Biophilie verwendete, um »die leidenschaftliche Liebe zum Leben und zu allem Lebendigem«[35] zu definieren. Für Fromm hat ein gesunder Geist den Wunsch, das Wachstum zu fördern, ob es sich nun um einen Menschen, eine Pflanze, eine Idee oder eine soziale Gruppe handelt. Fromm stellte die Biophilie der Nekrophilie gegenüber, die als Folge eines gehemmten Wachstums auftritt und bei der man von Tod oder Krankheit angezogen wird. Wie bei dem freudschen Lebens- und Todestrieb handelt es sich bei den beiden Prinzipien um die Extreme eines Kontinuums. Die Stärke unserer Biophilie hilft uns, »im Leben auszuharren«. Fromm glaubte, dass viele moderne Übel mit dem Verlust unserer unbewussten Verwandtschaft mit der natürlichen Welt zusammenhängen, was ihm zufolge zu einem unerkannten Trennungsdrama führt. »Die Erde, die Tiere, die Pflanzen sind noch des Menschen Welt«, schrieb er.[36] »Je mehr sich die menschliche Rasse aus diesen primären Bindungen löst, umso mehr trennt sie sich von der Welt der Natur, umso intensiver wird ihr Bedürfnis, neue Mittel und Wege zu finden, um dem Getrenntsein zu entrinnen.«

Der Begriff Biophilie wurde in den 1980er-Jahren von E. O. Wilson wiederverwendet und ist, wie bereits erwähnt, seither zu einem Eckpfeiler der Umweltpsychologie geworden.[37] Wilsons evolutionäre Perspektive hat dazu geführt, dass die Theorie, der Mensch sei prädisponiert, auf bestimmte Aspekte der natürlichen Welt zu reagieren, mehr Akzeptanz gefunden hat.

Charakteristisch für die menschliche Spezies ist ihre Fähigkeit, Beziehungen aufzubauen. Das können wir so gut, dass man das Gehirn als »Beziehungsorgan« bezeichnet hat.[38]

Auch die botanische Welt hat sich so entwickelt, dass sie Beziehungen zu knüpfen imstande ist, und so ist es nicht verwunderlich, dass unsere entfernten Vorfahren eine so starke Bindung zu Pflanzen und Blüten aufgebaut hatten. Das Problem im heutigen Leben ist jedoch nicht nur der fehlende Bezug zur Natur, sondern auch die Art und Weise, wie wir unseren Geist vor ihr verschließen und den Leerraum in unserem Leben füllen. Wie die Insekten, die durch die Mimikry der Blüten in die Irre geführt werden, saugen wir supernormale Reize in uns ein. Wir sind leicht aus dem Gleichgewicht zu bringen. Vielerlei künstliche Reize ziehen unsere Aufmerksamkeit auf sich und kapern die Dopamin-Belohnungswege, deren Entwicklung ursprünglich auf das Jagen und Sammeln in der Natur ausgerichtet war.

Wir streifen durch das Einkaufszentrum, wir streifen durch das Internet, angetrieben durch dasselbe suchtfördernde primitive Belohnungssystem, bei dem es gar nicht um Belohnungen geht, sondern darum, dass wir immer weitersuchen, nie zufrieden sind und hohe Erwartungen hegen, die in Wirklichkeit aber mager ausfallen. Dieser Vorgang leert nicht nur unsere Taschen und unsere Dopaminreserven, sondern erschöpft auch unseren Optimismus und unsere Energie. Das Dopamin-System ist gefährlich anfällig für Überstimulation, was einen Teufelskreis in Gang setzt, der uns nach weiterer Stimulation suchen lässt. Diese Wirkung ist so stark, dass wir am Ende Dinge wollen, die wir eigentlich gar nicht möchten oder für die wir keine Verwendung haben.

Psychoaktive Drogen und Alkohol wirken auf ähnliche Weise, indem sie unsere Dopamin-Belohnungswege überlisten und schließlich einen Zustand körperlicher Abhängigkeit schaffen. Sucht bedeutet eine Abkehr von der Realität und letztlich eine Abkehr vom Leben. Die sanften Reize der Natur können damit kaum mithalten, obwohl die Schönheit der Natur, insbesondere die Schönheit der Blüten, manchmal die Liebe zum Leben wiedererwecken kann.

Ein bemerkenswertes Beispiel hierfür bot mir Renata, eine Teilnehmerin des italienischen Drogenrehabilitationsprogramms in San Patrignano, nahe der Adriaküste. Sie war in der dortigen therapeutischen Gemeinschaft untergebracht und hatte, als ich sie traf, bereits zweieinhalb Jahre in der angegliederten Gärtnerei Blumen angebaut. Aufgewachsen war sie in einer problembelasteten Familie und hatte in ihren späten Teenagerjahren erste Drogenerfahrungen gesammelt. Wie bei vielen Suchtkranken wurde das, was als eine Form der Selbstbehandlung bei seelischen Schmerzen begann, zu einer eigenständigen Krankheit, sodass sie mit Anfang zwanzig eine ernsthafte Drogensucht entwickelt hatte.

Die Gartenarbeit macht nur einen kleinen Teil der Therapie in San Patrignano aus. Die Einrichtung hat 1300 Bewohner und verfügt über 50 verschiedene Arbeitsstätten, in denen die Bewohner je nach Eignung im Laufe von drei oder vier Jahren einen neuen handwerklichen oder anderen Beruf erlernen. Die Einrichtung bewirtschaftet auch einen großen Weinberg, der eine ihrer Haupteinnahmequellen darstellt. Dahinter steht die Überzeugung, dass sich die Bewohner mittels einer dort erlernten Fertigkeit ein neues Leben aufbauen können. Dazu müssen sie ihr früheres Leben hinter sich lassen und dürfen während des größten Teils des ersten Jahres keinen Kontakt zur Familie oder zu Freunden haben.

Die meisten Bewohner sind Ende zwanzig und leben in familienähnlichen Gruppen von etwa acht Personen. Sie werden darin bestärkt, sich mit dem auseinanderzusetzen, was zur Einnahme von Drogen geführt hat, und bekommen emotionale Unterstützung angeboten. Die Philosophie des Drogenrehabilitationsprogramms ist einfach und überzeugend – dass die Menschen wachsen, wenn wir uns auf ihre Stärken und nicht auf ihre Schwächen konzentrieren. Jeden Tag versammelt sich die gesamte Gemeinschaft zum Mittagessen in der großen Halle. Bei meinem Besuch nahmen wir an langen Refektoriumstischen Platz und aßen ein dreigängiges Mahl aus selbst gezogenen Zutaten – einfach, aber köstlich. Mit über tausend Menschen in diesem riesigen Raum zusammen zu speisen hatte etwas Belebendes und gleichzeitig auch etwas Klösterliches an sich.

Die Gärten liefern Lebensmittel für die Gemeinschaft und versorgen die örtlichen Restaurants und Supermärkte. Auf einem fünfeinhalb Hektar großen Gelände arbeiten Männer auf Obst- und Gemüseplantagen, während Frauen Blumen anbauen. Renata war Ende zwanzig; ihr dunkles Haar war im Pixie-Stil geschnitten. Im Gespräch war sie anfangs zurückhaltend, aber über ihre Arbeit in dem Programm sprach sie sehr engagiert. Die größte Veränderung für sie sei die Erkenntnis gewesen, dass sie leben wollte, sagte sie.

Sie musste noch die Blumen in einem Foliengewächshaus gießen, also begleitete ich sie. Ich hatte vor dieser Begegnung noch nie so viele Petunien in einem einzigen Gewächshaus gesehen. Petunien hatten mir nie sonderlich gefallen. Auf einer Seite des Gewächshauses waren sie nach Farben in Quadraten angeordnet, die scharlachrot, violett, gelb, rosa, mauve und weiß leuchteten – unbestritten ein beeindruckender Anblick. Aber meinen Blick fesselten die Blumen auf der gegenüberliegenden Seite. Dort standen Petunien in einem kräftigen Magenta, die die gesamte Länge des Gewächshauses einnahmen. Ich stand da und staunte, während Renata die Blumen goss.

Renata war schon immer gern im Freien gewesen, deshalb vermutete ich, dass die Therapeuten diese Tätigkeit für sie gewählt hatten. Trotzdem hatte es lange gedauert, bis ihr die Arbeit wirklich Freude machte. Sie beschrieb, wie sehr sie die Arbeit am Anfang »gehasst« und die Pflanzen, die sie pflegte, »verabscheut« hatte. Von ihrer Ankunft bis zum Beginn des folgenden Sommers dominierten diese negativen Gefühle ihre Erfahrung im Projekt.

Auch ihre Beziehungen zu den Menschen in der Gemeinschaft basierten zunächst auf Ressentiments und Misstrauen, und diese Gefühle änderten sich nur allmählich. Die Gründe dafür sah sie sehr selbstkritisch: »Ich war sehr stolz und arrogant. Ich bin auf die Menschen nicht zugegangen.« Als die Sucht sie noch im Griff hatte, bevor sie nach San Patrignano kam, hielt sie es nicht aus, auf etwas warten zu müssen. »Früher war ich wie der Mafiaboss, der alles sofort erledigt haben will.«

Solange Renata sich erinnern konnte, hatte es etwas »Hässliches« in ihr gegeben, dem sie immer wieder zu entkommen versuchte. Dieses Gefühl hatte letztlich zu ihrer Drogensucht geführt. »Wenn man schlechte Gefühle hat, nimmt man die Droge, um sie loszuwerden, und wenn man gute Gefühle hat, nimmt man die Droge, damit sie noch besser werden.« Durch ihr Leben in der Gemeinschaft hatte sie erkannt, dass das Gefühl der Hässlichkeit, unter dem sie litt, damit zusammenhing, dass sie »früher so voller Hass war«.

Als wir aus dem Foliengewächshaus ins Freie traten, bemerkte ich einige kleine Kakteen, die auf Holzregalen in einer Ecke neben dem Eingang aufgereiht waren. Ich bewunderte ihre leuchtenden orange und rosa Blüten. Als ich Renata darauf hinwies, sagte sie, das seien ihre Lieblingspflanzen, sie würden ihr sehr viel bedeuten. Da wurde mir klar, dass ich über etwas Wichtiges gestolpert war. Die Kakteen waren von ihrer Vorgängerin zurückgelassen worden. Fast ein Jahr lang hatte sie keine Notiz von ihnen genommen, bis einer von ihnen eine winzige orangefarbene Blüte trieb. Sie bemerkte die Kakteen, und ihr fiel zum ersten Mal auf, dass sie verkümmerten und dass es darum ging, sie zu retten.

Während Renata sprach, war ihr anzumerken, wie stark sie sich mit diesen Kakteen verbunden fühlte. Sie waren vernachlässigt gewesen, wie sie selbst, stachelig und abweisend, und ebenso wie ihr fiel es ihnen schwer, ins Leben zurückzufinden. Einen Kaktus zu töten ist nicht einfach. Tief im Innern der Pflanze befinden sich lebenserhaltende Säfte, die erbittert gehütet und verteidigt werden – Kakteen eignen sich hervorragend für die Langstrecke. Die lebenserhaltenden Kräfte des Menschen lassen sich unter Umständen leichter auslöschen, insbesondere wenn es sich um tödliche Betäubungsmittel handelt. Doch tief in Renatas Seele antwortete etwas auf den Ruf dieser kleinen orangenen Blüte und der verkümmerten Stümpfe dieser Kaktuspflanzen. Sie trugen dazu bei, dass sich die Dinge für sie änderten. Jetzt standen viele von ihnen in Blüte, sie hatten sich eindeutig wieder erholt. Ihre Begeisterung über die erfolgreiche Rettung war ansteckend. Wir bewunderten sie und fühlten uns durch unsere gemeinsame Freude verbunden.

Im Rahmen des Wiederaufbaus eines Lebens ist dies ein kleiner Akt der Wiedergutmachung. Es ist eine Erfahrung, die vielleicht den Glauben an einen Neuanfang fördert. Wir verändern die Welt durch unser Tun, und in diesem Prozess verändern wir uns selbst.

Drogenabhängigkeit verkürzt die Bahnen unseres Belohnungssystems und überrundet auf diese Weise alle anderen Formen der Bindung, auch die Bindung an das Leben selbst. Renata hatte sich viele Jahre lang in erster Linie an Substanzen gebunden, die sie abhängig machten. Für genesende Suchtkranke kann es schwierig sein, sich wieder mit dem Leben zu verbinden; noch schwieriger ist es, wenn frühere Bindungen mit Zerstörungswut und einer negativen Grundhaltung verknüpft waren. Die Gemeinschaft in San Patrignano möchte Bedingungen schaffen, unter denen etwas Neues gedeihen kann. Dies geschieht für jeden Einzelnen auf eine andere Weise. Keiner nimmt sich einer Ansammlung kranker Kakteen wegen ihrer offensichtlichen therapeutischen Wirkung an, aber irgendwie hatte Renata diese Kakteen »adoptiert«, und zum ersten Mal erwuchs in ihr eine Ahnung davon, was sie »die Gelassenheit des Lebens« nannte.

Später sprachen wir dann darüber, was für sie als Nächstes kommen würde. Sie wusste, dass sie noch nicht bereit war, die Gemeinschaft zu verlassen, aber sie fing an, über ihre Zukunft nachzudenken. Eins wusste sie aber: dass sie nicht wieder wie zuvor in einer Bar arbeiten durfte. Sie war sich sehr wohl bewusst, wie einfach es war, »alles von einem Augenblick zum nächsten zu vermasseln«. Kürzlich hatte sie begonnen, über eine Ausbildung zur Sozialarbeiterin nachzudenken. Sie merkte, dass sie anderen etwas geben wollte, und trug sich mit dem Gedanken, mit krebskranken Kindern zu arbeiten.

»Pflanzen sind wie Menschen«, sagte sie mir. »Sie brauchen deine Hilfe. Ohne dich leben sie nicht. Blumen anzubauen bedeutet, dass man immer jemandem etwas gibt.« Die Blumen schenkten nicht nur ihr und anderen, die in der Gärtnerei arbeiteten, Freude, sondern auch den übrigen Menschen in der Einrichtung, die die Tische mit Blumen schmückten, und – so fügte sie eifrig hinzu – den Menschen, die sie im Supermarkt kauften. Sie hatte ein Gespür für die positive Ausstrahlung der Blumen entwickelt und damit auch ihr Verständnis von Arbeit verändert. Es war ihr klar geworden, dass die gärtnerischen Tätigkeiten mit Geben und Nehmen zu tun hatten. »Wenn Sie sich um die Pflanzen kümmern«, sagte sie mir, »bekommen Sie etwas von ihnen zurück.«

Der Umschwung, der sich in ihr vollzogen hatte, ihre Überwindung der Drogensucht und ihr neu entdeckter Lebenswille hatten Renatas Sichtweise für eine andere Art des Seins geöffnet. Als wir uns verabschiedeten, warf ich noch einen letzten langen Blick auf die Reihe der leuchtenden magentafarbenen Blüten, die meine Aufmerksamkeit zuerst erregt hatte. Renatas Abschiedsworte brachten den Weg, den sie hinter sich hatte, auf den Punkt. Sie zeigte mit einem breiten Lächeln auf die Blumen und sagte: »Sind sie nicht wunderschön?«

8 *Radikale Lösungen*

Wer vergisst, wie man die Erde beackert
und das Feld bestellt, vergisst sich selbst.[1]
Mahatma Gandhi (1869–1948)

Es gibt ein Moment im Herbst, da spüre ich, dass ich mich nun um meine Aurikeln kümmern muss, andernfalls könnte es zu spät sein. Sie sehen müde und abgerissen aus und bilden klumpige Ansammlungen, an deren Ansätzen sich neue Blätter bilden. Diese Babypflanzen oder Ableger, die aus der Wurzelspitze sprießen, sind eine Art des radikalen Wachstums. Wenn sie nun nicht vereinzelt werden, stehen sie später zu dicht. Beim Umtopfen müssen sie mit Feingefühl von der Mutterpflanze getrennt werden, ohne dass ihre kleinen Wurzeln verletzt werden. Manche lassen sich leicht lösen, während andere sich festklammern. Es gibt immer ein paar Verluste, aber normalerweise entstehen aus jeder Pflanze drei oder vier neue Aurikeln. Und so vermehrt sich die Sammlung von selbst.

Dort, wo die Aurikeln wild wachsen, an den Berghängen, herrschen während eines Großteils des Jahres relativ trockene Bedingungen; deshalb benötigen sie nach der Blütezeit auch bei uns relativ wenig Wasser. Es dauerte einige Jahre, bis ich lernte, sie sparsamer zu wässern. Am Anfang kränkelten einige meiner Pflanzen vor sich hin. Ich entdeckte erste Anzeichen von Wurzelfäule, und die einzige Abhilfe besteht in dem Fall im Wegschneiden der befallenen Teile. Für die Rettungsaktion rüstete ich mich mit einem Skalpell, etwas Wundbenzin und einem Topf mit gelbem Pulver, einer sogenannten Schwefelblüte, aus und richtete auf meinem Pflanztisch eine Klinik ein. Die verfaulten Spitzen abzuschneiden und das, was von der karottenähnlichen Wurzel übrig blieb, mit dem Schutzpulver zu bestreuen war ein seltsam befriedigender Prozess, der die Rollen des Arztes und des Gärtners in sich vereinte.

Diese pflanzenchirurgische Tätigkeit blieb eine einmalige Aktion, da sich die Aurikeln nach dem Erwerb einiger Terrakottatöpfe wieder erholten. Ich hatte drei Kisten mit kleinen Töpfen bei einer Onlineauktion erstanden, hatte aber nicht die dreihundert Meilen lange Hin- und Rückreise nach Nordengland berücksichtigt, die der Zuschlag zur Folge haben würde. Etwa eine Woche nach dem Kauf fuhr ich nach Sheffield. Als ich bei der angegebenen Adresse ankam – ein kleines Reihenhaus in einer großen, modernen Wohnsiedlung am Stadtrand –, empfing mich an der Haustür ein schweigsamer Mann.

Wir begannen sofort damit, die staubigen Holzkisten mit den ordentlich gestapelten Töpfen in mein Auto zu laden. Schließlich wagte ich, den Mann nach ihrer Herkunft zu fragen. Es stellte sich heraus, dass sie seinem Vater, einem begeisterten Gärtner, gehört hatten, der kurz zuvor verstorben war. Er fragte mich, wofür ich sie brauchte. »Ich möchte Aurikeln pflanzen«, antwortete ich und erkundigte mich nach seinem Vater. Aurikeln seien das Hobby seines Vaters gewesen, sagte er mir. Er habe die letzten zwei Monate den Haushalt seines Vaters aufgelöst und sei jetzt endlich fertig damit. Nur die Töpfe musste er noch loswerden. Er taute etwas auf und gestand mir seine Erleichterung, dass ich kein Händler sei, dass die Töpfe nicht auseinandergerissen oder weiterverkauft würden, dass sie »ein gutes Zuhause« bekämen. Als ich wegfuhr, war mir, als hätte man mir ein Vermächtnis anvertraut, und ich stellte mir seinen Vater vor, wie ich mir meinen Großvater vorstelle, der schweigsam in seinem Gewächshaus werkelte und Schönheit kultivierte. Ich empfinde bei der Arbeit mit diesen schönen alten Töpfen immer noch eine besondere Freude, die zum Teil daher rührt, dass die Töpfe von einer Generation an die nächste weitergegeben wurden.

Später erfuhr ich, dass in diesem Teil des Landes die Kultivierung von Aurikeln eine lange Tradition in der Arbeiterschaft hatte.[2] Sie geht auf die Anfänge der Industriellen Revolution im Norden Englands Mitte des 18. Jahrhunderts zurück. Sheffield wurde ein Zentrum für die Produktion von Eisenwaren und Besteck. Die »Messerschmiede« – wie die Fabrikarbeiter genannt wurden – waren wie die Weber aus den benachbarten Industriestädten für ihre gärtnerischen Fähigkeiten bekannt. Ursprünglich waren es die Seidenweber, die ihre Liebe zu Blumen mitbrachten, als sie gezwungen waren, ihre Handwebstühle aufzugeben und vom Land in die Städte zu ziehen, um in den Fabriken an Webmaschinen zu arbeiten.

Die Back-to-Back-Reihenhäuschen der Arbeiter boten wenig Platz, aber im kühlen Schatten ihrer schmalen Höfe gediehen die Aurikeln besonders gut. Die Hobbyzüchter entwickelten neue Sorten der edel gemusterten Blumen, die »Fancies« und »Edges« hießen, und erzielten samtene Rot- und Violetttöne bei den Blumen, die unter dem Namen »Selfs« bekannt sind. Sie erhöhten auch die Dichte der Farina, der feinen weißen Härchen, die die Blätter wie Mehl überziehen. In der dünnen Bergluft ihrer natürlichen Umgebung wirkt die Farina wie ein Sunblocker, der die Pflanze vor der sengenden Sonneneinstrahlung schützt. Paradoxerweise diente die dichtere Farina auch in den Industriestädten dem Schutz der Pflanzen und ermöglichte ihnen, in der von dickem Ruß und beißendem Rauch geschwängerten Luft zu überleben. Vielleicht gab es eine Synergie: Verpflanzte Blumen wurden von entwurzelten Menschen angebaut – und beide waren füreinander Sinnbild der Widerstandsfähigkeit. Die Massenproduktion war über die handwerklichen Fähigkeiten der Menschen rücksichtslos hinweggegangen. Vielleicht boten ihnen die Gestaltung der Gärten und das Vervollkommnen der Blumen ein Ventil für Selbstentfaltung und Kreativität.

Die Floristik, wie der Anbau von Blumen damals genannt wurde, bildete auch einen Schwerpunkt des gesellschaftlichen Lebens. Die Massenmigration in die Städte hatte die Menschen entwurzelt und ihre sozialen Netzwerke geschwächt. Floristenvereine brachten Hobbygärtner zusammen und veranstalteten Wettbewerbe. Die Vereine beschäftigten sich mit den unterschiedlichsten Blumen, darunter Tulpen, Aurikeln, Nelken und Stiefmütterchen. Die Messerschmiede und die Weber überboten sich gegenseitig bei der Zucht von Aurikeln; trotzdem bildeten sich bei den verschiedenen Berufsgruppen unterschiedliche Spezialisierungen heraus. Der Anbau von Stiefmütterchen zum Beispiel wurde besonders mit den Bergleuten in Verbindung gebracht. Auch der Anbau von Stachelbeeren war beliebt, vor allem in Lancashire. In den meisten Industriestädten gab es Stachelbeerklubs, und der jährliche Stachelbeerwettbewerb war ein fester Termin im gesellschaftlichen Leben. Das kühle nördliche Klima bot ideale Bedingungen, und wie bei den Aurikeln wurden in kleinen Hinterhöfen preisgekrönte Exemplare gezüchtet.

Für die Natur sind unsere gesellschaftlichen Strukturen belanglos: Blumen blühen, und Obst und Gemüse wachsen unabhängig von Reichtum und Klasse des Einzelnen. Die Pflanzen vermehren sich weitgehend von selbst, die Gärten benötigen also keinen ständigen Geldfluss. Aber zum Gärtnern braucht man Zugang zu einem Grundstück, daher wurden in vielen frühen Industriezentren Gartenanlagen für den Anbau von Nahrungsmitteln zur Verfügung gestellt. Als der Arzt und Autor William Buchan[3] im Jahr 1769 Sheffield besuchte, machte er folgende Beobachtung: »Es gibt kaum einen Gesellen unter den Messerschmieden, der nicht ein Grundstück besitzt, das er als Garten angelegt hat.«[4] Und er stellte fest, dass die Gartenarbeit »viele heilsame Auswirkungen« habe. Für die schlecht bezahlten Arbeiterinnen und Arbeiter war der Garten eine wertvolle Nahrungsquelle und ein gesunder Bewegungsausgleich, der ihnen eine Atempause von den lauten Maschinen und der Monotonie der Fabrikarbeit verschaffte. »Allein der Geruch der Erde und der frischen Kräuter ist belebend und aufheiternd«, schrieb Buchan, »während die immerwährende Aussicht auf etwas, das zur Reife gelangt, den Geist erfreut und unterhält.« Angesichts der mühevollen Fabrikarbeit war die Bestellung des Bodens eine Quelle des Stolzes und der Würde.

Botanische Studien trugen ebenfalls dazu bei, die Verbindung zur Natur aufrechtzuerhalten. In Manchester, dem größten englischen Industriezentrum, gab es Arbeiter, die ihre Freizeit regelmäßig auf dem Land verbrachten und mit Sachverstand besondere Pflanzen sammelten. Im Verlauf des 19. Jahrhunderts jedoch verwandelten sich die städtischen Ballungszentren unter dem Einfluss der sich ausbreitenden Industrien in gärtnerisches Brachland. Mit der expandierenden industriellen Produktion wuchs auch die Bevölkerung, Höfe und Gärten wurden zugebaut. Die verbliebenen Reste von Natur wurden vor den Augen der Bewohner zunichtegemacht. Die wenigen überlebenden Bäume verkümmerten und waren rußgeschwärzt. Die viktorianische Romanschriftstellerin Elizabeth Gaskell klagte in ihrer Beschreibung von Manchester: »Wie schade! Es gibt keine Blumen.«[5] Die Menschen sehnten sich nach Natur und fanden Erfüllung in lokalen Blumenschauen, die zu einer äußerst beliebten Form der Unterhaltung wurden. Höhepunkt waren die 1860er-Jahre, als allein in Manchester acht Veranstaltungen pro Jahr stattfanden.[6] Dort konnten die Menschen kurz in das Reich der Blumen eintauchen und sich an ihrer belebenden Schönheit erfreuen.

Das menschliche Bedürfnis nach ästhetischer Nahrung wird oft unterschätzt. C. G. Jung bemerkte hierzu: »Wir alle brauchen seelische Nahrung. Man findet sie nicht in Mietskasernen, wo keine grüne Matte, kein blühender Baum zu sehen ist.« Mit der Industrialisierung wurde auch das Verhältnis der Werktätigen zu ihrer Arbeit immer unbefriedigender. Die Fertigungsbänder zersplitterten den Arbeitsprozess, und die Menschen waren nur noch für einen kleinen Teil des Ergebnisses verantwortlich. In früheren Zeiten hingegen, als das Handwerk florierte, hatte der Arbeiter, wie Jung betonte, eine Befriedigung an seinem von ihm selbst hergestellten Arbeitsstück. Er fand darin einen entsprechenden Ausdruck seines Selbst. Zwei wesentliche Quellen für die Erdung und das seelische Gleichgewicht waren verloren gegangen: Nähe zur Natur und erfüllende Arbeit. Jung meinte, dies habe zu einem »wurzellosen Bewusstseinszustand« geführt, der seiner Meinung nach entweder ein »übertriebenes Selbstwertgefühl« oder sein Gegenteil, einen »Minderwertigkeitskomplex«, zur Folge habe. »Ich stehe mit ganzem Herzen und Verstand«, schrieb er, »für die Verwurzelung des Menschen in der Erde ein.« Er war ein Verfechter der Gartenarbeit als eine Form der Regeneration: »Ein gefangenes Tier kann nicht mehr in die Freiheit zurück. Unsere Arbeiter jedoch können noch zurück. Man sieht das in den Schrebergärten, aus denen die Liebe zur Natur und zum Eigenen spricht.«[7]

Die Bewegung des Urban Gardening befindet sich heute in einer Phase der Wiederbelebung. Viele der von C. G. Jung beschriebenen Probleme gibt es noch immer – die Trennung von der Natur, trostlose Stadtlandschaften und den Mangel an sinnstiftender Arbeit. Ähnlich wie zu Beginn der städtischen Gartenkultur leben wir in einer Ära des sozialen und technologischen Wandels, der mit zunehmender sozialer Ungleichheit einhergeht. Heute verkümmern viele der ehemaligen Industriezentren, und die Menschen wenden sich wieder dem Boden zu, um sich zu schützen – nicht sosehr vor der Industrialisierung, sondern vor den Verwüstungen, die sie hinterlassen hat.

Sehen wir uns die Stadt Todmorden an, die zwanzig Meilen nördlich von Manchester am Zusammenfluss von drei tiefen Tälern liegt. Einst war Todmorden ein blühendes Zentrum der Textilindustrie, doch die Werke und Fabriken sind längst geschlossen, und seit Jahrzehnten sind viele der insgesamt 15 000 Einwohner von Arbeitslosigkeit betroffen. Mit der Finanzkrise im Jahr 2008 nahm die Zahl der leer stehenden und verfallenen Gebäude zu, sodass es schwieriger denn je wurde, auf einen Aufschwung zu hoffen. Kurz darauf machten sich auch die Auswirkungen der Sparmaßnahmen bemerkbar. Öffentliche Dienstleistungen wurden abgebaut, und in der Stadt sammelte sich Müll an. Ein paar Freundinnen, die sich Sorgen über die sich verschlechternden Bedingungen machten, fanden sich zusammen und überlegten, wie sie für die nächste Generation eine bessere Zukunft schaffen und eine nachhaltige Gemeinschaft aufbauen könnten.

Eines war von Anfang an klar: Der Schwerpunkt musste auf der Ernährung liegen, denn essen muss jeder. Der Slogan, den sie sich ausdachten – »If you eat you're in« –, spiegelte den von ihnen angestrebten Zusammenhalt wider. Ihre Vision: Die Menschen sollten in einer »essbaren Stadtlandschaft« leben und arbeiten können. Versuchsweise säten sie auf dem Gelände eines verfallenen Gesundheitszentrums, das wie eine Narbe mitten in der Stadt lag, Stangenbohnen und anderes Gemüse aus. Als das Gemüse erntereif war, stellten sie ein großes Schild mit der Aufschrift »Bedient euch« auf. Dies war der Beginn der als *Incredible Edible* bekannten Bewegung, die von Pam Warhurst und Mary Clear angeführt wurde. Auf einer öffentlichen Versammlung begegnete ihnen viel Sympathie. Viele meldeten sich als Freiwillige und halfen beim Gemüseanbau an anderen Standorten in der Stadt.

Incredible Edible hat Grün in eine graue, trostlose Landschaft gebracht. Überall in Todmorden werden je nach Bedarf verschiedene Pflanzen angebaut. Beim Altersheim wachsen Erdbeeren, denn auch wenn viele der Bewohner keine eigenen Zähne mehr haben, mögen sie immer noch Beerenobst. Vor der Metzgerei befindet sich ein Beet mit Rosmarin, Salbei und Thymian, wo sich die Kunden des Metzgers selbst bedienen können. Einige Pflanzen haben ihre eigene lokale Geschichte, wie zum Beispiel die Stachelbeeren – die »goosegogs«, wie sie umgangssprachlich genannt werden. Sie sind in den Geschäften nicht erhältlich und deshalb besonders begehrt für den traditionellen Stachelbeerkuchen. In den Beeten rund um das neue Gesundheitszentrum von Todmorden wuchsen bis dahin nur dornige Büsche. »Was für eine Botschaft ist das?«, fragte Incredible Edible. »Sollten vor einem Gesundheitszentrum nicht gesunde Nahrungsmittel wachsen?« Jetzt gibt es einen kleinen Apothekergarten mit Kräutern wie Kamille, Lavendel und Echinacea, und vor dem Eingang kann man sich bei den Kirsch- und Birnbäumen bedienen.

Insgesamt sind mehr als 70 Parzellen über die Stadt verstreut, in denen Obst und Gemüse angebaut wird, und jeder kann sich bei allem bedienen. Überall sieht man Pflanzgefäße oder Beete, die bestellt werden. Ich schlenderte am »essbaren Treidelpfad« entlang, dann über die Kanalbrücke, vorbei an dem riesigen, farbenprächtigen Incredible-Edible-Wandgemälde, das das Gesundheitszentrum mit seinen Obstbäumen zeigt, vorbei an der Metzgerei mit ihren Kräutern und der Polizeistation mit ihren Pflanzkästen bis zu einer Straße, die auf Betreiben von Incredible Edible in Pollination Street (Bestäubungsstraße) umbenannt worden ist. Ich war beeindruckt, in welchem Ausmaß die Gemeinschaftsgärten die Grenzen des herkömmlichen Gartens überwunden hatten. Todmorden ist ein radikales Experiment zur Nahrungssuche in der Stadt.

Radikale Politik und der Anbau von Nahrungsmittel gehören zusammen. Das Wort radikal selbst ist ja von der Pflanzenwelt abgeleitet. *Radix* ist das lateinische Wort für Wurzel, und obwohl »radikal« sich inzwischen auf weitreichende soziale oder politische Veränderungen bezieht, hat der eigentliche Sinn des Wortes, sich mit den Ursachen zu befassen, immer noch Gültigkeit. Der Mangel an erschwinglichen frischen Nahrungsmitteln in Todmorden war ein Problem, dennoch waren die Gärten weniger als Lösung gedacht, sondern eher als ein Mittel, um Veränderungen herbeizuführen. Man hoffte, dass das Pflücken, Kochen und Teilen der Erzeugnisse Gespräche fördern und die Menschen zum Nachdenken über unsere Ernährungs- und Lebensweise bringen würden. Incredible Edible führt auch Veranstaltungen über Ernährung und Gartenbau durch und engagiert sich in den Schulen vor Ort. Pam Warhurst und Mary Clear sprechen vom »Propaganda-Gärtnern«, eine gute Wortwahl, denn der Begriff Propaganda kommt vom lateinischen *propagare* – fortpflanzen. Das Incredible-Edible-Experiment hat bewiesen, dass das Propagieren von Pflanzen eine sehr effektive Form der Kommunikation sein kann.

Es dauerte nicht lange, bis in der Gemeinde Veränderungen sichtbar wurden. Zunächst ließ sich beobachten, dass die Fälle von asozialem Verhalten und Vandalismus rückläufig waren. Wie Mary Clear sagt: »Menschen respektieren Nahrung, sie greifen sie nicht an.« Nach und nach verschwanden die mit Brettern vernagelten Läden auf der Hauptstraße. Es wurden Cafés und Restaurants eröffnet, und es gibt jetzt einen florierenden Markt, auf dem die Menschen lokal angebaute Erzeugnisse kaufen können. Die Schulgärten sind wieder in Schwung gekommen, und die Sekundarschule hat eine Obstwiese mit Gemüsebeeten und Bienen gepachtet. In einem neuen Ausbildungsgang können sich junge Menschen im Gartenbau qualifizieren. Die Stadtverwaltung unterstützt das Projekt und möchte prüfen, welche kommunalen Brachflächen für den Anbau von Nahrungsmitteln freigegeben werden können – ein wichtiger Schritt in einer Stadt, in der durch die Back-to-Back-Bauweise nur sehr begrenzt Gartenflächen zur Verfügung stehen und wo im Jahr 2008 nur fünfzehn Gartengrundstücke zur Verpachtung freigegeben werden konnten. Eine kürzlich durchgeführte Umfrage, aus der hervorging, dass drei Viertel der Einwohner von Todmorden jetzt einen Teil ihrer eigenen Nahrungsmittel anbauen, zeigt, wie weit die Veränderungen bereits gediehen sind.

Laut Mary Clear sind die meisten Macher hinter dem Projekt Frauen im fortgeschrittenen Alter, die alle von einem sozialen Gerechtigkeitssinn angetrieben werden, und sie betont: »Wir arbeiten härter als je zuvor.« Und wirklich, als ich sie aufsuchte, hatten sie und ihre Freundin Estelle Brown gerade 5000 Gemüse-, Blumen- und Kräutersamen in Anzuchtschalen ausgesät, die auf dem Fensterbrett in Mary Clears Küche aufgereiht waren. Die Bewegung ist unabhängig von externer Finanzierung. Die Macherinnen wollen sehen, wie weit die Kraft der Zusammenarbeit und der Verbindlichkeit sie trägt. »Wenn Sie erst einmal Zuschüsse erhalten«, sagte Clear, »müssen Sie auch Ergebnisse nachweisen.« Obwohl die Initiatoren von Incredible Edible enge Verbindungen zum Stadtrat, zur Polizei und zu den örtlichen Schulen aufgebaut haben, wurde in den meisten Fällen nie eine Genehmigung für ihre Tätigkeit beantragt, da dies mit einem hohen bürokratischen Aufwand verbunden gewesen wäre. »Es ist nicht so«, wie Mary Clear es ausdrückte, »dass die Leute es wirklich verbieten wollen. Sie wissen nur nicht, wie sie es erlauben sollen.« Wenn es wirklich einmal Einwände gibt, was selten vorkommt, entschuldigen sie sich einfach.

Zu der an jedem zweiten Sonntag stattfindenden gemeinsamen Gartenarbeit kommen in Todmorden in der Regel etwa dreißig Personen zusammen. Die ehrenamtlichen Gärtner sind zwischen drei und 73 Jahre alt und decken das gesamte soziale Spektrum ab. Sie arbeiten in kleinen Gruppen über die Stadt verteilt; einige sammeln Abfall auf, andere bestellen die Beete. Zum gemeinsamen Mittagessen treffen sie sich in einer stillgelegten Kirche. Für einige der Ehrenamtlichen, insbesondere für diejenigen, die in einer betreuten Unterkunft oder in einem der städtischen Wohnheime leben, ist dieses 14-tägige Treffen die tragende Säule ihres sozialen Lebens. Die Philosophie dahinter ist, wie Mary Clear mir sagte, »die Menschen Dinge in ihrem eigenen Rhythmus und auf ihre eigene Weise tun zu lassen«. Ein Zeichen des Wandels, erklärte sie, ist zum Beispiel, dass jemand spricht, der vorher nie etwas gesagt hat, oder einfach, dass jemand seine Jacke ablegt. Sie sagt dazu: »Die Menschen wachsen.«

Mary Clear spricht von der Plage der Einsamkeit, die unsere Zeit zunehmend bestimmt und die es zu bekämpfen gilt.[8] Jeder Vierte fühlt sich isoliert, Einsamkeit war noch nie so weit verbreitet wie heute. Bisher sah man hauptsächlich die psychischen Auswirkungen der Einsamkeit, heute jedoch weiß man, dass Einsamkeit auch körperliche Gesundheitsprobleme hervorruft. Wer unter fehlenden sozialen Bindungen leidet, unterliegt einem 30 Prozent höheren Risiko, früh zu sterben – ein Anstieg, der dem Risiko bei Übergewicht oder dem Konsum von 15 Zigaretten pro Tag entspricht.[9] Einsamkeit ist zu einem der größten Gesundheitsprobleme geworden.

Im Laufe der Geschichte haben Menschen Wege gefunden, in den unwirtlichsten Klimazonen und Gebieten zu leben, doch auch in der Arktis, im Gebirge, im Dschungel oder in der Wüste haben sie immer in kleinen, zusammenhängenden Gruppen gelebt. Es ist das erste Mal in der Geschichte unserer Spezies, dass bei einem großen Teil der Weltbevölkerung ein Zustand des Getrenntseins zu verzeichnen ist – getrennt nicht nur von der Natur, sondern auch voneinander. Gemeinschaftliches Gärtnern berührt beide Arten der Trennung. Die Menschen können sich mit einem Ort verbinden und sich einer Gruppe anschließen. Beides bringt ein Gefühl der Zugehörigkeit mit sich – und die Krise des modernen Lebens ist im Kern eine Krise der Zugehörigkeit.

Die Projektidee von Incredible Edible hat sich weit über Todmorden hinaus ausgebreitet. Inzwischen gibt es in Großbritannien 120 ähnliche gemeinnützige Vereine, die alle denselben Namen tragen. Incredible Edible ist mittlerweile mit über 1000 Gruppen auf allen Kontinenten vertreten. In Frankreich, wo das Konzept besonders gut aufgenommen wurde, heißen sie Les Incroyables Comestibles, und der Slogan lautet »Nourriture à partager« – »Essen zum Teilen«. Das Netzwerk Incredible Edible ist ein loser Zusammenschluss. Die verschiedenen Gruppen arbeiten auf unterschiedliche Weise, aber sie alle haben das gleiche Ziel: freundlichere, besser vernetzte und verstärkt ökologische Gemeinschaften zu schaffen.

Es ist vielleicht kein Zufall, dass aus dieser Region Englands eine so schwungvolle Gartenbewegung hervorgegangen ist. Schließlich begann hier die Industrielle Revolution. Es erscheint passend, dass dort, wo die Industrialisierung ihren Anfang nahm, die Folgen des industriellen Niedergangs an vorderster Front angepackt wurden. Der Gartenbau im städtischen Raum damals wie heute hat viele Gemeinsamkeiten, aber ein Unterschied fällt auf: Damals konzentrierte sich das gesellige Beisammensein auf die überaus beliebten lokalen Ausstellungen und Wettbewerbe; heute sind fast alle Bereiche des Lebens von Wettbewerb bestimmt. Der gemeinschaftliche Gartenbau erfüllt andere Bedürfnisse. Viele Menschen wünschen sich eine Pause vom Konkurrenzkampf und suchen das Gegenteil, das im heutigen Leben fehlt – die Zusammenarbeit.

Aus historischer Sicht scheint der Wert, den wir der Kultivierung der Erde beimessen, zu sehr von menschengemachten Wirtschaftszyklen bestimmt zu werden. In Zeiten der Rezession und des raschen sozialen Wandels wenden sich die Menschen wieder dem Land zu. Es ist symptomatisch für unser Zeitalter, dass Gärtnern zu einer globalen sozialen Bewegung geworden ist. Die mit der Urbanisierung verbundenen Probleme und die mit der Verdrängung der Industrie durch die Technologie zusammenhängenden Folgen sind weltweit zu beobachten. Der Gemeinschaftsgärtner Mark Harding drückte es folgendermaßen aus: »Wenn die Industrie Sie ausspuckt, gibt es immer einen Platz für Sie in der Natur.«

Mark Harding gehört seit den Jahr 2014 zum Organisationsteam der Oranjezicht City Farm in Kapstadt.[10] Zuvor war er nach zwei Jahrzehnten Berufstätigkeit als Schweißer entlassen worden. In der Folge war er drei Jahre arbeitslos und litt unter Depressionen; dann fing er auf der Farm an. Als junger Mann hatte er sich vom »trügerischen Schein des Stadtlebens« anziehen lassen. Sein Problem in dieser Situation beschreibt er ganz klar: »Man kann auf nichts zurückgreifen.« Heute fühlt er sich weitgehend geerdet: »Jetzt habe ich etwas, das für mich real ist.« Die Landwirtschaft hat ihm Kraft verliehen und ihm bestätigt, dass seine Fähigkeiten immer von Nutzen sein werden. »Ich bin in der Lage, Nahrungsmittel anzubauen, und diese Fähigkeit kann ich überall einsetzen.«

Die Oranjezicht City Farm liegt in einem der Vororte von Kapstadt, dort, wo ein ehemaliges Bowling Green zur Müllkippe verkam. Das Projekt verfolgt auch einen Bildungsauftrag und wird jedes Jahr von 1000 Kindern besucht, die dort in die Ernährungskunde eingewiesen werden und lernen, wie man Pflanzen aussät und wie man kompostiert. Die Region Kapstadt hat eine rasche Urbanisierung durchlebt, und die Arbeitslosigkeit ist hoch. Überall sind Schnellrestaurants aus dem Boden geschossen, die billiges Fast Food mit hohem Fett- und Zuckergehalt verkaufen. Infolgedessen leiden die ärmeren Stadtbewohner zunehmend unter Fettleibigkeit, Diabetes und Herzkrankheiten. Die City Farm, die erschwingliche Bioprodukte herstellt, hat maßgeblich dazu beigetragen, die Menschen vor Ort für Lebensmittelpolitik zu sensibilisieren. In dieser von schrecklichen Dürren heimgesuchten Region hat die Oranjezicht City Farm außerdem zu der Einsicht beigetragen, dass Nahrungsmittel den Jahreszeiten entsprechend angebaut werden müssen. Das erfolgreichste Projekt ist der Lebensmittelmarkt in Oranjezicht. Angefangen hat er mit ein paar Ständen auf dem Gelände der Farm, mittlerweile ist daraus ein sehr beliebter Wochenmarkt geworden, der nun an die Waterfront, das ehemalige Hafenviertel der Stadt, umgezogen ist. Der Markt unterstützt über 40 biologische Gärtnereien und Bauernhöfe der Region sowie kleine Lebensmittelproduzenten, die Brot und andere Lebensmittel verkaufen.

Sheryl Ozinsky, die Mitbegründerin der City Farm, beschreibt, wie das Projekt entstanden ist: »Städtische Landwirtschaft ist mehr als Gemüseanbau. Wir wollen die Menschen erziehen, Gemeinschaften aufbauen und die Funktionsweise der Lebensmittelmärkte neu definieren. Wir wollen die hohen Mauern unserer Vorstädte einreißen und Räume schaffen, in denen sich Nachbarn treffen können, in denen Menschen öffentliche Parks und Grünflächen nutzen, in denen Gruppen gemeinsam zu Fuß gehen, Rad fahren und Bus fahren.« Bei dem Projekt geht es darum, Beziehungen herzustellen und rassische und soziale Barrieren abzubauen. Der Anbau von Nahrungsmitteln ist für Mark Harding eine »gesunde Art, sich zu wehren«. Er erzählt, dass »die großen Konzerne Sorten auswählen, die möglichst lange haltbar, aber weniger nahrhaft sind«, und er bedauert, ziemlich spät in seinem Leben auf diese Fragen gestoßen zu sein. Durch seine Arbeit auf der City Farm empfindet er sich jetzt als »grüner Rebell«.

Menschen, die gemeinschaftlich gärtnern, müssen sich heute zwangsläufig auch mit Lebensmittelpolitik auseinandersetzen. Ron Finley, ein afroamerikanischer Künstler und Gartenaktivist aus dem Süden von Los Angeles, ist ebenfalls ein »grüner Rebell«. Dieser Teil von Los Angeles ist eine der größten »Lebensmittelwüsten« der USA – mit zahlreichen Fast-Food-Verkaufsstellen und Spirituosengeschäften, aber nur minimalem Zugang zu frischen Produkten. Bandengewalt und Schießereien aus vorbeifahrenden Fahrzeugen (Drive-by-Shootings) sind hier an der Tagesordnung. Finley sagt, dass die Drive-bys mehr öffentliche Aufmerksamkeit erhalten als die Drive-throughs der Fast-Food-Ketten, die aber tatsächlich mehr Menschenleben auf dem Gewissen haben. Die Folgen sind nur allzu offensichtlich. Die Fettleibigkeit betrifft über 30 Prozent der Bevölkerung, und es gibt immer mehr motorisierte Rollstühle und Dialysezentren.

Finley war es leid, 45 Minuten mit seinem Auto fahren zu müssen, um frische Lebensmittel einzukaufen, deshalb pflanzte er schließlich auf dem schmalen Grünstreifen vor seinem Haus Gemüse und Obstbäume an. Nach wenigen Monaten konnte er auf diesen paar Quadratmetern, auf denen zuvor Müll abgeladen worden war, die ersten Erträge ernten. Er teilte dann Grünkohl, Zuckermais, Paprika, Kürbisse und Melonen mit anderen Bewohnern seiner Straße. Im folgenden Jahr bekam er jedoch wegen unerlaubten Gartenbaus auf städtischem Grund eine Ordnungsstrafe. Er musste die Pflanzen wieder entfernen, startete aber sofort eine Petition, um sie wieder einsetzen zu dürfen.

Das war im Jahr 2010. Erst ein Jahr zuvor hatte die First Lady Michelle Obama hinter dem Weißen Haus eine Rasenfläche umgraben lassen und mit Grundschulkindern Gemüse gepflanzt und geerntet. Michelle Obamas »Let's Move«-Kampagne hatte den alarmierenden Anstieg von Fettleibigkeit und Diabetes bei Kindern zum Ziel. Der Zeitgeist war im Wandel. Die *Los Angeles Times* machte Finleys Kampagne publik. Seine Petition war erfolgreich, und die Stadt revidierte daraufhin ihre Vorschriften für das Urban Gardening. Jetzt leitet Finley ein Projekt zur Unterstützung des Anbaus von Nutzpflanzen auf Brachflächen. Er stilisiert sich selbst als »Gangsta-Gärtner«, sein Slogan ist »Greif zur Schaufel – deine Waffe der Wahl«. Er möchte, dass Gartenarbeit für eine Generation von Schulkindern, deren Eltern – und in vielen Fällen auch Großeltern – nie mit Gartenarbeit in Berührung gekommen sind, cool und wichtig wird.

Ron Finley erachtet es als eine seiner Hauptaufgaben, die Vorurteile zu bekämpfen, die mit der Arbeit auf dem Land verbunden sind. Die Geschichte der Landwirtschaft in den USA ist geprägt von rassischer Ausbeutung durch Sklaverei und Naturalpacht. Deshalb meinen Finley zufolge viele Menschen, »dass etwas Schreckliches mit ihnen passiert sein muss, weil sie ihre Nahrung selbst anbauen müssen – aber in Wirklichkeit sind sie Selbstversorger«. Finley glaubt, dass die Menschen kein Gespür mehr dafür haben, wie sie sich selbst versorgen können, und dass niemand wirklich fragt, warum die Fast-Food-Ketten so dominant geworden sind. Eigene Nahrungsmittel anbauen zu können ist vielleicht kein Menschenrecht, aber es ist eine Grundfreiheit. Wie Finley es ausdrückt: »Wenn man nicht für seine eigene Ernährung arbeitet, ist man versklavt.« Die Lebensmittelwüsten müssten eigentlich »Lebensmittelgefängnisse« heißen, denn »wenn man gesunde Nahrungsmittel finden will, muss man einen weiten Bogen um sie machen«. Ron Finley will einen Impuls für Veränderung liefern.

Gartenarbeit als eine Form des politischen Widerstands hat eine lange Geschichte, die bis ins 17. Jahrhundert zurückverfolgt werden kann. In England setzten damals die Diggers nach sozialen Unruhen aufgrund hoher Lebensmittelpreise das Recht durch, Nutzpflanzen auf Gemeindeland anzubauen. Das moderne Guerilla Gardening erhielt seinen Namen in den frühen 1970er-Jahren, als die nahezu bankrotte Metropole New York City auf ihren Niedergang zusteuerte. Eine Gruppe, die sich selbst die Green Guerillas nannte, forderte städtische Brachflächen ein, um dort Gemeinschaftsgärten einzurichten. Sie konnten sich dabei auf Amerikas Nahrungsmittel produzierende Victory Gardens im Ersten und Zweiten Weltkrieg berufen. Einige Guerilla-Gärtner haben sich mehr auf den Anbau von Blumen als von Nahrungsmitteln spezialisiert – so wie Richard Reynolds, der um die Jahrtausendwende im Süden von London vor dem Hochhaus, in dem er wohnte, nachts heimlich Blumen pflanzte und so eine Bewegung ins Leben rief.[11] Daraufhin sammelten sich

Freiwillige, um die Schönheit der Natur in heruntergekommene Stadtteile zu bringen.

Die Green Guerillas in New York sind bis heute aktiv. Die Organisation betreut 800 Gärten, das ist ein beeindruckendes Ergebnis. Wie die Bewegung Incredible Edible erhielten sie die Zustimmung der Stadtverwaltung, hatten aber dennoch einige Kämpfe auszufechten. Ein Problem der Gemeinschaftsgärten ist die Gentrifizierung, die oft mit der Schaffung attraktiver Grünflächen einhergeht. Im schlimmsten Fall werden genau die Menschen, denen mit einem Projekt geholfen werden sollte, aus dem betreffenden Stadtviertel verdrängt. Als die Stadt in den 1990er-Jahren Land zur Bebauung verkaufen wollte und dadurch 600 Gemeinschaftsgärten in Gefahr gerieten, stellten sich die Green Guerillas dagegen. Erst nach einem langwierigen Kampf wurden die Gärten gerettet und blieben erhalten.

Terry Keller, einer der Mitbegründer der Green Guerillas, arbeitete anschließend mit dem New Yorker Botanischen Garten (NYBG) an dem sehr erfolgreichen Gemeinwohlprojekt Bronx Green-Up, bei dem brachliegende Grundstücke im benachteiligten Gebiet der South Bronx bepflanzt wurden. Hier wurde unlängst auch die New Roots Community Farm neben dem Grand Concourse, der Hauptdurchgangsstraße durch die Bronx, errichtet. Die Umwandlung dieses verfallenen Geländes, auf dem bisher keine Grünfläche existierte, in einen blühenden Bauernhof mit einer Fläche von über 2000 Quadratmetern war mit viel harter Arbeit verbunden. Das Gelände fällt steil ab, und im Sommer 2012 halfen zahlreiche Freiwillige beim Ausheben der Gräben, die zur Ableitung des Regenwassers und zur Verhinderung der Bodenerosion erforderlich waren. Das New York City Department of Sanitation lieferte kostenlosen Kompost in großen Mengen, und Mitarbeiter des Botanischen Gartens stellten ihr Wissen zur Verfügung. Obstbäume, darunter Kirschen, Feigen, Kakis und Granatäpfel, wurden gepflanzt, und es wurden

Bienenstöcke aufgestellt. Die mühsame Bodenveredelung zahlte sich aus, und bald wuchsen auf den neu angelegten Hochbeeten Tomaten, Grünkohl, Wassermelonen und Paprika. Schnell fühlten sich auch Insekten wieder heimisch – neben Libellen tauchten zahlreiche Schmetterlinge auf, darunter Distelfalter, der Schwarze Schwalbenschwanz und der Rote Admiral.

Bronx Green-Up betreibt die Farm in Zusammenarbeit mit der Flüchtlingsorganisation International Rescue Committee. Das Projekt bringt Menschen aus verschiedenen Orten und unterschiedlichen Kulturen zusammen. Neuankömmlinge, die aus Ländern wie Gambia oder Afghanistan geflohen sind, arbeiten mit länger ansässigen Bewohnern zusammen, die aus Mittelamerika oder der Karibik stammen. Wenn Menschen neu in einer fremden Stadt sind, stehen sie vor gewaltigen Herausforderungen, umso mehr, wenn sie unter einem Trauma oder einer Depression leiden, so wie viele der Flüchtlinge in New Roots. Gartenarbeit kann ihnen auf vielen verschiedenen Ebenen helfen; vor allem aber ist die Farm ein Ort, an dem sie sich wieder zugehörig fühlen können.

Studien haben gezeigt, dass Stadtgärten wie diese die soziale Integration sehr wirksam fördern. Sie sind kulturelle und soziale Nachbarschaftszentren und können durch die Bereitstellung eines sicheren »dritten Raumes« außerhalb von Wohnung oder Arbeitsplatz dazu beitragen, Spannungen in der Gemeinschaft abzubauen. Ihre Rolle bei der Förderung des gemeinschaftlichen Zusammenhalts ist besonders wertvoll in ethnisch gemischten Nachbarschaften, wo dies sonst schwer zu erreichen ist. Nach Aussage des Johns Hopkins Center for a Livable Future mit Sitz in Baltimore ist die Ernährung dabei von zentraler Bedeutung: »Die starken soziokulturellen Werte, die mit dem Anbau, dem Kochen und dem Teilen von Nahrungsmitteln verbunden sind, tragen dazu bei, die Rolle der Gärten als soziale Brücke zu begünstigen.«[12] Städtische Bauernhöfe schaffen eine Kultur der Zusammenarbeit, wenn nicht durch den gemeinsamen Ernteertrag, dann durch das gemeinsame Vergnügen. Dass Gartenarbeit Beziehungen zwischen Menschen verändern und sozialen Wandel herbeiführen kann, liegt zu einem großen Teil an diesem Effekt des gegenseitigen Nutzens.

Alle Organismen haben ein biologisches Grundbedürfnis, ihre Umwelt zu formen; nur in der Stadt ist es genau umgekehrt, denn hier haben die Menschen nur geringen Einfluss, ihre Umgebung zu verändern. Wenn Stadtlandschaften zusammenbrechen, verwildern sie. Städtische Wildnis heißt: verlassene Häuser, Abfallhaufen, Glasscherben, rostiges Metall und mannshohes Unkraut. Je mehr ein Gebiet verwahrlost, desto mehr wird es zur Gefahrenzone, und desto weniger wollen sich seine Bewohner im Freien aufhalten. Wenn sich die Bedingungen weiter verschlechtern, kontrollieren bald kriminelle Banden die Straßen, und eine Spirale der Gewalt setzt ein.

Einzig die Verbesserung der Umgebung kann hier Abhilfe schaffen. Die Eindämmung der bewaffneten Kriminalität hat für viele Großstädte in den USA hohe Priorität. Die demografische Entwicklung zeigt deutlich, dass sich die tödlichen Schießereien auf die ärmsten und am stärksten heruntergekommenen Bezirke konzentrieren. In Chicago beispielsweise konzentriert sich die Gewalt vor allem auf den Süden und Westen der Stadt, wo die Arbeitslosigkeit hoch ist und die größtenteils afroamerikanischen Gemeinden jahrzehntelang unter der Abwanderung von Wirtschafsunternehmen leiden mussten. Im Jahr 2014 gab es in Chicago mehr als 20 000 aufgegebene Grundstücke, von denen allein 13 000 im Besitz der Stadt waren. Das »Large Lots«-Programm, das im Jahr 2014 als Pilotprojekt begann und 2016 fortgesetzt wurde, ermöglicht den Bewohnern der am schlimmsten betroffenen Stadtviertel, ein aufgegebenes Grundstück in der Nähe ihres Wohnortes für nur einen Dollar zu kaufen, sofern sie sich verpflichten, es mindestens fünf Jahre lang nicht zu verkaufen und es in dieser Zeit zu unterhalten und zu pflegen. Auf diese Weise sind insgesamt etwa 4000 Grundstücke in ganz Chicago verteilt worden, mit dem Ziel, durch die Umwandlung von Brachland in Gärten die fragmentierten Nachbarschaften zu stärken.

Solche kommunalen »Cleaning and Greening«-Projekte sind durch mehrere wegweisende Studien angeregt worden, die in den vergangenen zwanzig Jahren in Philadelphia durchgeführt worden sind.[13] Die Untersuchungen wurden von Charles Branas, Professor für Epidemiologie an der Columbia University, geleitet und sind möglicherweise die einzigen randomisierten kontrollierten Studien zur Umweltmanipulation, die jemals im städtischen Raum durchgeführt wurden. Das LandCare-Programm von Philadelphia wurde im Jahr 1999 in Zusammenarbeit mit der Pennsylvania Horticultural Society ins Leben gerufen.[14] Seitdem haben Freiwillige Hunderte von verseuchten Brachflächen und verlassenen Parzellen in der Stadt geräumt, Müll und Schutt entsorgt, Gras gesät, Bäume gepflanzt und niedrige Holzzäune errichtet. Die von diesen Maßnahmen profitierenden Stadtviertel wurden nach einem Zufallsprinzip ausgewählt.

Das langfristige Forschungsprojekt verglich die Gewaltraten in demografisch ähnlichen Gegenden: Der Kontrast zwischen Straßen, in denen Parzellen umgewandelt und begrünt wurden, und solchen, in denen dies nicht der Fall war, ist bemerkenswert. Die jüngste, im Jahr 2018 veröffentlichte Studie, stellte fest, dass die positiven Auswirkungen in Vierteln am größten waren, wo die Menschen unterhalb der Armutsgrenze lebten. Dort war die Kriminalitätsrate um mehr als 13 Prozent und die Waffengewalt um fast 30 Prozent zurückgegangen. Die Wissenschaftler stellten fest, dass es sich im Vergleich mit der Gesamtstadt um einen realen Rückgang handelte, das heißt, dass sich die Probleme nicht einfach in andere oder benachbarte Viertel verlagert hatten.

Im Lauf der Studie erwiesen sich bestimmte Ansätze als besonders erfolgreich: Die Wissenschaftler fanden heraus, dass die Menschen sich von Parzellen, die mit Maschendrahtzäunen geschützt wurden, ausgegrenzt fühlten und dort ihren Müll abluden. Hölzerne Koppelzäune hingegen wirkten sich auffallend positiv auf das soziale Miteinander aus. Diese niedrige Umzäunung ist leicht zu überwinden, und man kann sich auf die Querstreben setzen; infolgedessen wurden diese Plätze zunehmend zur Entspannung und zum geselligen Beisammensein genutzt. Nachbarn, die sich sonst nicht beachtet hätten, kamen ins Gespräch, und Kinder aus der Umgebung hatten einen sicheren Ort zum Spielen. Die Gestaltung der Gärten richtete sich nach einem Grundlayout von Rasen und wenigen Bäumen, also mit beruhigenden, klaren Sichtlinien, was in potenziell gefährlichen Gebieten wichtig war. Der einfache Grundschnitt gab den Bewohnern freie Gestaltungsmöglichkeiten, die sie in der Folge auch nutzten.

Branas' Forschungsteam fand heraus, dass Menschen, die in der Nähe der neu angelegten Grünflächen wohnten, deutlich weniger Angst davor hatten, nach draußen zu gehen – der gemäß ihren Angaben ermittelte Faktor lag um 60 Prozent niedriger als zuvor. Diese positive Resonanz steht im Einklang mit anderen Untersuchungen desselben Teams; sie ergaben, dass die Herzfrequenz der Menschen einen Spitzenwert von 99 Schlägen pro Minute erreichte, wenn sie an verlassenen Grundstücken in der unmittelbaren Umgebung ihrer Wohnungen vorbeigingen. Das Ergebnis zeigt, dass die Menschen sich nicht an städtischen Verfall gewöhnen, sondern dass dieser eine ständige unterschwellige Bedrohung darstellt. Eine verfallene Umgebung ist wie ein Spiegel, der das Selbstwertgefühl mindert und den Eindruck verstärkt, dass sich niemand um das Wohl der Bevölkerung kümmert. Menschen, die sich verlassen oder vergessen fühlen, neigen eher zu Depressionen. Eine Folgestudie bestätigte dies, als festgestellt wurde, dass sich die ermittelten Fälle von Depressionen und schlechter psychischer Allgemeinverfassung bei Menschen, die in der Nähe der neu angelegten Parzellen lebten, fast halbiert hatten. Dies sind in jeder Hinsicht eindrucksvolle Zahlen. Trotzdem haben Stadtplaner immer wieder das Bedürfnis der Menschen nach Grünflächen in ihrem Viertel vernachlässigt. Die Studien aus Philadelphia zeigen, dass ein relativ kostengünstiger Eingriff in die städtische Umgebung tief greifend Auswirkungen auf Gesundheit und Kriminalität haben kann.

Wenn es darum geht, die auf dem innerstädtischen Verfall beruhenden Kreisläufe von Gewalt und Drogenabhängigkeit zu durchbrechen, ist die Möglichkeit, in sicheren begrünten Arealen verweilen zu können, für junge Menschen besonders wichtig. Projekte, die Jugendliche in das Urban Farming einbeziehen, können diesbezüglich besonders hilfreich sein. Der Botanische Garten von Chicago beispielsweise engagiert sich seit Langem für gemeinnützige Projekte und hat in den vergangenen fünfzehn Jahren in verarmten Stadtteilen von Chicago elf Bauernhöfe eröffnet, um den Gesundheitszustand und das Bildungsniveau von benachteiligten Bevölkerungsgruppen zu fördern. Auf einigen dieser Höfe lernen Schulabgänger, wie man Nahrungsmittel anbaut und eine eigene Firma gründet. Andere Maßnahmen sind auf jüngere Menschen ausgerichtet. Jedes Jahr zwischen Mai und Oktober beschäftigt die Organisation einhundert Schulkinder zwischen 15 und 18 Jahren, die im Windy City Harvest Youth Farm Program lernen und arbeiten.

Eliza Fournier, die Leiterin des Jugendprogramms, erklärt, dass die meisten Jugendlichen zu Beginn der Teilnahme quasi unter »Pflanzenblindheit« litten. Nur sehr wenige haben einen Garten oder Außenbereich zu Hause, und sie wissen gar nicht, ob Gartenarbeit ihnen überhaupt gefällt. Fournier fragt die Teilnehmer einer neuen Gruppe immer als Erstes, ob sie Pizza mögen. Natürlich mögen alle Pizza. »Wenn ihr Pizza mögt, mögt ihr auch Pflanzen«, sagt sie ihnen dann und erklärt, wie alle unsere Lebensmittel letztlich aus Pflanzen gewonnen werden. Für die meisten Jugendlichen ist es eine ganz neue Erfahrung, mit den Händen in der Erde zu arbeiten, und es kann einige Zeit dauern, bis sie sich mit dem Gedanken vertraut gemacht haben, dass, wie ein Mädchen es ausdrückte, »Nahrung, die aus dem Dreck kommt, gut für einen ist«.

Der Washington Park liegt in einer der Lebensmittelwüsten im Süden der Stadt. Um die Jugendfarm, die sich in einem Randbereich des Parks befindet, zieht sich ein schmiedeeiserner Zaun. Mit den sie umgebenden hohen Bäumen und den Hochbeeten auf der Wiese vermittelt sie eher den Anschein eines Gartens als eines städtischen Bauernhofs. Eliza Fournier beobachtet, dass die Jugendlichen schon nach wenigen Wochen immer fitter werden und anfangen, sich gesünder zu ernähren. Ihr ist es wichtig, dass »sie nicht nur arbeiten, sondern auch Kind sein dürfen«, und am Anfang jeden Treffens veranstalten sie Teambildungsspiele, die einfach nur Spaß machen sollen.

Sicherheit ist für viele dieser jungen Menschen ein unerfülltes Grundbedürfnis. Am Rand des Gartens sind Obstbäume gepflanzt; sie sollen an Gleichaltrige erinnern, die durch Schusswaffengewalt ums Leben gekommen sind. Viele der Jugendlichen leben nicht nur in unsicheren Vierteln, sondern auch in Wohnungen, die nicht sicher sind. Manche sind praktisch obdachlos und schlagen sich als Gastschläfer bei Freunden oder in verlassenen Häusern durch. Die Farm wird zu ihrem sicheren Ort, und sie wissen, dass die Mitarbeiter immer ein offenes Ohr für sie haben, wenn sie Hilfe brauchen. Die Arbeit in solch einer »bereicherten Umgebung« fördert den Stressabbau und das Lernen und verbessert das soziale Miteinander. Bei der Arbeit in kleinen Teams gewöhnen sich diese Jugendlichen daran, aufkeimende Konflikte zu lösen. Und wenn im Sommer der Wochenmarkt betrieben wird, lernen sie auch den Umgang mit Kunden. Am Ende jeder Saison erhalten die jungen Leute von den Mitarbeitern in einem persönlichen Gespräch ein Feedback über ihre Arbeit – eine derart fürsorgliche Zuwendung haben die meisten von ihnen nie zuvor erfahren. Sie gewinnen allmählich Vertrauen und verhalten sich nicht mehr so defensiv.

Allgemeine Ziele des Projekts sind die Förderung sozialer und emotionaler Kompetenzen durch Gartenarbeit. Projekte wie dieses können sich lebensverändernd auswirken, und es gibt Grund zu der Annahme, dass sie die Fallzahlen von Gewalttaten, Suchterkrankungen und Teenagerschwangerschaften senken. Solche Ergebnisse lassen sich schwer exakt beziffern. Auffallend ist aber, dass 91 Prozent der Jugendlichen, die an den Windy-City-Jugendfarmprojekten teilnehmen, weiter die Schule besuchen oder eine Berufsausbildung beginnen. Dieser Prozentsatz ist viel höher, als man es von dieser demografischen Gruppe erwarten würde.

Die University of Illinois hat kürzlich verschiedene Arten von Jugendprogrammen bewertet. Danach haben sich die Windy City Harvest Youth Farms besonders bei der Vermittlung von Lebenskompetenz, der Schaffung von Berufsmöglichkeiten und der Stärkung der Familienbande ausgezeichnet – Letzteres deutet darauf hin, wie weitreichend die positiven Auswirkungen sein können. Wie Eliza Fournier sagt: »Die Pflege von Pflanzen bietet eine sinnvolle Möglichkeit, über die Pflege von Menschen zu sprechen.« Der Garten fungiert als Modell, das den Jugendlichen die Perspektive auf eine andere Art von Leben eröffnet.

Keine andere Spezies teilt sich die Nahrung so wie wir Menschen, und dies ist im Laufe der menschlichen Evolution immer von zentraler Bedeutung gewesen. Unsere moderne Lebensweise hat diese vitale Verbindung zwischen den Menschen verkümmern lassen. Der zunehmende Konsum von Fertiggerichten und der sich immer geschäftiger und stressiger gestaltende Lebensstil haben dazu geführt, dass Familien viel seltener gemeinsam essen als früher. Eliza Fournier betont, dass Essen ein »wichtiges Verbindungselement« ist und daher eine zentrale Rolle im Programm spielt. Einmal in der Woche kochen die Teilnehmenden im Garten und essen gemeinsam. Für viele ist es eine Möglichkeit, neue Nahrungsmittel auszuprobieren; aber es findet auch noch etwas viel Wichtigeres statt.

Die menschliche Spezies ist daran gewöhnt, in relativ kleinen Gruppen zu leben. Wenn die Gruppen zu groß werden, verlieren wir die lebenswichtigen Verbindungen, die uns tragen. Dies ist nicht nur für unser emotionales Wohlbefinden relevant, sondern gemäß der Theorie der »Naturpädagogik« auch für unsere kognitive Entwicklung.[15] Die Kognitionswissenschaftler, die diese Theorie formuliert haben, György Gergely und Gergely Csibra, argumentieren, dass der Austausch von Wissen zwischen nahen Mitgliedern einer Gruppe oder einer Volksgemeinschaft so wichtig für das Überleben war, dass sich im Gehirn ein »spezieller Kanal« ausgebildet hat, der wie eine Schnellspur für den Transfer kultureller Informationen funktioniert. Dieser spezielle Kanal öffnet sich, wenn wir Vertrauen spüren, und bereitet das Gehirn darauf vor, etwas Neues zu lernen. Gergely und Csibra nennen das Phänomen »epistemisches Vertrauen« und glauben, dass es unseren fernen Vorfahren ermöglichte, eine immer vielfältigere Palette von Fertigkeiten wie Werkzeugbau und das Zubereiten und Kochen von Nahrungsmitteln zu entwickeln.

Soziales Lernen ist ein starkes Instrument, aber Kinder, die in einer gefährlichen, angstbesetzten Umgebung aufwachsen, entwickeln keine Neugier. Ein von gegenseitigem Misstrauen geprägtes Dasein führt dazu, dass Menschen sich abwenden und nicht mehr voneinander lernen. Wird hingegen Vertrauen aufgebaut, ist das Gehirn besser in der Lage, neue neuronale Netze zu bilden. Urban-Farming-Projekte wie die Windy City Youth Farms, in denen Nahrungsmittel angebaut, geerntet und geteilt werden, überzeugen hauptsächlich auch deshalb, weil sie grundlegende Lebenskompetenzen abbilden, durch die sich soziales Lernen entwickelt hat.

Die heute üblichen Bildungsansätze unterschätzen bei Weitem die entscheidende Rolle der sozialen Bindungen, die für das Lernen so wichtig sind.[16] Dieses Unverständnis für die Bedeutung unserer biologischen Wurzeln ist mit der modernen Vorstellung aufgekommen, dass wir uns neu erfinden können. C. G. Jung drückte es so aus: »Wir würden über die *Vorstellung lachen,* eine *Pflanze* oder ein *Tier hätte* sich *selbst* erfunden; doch gibt es viele Menschen, die glauben, die Psyche oder ihr Geist hätte sich selbst erschaffen.« Das Gehirn ist jedoch das Produkt jahrtausendelanger Anpassung.[17] »Der Geist ist von Natur in seinen gegenwärtigen Bewusstseinszustand hineingewachsen«, schrieb Jung, »so wie eine Eichel zu einem Eichbaum wird.«[18]

Für unsere entfernten Vorfahren, die Jäger und Sammler, bildeten die Bestimmung von Pflanzen an einem jeweiligen Ort und das Verständnis, welche Pflanzen essbar, medizinisch nützlich oder giftig waren, die erste komplexe Wissensbasis. Mit solchen von Generation zu Generation weitergegebenen Informationen sammeln die Menschen ihr Wissen und entwickeln es weiter. Wird die Verbindung jedoch unterbrochen, werden menschliche Gesellschaften entsprechend anfällig für den Verlust von Wissen und Fähigkeiten. Dies kann schon im Verlauf von ein oder zwei Generationen geschehen. Wir sollten bedenken, wie schnell sich die Kultur der Fürsorge und die Kultur der Arbeit verändert haben und wie schnell unsere Beziehung zum Land verloren gegangen ist.

Das Studium der Botanik, das im 19. Jahrhundert so populär war, verlor ab dem 20. Jahrhundert an Bedeutung. Für viele Menschen, die in Städten aufgewachsen sind, sind Pflanzen unwichtig oder wertlos. Der von Eliza Fournier verwendete Begriff »Pflanzenblindheit«[19] wurde im Jahr 1998 von den beiden amerikanischen Botanikern James Wandersee und Elisabeth Schussler geprägt. Mit der fortschreitenden Abkehr des Menschen von der Natur sahen sie die Gefahr aufkommen, dass die grundlegende Rolle, die Pflanzen bei der Erhaltung des Lebens spielen, aus unserem kollektiven Bewusstsein verschwinden könnte. Die Neigung unseres Gehirns, Pflanzen aus unserer Wahrnehmung herauszufiltern, hat sich ihrer Meinung nach nicht unbedingt positiv ausgewirkt. Unser Wahrnehmungssystem reagiert sehr empfindlich auf bestimmte Muster, insbesondere auf alle Merkmale, die dem menschlichen Gesicht ähneln. Den meisten Pflanzen fehlen diese Merkmale, dennoch können manche Blumen unsere Aufmerksamkeit auf diese Weise erregen. Darüber hinaus priorisiert der visuelle Cortex Reize, die sich bewegen oder potenziell bedrohlich sind. Da Pflanzen relativ statisch sind und sich nur langsam verändern, treten sie in den Hintergrund. Wenn man die Menschen nicht darin unterstützt, ihre Wahrnehmung zu schärfen, laufen sie Gefahr, dass ihnen das Pflanzenreich verschlossen bleibt.

Wandersee und Schussler haben festgestellt, dass die Liebe zu Pflanzen oft durch den Einfluss eines »Pflanzenmentors« hervorgerufen wird: Den meisten von uns muss die Welt der Pflanzen von jemandem nahegebracht werden, der sie selbst bereits schätzt und versteht. Im Rahmen eines Gemeinschaftsgartenprojekts interviewte ich Daniel, einen jungen Mann, der mir von seiner Erfahrung erzählte. Er hatte seine Jugend überwiegend mit Computerspielen verbracht und sich seit einiger Zeit orientierungslos und verloren gefühlt. Als er ein paar Straßen von seiner Wohnung entfernt zum ersten Mal in einen Gemeinschaftsgarten kam, fühlte er sich noch verlorener als zuvor. Pflanzen kamen ihm wie eine »schöne, aber fremdartige Welt« vor, und er hatte keine Ahnung, wie er mit ihnen umgehen sollte. Einer der Gartenkoordinatoren – ein Mann, der nur wenige Jahre älter war als Daniel – forderte ihn auf, mit seinen Händen in die Erde zu fassen. Er brachte ihm die Grundlagen der Pflanzenpflege bei. Diese Erfahrung hatte ihn, wie Daniel es ausdrückte, »geöffnet«. Danach freundete er sich mit den Pflanzen richtig an. Er erinnerte sich deutlich, wie er eines Tages in den Garten kam und das Gefühl hatte, jetzt zu verstehen, was eine Pflanze ausmacht, und in der Folge verbrachte er immer mehr Zeit in dem Gemeinschaftsgarten. Weil ihm die Gartenarbeit im Gegensatz zum Computerspiel eine »echte« Aufgabe abverlangte, fühlte er sich besonders motiviert. Die Arbeit mit Pflanzen krempelte Daniel regelrecht um. Er bewarb sich für ein Ehrenamt im Ausland und unterrichtete schließlich Gartenarbeit in einer Behelfsschule in einem griechischen Flüchtlingslager, wurde also selbst ein Pflanzenmentor. Durch die Gartenarbeit hatte er erkannt, dass er etwas bewegen konnte.

Da Daniel völlig auf die Welt der Technik ausgerichtet war, empfand er die natürliche Welt zunächst als etwas Fremdes. Als Heranwachsender hatte er im Computerspiel eine Nische für sich gefunden, doch zugleich verspürte er zunehmend nagenden Lebensverdruss. Viele Jungen stehen heute vor der Wahl, ihre Zeit entweder online mit verschiedenen Kampfspielen zu verbringen oder sich auf der Straße herumzutreiben, wo Gangs und Gewalt zum Lebensalltag gehören. Städtische Räume bieten nicht viele Alternativen, insbesondere nicht für Kinder aus einkommensschwachen Familien. Als ich die Kinder auf der Windy City Harvest Youth Farm fragte, was sie machen, wenn sie nicht in die Projektarbeit eingebunden sind, häuften sich vor allem drei Antworten: im Bett liegen, Onlinegames spielen oder in Schwierigkeiten sein.

Jungen schreckt die Gartenarbeit manchmal ab, weil sie sie als etwas Fürsorgendes und Unmännliches empfinden. Einige Jugendprojekte bezeichnen sich aus diesem Grund als Farm und nicht als Garten. Aber wie auch immer man es nennen mag: Bei der Arbeit im Garten geht es nicht nur um Pflege, sondern auch um Potenz. So stand im antiken Griechenland Priapus, der männliche Gott der Fruchtbarkeit, dem Anbau von Obst, Gemüse und Weinbergen vor, und er wird manchmal mit einem riesigen Phallus und einer Zurschaustellung seiner Gartenerzeugnisse dargestellt.[20]

Auch die Geschichte von Jack and the Beanstalk (Hans und

die Bohnenranke), einem alten englischen Märchen, dessen Ursprünge in einem 5000 Jahre alten Mythos wurzeln, handelt von der durch Pflanzen gewonnenen Kraft.[21] Ein vermeintlich »magischer« Samen, für den Jack die letzten Münzen seiner verarmten Mutter ausgibt, lässt ihn wie einen dummen, leichtgläubigen Jungen aussehen. Aber dann sprießt eine riesige Bohnenpflanze aus ihm hervor. Jack erklimmt sie, nimmt es mit dem tyrannischen Riesen auf und fordert alles zurück, was seiner Familie gestohlen wurde. Die Geschichte handelt davon, wie ein Junge zum Mann wird, indem er sich seiner Stärke bewusst wird, und sie ist auch eine Parabel über soziale Gerechtigkeit. Für radikale Lösungen bieten sich alle möglichen »tyrannischen Riesen« an, die durch Gartenarbeit überwunden werden können – von individuellen Problemen wie Stress und Demotivation bis hin zu sozialen und wirtschaftlichen Problemen wie fragmentierten Gemeinschaften, mangelndem Zugang zu frischen Nahrungsmitteln und Stadtverfall. Überall in der Welt befassen sich innerstädtische Gartenbauprojekte mit diesen Themen. Sie zeigen, dass der Anbau von Nahrungsmitteln ein Weg zu einer besseren Gesellschaft sein kann.

Den Boden zu bestellen gibt Kraft, und die gemeinsame Nutzung seiner Erzeugnisse fördert wirksamer als alles andere Vertrauen und Zusammenarbeit. Unsere Kraft zu spüren und Nahrung zu geben und zu empfangen ist für uns alle wichtig. Die Alchemie der Gartenarbeit führt diese beiden Aspekte der menschlichen Natur zusammen. Die einfache Wahrheit ist, dass sowohl die Menschen als auch die Pflanzen eine bessere Chance hätten, zu gedeihen, wenn jede Stadt oder Gemeinde sich als Garten verstehen würde und wenn es den Menschen erlaubt wäre – und sie dazu ermutigt werden –, einen Teil ihrer Umgebung gärtnerisch zu pflegen.

9 Krieg und Gartenarbeit

»Führete solch ein Leben die Welt des goldnen Saturnus.
Nicht auch hörete man, wie das Kriegshorn schmetterte …«
Publius Vergilius Maro (70–19 v. Chr.)[1]

Seit ich an diesem Buch arbeite, habe ich mehr als einmal bereut, an meinem Schreibtisch zu sitzen, während sich Tom draußen im Sonnenschein mit Gartenarbeit beschäftigt. Einmal, im Herbst, war dieses Gefühl besonders stark.

Den gesamten Sommer über hatte ich Quellen zu den Ursprüngen des therapeutischen Gartenbaus im Hinblick auf den Ersten Weltkrieg studiert. Die industrialisierte Kriegsführung hatte sich in einem nie gekannten Ausmaß entwickelt, und deren verheerende Folgen bestärkten die Vorstellung, dass die Menschen wieder das Land bearbeiten wollten. Ich hatte auch das Leben meines Großvaters Ted May untersucht. Was ich dabei schließlich über die Erniedrigungen und Grausamkeiten, denen die Kriegsgefangenen in der Türkei ausgesetzt waren, herausfand, erschütterte mich bis ins Mark. Als der Herbst im Anmarsch war, wirkten sich die vielen Grübeleien über den Krieg allmählich negativ aus. Mir wurde bewusst, dass ich meine Nachforschungen abbrechen und mich dem Garten widmen sollte.

In unserem Schuppen waren mehrere große Kästen mit Blumenzwiebeln gestapelt. Ich entnahm ihnen einige Beutel mit Blausternen und folgte Tom zu einem unserer größeren Blumenbeete. Welche Wohltat, wieder Erde zwischen den Fingern zu spüren! Ich arbeitete mit einem Setzholz und genoss den Geruch der frischen, reinen Erde. Innerhalb kurzer Zeit fand ich meinen Rhythmus und fühlte mich eins mit meiner Aufgabe. Gemessen an der Jahreszeit war das Wetter mild, und die warmen Sonnenstrahlen trugen dazu bei, ein unterschwelliges Frösteln zu vertreiben, das sich im ganzen Körper breitgemacht hatte. Während meiner Arbeit kam mir in den Sinn, dass das Einpflanzen einer Blumenzwiebel sich so anfühlte, als setze man eine Zeitbombe der Hoffnung in Gang. Den ganzen Winter über würden die Zwiebeln der Blausterne in der dunklen Erde ruhen, dann im Frühjahr lautlos aufplatzen und den Boden mit glänzenden blauen Splittern übersäen.

Gewöhnlich können wir davon ausgehen, dass die Samen, die Blumenzwiebeln und die Knollen aus der Erde emporkommen und aus scheinbarer Leblosigkeit zum Leben erwachen. Doch die Erfahrung des Krieges verdeutlicht, dass rein gar nichts als selbstverständlich angesehen werden kann. Alle Vermutungen, die scheinbar das Leben zusammenhalten, werden infrage gestellt. Gleichzeitig wird die Wirkung von natürlicher Schönheit und menschlicher Wärme verstärkt. Extremsituationen, wie die an der Frontlinie und jene, die Kriegsgefangene ertragen müssen, reduzieren das Leben auf ein Minimum und lassen den Wert von Erfahrungen, die ansonsten unbedeutend wären, stärker erfahrbar werden.

Kriegsführung und Gartenarbeit widersprechen sich in vielerlei Hinsicht. Im Mittelpunkt beider steht jeweils das Land, das sie auf der einen Seite angreifen oder beschützen und auf der anderen Seite bewirtschaften. Die Vorstellung, dass das eine als Ausgleich zu dem anderen dienen könnte, lässt sich bis in die Antike zurückverfolgen. In den großen Kulturen Mesopotamiens galten die Fähigkeiten beim Kampf und bei der Urbarmachung des Bodens als gleichwertig. So beschrieb 329 v. Chr. Xenophon, wie Kriegskunst und Landwirtschaft von den persischen Königen als zwei der »edelsten und notwendigsten Betätigungen« angesehen wurden.[2] Cyrus der Jüngere (423–401 v. Chr.) legte seinen Garten nicht nur nach seinen eigenen Vorstellungen an, sondern pflanzte viele der Bäume darin auch selbst.

Der Krieger und der Gärtner verkörpern das Janusköpfige der menschlichen Natur: Aggression und Zerstörungswut versus Friedfertigkeit und Kreativität. Während des Ersten Weltkriegs führte Winston Churchill 1918 diesen alten Zwiespalt in einem von dem Dichter Siegfried Sassoon wiedergegebenen Interview an.[3]

Sassoon war wegen Tapferkeit im Kampf ausgezeichnet worden, aber gleichwohl bekannt als Kriegsgegner. Churchill, damals Munitionsminister, beorderte ihn zu einem Treffen während der letzten Monate des Kriegs. Im Laufe des Interviews erkannte Sassoon, dass Churchill »einen Streit mit ihm austragen wollte«. Ihr Gedankenaustausch, der eine Stunde lang dauerte, erreichte den Höhepunkt, als Churchill mit einer großen Zigarre im Mundwinkel auf und ab ging und »eine leidenschaftliche Rechtfertigung für den Militarismus« vortrug. Als Sassoon sich später an diese Begegnung erinnerte, notierte er: »Ich fragte mich, ob er es wirklich ernst meinte, als er äußerte, dass ›der Krieg die normale Beschäftigung eines Mannes sei‹? Tatsächlich hatte Churchill seine Äußerung anschließend relativiert, indem er hinzufügte: ›Krieg – und Gartenarbeit‹.«

Churchill meinte seine Äußerungen über den Krieg und das Gärtnern ernst.[4] Sein ganzes Leben lang spielte die Gartenarbeit für ihn eine große Rolle. Zwei Jahre zuvor war er seines Postens als Erster Lord der Admiralität enthoben worden, infolge des katastrophalen Scheiterns des Seefeldzugs in den Dardanellen und der Landungen in Gallipoli. Während jenes Sommers gingen ihm das »Gemetzel & Verderben«, wie er es nannte, nicht mehr aus dem Kopf, und sein Garten auf der Hoe Farm in Surrey erwies sich als ein Rettungsanker.

Die Natur vermag eine Erholungspause vom unmittelbaren Kriegsgeschehen zu bieten, andererseits ist es nicht gerade naheliegend, mitten im Krieg Gärten anzulegen. Doch genau das geschah während der langwierigen Kampfhandlungen an der Westfront.

Hübsche Blumen mögen belanglos erscheinen, wenn überall Granaten einschlagen, aber in dieser massiv zerstörten Landschaft diente die Schönheit der Natur, besonders die der Blumen, als eine einzigartige seelische Stütze. Gärten wurden angelegt von Soldaten, von Pfarrern, Ärzten und Krankenschwestern.[5] Einige dieser Gärten waren klein, andere wiederum groß, einige dekorativ, andere fruchtbar. Die Bedingungen in Frankreich und Flandern waren hierfür günstig. Das Klima, der fruchtbare Boden, die langen Pattsituationen zwischen den Kämpfen und die Zeiten des Nichtstuns – all das zusammen ermöglichte die Gartenarbeit. Der Grabenkrieg offenbarte die Macht des Gartens, gewisse grundlegende Lebensbedürfnisse der Menschheit zu erfüllen.

Einer der vielen Gärten an der Westfront wurde von John Stanhope Walker, einem Krankenhausseelsorger, in der 21st Casualty Clearing Station an der Somme angelegt. Walker traf dort im Dezember 1915 ein und legte im Frühjahr des folgenden Jahres einen Garten als Zufluchtsort an.[6] Anfang Juli 1916 begann die Schlacht an der Somme, und die Krankenstation war in kurzer Zeit mit Verwundeten überfüllt. Fast täglich wurden etwa tausend schwer verletzte Soldaten hereingebracht, und innerhalb von drei Monaten musste Walker neunhundert von ihnen begraben. Die Schlacht an der Somme, die insgesamt 141 Tage dauerte, war eine der blutigsten Schlachten der Menschheitsgeschichte. Von den drei Millionen Soldaten, die dort kämpften, wurden mehr als eine Million getötet oder verstümmelt.

John Stanhope Walker beschrieb in seinen Briefen in die Heimat die katastrophale Überbelegung des Feldlazaretts. Die Verwundeten wurden »buchstäblich gestapelt, da die Betten ausgegangen waren und man froh sein durfte, noch einen Platz auf dem Fußboden eines Zelts, einer Hütte oder in der Station zu finden«. Er arbeitete Tag und Nacht, solange seine Kräfte es zuließen. »Männer mit lebensgefährlichen Wunden rangen mit dem Tod, und viele von ihnen waren unendlich geduldig, einige jedoch machten Lärm. Man tritt an eine Krankentrage, legt die Hand auf die Stirn des Patienten. Sie ist kalt. Dann zündet man ein Streichholz an – der Patient ist tot. Hier erhält jemand die Kommunion oder die Absolution, dort ein anderer etwas zum Trinken, da ist ein Verrückter, dort eine heiße Wasserflasche, und so weiter.« Trotz all dieser Miseren kommen die Blumen, die er gepflanzt hat, voll zur Geltung: »Der Garten ist wirklich prachtvoll, und die Seitenklappen des Zelts sind zurückgeschlagen, sodass die Patienten einen Ausblick auf ihn haben.«

Walker fühlte sich bei der Arbeit mit so vielen »gebrochenen Menschen« manchmal erschreckend inkompetent und war enttäuscht, dass nur ein kleiner Teil der Genesenden sich bemühte, seinen Gottesdienst zu besuchen. Doch wenn seine Predigten kein Interesse bei ihnen wecken konnten, tat es sein Garten umso mehr. Mitte Juli schrieb er: »Die Blumen im Garten leuchten jetzt in allen Farben. Die erste Reihe Erbsen ist reif, die großen Hülsen werden von den blutbefleckten Kriegern sehr bewundert. Grüne Tomaten sind gewachsen und kleine Kürbisse, auch Karotten.« Andere Quartiere lobten seinen Garten ebenfalls. Vor allem freute er sich, dass der Sanitätsinspekteur Sir Anthony Bowlby von seinem Garten begeistert war. »Er ist fasziniert von meinen Blumen und sagte, er will in seinen Berichten meine Bohnen und Erbsen wegen ihrer Größe erwähnen.«

Nachdem im August die Engländer vorgerückt waren, nahmen sich Walker und ein Kollege einen Tag frei, um das Schlachtfeld ein erstes Mal zu besuchen. »O mein Gott, was für einen Anblick bildeten die unzähligen Toten, die meilenweit verstreut lagen«, schrieb er und durchquerte dann das

Land, das bis vor Kurzem noch als Niemandsland galt. »Die Grenzenlosigkeit des Kriegs, wie sie jetzt offenbar wurde … eine absolute Szene der Zerstörung.«

Sie gingen weiter und betraten das neu eroberte Territorium: »Deutsche Schützengräben befanden sich in einer Erdsenke, umgeben von Stacheldraht. Riesige Minenkrater bildeten kleine Seen und Hügel. Hier, wo Zementblöcke und Mörtel mit Schlamm vermischt wurden, liegt Fricourt [deutscher Soldatenfriedhof], und dort, wo karge Bäume ohne Äste aufgesplittert stehen, befindet sich Mametz.«

Einige der deutschen Schützengräben hatten die heftigen Angriffe überstanden. Die beiden Männer kletterten hinunter und drangen in einen von ihnen ein: Er war mit Holz ausgekleidet, erinnerte an ein »Schweizer Chalet« und war erstaunlich gemütlich ausgestattet, mit einem Teppich und einem kleinen Bett. Auch das Gelände, das den Schützengraben umgab, war sorgfältig gepflegt worden. Sie entdeckten einen Garten mit »Aurikeln, Büschen und Rosen in Kübeln, Fensterkästen und Blumentöpfen«. Der Garten, den Walker bei der Casualty Clearing Station angelegt hatte, befand sich hinter den Frontlinien, aber dieses sorgfältig kultivierte Gartenstück lag inmitten des Kampfgeschehens.

Auch wenn es verblüffen mag: Gärten in den Schützengräben waren gar nicht so ungewöhnlich und wurden von den Soldaten auf beiden Seiten der Front angelegt.

Die amerikanische Journalistin Carita Spencer dokumentierte einige der von den britischen Soldaten durchgeführten Gartenarbeiten, als sie die Kriegszone in La Panne in der Nähe von Ypres besuchte.[7] Entlang der Rückseite der Schützengräben hatten dort einige Soldaten eine Reihe kleiner Gärten angelegt: »Als Erstes einen kleinen Gemüsegarten und dann, der Schönheit wegen, einen kleinen Blumengarten. Daneben einen kleinen Friedhof. Und dann wiederholte sich das Ganze wieder von vorn.« Sie merkte an, »dass sich ein neues Verhältnis zwischen Leben und Tod herauskristallisierte: Der Tod konnte jeden Moment eintreten, aber dennoch musste in der Zwischenzeit das Leben bewältigt werden.«

Alexander Douglas Gillespie, ein junger Offizier, Leutnant bei den Argyll and Sutherland Highlanders, kam im Februar 1915 in Frankreich an, kurz nachdem sein Bruder im Kampf gefallen war.[8] Im März legte Gillespie einen Garten an, in den er Veilchen und andere Blumen, die er am Ufer eines überschwemmten Schützengrabens gefunden hatte, umpflanzte. Einige davon setzte er in deutsche Patronenhülsen, die er zu Blumentöpfen umfunktionierte. Gillespie und seine Männer hatten sich in dem Dauerregen der vorhergehenden Wochen jämmerlich gefühlt, aber insbesondere einer der improvisierten Blumentöpfe hob ihre Stimmung: »Ich habe jetzt die Veilchen eingepflanzt und vor dem Unterstand aufgestellt, was den Kumpeln große Freude bereitet.«

Gillespie und seine Truppe wurden zwischen verschiedenen Schützengräben hin und her beordert, doch während des Frühjahrs und im Frühsommer wurde auf dem größten Teil des Geländes, auf dem sie stationiert waren, Gartenarbeit geleistet. Er bat seine Eltern, ihm Kapuzinerkressesamen zu schicken. Eines Nachts, Ende März, säte er diese Samen im Schutz der Dunkelheit aus. Im Frühsommer schrieb er, dass er vorhabe, Ringelblumen, Mohn und Levkojen zu säen – Samen, die ein anderer jüngerer Offizier erhalten hatte.

Das Netzwerk der Schützengräben zog sich willkürlich durch Felder, Obstgärten und Hausgärten – überall dort, wo die Frontlinien verliefen. Manchmal wuchsen Blumen, von den Granaten zerfetzt, an einer anderen Stelle an der Seitenwand eines Grabens in neuer Pracht und brachten so Farbe in das Innere der Gräben. Die Bunkergärten ihrerseits wurden zum Teil mit Pflanzen aus nahe gelegenen verlassenen Gärten angelegt. Anfang Mai verbrachte Gillespie in dem Dorf, in dem er untergebracht war, einen Nachmittag damit, »Pflanzen aus einem zerstörten Dorf für unsere Grabengärten zu beschaffen – Mauerblümchen, Pfingstrosen, Stiefmütterchen und viele andere. Vielleicht war es recht grausam, sie umzupflanzen, aber es sind ja noch viele übrig.« Einige der Pflanzen wuchsen in ihrem neuen Heim nicht an, aber die Tatsache, sie umgepflanzt zu haben, war wichtiger als alles andere.

Ein paar Tage später, als Gillespie zu den Schützengräben zurückkehrte, schrieb er: »Wir tragen Atemschutzmasken um den Hals und beobachten die Windrichtung, für den Fall, dass das Gas auf uns zuströmen sollte.« Und er fuhr fort: »Die Gärten stehen alle in voller Blüte … Maiglöckchen, Stiefmütterchen, Vergissmeinnicht und all die bekannten Lieblingsblumen. Wir sind damit beschäftigt, sie zu gießen.«

Mitte Juni wurde Gillespies Zug zu einem Schützengraben in nächster Nähe der deutschen Frontlinie beordert. Hier machte das schwere Bombardement das Gärtnern unmöglich. Doch ein paar Wochen später wurde er wieder zu einem Schützengraben abkommandiert, wo er Monate zuvor gewesen war. Hier waren die deutschen Frontlinien an einigen Stellen lediglich 320 Meter entfernt, und beide Kriegsparteien blickten auf »ein weites Feld blutroter Mohnblumen«. Auch der Garten, den er dort angelegt hatte, gedieh in voller Pracht: »Wir haben einen wunderbaren Graben mit Lilien im Garten. Ich weiß nicht, woran es liegt, dass sie im Halbdunkel des Morgens oder am Abend noch so intensiv leuchten! Sie stehen in voller Blüte und strahlen in allen Farben, während ich dies schreibe.« Dann, kurz bevor er zum Schluss kam, übermittelte er, nachdem er um einige Fliegenfänger gegen die lästigen Fliegen gebeten hatte, schlechte Neuigkeiten: »Heute, an einem friedlichen, sonnigen Nachmittag, schoss plötzlich eine Granate aus dem Nichts in den Graben. Sie tötete fünf Soldaten und verwundete vier.«

Diese Nebeneinanderstellung von Leben und Tod hat etwas unergründlich Rätselhaftes – die Schönheit der Lilien inmitten eines tödlichen Granatenangriffs –, aber vielleicht ist es nur rätselhaft aufgrund unserer unbeteiligten Wahrnehmung.

Denn es heißt, dass die Soldaten in den Schützengräben von ihren Müttern und ihren Gärten träumten – Träume, die ihre Sehnsucht nach der häuslichen Geborgenheit ausdrückten. Blumen erweckten im Wahnsinn und Schrecken des Kriegs Vorstellungen von Vertrautheit und Vernunft; sie boten im Kontext solcher extremen Traumata und der Entfremdung einen psychischen Rettungsanker.

Als Alexander Douglas Gillespie im September in ein Dorf einquartiert wurde, begab er sich auf die Suche nach dem Garten, in dem sein Bruder Tom kurz vor seinem Tod einige Zeit verbracht hatte. Nachdem Gillespie mehrere Meilen zurückgelegt hatte, stieß er auf das Château und stellte fest, dass es noch bewohnt war. Der Blick auf den Garten von der Veranda aus entsprach der Aufnahme auf der letzten Postkarte seines Bruders, die dieser nach Hause geschickt hatte. Er dankte der Hausbesitzerin, dass sie so »freundlich« zu Tom gewesen war, als er im Jahr zuvor bei ihr einquartiert war. Gillespie schrieb, dass es ein »sehr malerischer Ort war … im Teich schwammen Enten und Wasserhühner. Es gab auch einige Blumenbeete«. Dies sollten dann für Alexander Douglas Gillespie die letzten ruhigen Tage sein, bevor er in den Schützengraben einrückte. Kurz danach wurde er getötet, erst 26 Jahre alt, als er am ersten Tag der Schlacht bei Loos einen Angriff führte.

In einem Brief, den Gillespie seinem ehemaligen Schuldirektor kurz vor seinem Tod schrieb, hatte er eine Renaturierung vorgeschlagen, die derzeit durch ein Hundertjahrprojekt namens Western Front Walk verwirklicht wird.[9] Wenn der Krieg endlich vorüber wäre, wünschte Gillespie, sollte das Niemandsland mit Schatten spendenden, Früchte tragenden Bäumen bepflanzt werden, um einen Pilgerpfad von der Schweiz bis zum Ärmelkanal zu schaffen. Er stellte sich vor, dass dies vielleicht »die schönste Straße der Welt würde« und dass die Menschen, wenn sie ihn entlanggingen, »darüber nachdenken würden, was Krieg bedeutet«.

Zu Beginn des dritten Kriegsjahrs nutzte das Militär die

Gartenarbeit, die spontan begonnen worden war. Gemüsebeete hinter den Frontlinien wurden in einem solchen Ausmaß angelegt, dass 1918 die Westfront Selbstversorger mit frischem Gemüse war. Die Bunkergärten, die im ersten Kriegsfrühjahr angelegt worden waren, entstanden nicht nur aufgrund des Bedarfs an Nahrung; sie waren auch ein Versuch, wie es Vita Sackville-West in ihrem Epos *The Garden* beschreibt, »das gute Benehmen und die Höflichkeit« aufrechtzuerhalten.[10] Sie brachten den Wunsch zum Ausdruck, sich als Mensch zu fühlen, und den Willen, zivilisiert zu sein – mehr zu sein als ein Tier in einer schlammigen Erdhöhle oder ein Rädchen im Getriebe einer riesigen Kriegsmaschine.

Die Gärten in den Schützengräben waren auf ihre Art eine Version von »Schwerter zu Pflugscharen«. Benzinkanister wurden in Gießkannen umgewandelt und Bajonette zweckentfremdet für die Bepflanzung des Bodens. Alle Werte, die Gärten verkörpern, stehen im Gegensatz zum Krieg. Der Historiker Kenneth Helphand erkennt darin eine mögliche Antikriegsbotschaft.

In seinem Buch *Defiant Gardens* schreibt Helphand: »Frieden ist nicht nur die Abwesenheit von Krieg, sondern ein positiver, lebensbejahender Status … der Garten ist nicht nur Ort der Zuflucht und Erholung, sondern die Zusicherung eines geplanten Zustands, ein Beispiel, dem nachgeeifert werden sollte.«[11] Die Rolle des Gärtners zu Kriegszeiten kann nach Helphands Vorstellung unsere Würdigung der »transformativen Kraft des Gartens, die Schönheit und Behaglichkeit kreiert, erneuern und Sinnhaftigkeit vermitteln«.

Es hängt ganz von unserem Umfeld ab, ob wir uns heimisch und hoffnungsvoll fühlen, ob uns etwas als schön erscheint. Wenn der Boden in der Nähe eines Schlachtfelds bestellt wird, zeigt sich darin der besondere Einfluss des Gartens. Denn wenn so vieles nicht mehr zu reparieren ist, kommt es ganz entschieden darauf an, etwas zum Besseren hin verändern zu können.

Der Sozioökologe Keith Tidball beschreibt in *Greening the Red Zone,* wie sich die Menschen innerhalb von Konfliktzonen und darauf folgenden Naturkatastrophen instinktiv der Natur zuwenden: »Es scheint der Intuition zu widersprechen«, schreibt er, dass sich die Menschen unter solchen Umständen »der einfachen Gartenarbeit zuwenden, dem Pflanzen von Bäumen oder anderen Begrünungsaktivitäten«. Es gibt gleichwohl zahlreiche Berichte, die auf die »Wohltaten der therapeutischen Eigenschaften der Natur« verweisen. Tidball sieht diesen Impuls als Ausdruck dessen, was er als »dringend notwendige Biophilie« bezeichnet.[12]

Die Dringlichkeit, die Liebe zur Natur und im weiteren Sinn die Liebe zum Leben aufrechtzuerhalten war eine wichtige Überlebensstrategie für viele Soldaten, die mit dem Grauen in den Schützengräben konfrontiert waren. Genauso wie in Freuds Theorie der Psychoanalyse Eros (Lebenstrieb) und Thanatos (Todestrieb) Gegenpole bilden, versorgten die Blumen diese Männer mit einer Art Munition gegen Angst und Verzweiflung. Es ist unmöglich zu beurteilen, ob dies hilfreich war, um die langfristigen Folgen von Traumata für sie zu mindern, da es sich um einen äußerst ungleichen Kampf handelte. Das Ausmaß von Tod und Zerstörung überschritt für viele Männer bei Weitem die Grenzen des Aushaltbaren.

Der berühmte Kriegspoet Wilfred Owen schrieb ein paar Monate vor seinem Zusammenbruch an seine Mutter, dass er das eiskalte Wetter und eine Menge weiterer Entbehrungen und Unannehmlichkeiten wohl ertragen könne, es aber weit weniger verkrafte, mit der »allgemeinen Verbreitung« von Hässlichkeit in einer Landschaft zu leben, die »unnatürlich, verwüstet und öde« ist.[13] »Das Schlimmste von allem«, fuhr er fort, »war die Entstellung der Toten, deren Leichen den ganzen Tag lang außerhalb der Bunker verstreut lagen … genau DAS untergräbt die Stimmung der Soldaten.«

Owens Gedicht *Mental Cases* beruht auf seinen eigenen Erfahrungen, als er im Mai 1917 zur Casualty Station in Gailly abkommandiert wurde.[14] Er war verwirrt, litt unter Tremor und fing an zu stottern. Für die gequälten Männer, um die es in diesem Gedicht geht, spendete die Natur keinen Trost, nicht einmal der Sonnenaufgang: »Die Morgendämmerung erinnert an eine frisch blutende Wunde.« Owen, der zeitweise von grauenhaften Albträumen geplagt wurde, fühlte sich selbst von der natürlichen Ordnung des Lebens entfremdet.

Im Monat darauf wurde er in das Craiglockhart War Hospital in der Nähe von Edinburgh verlegt, nachdem bei ihm Neurasthenie diagnostiziert worden war. Ein paar Jahrzehnte zuvor hatte George Beard diese Nervenkrankheit, von der häufig intellektuelle Großstadtbewohner betroffen waren, so benannt, und nun erlangte sie als eine Folge des Kriegs eine ganz neue Bedeutung. Der Begriff »Kriegszittern« war sehr emotional aufgeladen. Er hatte sich in der volkstümlichen Vorstellung gebildet, doch als der Krieg sich in die Länge zog, trauten sich die Amtsärzte immer weniger, ihn zu benutzen. Neurasthenie wurde in dieser Zeit zu einer allumfassenden Diagnose für traumatisierte Soldaten, aber die Assoziation mit Nervenschwäche wurde dem Zustand, in dem diese Männer sich befanden, nicht gerecht. Ihnen war durch die fortwährende Konfrontation mit Stress und Angst die Lebenskraft genommen worden, und in vielen Fällen war ihr Seelenfrieden irreversibel erschüttert.

Owen hatte das Glück, dass er ins Craiglockhart War Hospital eingewiesen wurde. Dort wurde er weder Elektroschockbehandlungen unterzogen, noch verordnete man ihm Bettruhe und Milchdiät-»Kuren«. Beide Verfahren wurden in anderen Militärhospitälern angewendet. Die Behandlungsweise im Craiglockhart basierte auf dem Glauben an die therapeutische Kraft der Verbindung mit der Natur.[15] Der Arzt Arthur Brock, der Owen behandelte, war darauf bedacht, »der Natur eine Chance zu geben«.[16] Er glaubte, dass das Kriegstrauma eine schwere Abschottung von der Umwelt auslöst und dass eine körperbetonte Beschäftigung in einem natürlichen Umfeld erforderlich sei, um dem entgegenzuwirken. Der Kernpunkt seiner Methode waren die Schrebergärten, die er auf dem Gelände des Hospitals anlegen ließ. Hier pflanzten seine Patienten Gemüse an und hielten aus therapeutischen Gründen auch Hühner. Das Militärhospital war einst ein Wasserheilbad, und die Gartenarbeiten umfassten auch die Pflege des Geländes, einschließlich der Tennisplätze, des Krocketrasens und des Bowling Greens, die für die Erholung der Männer vorgesehen waren. Brock ermutigte seine Patienten, ihre Umgebung auch noch auf andere Weise zu erkunden, durch Wanderungen in den Pentland Hills und Feldforschungen auf dem Gebiet der lokalen Botanik und Geologie.

Brocks Vorstellungen wurden von den Ideen seines Freundes und Mentors, des schottischen Sozialreformers Patrick Geddes, inspiriert, einem Pionier der Umweltpädagogik und Städteplanung.[17] Das Gärtnern stand im Mittelpunkt von Geddes' Methode. Vor dem Krieg hatte er die Slumgegenden von Edinburgh neu belebt, indem er auf Brachland Gemeinschaftsgärten anlegen ließ. Er glaubte, dass die Menschen nach Voltaires Maxime leben sollten: *Il faut cultiver notre jardin* (Wir müssen unseren Garten bestellen). Die Kultivierung der Menschen und ihrer Umgebung war essenziell in Geddes' Vorstellung von der triadischen Beziehung zwischen Ort, Arbeit und Mensch, die er als Grundbaustein der Gesellschaft betrachtete. Die vereinten Auswirkungen der Industrialisierung und des Stadtlebens hatten, wie er feststellte, die Verbindungen zwischen den Menschen und dem Ort, an dem sie lebten, geschwächt, was sich auf die Gesundheit des Einzelnen und der gesamten Gesellschaft negativ auswirkte. Geddes zufolge stellte die Gartenarbeit diese Verbindungen wieder her.

Auch Sigmund Freud übte Einfluss auf das Craiglockhart War Hospital aus. Arthur Brock und sein Kollege William

Rivers vertraten die Meinung, dass der häufig erteilte Ratschlag, traumatische Erinnerungen aus dem Gedächtnis zu vertreiben, die Genesung nur verzögere. Stattdessen ermutigten sie ihre Patienten, sich mit ihren aufwühlenden Erinnerungen auf eine Weise auseinanderzusetzen, die diese für sie besser erträglich machte. Brock schrieb in einem Brief an Freud: »Das hervorstechendste Merkmal von Neurasthenie … war genau dieser Mangel an Verbundenheit, diese Trennung von Teilen.« Er beschrieb des Weiteren, dass seine Patienten nicht in einer Gemeinschaft funktionieren konnten, da sie »wie die Fragmente ihres Verstandes geworden waren, isolierte Objekte, zusammenhanglos in Bezug auf Raum und Zeit«.

Brock war der Überzeugung, dass die Männer durch ihren Beitrag zur Gemeinschaft wieder ein Selbstwertgefühl und einen Sinn für Integration entwickeln könnten, und er entwarf, den Interessen und Fertigkeiten seiner Patienten entsprechend, individuelle Behandlungspläne für verschiedene Aktivitäten. Er glaubte, was für jene Zeit ungewöhnlich war, dass die Hauptaufgabe des Arztes darin bestünde, den Patienten dabei zu unterstützen, sich selbst zu helfen. (Es gibt allerdings auch Berichte über ihn, dass er die Männer aus dem Bett gescheucht und auf frühmorgendliche Märsche geschickt hatte.) William Rivers, der charismatischer gewesen sein soll, fokussierte sich auf die individuelle Psychotherapie, während Brock eine therapeutische Gemeinschaft schuf. Ungeachtet der verschiedenen Methoden bestand die Absicht im Craiglockhart War Hospital darin, den Männern zu helfen, sich der Realität zu stellen. Dies hieß auch, dass Fluchtmöglichkeiten wie das Kino verpönt waren, denn dieses bot nach Brocks Auffassung »weitaus positivere Perspektiven als die reale Welt«.

Auch nachdem die körperlichen Kämpfe schon ausgetragen worden sind, muss die geistige Auseinandersetzung noch über eine lange Zeit fortgeführt werden. Trotz all der Aktivitäten und der intellektuellen Stimulierung, die während des Tages angeboten wurden, waren für viele Männer die Nächte im Craiglockhart War Hospital eine schreckliche Qual, denn in der Dunkelheit suchten die Traumata und Ängste sie immer wieder heim. Brock, ein Altphilologe, bediente sich des Antaeus-Mythos, um diese Kämpfe angemessen zu würdigen. Der Riese Antaeus, mit wundersamer Kraft ausgestattet, war nur so lange unbesiegbar, wie seine Füße fest mit der Erde verbunden waren. Herkules entdeckte Antaeus' Geheimnis und besiegte ihn in einem Ringkampf, indem er ihn in die Höhe hob. Brock erklärte, dass »jeder Soldat, der nach Craiglockhart kommt, erkannt hat, dass er in gewisser Weise Antaeus verkörpert, der von seiner Mutter Erde abgehoben wurde und von dem Kriegsriesen oder der Militärmaschine beinahe zermalmt worden wäre … Antaeus versinnbildlicht die Beschäftigungstherapie im Craiglockhart War Hospital. Seine Geschichte ist die Rechtfertigung für unsere Aktivitäten.«

Die körperliche Arbeit im Freien, mit der die Männer beschäftigt waren, wirkte sich auf verschiedene Weise auf ihr Umfeld aus und befähigte sie, sich mit, wie Brock es bezeichnete, ihren »Kopfphantomen« auseinanderzusetzen. Der therapeutische Wert, sich nach einem Trauma zu erden, wird mittlerweile allgemein anerkannt. Körperliche Aktivität und Körperbewusstsein können dazu beitragen, die durch eine dissoziative Störung hervorgerufene Empfindung emotionaler Distanz und der Irrealität aufzulösen. Bessel van der Kolk, Professor der Psychiatrie und Direktor des Trauma Center in Boston, behauptet, dass traumatische Erfahrungen in grundlegender Weise kräftezehrend sind. Insofern müssen die Menschen das Gefühl für ihre physische Wirksamkeit als biologischer Organismus wieder entwickeln, um vom Trauma zu genesen.

Dominic Hibberd äußert in seiner Biografie über Wilfred Owen die Vermutung, dass dessen Erfahrung, im Schlaf von einer Mörsergranate in die Luft gesprengt worden zu sein, ihm die Sinnhaftigkeit von Brocks Theorien über die Notwendigkeit, sich wieder zu erden, nahegelegt hätten.[18] Owens Mutter war eine leidenschaftliche Gärtnerin, und Owen hatte schon als Junge seinem Großvater bei der Gartenarbeit geholfen. Er war so sachkundig, dass er vor dem Auditorium des Field Klub aus dem Gedächtnis einen Vortrag mit dem Titel »Können Pflanzen denken?« halten konnte. In diesem Rahmen führte er aus, dass die Pflanzen als Reaktion auf Sonnenlicht, Wasser und Temperatur etwas besitzen, das unseren Sinnessystemen entspricht. Owen referierte auch über das Thema »Die Unterteilung der Böden in lockere, wasserhaltige, bewachsene sowie fruchtbare Bodenarten«.

Owen verbrachte vier Monate im Craiglockhart War Hospital. Brock erkannte auf den ersten Blick seine künstlerische Neigung und schlug ihm vor, das Antaeus-Thema in einem Gedicht zu verarbeiten, das später unter dem Titel *The Wrestlers* veröffentlicht wurde. Es beschreibt Antaeus' Füße wie Pflanzenwurzeln, die »eine geheime Heilkraft aus der Erde saugen«. Als Owen seinen Schreibstil immer mehr verfeinerte, ermutigte Brock ihn, die Kriegserfahrung in seinen Gedichten zu thematisieren und so seine Traumata und Albträume kreativ zu verarbeiten. Owens bester Freund Siegfried Sassoon erinnerte sich später, dass Dr. Brock seinem Patienten wieder zu psychischer Ausgeglichenheit verholfen hatte.[19] Doch wenn es einem »wieder gefährlich gut ging«, wie Owen es selbst beschrieb, bestand die Gefahr, dass man an die Front zurückkehren musste. Für ihn sollte sich dieser Zeitpunkt zwar hinauszögern, dennoch kam er eine Woche vor Kriegsende ums Leben.

Der Kampf in den Schützengräben ist ein bestimmendes Merkmal, wenn nicht gar *das* bestimmende Merkmal des Ersten Weltkriegs. Als ich aufwuchs, verstand ich viel mehr von der Art von Krieg, in dem Wilfred Owen gekämpft hatte, und viel weniger von der Art der Kriegsführung, die mein Großvater Ted erlebt hatte. Als Kind wusste ich, dass mein Großvater ein Kriegsgefangener gewesen war, doch war das für mich lediglich eine Tatsache, und ich hatte kaum eine Ahnung, was sich hinter diesem Begriff verbarg. Zudem konnte ich mir nichts unter einem U-Boot-Fahrer vorstellen.

Als Ted 1910 in die Royal Navy eintrat, war er erst 15 Jahre alt. Er wollte es wohl um jeden Preis, denn er überredete seinen Vater, sein Geburtsdatum um ein Jahr vorzuverlegen. Im Jahr darauf wurde er zum Marconi-Funker ausgebildet. Die Detektorempfänger und Funksender, die mittels Morsealphabet kommunizierten, leiteten eine neue Ära der Nachrichtentechnik ein. Keinen Augenblick lang kommt mir der Gedanke, dass Ted in dieser Lebensphase so etwas wie ein Möchtegerngärtner war. Ich vermute sogar, dass er sich von allem, was mit der Bearbeitung und Kultivierung von Erde und Land zusammenhing, fernhalten wollte; die seinerzeitigen neuen Technologien und ein Leben auf See waren weitaus attraktivere Optionen.

Wie die Funktelegrafie waren auch die U-Boote eine neue Erfindung. Noch nie waren sie im Kriegseinsatz getestet worden, und innerhalb der Marine stellten sie eine Quelle für Kontroversen dar. Admiral Sir Arthur Wilson, Erster Seelord der Royal Navy, protestierte gegen ihren Einsatz, denn seiner Ansicht nach waren sie »heimtückisch, unfair und verdammt unenglisch«.[20]

Wilson und Churchill sollen sogar die U-Boot-Fahrer als Piraten charakterisiert haben. Diese wiederum pflegten ihr Draufgängerimage und waren bekannt wegen ihrer Eigenwilligkeit. Um U-Boot-Fahrer zu sein, musste man eine »Friss Vogel oder stirb«-Mentalität besitzen. Kam es auf hoher See zum Kampf, konnte man nicht unbedingt damit rechnen, zu überleben. Im Laufe des Krieges kam jeder dritte U-Boot-Fahrer ums Leben. Rudyard Kipling bewunderte sie und thematisierte ihre Heldentaten in seinem Gedicht *The Trade*.

Darin beschrieb er die Offiziere, die seiner Meinung nach in ihren schmutzigen weißen Wollpullovern wie »ungewaschene Chauffeure« aussahen.

Die ersten U-Boote waren extrem primitiv und ihre Motoren enorm laut.[21] Auf Tauchfahrt erhitzte sich die Luft im Inneren des U-Boots schnell, sie wurde heiß und stickig und roch nach Öl, Schweiß und Diesel. Es gab keine sanitären Einrichtungen, lediglich einen mit Öl gefüllten Eimer. Das Innere des U-Boots wurde nur schwach durch die Schiffsbatterien beleuchtet. Wenn die Männer draußen auf See waren, verzichteten sie darauf, sich die Zähne zu putzen. Verstopfung und Kopfweh wegen des Mangels an Sauerstoff waren an der Tagesordnung. Unter schwierigen Bedingungen musste die aus dreißig Mann bestehende Crew mit dem ständigen Schlingern des Boots und dessen unerwartetem Eintauchen bis in eine Tiefe von zwanzig Metern kämpfen. Die Arbeit unter solch beengten Bedingungen mit wenig Luft ließ intensive Kameradschaften aufkommen, was vielleicht dazu beitrug, dass die Männer die zahlreichen Entbehrungen überstanden, die sie später ertragen mussten.

Teds vergilbtes Tagebuch mit den eleganten Schreibstifteintragungen beginnt mit dem Kriegsbeginn, als er auf dem U-Boot E9 in der Nordsee als Funker diente. 1914 befand sich E9 im Kampfeinsatz in der Bucht von Helgoland und bei den Luftangriffen auf Cuxhaven. Es war das erste britische U-Boot, das ein deutsches Kriegsschiff versenkte. Anfang 1915 wurde Ted auf ein anderes U-Boot versetzt. Das U-Boot E15 patrouillierte in der Nähe von Malta und den griechischen Inseln, während die britisch-französische Flotte versuchte, die Kontrolle über die Meerenge der Dardanellen zu gewinnen. Dieser 65 Kilometer lange, gewundene Kanal, der die Ägäis mit dem Marmarameer und über den Bosporus mit dem Schwarzen Meer verbindet, war im Ersten Weltkrieg von entscheidender strategischer Bedeutung.

Die Ufer der Dardanellen waren schwer befestigt worden, und die Meerenge selbst war voller Minen. Am 18. März 1915 kulminierte die Bombardierung durch die Alliierten in einer riesigen Seeschlacht, bei der die britisch-französische Flotte erhebliche Verluste erlitt. Drei Kriegsschiffe wurden versenkt, drei weitere waren nicht mehr manövrierfähig, und eintausend Soldaten der Alliierten verloren ihr Leben. Es stellte sich dann die Frage, ob eines der britischen U-Boote der E-Klasse sich durch die Meerenge kämpfen könnte und es schaffen würde, im Vorfeld zu der geplanten Landinvasion in Gallipoli die türkischen Kommunikationswege zu durchbrechen. Ein französisches U-Boot war bereits gesunken, als es ein paar Monate zuvor auf eine Mine gelaufen war. Um diesem Schicksal zu entgehen, musste ein U-Boot in Tiefen bis zu 27 Meter tauchen und sich unter zehn Minenfeldern hindurchlavieren.

Theodore Brodie, der Kapitän von E15, meldete sich freiwillig dazu, einen Versuch zu unternehmen. Wenige Stunden vor dem Beginn der Mission erschien Brodies Zwillingsbruder, der Korvettenkapitän Charles Brodie, um sich von ihm zu verabschieden.

E15 war »vollgestopft mit Ausrüstung und Proviant für eine dreiwöchige Patrouillenfahrt«, und der Anblick wirkte auf Charles Brodie »wie ein albtraumhaftes Chaos«.[22] Die Männer, bemerkte er, »hatten die ganze Nacht durchgearbeitet, waren müde und ungepflegt, aber eifrig und meiner Ansicht nach sehr jung«. Und Ted war der Jüngste von allen. Die Passage durch die Meerenge war etwas, was Charles Brodie als einen sechsstündigen »blinden Tod« bezeichnete. Da das U-Boot die meiste Zeit unter Wasser war, musste die Mannschaft es allein aufgrund von Gespür und Peilgeräuschen steuern und sofort die Richtung ändern, wenn am Bootsrumpf das Kettenrasseln von Minen zu hören war. Doch die Minen waren keineswegs die einzige Gefahr. Die Meerenge ist bekannt für starke und turbulente Strömungen, mit Süßwasser in den oberen Schichten und Salzwasser in den unteren. Die Strömungen verliefen gleichzeitig mit unterschiedlichen Geschwindigkeiten.

Das U-Boot E15 hatte am 17. April 1915 bei Tagesanbruch erst ein Drittel des Wegs durch die Meerenge zurückgelegt, als es bei Kephez Point in einen starken Wirbel geriet, direkt im Schussfeld der Kanonen von Fort Dardanos.[23] In Teds Tagebucheintragungen ist zu lesen, dass sie »demnächst manövrierunfähig« seien. Ein Torpedoboot steuerte direkt auf sie zu, und »die türkischen Batterien eröffneten dann das Feuer auf uns. Eine große Granate schlug auf unserem Kommandoturm ein und tötete den Kapitän, als er gerade die Brücke betreten wollte. Mehrere Granaten trafen das U-Boot, eine drang in den Maschinenraum. Mehrere Ölleitungen explodierten, und dicker Rauch kam von achtern, aber wir konnten nicht sehen, was sich dort abgespielt hatte«. Chlorgas wurde freigesetzt, als die Säure der Batterien in das Wasser floss. Sechs Matrosen erstickten daran.

Die überlebenden U-Boot-Fahrer waren nicht nur unter Beschuss, sondern mussten zudem eine dreiviertel Meile bis zum Ufer schwimmen. Ted schrieb: »Mehrere Männer versuchten es erst gar nicht, und ich glaube, das war der Grund, weshalb so viele verletzt wurden.« Als sie das Ufer erreicht hatten, »wurde uns unsere gesamte Kleidung weggenommen, und man gab uns aussortierte Soldatenuniformen, die schmutzig waren und voller Ungeziefer. Man befahl uns dann, zu gehen, obwohl wir keine Stiefel, keine Mützen oder Unterwäsche hatten. Die Verwundeten wurden auf Karren ins Krankenhaus befördert«. Nachdem sie auf einer Parade durch Konstantinopel zur Schau gestellt worden waren, wurden sie in das dortige Gefängnis eingeliefert. Dort befanden sie sich auch am 25. April, als an den Stränden der Halbinsel von Gallipoli die so unglücklich verlaufende Landung der Alliierten stattfand.

In der Woche darauf stand den gefangenen U-Boot-Fahrern eine dreitägige Zugfahrt nach Afyon Kara Hissar bevor, eine Stadt im westlichen Hochland von Anatolien. »Kara«, wie Ted es nannte, war ein Sammel- und Verteilerort für die Kriegsgefangenenlager.

»Wir wurden hier in einen Raum gepfercht, der jeder Beschreibung spottete«, schrieb er. »Bei mir zu Hause habe ich Pferde- und Schweineställe gesehen, aber noch nie zuvor habe ich erlebt, dass Menschen derart untergebracht wurden.« 23 Stunden pro Tag waren sie eingesperrt, alle Männer in einem winzigen Raum zusammengepfercht – ohne Möbel oder Betten. Es wimmelte von Läusen, Flöhen und Ungeziefer jeder Art. Nachdem sie einen Monat lang unter diesen Bedingungen inhaftiert waren, wurden sie zur Arbeit gezwungen und mussten elf bis zwölf Stunden täglich Steine klopfen.

Das Lager wurde von einem türkischen Marineoffizier geleitet, der dafür bekannt war, dass er die Kriegsgefangenen beim geringsten Vergehen mit seiner Lederpeitsche traktierte. Die Gefangenen mussten ihr Essen und ihre Kleidung selbst kaufen – mit Ausnahme einer winzigen Ration trockenes Schwarzbrot. Ted schrieb in sein Tagebuch, dass der amerikanische Botschafter ihnen ein türkisches Pfund pro Mann zukommen ließ, und er meinte dazu: »Ich glaube, noch nie waren Männer dankbarer für ein wenig Geld.« Das letzte Ereignis, das Ted beschreibt, fand in der Mitte dieses ersten Sommers statt. Die Männer erhielten den Befehl, einen Fußmarsch durch das Land zu machen, und marschierten bis zur Dunkelheit durch unwegsames Gelände. Die Nacht verbrachten sie im Freien. »Ich glaube nicht, dass einer von uns anständige Kleidung oder Stiefel aufzuweisen hatte.« Der Krieg sollte noch drei Jahre dauern, und diese lange, kalte Nacht im Freien, die Ted in seinem Tagebuch festgehalten hat, ließ die furchtbare Schutzlosigkeit erahnen, der sie in den kommenden Monaten und Jahren ausgeliefert waren.

Obwohl über 16 000 britische und indische Soldaten gefangen genommen wurden, sind die Ereignisse in den Kriegsgefangenenlagern in der Türkei nicht gut dokumentiert.[24] Es gibt jedoch einige Tagebücher von Gefangenen, denen ich Informationen entnehmen konnte. Im Januar 1916 mussten die Mannschaft von E15 und die Matrosen der australischen AE2-U-Boote einen viertägigen Gewaltmarsch machen. Sie wurden gezwungen, pro Tag über dreißig Kilometer durch karges Gebiet zu marschieren. Es war bitterkalt. Die meisten trugen keine Schuhe; einige hatten alte Stiefel oder türkische Pantoffeln, andere wiederum hatten Lumpen gefunden, die sie um die Füße wickelten. Sie litten Hunger, waren kurz vor dem Erfrieren und rutschten ständig in Pfützen und Schlammlöcher. Manche blieben einfach auf der Strecke liegen. Schließlich erreichten die Gefangenen Angora (Ankara), das auf 1000 Meter Höhe gelegen normalerweise ein raues Klima hat; doch in diesem Jahr gab es starke Schneefälle. Von dort aus wurden viele Männer in das im Südosten gelegene Dorf Belemedik gebracht, wo sie beim Bau der Tunnel durch das Taurusgebirge für die neue Eisenbahnlinie von Berlin nach Bagdad eingesetzt wurden.[25] Nach einigen Monaten brachen dort Malaria, Typhus und Diarrhö aus, und nach Kriegsende waren schließlich fast 70 Prozent der in der Türkei festgehaltenen alliierten Kriegsgefangenen gestorben.[26]

Es war ungeheuer riskant, Schriftstücke aufzubewahren. Also musste man sich beim Verstecken von Tagebüchern etwas Ausgeklügeltes einfallen lassen. Auch wenn Ted sich keine Notizen mehr machte, so hing er doch an seinem Tagebuch. Es war für ihn ein Talisman aus verflossenen Tagen, den er sicher aufbewahren wollte. Ted sah darin eine Möglichkeit, an einer Identität festzuhalten, die erbarmungslos zerstört wurde. Die Seiten enthielten auch Aufzeichnungen aus glücklicheren Tagen, wie den erfolgreichen Kampfeinsatz von E9 in der Nordsee, was ihn mit Stolz erfüllte. Die Aufzeichnungen erinnerten ihn an das angenehme Frühlingswetter, das sie auf den griechischen Inseln genossen hatten, und auch an seine – wie auch immer gearteten – Eskapaden auf Malta: »Ich ging an Land und amüsierte mich königlich.«

Die Planung von Fluchtversuchen trug dazu bei, die Moral unter den Männern zu stärken und ihre Hoffnung am Leben zu erhalten. Das Problem war nicht in erster Linie, den türkischen Wachen unbemerkt zu entkommen, sondern das Durchqueren des weiten gebirgigen Geländes. Sie hatten keine Landkarten, Wasser und Lebensmittel waren rar. Manchmal flüchteten Gefangene und stellten sich ein paar Wochen später selbst. Zweimal im Laufe des Kriegs wurde Ted für tot erklärt – die Ursache dafür waren wohl gescheiterte Fluchtversuche.

Im letzten Kriegsjahr hielt sich Ted in einem Lager in Gebze an der Küste des Marmarameers auf und arbeitete in einer Zementfabrik, die nicht weit von der Stelle entfernt war, wo er dreieinhalb Jahre zuvor gefangen genommen wurde. Von hier aus entkamen er und eine kleine Gruppe von Kriegsgefangenen schließlich mit einem Boot, in dem sie 23 Tage nur mit Wasser aushielten. Irgendwann wurde Ted dann von dem Lazarettschiff *St Margaret of Scotland* aufgelesen, das im östlichen Mittelmeer vor Anker lag.

Kurz nachdem Ted auf der *St Margaret* in Sicherheit war und dort das Bett hütete, tauchte plötzlich eine amerikanische Krankenschwester mit einer großen Suppendose auf. Ted sah zu, wie die Krankenschwester die Dose öffnete und dann verschwand, um einen Kochtopf zu holen. Ein hungernder Mann verpasst keine Gelegenheit. Er sprang aus dem Bett, griff nach der Dose und schlang den ganzen Inhalt auf einmal hinunter. Das war viel zu viel und viel zu früh. Er wurde von heftigen Krämpfen geschüttelt, und sein Körper gab die Suppe wieder von sich. Nie zuvor hatte er so etwas erlebt. Als er sich wieder daran erinnerte, erzählte er meiner Mutter, wie sterbenselend er sich an jenem Tag gefühlt hatte. Aber er sprach nie über die Qualen, die er in den Jahren der Zwangsarbeit erduldet, und den Horror, den er gesehen hatte.

Mit der Zeit erholte sich Ted an Bord des Lazarettschiffs so weit, dass er nach England zurückkehren konnte – zurück zu seiner Verlobten Fanny. Wie war ihr wohl zumute, als er abgemagert und gealtert vor ihr stand, in seinem zerschlissenen alten Regenmantel und mit einem türkischen Fez auf dem Kopf? Jahre der Zwangsarbeit und der Unterernährung sowie die über 6000 Kilometer lange Reise hatten ihn derart geschwächt, dass er kaum mehr lebensfähig war. Sicher dauert es nach derart extremen Erlebnissen, bis ein Körper wieder seine Handlungsfähigkeit erlangt. Aber den zerrütteten Geist wieder ins Gleichgewicht zu bringen erfordert bei Weitem mehr Zeit. Unter Fannys geduldiger Pflege nahm Ted wieder an Gewicht zu, im September 1919 wurde er jedoch mit der Diagnose Neurasthenie aus der Marine entlassen.

Es wird so vieles über die Schrecken des Krieges und über Ruhmestaten geschrieben, jedoch viel weniger über den langen, schmerzvollen Prozess der Erholung und des Wiederaufbaus nach dessen Ende. Diese Phase ist zwangsläufig langsam und braucht Zeit, deshalb muss unbedingt vermieden werden, dass sie zu schnell verläuft und zu früh beendet wird. So wie Teds ausgehungerter Körper nach dem Hinunterwürgen der Suppe sich schmerzhaft verkrampfte, so kann auch die traumatisierte Psyche mit zu viel Stimulation nicht fertigwerden. Alles, was plötzlich oder unerwartet eintritt, überflutet die Sinneswahrnehmungen, und die geringste Unklarheit gibt Anlass zu Missverständnissen und provoziert Flashbacks oder mentale Shutdowns. Da ist es entscheidend, sich beschützt und sicher zu fühlen. Neue Erfahrungen dürfen nicht bedrohlich wirken; wenn sie unterstützend wirken sollen, müssen sie leicht zu verarbeiten sein.

Während des Krieges besuchte der Schweizer Arzt Adolf Vischer Kriegsgefangenlager in England und Deutschland.[27] Er beschrieb den dort von ihm vorgefundenen Zustand, den er als »Stacheldraht-Syndrom« bezeichnete, mit Symptomen wie Verwirrung, Gedächtnisverlust, geringer Motivation und kräftezehrender Angst. Die Machtlosigkeit in dieser schwierigen Lage, zusammen mit Scham- und Schuldgefühlen – dem sogenannten Überlebenden-Syndrom –, quälten die Gefangenen. Das Stacheldraht-Syndrom sowie der Schützengrabenschock wurden zu jener Zeit von der Medizin noch als eine Form der Neurasthenie betrachtet.

Nach der Rückkehr in die Heimat bereitete es sicher vielen Kriegsgefangenen Schwierigkeiten, angesichts von so vielen ihrer Kameraden, die verstümmelt oder gestorben waren, ihr eigenes Leiden als gerechtfertigt zu empfinden. Die langfristigen Folgen für ehemalige Kriegsgefangene des Ersten Weltkriegs waren besonders verheerend, und ihre Sterberaten während der 1920er- und 1930er-Jahre waren fünfmal höher als die von Kriegsveteranen Ende des 19. Jahrhunderts. Unterernährung und Infektionen hatten zur Folge, dass viele in schlechter gesundheitlicher Verfassung waren – und darüber hinaus anfällig für Depressionen, Stimmungsschwankungen, Angst und Selbstmordgedanken.

Als es darum ging, diese Männer darin zu unterstützen, etwas von ihrer früheren Lebensfreude wiederzugewinnen, erkannte Adolf Vischer, dass sie, abgesehen von der schnellstmöglichen Zusammenführung mit ihren Familien, wieder eine Arbeit annehmen müssten. Er lehnte die Fabrikarbeit wegen ihrer »freudlosen Monotonie« ab und plädierte demgegenüber für die Landarbeit, der er einen »unendlichen Wert« zusprach. Sie konnte, schrieb er, »dem entlassenen Gefangenen eine ideale Beschäftigung bieten, da sie den Menschen an seine Heimaterde bindet. Kein Herdendasein mit Zufallsbekanntschaften ist darin inbegriffen, und keine Aufregung; es ist ein unabhängiges Leben, das frei ist von menschlichem Einfluss«. Genau wie Brock erkannte Adolf Vischer, dass ein Prozess der erneuten Einbindung stattfinden musste.

Den ehemaligen Kriegsgefangenen sowie den Männern,

die aus dem aktiven Militärdienst ausgeschieden waren, standen erhebliche Umstellungen bevor. Die Erinnerungen an zu Hause, die ihnen während ihrer Abwesenheit Kraft gegeben hatten, wurden in ihrem Gedächtnis fest verankert und idealisiert. Doch die Realität, die sie bei ihrer Rückkehr vorfanden, war fast immer eine andere. Der Krieg hatte zudem viele soziale und kulturelle Veränderungen in Gang gesetzt. Die Bedingungen zu Hause hatten sich tatsächlich gutenteils verändert. Sie boten keinen Nährboden für die Sehnsucht nach der Vergangenheit, nach dem Zuhause, wie es vor dem Krieg gewesen war, oder nach dem nun verloren gegangenen Kameradschaftsgeist, der während der gemeinsamen Zeit beim Militär geherrscht hatte. Wenn es den Veteranen nicht gelang, Bindungen neu zu knüpfen, liefen sie Gefahr, sich aus dem Leben zurückzuziehen. Sie waren dann nicht mehr für Anstellungen vermittelbar und standen im gesellschaftlichen Abseits. In den 1920er-Jahren war die Misere der aus dem Krieg zurückgekehrten Männer zu einer nationalen Sorge geworden, insbesondere die hohe Kranken- und Arbeitslosenquote. Britische Zeitungen berichteten regelmäßig von Resozialisierungsmaßnahmen und Kursen, die veranstaltet wurden, um Kriegsveteranen auf neue Aufgaben vorzubereiten.

Das Arbeitsministerium und Wohltätigkeitsorganisationen wie die Heilsarmee und die British County Homestead Association initiierten Schulungsprogramme, viele davon im Bereich Gartenbau und Landwirtschaft. Alle hatten das Ziel, die Gesundheit der Veteranen und ihre Zukunftsaussichten zu verbessern. Als Sir Arthur Griffith Boscawen MP, Parlamentssekretär in der Landwirtschaftskammer, in Kent ein neues Schulungszentrum eröffnete, drückte er den Zeitgeist aus, als er davon sprach, »unsere tapferen Soldaten zu befähigen, eine Anstellung auf dem Land anzunehmen«.[28] Er führte die gesundheitsfördernden Eigenschaften des »Landlebens in der frischen Luft« ins Feld. »Diese Männer«, verkündete er, »waren begierig, einen Kleinbauernhof, ein wenig von dem

Land, für das sie kämpften, zu bewirtschaften. Aus diesem Grund war eine geeignete Ausbildung von großer Bedeutung.«

Im Frühsommer 1920 nahm Ted an einer solchen Schulung teil. Der wichtigste Hinweis über seine gesundheitliche Wiederherstellung war für mich ein x-mal gefalteter, handgeschriebener Brief mit dem Datum 24. Mai 1921, der von Mr W. H. Cole, seinem Lehrer in der Gartenbauabteilung von Sarisbury Court in der Nähe von Southampton, verfasst worden war. Darin wurde bescheinigt, dass Ted sich in den zwölf Monaten seiner Schulung in »allen Bereichen des Gartenbaus« gutes praktisches Wissen über »den Anbau von winterfestem Obst und Gemüse, auch von Wein, Pfirsichen, Tomaten, Melonen und Gurken unter Glas«, ebenso »von Kräuterpflanzen und Rosen« erworben hatte.

Das Herrenhaus in Sarisbury Court (auch bekannt als Holly Hill House) gehörte während des Kriegs der US-Regierung und wurde als Lazarett verwendet, das die verwundeten Soldaten direkt von den nahe gelegenen Docks in Southampton aufnahm. Nach Kriegsende kaufte die britische Regierung es zurück, und das Arbeitsministerium richtete dort für ehemalige Soldaten Kurse mit Unterbringung ein. Das Haus verfügte über ausgedehnte Gärten, die vermutlich Mitte des 19. Jahrhunderts von Joseph Paxton angelegt worden waren.[29] Dieser war berühmt für die Gestaltung des Crystal Palace in London anlässlich der großen Weltausstellung von 1851. Die Anlage, die sich bis zu den Ufern des River Hamble erstreckte, umfasste eine Reihe von terrassenförmig angelegten Seen sowie Wasserfälle, eine Grotte und einen großen eingefriedeten Garten.

Der Verkaufskatalog aus dem Jahr 1927 vermittelt eine gute Vorstellung davon, wie die Gärten wohl zu der Zeit gestaltet waren, als Ted dort seinen Lehrgang absolvierte. Es werden zehn große beheizte Gewächshäuser mit vielen exotischen Pflanzen aufgeführt – zwei Häuser mit Pfirsichbäumen, zwei mit Rebstöcken, eines davon mit »Black Hambro«-Weinreben, ein Palmenhaus, ein Tomatenhaus, ein Gurkenhaus und ein Nelkenhaus. Es gab auch ein Haus, in dem Pilze kultiviert wurden, und einen Obstladen. Insgesamt umfasste das Gartengelände nahezu zwei Hektar, davon war die Hälfte eingefriedet und »gut bestückt mit Strauchfrüchten und Bäumen«.

Heutzutage befindet sich an dieser Stelle ein öffentlicher Park namens Holly Hill. Der eingefriedete Garten wurde weiter ausgebaut, das Herrenhaus und die Gewächshäuser sind schon längst abgerissen worden. Ich empfand es als enorm beruhigend, durch die üppig bewachsenen Gärten zu schlendern, mit ihren Teichen, den Wasserfällen und den mit Baumfarn bewachsenen Inseln. Kurz bevor ich das Gelände verließ, gelangte ich in einen Bereich, der »der versunkene Garten« genannt wird. In dessen Mitte standen zwei prachtvolle Kamelien in voller Blüte. Sie waren so hochgewachsen, dass ich mich darunterstellen und zu ihren dunkelrosa Blüten aufschauen konnte. Dann fiel mein Blick auf Fächerpalmen, die um sie herum wuchsen, und ich bemerkte, dass sich hier eines der beheizten Gewächshäuser befunden hatte.

Wie angenehm musste Ted wohl die Wärme und das Licht in diesen Gewächshäusern empfunden haben, als er mit seiner Ausbildung in Sarisbury Court begann? Wie erholsam mag es gewesen sein, in diesem Garten mit all seinen Früchten der Erde zu arbeiten und zu lernen, wie man sich darin nützlich machen kann? Meiner Meinung nach war Ted ein Mensch, der einen Instinkt dafür hatte, wie man das Leben in den Griff bekommt. Dieser junge Mann zögerte nicht, in das heimtückische Wasser der Dardanellen zu springen oder die gesamte Suppendose auf einmal zu leeren – oder sich auf die längste Reise überhaupt zu begeben, um wieder nach Hause zu kommen. Ich glaube, er war auch begierig auf diese Erfahrung.

Teds einjähriger Lehrgang in Sarisbury Court führte nicht zu einer langfristigen Beschäftigung im Gartenbau, kurzfristig jedoch schon. Kurz danach reiste er nach Kanada. Auf dieser Reise nahm er Mr Coles Brief mit, der folgenden Zusatz enthielt: »Ich freue mich, sagen zu können, dass er ein intelligenter, hart arbeitender, zuverlässiger und bescheidener Mann ist. Deshalb empfehle ich ihn gerne jedem, der die Dienste eines guten Mannes benötigt.« Im Sommer 1923 kam Ted nach Winnipeg und half bei der Ernte, bevor er auf einer Ranch in Vermilion (Alberta) eine Stelle als Gärtner fand. Er arbeitete dort zwei Jahre lang im Freien und erlangte während dieser Zeit seine frühere Stärke und Widerstandsfähigkeit wieder.

Klinikärzte wie Arthur Brock und Adolf Vischer vertraten sicherlich die Ansicht, dass für Männer wie Ted die Landarbeit besonders hilfreich sei. Nach dem Krieg wurde dieser Therapieansatz jedoch nicht weiterverfolgt, sodass die Effektivität solcher Behandlungen nicht mit Sicherheit festgestellt werden konnte. Um alles noch komplizierter zu machen: Der Traum, sich wieder dem Land zuzuwenden, stand im Widerspruch zu der ungünstigen wirtschaftlichen Lage. In Großbritannien führten während der Kriegszeit die Bemühungen, die Lebensmittelproduktion in den Kolonien anzukurbeln, zu einem Überangebot von importierten Billig-Lebensmitteln, insofern fielen in den 1920er-Jahren die Lebensmittelpreise in den Keller. Viele Kleinbauern kämpften ums Überleben. Die Landarbeit kann hart sein, und in den Jahren zwischen den Kriegen erlebten einige Männer, wie ihre Hoffnungen zerplatzten, obwohl sie sich ständig abrackerten.

Der beste Nachweis für die positiven Auswirkungen dieser Heilmethode stammt von Norman Fenton, einem amerikanischen Arzt, der 1917 in einem Lazarett in Frankreich arbeitete. Zwischen 1924 und 1955 untersuchte er 750 Männer, die er behandelt hatte und bei denen Neurasthenie diagnostiziert worden war. Fentons Untersuchung ergab, dass viele der betroffenen Männer auch sieben Jahre nach dem Krieg noch nicht wieder gesund waren und unter psychischen Störungen litten. Das Ausmaß an Hilfe, das ihnen nach ihrer Rückkehr aus dem Krieg angeboten worden war, stand jedoch in keinem Verhältnis zum Genesungserfolg. Jene, die emotionale Unterstützung erhielten und eine Aufgabe fanden, die sie motivierte, schnitten deutlich besser ab. Fenton wollte vor allem herausfinden, mit welcher Art von Arbeit die Kriegsveteranen im Zivilleben am besten zurechtkamen. Die Antwort lautete: vor allem in der Landwirtschaft.[30] Die Informationen, die er sammelte, besagten: »Vielen, die Schwierigkeiten hatten, im produzierenden Gewerbe in den Städten zu arbeiten, gelang es, sich im Bereich landwirtschaftlicher Tätigkeit recht gut anzupassen. Einige hatten es sogar geschafft, Selbstversorger zu werden, was zur Folge hatte, dass die Krankheitssymptome allmählich verschwanden.«

Als Ted nach zwei Jahren aus Kanada zurückkehrte, musste er sich von seinem Arbeitsleben im Freien verabschieden. Jobs im Gartenbaubereich waren in Großbritannien knapp, doch seine Ausbildung in der Telegrafie bescherte ihm eine Anstellung bei der Post. Ein paar Jahre später konnten er und Fanny einen Kleinbauernhof erwerben. Wenn mein Bruder und ich damals als Kinder bei ihnen zu Besuch waren, interessierten wir uns jedoch nicht für Teds Blumen und sein Gemüse. Am meisten gefiel es uns, wenn wir ihn in sein Vogelhaus begleiten durften, das er in seinem Garten gebaut hatte, um ihm bei der Fütterung der Vögel zu helfen oder die frisch geschlüpften Jungvögel zu bestaunen. Im Rückblick steht Teds Pflege dieser kleinen Gefangenen in starkem Kontrast zu seiner eigenen Erfahrung als Kriegsgefangener.

Traumata verändern die innere Landschaft grundlegend, und in der Folge setzt unweigerlich ein Verdrängungsprozess ein. In diesem Zusammenhang ist der körperliche Einsatz bei der Gartenarbeit wichtig – Erde unter die Fingernägel zu bekommen, eigenhändig Pflanzen zu setzen und so eine Verbindung zur Erde und zum Leben wiederaufzubauen. Teds einjähriger Lehrgang in Sarisbury Court war lebensverändernd und weckte in ihm das Verlangen, Pflanzen zu züchten und einen Garten anzulegen. Diese Tätigkeit wirkt entspannend; es ist der Versuch, wieder einen Ort zu finden, der uns inspiriert und seine Spuren in uns hinterlässt. Die ausgedehnten Gewächshäuser in Sarisbury Court, wo Ted arbeitete und wieder gesund wurde, trugen viel dazu bei, seine spätere Kompetenz und Liebe zu seinem Gewächshaus und den Orchideen sowie seinen Stolz auf seine Pflanzen-Aufzuchtstation zu erklären, die ihm hervorragende Ergebnisse bescherte.

10 Die letzte Lebensphase

Möge ich jeden Tag an den Ufern des Wassers wandeln, möge meine Seele auf den Ästen der Bäume, die ich gepflanzt habe, ruhen, möge ich mich im Schatten meines Ahornbaums erholen.
Ägyptische Grabinschrift, ca. 1400 v. Chr.[1]

In den düsteren Wintertagen liegen drei Viertel des Gartens im Schlaf. Es ist eine Jahreszeit des Loslassens und eine Zeit des Vergessens. Der schwere Lebenskampf, um den man sich kümmern muss, hat seinen Griff gelockert, aber nicht für lange; bald werden neue Pflanzen heranwachsen, die der Pflege bedürfen, um weiter gedeihen zu können. Bereits im Dezember macht sich die Natur wieder bereit, und zwischen den abgefallenen Blättern am Boden schießen frische grüne Triebe aus der Erde.

Im Laufe eines Jahres kann eine Pflanze alle Lebensphasen durchlaufen, vom Samen zum ausgewachsenen Zustand und bis zu ihrem Absterben. Aber dies ist nicht vergleichbar mit dem Tod des Menschen, da sich die Pflanzenwelt immer wieder erneuern kann. Unsere eigene Sterblichkeit hingegen unterbricht die Kontinuität der Zeit. Wir sehen eine Zukunft vor uns, die verloren ist und in der uns alles, was wir lieben, entrissen wird. Deshalb ist es nicht verwunderlich, dass wir den Tod aus unserem Leben verdrängen wollen. Aber das ist, wie der französische Essayist und Philosoph Montaigne darlegte, ein Fehler und verstärkt lediglich unsere Angst vor dem Tod. Statt ihn wie einen Gegner zu betrachten, der auf dem Schlachtfeld bekämpft werden muss, vertrat Montaigne die

Ansicht, dass wir den Tod als etwas Natürliches begreifen sollten. Wir müssten uns zwangsläufig mit ihm auseinandersetzen, ihm seine Fremdheit nehmen. Er selbst fand dies keineswegs leicht, ganz im Gegenteil: Als junger Mann wurde seine Lebensfreude durch seine Ängste vor dem Tod getrübt.

Als Montaigne darüber nachsann, wie sein Leben enden könnte, hoffte er, dass es in seinem Garten geschähe: »Ich will, dass der Tod mich beim Kohlpflanzen antreffe – aber derart, dass ich mich weder über ihn noch gar über meinen unfertigen Garten gräme.« Er begriff, dass das Leben einen ständigen Prozess darstellt und nichts unveränderlich ist, auch wenn wir es uns noch so sehr wünschen, und dass niemand von uns, so lang oder kurz unsere Lebenszeit auch sein mag, alles, was wir geplant oder erhofft haben, zu Ende führen kann. Aber im gleichen Maß, wie Montaignes Kohlbeet das unvollendete Leben symbolisiert, erinnert es gleichzeitig an die Kontinuität des Lebens. Denn auch wenn wir mitten in einem Satz verstummen müssen, können unsere Worte und Gedanken durch die realen oder metaphorischen Kohlköpfe, die wir gepflanzt haben, weiterleben.

Ein Jahr nach meiner Promotion geschah etwas, das ich mit Montaigne in Verbindung bringe und seinem Wunsch, in seinem Kohlbeet zu sterben. Ich arbeitete in der Kardiologie, und meine täglichen Aufgaben auf der Station wurden häufig durch Notaufnahmen unterbrochen. An diesem besonderen Morgen war es nicht anders als sonst. Als die Alarmmeldung erfolgte, dass ein nahezu 80-jähriger Mann einen Herzinfarkt erlitten hatte und in einem Krankenwagen auf dem Weg zur Notfallstation war, ging ich sofort in den Reanimationsraum hinunter. Das übrige Notaufnahmeteam stand schon bereit, und wir warteten ab, während die Uhr an der Wand das Verstreichen kostbarer Minuten anzeigte.

Als dann die Sanitäter hereinstürmten, herrschte plötzlich hektisches Treiben. Auf der Trage, die sie hereinbrachten, lag ein Mann im Herbst seines Lebens; er hatte weißes Haar und einen langen, grauen Bart. Zumindest in meinen Augen sah er aus wie eine Allegorie der Zeit, eine Gestalt wie aus einem Bilderbuch. Spuren von seiner letzten Aktivität bestätigten meinen Eindruck, dass der Tod ihn beim Rasenmähen überrumpelt hatte. Er hatte wohl auf dem frisch gemähten Gras gelegen, denn seine Jacke, seine Hose und seine Gummistiefel waren übersät mit kurzen Grasschnipseln. Als er von der Trage auf das fahrbare Krankenbett umgebettet wurde, fiel etwas von dem Gras zu Boden und verstreute sich noch weiter, als er entkleidet wurde. Der Geruch frisch gemähten Grases erfüllte die Luft, während wir uns auf die strikte, zeitlich genau festgelegte Routine konzentrierten, mit der Rettungsversuche durchgeführt werden.

Später, als der Assistenzarzt mit der Ehefrau des Mannes sprach, erhaschte ich einen Blick auf sie. Sie war klein und zerbrechlich und befand sich in Begleitung einer jüngeren Person, vermutlich ihrer Tochter. Vielleicht hatte sie gerade, während er im Garten arbeitete, im Haus das Essen zubereitet. Anscheinend war es ein ganz normaler Tag gewesen, ohne irgendetwas, was die rasche, grausame Trennung angekündigt hätte.

Als an jenem Tag die einzelnen Grashalme in dem sterilen Notaufnahmeraum verstreut lagen, hatte ich den Eindruck, dass vor unseren Augen zwei Versionen des Todes gleichzeitig abliefen. Zum einen war dieser mit Hightech-Bildschirmen und piepsenden Apparaten ausgerüstete Raum dafür geschaffen, die Kräfte zu besiegen, die das Leben auslöschen. Und wir, die Menschen, behandelten den Körper wie eine defekte Maschine. Aber es ist die Erde, zu der wir schließlich wieder zurückkehren, und die grünen Grashalme bestätigten die unausweichliche Selbstverständlichkeit dieser Tatsache.

Wir haben uns bereits so weit von der Natur entfernt, dass wir vergessen, dass wir ein Teil eines mächtigen, lebendigen Kontinuums sind, dass die Atome in unserem Körper aus Produkten der Erde stammen und dass sie sich zur richtigen

Zeit wieder in die Kette des Lebens einreihen werden. Diese Kontinuität zwischen uns und der Natur besteht nicht nur im Tod, denn noch während wir uns im Alltag bewegen, verwandelt sich die Haut, die wir verlieren, in Staub, und das Kohlendioxid, das wir ausatmen, trägt zum Wachstum der Pflanzen bei. Auch wenn wir in einem technologischen Zeitalter leben und uns hinter unseren Maschinen verstecken, stellt die Schwierigkeit, diesen Zusammenhang zu verstehen, kein modernes Phänomen dar. Wir begreifen die von der Natur vorgegebene Selbstverständlichkeit des Todes nicht intuitiv, wir haben es vermutlich noch nie getan. Wir haben lediglich mächtigere und komplexere Möglichkeiten gefunden, uns von ihm zu distanzieren.

Sigmund Freud fand als Kind die Vorstellung, dass wir Teil der Natur sind, zutiefst schockierend. Er war erst sechs Jahre alt, und seine Mutter hatte ihm gerade erklärt, dass wir alle aus Erde erschaffen worden seien und daher zur Erde zurückkehren müssten. Er weigerte sich entschieden, ihr zu glauben. In dem Versuch, ihn zu überzeugen, rieb sie die Handinnenflächen gegeneinander, was sie immer tat, wenn sie Knödel machte. Doch dieses Mal rieb sie Haut gegen Haut. Freud beschrieb, wie seine Mutter ihm dann die schwärzlichen Hautschichten, die durch die Reibung entstanden waren, als Beweis dafür, dass wir aus Erde bestehen, zeigte. Ihre Demonstration hatte den erwünschten Effekt, denn ihr Sohn war über diese Demonstration nachhaltig erstaunt.

Vier Jahre zuvor, als Freud knapp zwei Jahre alt war, war sein Bruder Julius im Babyalter gestorben. Freud litt sein Leben lang immer wieder unter Attacken, die er als »Todesangst« bezeichnete, und er fing an zu begreifen, wie sehr dieses Angstgefühl mit dem Instinkt »töten oder getötet werden« verknüpft ist.[2] Er stellte fest, dass bei den Völkern der Jäger und Sammler der Tod nicht unbedingt als ein natürlicher Vorgang gesehen wird; er wird vielmehr der Handlung eines Feindes oder eines bösen Geistes zugeschrieben.

Freud vertrat auch die Meinung, dass wir tief in unserem Inneren alle glauben, wir seien unsterblich, da unser eigener Tod nicht im Unbewussten dargestellt werden kann. Er argumentierte, dass die logische Äußerung »Alle Menschen sind sterblich« bedeutungslos sei, wenn wir sie auf uns selbst anwenden, denn auch wenn wir uns vorstellen, wir seien tot, sind wir nach wie vor als Zuschauer anwesend. Eine vor Kurzem an der Bar-Ilan-Universität in Israel durchgeführte Untersuchung hat diesen Effekt aufgezeigt.[3] In einer Reihe von Studien stellten die Wissenschaftler fest, dass das Vorhersagesystem im Gehirn eine Tendenz aufwies, den Tod als etwas einzustufen, das eher anderen passierte als uns selbst. Der Widerstand gegen die Vorstellung, dass der Tod auch uns treffen könnte, schützt uns vielleicht vor einer Angst, die uns überwältigen könnte. Das bedeutet aber auch, dass wir für einen Großteil unserer Lebensspanne unsere eigene Sterblichkeit leugnen. Wir können den Tod entweder ignorieren oder in Angst vor ihm leben – am schwersten ist der kleine Teil dazwischen. Wenn wir zu viel über das Sterben nachdenken, beeinträchtigt dies das Leben; wenn wir aber nie über den Tod nachdenken, sind wir gefährlich unvorbereitet.

Von jeher haben die Menschen versucht, den Ursprung und das Ende des Menschen in ihrer Kultur zu verankern. Betrachten wir nur die zahlreichen Mythen, die davon berichten, wie Adam und Eva aus Erde und Lehm geformt wurden. In der griechischen Mythologie modellierte Prometheus den Menschen aus Schlamm, und Athene hauchte ihm Leben ein. In der Bibel ist zu lesen, wie Gott Adam aus dem Staub der Erde schuf. Diese Erzählungen sind viel mehr als nur Berichte darüber, wie die Welt einst bevölkert wurde; sie enthalten auch die Botschaft, die Amalia Freud versuchte, ihrem Sohn Sigmund zu übermitteln: Sie erinnern daran, dass wir, wie sehr wir uns auch von der Erde und den Pflanzen unterscheiden mögen, doch aus demselben Stoff bestehen wie diese und dorthin zurückkehren müssen, woher wir gekommen sind.

Diese Art des Verständnisses vom Tod kann bis zu den Anfängen des Ackerbaus in der Vorgeschichte zurückverfolgt werden. Der Archäologe Timothy Taylor führt an, dass der Gartenbau nicht nur eine andere Lebensweise hervorbrachte, sondern auch ganz neue Symbole: »Zu der Zeit begann man das erste Mal, die Erde allgemein als ›Mutter Erde‹ zu betrachten, die einen Mutterleib bot, in den die Toten wie Samen eingebettet wurden, die auf den nächsten Frühling warten.«[4] In seinem Buch *The Buried Soul* stellt Taylor eine Verbindung her zwischen dem Aufkommen von Vorstellungen über das Leben nach dem Tod mit Beobachtungen von der Keimung der Samen im Besonderen: »Der trockene Samen, der in die Erde gelegt wird, würde nicht ohne die Kraft (oder die ›Götter‹) der Sonne und des Regens, die ihre Gaben im rechten Maß verteilen, wieder zum Leben erweckt. In ähnlicher Weise war die Zustimmung der Götter erforderlich, damit die Toten wiedergeboren werden konnten.« Mit anderen Worten: Die Erneuerung der Samen diente vielleicht als ein Vorbild für die Entwicklung von Vorstellungen hinsichtlich der Auferstehung und Wiedergeburt.

Die Metapher vom Keimen der Samen im Hinblick auf ein Leben nach dem Tod kann in der Bibel gefunden werden, aber die Vorstellung ist weitgehend impliziert. In der sehr viel älteren ägyptischen Religion war sie jedoch explizit vorhanden. Das Grab des Sennefer am Westufer des Nils bei Luxor zum Beispiel weist folgende Inschrift auf: »Möge er gewähren, dass sein toter Körper im Reich der Toten wie ein Samen keimen möge.«[5] Sennefer war unter Amenophis II. Bürgermeister von Theben und in dieser Eigenschaft Aufseher der Kornspeicher und Felder; deshalb herrschen bei den Wandmalereien in seinem Grab Landwirtschaftsszenen vor. Die Inschrift richtet sich an Osiris, den Gott, der die Toten bei ihrem Übergang ins Totenreich geleitet. Osiris wurde von den Ägyptern auch mit dem Wachstum der Pflanzen in Verbindung gebracht und mit Ritualen, zu denen auch das Keimen von Samen gehörte, als Symbol für seine Auferstehung im Frühling.

Wenn man über eine enge Treppe in das Grab des Sennefer hinuntersteigt, sieht man, dass die gesamte Decke dieses intim gestalteten unterirdischen Raums mit gemalten Weinreben und Weintrauben bemalt ist. Die Deckengestaltung ist so gut erhalten, dass man fast glaubt, man könne nach den Weintrauben greifen. Die bemalten Pfeiler zeigen Szenen aus Sennefers Leben. Auf einer von diesen wird er im Jenseits dargestellt, wo er im Schatten eines heiligen Feigenbaums *(Ficus sycomorus)* sitzt und den Duft einer Lotosblume einatmet. Das Grab veranschaulicht, wie sehr die ägyptischen Glaubensvorstellungen von der Beschäftigung mit dem Tod geprägt waren.

Im alten Ägypten wurden die Toten einbalsamiert, um den Körper vor dem Verfall zu bewahren; anschließend wurde der Leichnam mumifiziert, ganz so, wie der Samen von der Hülse umschlossen wird. Die Symbolik wurde noch verstärkt durch das Ausstreuen von realem Samen in den Grabkammern. Die hölzernen Sarkophage wurden in der Gestalt des Gottes Osiris geformt. Sie wiesen unterschiedliche Größen auf – einige waren sogar lebensgroß, wie der Behälter, der in einem großen Steinsarkophag im Grab von Tutanchamun entdeckt wurde.[6] Als man ihn schließlich in den 1920er-Jahren öffnete, entdeckte man darin verdorrte Gerstentriebe, die mehr als acht Zentimeter hoch gewachsen waren.

Gartenszenen sind ein häufig anzutreffendes Motiv in den Wandmalereien altägyptischer Gräber. Gärten stehen symbolisch für einen Ort der Ruhe, zudem versorgen sie die Verstorbenen auf ihrer Reise ins Jenseits mit Nahrung. Diese Wandmalereien sind nicht allzu kunstvoll ausgearbeitet oder idealisiert. Es werden rechteckige Gartenbeete dargestellt, die durch kleine Kanäle bewässert werden und echten Gärten gleichen. Sie wurden üblicherweise um einen Fischteich angelegt, mit schattigen Wegen, Dattelpalmen, Feigen- und Granatapfelbäumen sowie Weinreben und Blumen.

Die Todesangst ist eine Urangst, die durch den Überlebensinstinkt geweckt wird. Die alten Ägypter wurden mit dieser Angst fertig, indem sie sich auf die Reise ins Jenseits konzentrierten. Aber es gibt auch eine psychische Reise, die wir in diesem Leben zurücklegen müssen, um uns mit dem Tod zu versöhnen. Die Symbolik des Gartens kann uns trösten und unterstützen, wenn wir sie antreten. Das Gärtnern dreht sich um den Ausgleich verschiedener Kräfte – Mensch und Natur, Leben und Tod. Wenn wir über die Unvermeidlichkeit von Verfall und Verwesung nachdenken, rührt ein Großteil der Kraft des Gartens von einer unmittelbaren, erdnahen Beschäftigung mit ihm. Wenn Sie kein Gärtner sind, mag die Vorstellung seltsam erscheinen, dass das Herumwühlen in der Erde eine Quelle von lebenswichtiger Bedeutung sein kann. Aber die Gartenarbeit bildet ihre eigene Philosophie, die in den Blumenbeeten ausgearbeitet werden muss.

Der Tod eines geliebten Menschen ist ein traumatischer Schmerz – die Endgültigkeit, die Unabänderlichkeit und die Unmenschlichkeit –, der sich unserem Verständnis entzieht. Der Tod zerbricht unser Gefühl für die Fortdauer der Zeit und für eine Zukunft mit dieser Person an unserer Seite. Alles muss wieder neu gestaltet werden, was viel Arbeit bedeutet. Nicht die Arbeit, die wir zuvor verrichtet haben, denn jeder Verlust ist anders. Ich glaube, es geht darum, weshalb der Tod – das natürlichste, unvermeidliche biologische Ereignis – sich so unnatürlich anfühlen kann. Unser Innerstes erhebt sich und verspürt den Drang, sich gegen den Tod aufzulehnen, als ob er nicht stattfinden sollte.

Der amerikanische Dichter Stanley Kunitz veröffentlichte im Jahr 2005, kurz vor seinem hundertsten Geburtstag – ein Jahr nach dem Tod seiner Frau und, wie sich später herausstellte, ein Jahr vor seinem eigenen Tod –, ein bemerkenswertes Buch: *The Wild Braid.*[7] Es enthält Interviews und Aufzeichnungen, in denen er über sein Leben nachdenkt, das er mit Schreiben, Unterrichten und Gärtnern verbracht hatte. Er schildert, wie ein Schatten über seiner Kindheit lag, da sein Vater noch vor seiner Geburt Selbstmord begangen hatte. Später, als er ein Teenager war, erlebte er erneut diesen schrecklichen Schatten, als sein Stiefvater plötzlich einem Herzinfarkt erlag. Kunitz war angesichts dieses schrecklichen Verlusts von Urangst gequält. Er hatte panische Angst, einzuschlafen, weil er Bewusstlosigkeit mit dem Tod assoziierte. Nachdem die Strukturen seiner Welt von Grund auf ins Wanken geraten waren, wurde ihm die Verletzbarkeit des Lebens intensiv bewusst. »In meiner Familie war ich mit so vielen Todesfällen konfrontiert, dass ich mich mit dem Tod aussöhnen musste, oder ich hatte die Folgen seelisch zu büßen. Es war unmöglich, jeden Tag mit dieser Angst zu leben, und jede Nacht.«

Ein paar Jahre nach dem Tod seines Stiefvaters nahm Kunitz die Arbeit auf einer benachbarten Farm auf. Den Boden zu beackern, schreibt Kunitz, schafft eine Verbindung zwischen dem Selbst und »dem Rest des Universums der Natur«. Indem er den Zyklus von Wachstum und Verfall erlebte, begriff Kunitz zum ersten Mal, »dass der Tod für das Fortbestehen des Lebens auf dem Planeten Erde absolut unerlässlich ist«.

Wie Montaigne es beschrieb, ist die Lebensaufgabe bei Weitem schwieriger zu bewältigen, wenn wir den Tod als Gegner betrachten, der um jeden Preis bekämpft werden muss. Wenn wir dem Tod seine Fremdheit nehmen und ihn mehr in den Alltag integrieren, kann die Perspektive, irgendwann zu sterben, weniger erschreckend erscheinen. Kunitz gelangte zu der Einsicht, dass der Tod ein wichtiger Bestandteil des Lebens ist. Seine Angst verschwand, und er verspürte einen neuen

Energieschub. »Als ich das erkannt hatte, hatte ich das Gefühl, neugeboren zu sein. Und es war rein innerlich.«

Als Kunitz Ende fünfzig war, legte er in Provincetown, Cape Cod, auf einer steil abfallenden Sanddüne vor seinem Haus einen Garten an. So, als habe er angesichts der Todesängste, die ihn früher in seinem Leben immer wieder heimgesucht hatten, inneren Frieden gefunden, war seine Gartenanlage in unmittelbarer Nähe des Meers auch ein Akt der Urbarmachung von Land. Kunitz gestaltete damit für sich selbst mehr ein Festhalten am Leben. Als Erstes errichtete er drei Ziegelsteinterrassen und legte dann Pfade aus zerstoßenen Muscheln an. Als Nächstes reicherte er den Sand mit Komposterde sowie Seetang an, den er am Ufer einsammelte. Es dauerte Jahre, aber mit der Zeit entfaltete der Garten einen üppigen Pflanzenreichtum – ungefähr 69 verschiedene Arten – und bildete auch einen Zufluchtsort für wild lebende Tiere. Mit der Vielfalt von Blumen, die in allen Farben leuchteten, erinnerte die Gartenanlage an eine Schmuckschatulle.

Man kann sich der Erkenntnis nicht verschließen, dass Pflanzen im Garten auch absterben. Unsere Sterblichkeit ist, wie Kunitz es ausdrückte, »die unerbittliche Realität, vielleicht die unerbittlichste, mit der wir rechnen müssen«. Die Lebensdauer einer Blütenpflanze kann »so kurz sein«, schreibt er, »so verkürzt durch die rasche Aufeinanderfolge der Jahreszeiten, dass sie eine komprimierte Form der menschlichen Lebensdauer zu sein scheint«. Selbst der Komposthaufen dient ihm als Mahnung, dass »wir alle Anwärter auf das Kompostieren sind«. Kreativität ist eine der Methoden, mit denen wir unser Verhältnis zur Natur unserer Existenz herausarbeiten. Kunitz vergleicht die Tätigkeit des Gärtnerns mit dem Verfassen eines Gedichts – er betrachtet nämlich seinen Garten als »ein lebendes Gedicht«. Beides kann uns eine fantasievolle Art des Lebens in der Welt aufzeigen, aber der Garten und die Arbeit, die wir darin verrichten, sind eindeutig körperlicher Art.

Die Gartenarbeit schließt ein Zusammenspiel der Kräfte von Mensch und Natur mit ein. Deshalb war für Kunitz sein Garten eine »Co-Kreation«, zwischen ihnen bestand eine Wechselbeziehung. Als er im hohen Alter spürte, wie seine Kräfte schwanden, erlebte er die Pflege der Pflanzen als eine Art zeugungsfähigen Geschlechtsverkehr: »Wenn man immer älter wird, besteht das Bedürfnis, diese Energie zusammen mit dem erotischen Impuls zu erneuern.« In seiner Vorstellung wurde der Garten zu »einem beständigen Gefährten«, zu einer Art Muse. »Nie bin ich dem Garten fern, selbst wenn ich physisch abwesend bin«, schrieb er. Als er im Jahr 2003 ernsthaft erkrankte und im Krankenhaus fast gestorben wäre, glaubte er, dass er es seiner Sehnsucht, in seinen Garten zurückzukehren, verdankte, dass er wieder gesund wurde.

Der Garten ist sowohl ein imaginärer als auch ein realer Ort. Wir träumen von unseren Gärten und entwerfen ständig Pläne für ihre Gestaltung. Viele Menschen verbringen mehr Zeit damit, über ihren Garten nachzudenken, als tatsächlich in ihm zu verweilen, um sich zu entspannen oder dort zu arbeiten. Selbst die Pflege eines Blumenkastens auf der Fensterbank kann die Tür zu einer anderen Welt öffnen.

Die Autorin Diana Athill war bereits in ihren Sechzigern, als sie mit dem Gärtnern anfing.[8] In dieser Phase ihres Lebens begann sie auch eine zweite Karriere als Memoirenschreiberin. Bis zu dem Zeitpunkt, als sie unerwartet mit der Pflege des Gartens ihres Cousins betraut wurde, hatte sie »noch nie auch nur ein einziges Kreuzkraut gezupft«. Sie musste mit der Verantwortung, die ihr auferlegt worden war, fertigwerden und begann ihr Leben als Gärtnerin mit einem Knall: »Nachdem ich etwas zum ersten Mal in meinem Leben pflanzte und Erfolg damit hatte – es wuchs tatsächlich –, wurde ich süchtig und blieb es.«[9] Auch mit zunehmendem Alter war sie noch eine leidenschaftliche Gärtnerin. Es gefiel ihr, wie die Gartenarbeit sie in Anspruch nahm, wie diese »sie über sich hinauswachsen ließ und sich immer als höchst wohltuend und zuträglich erwies«.

Für sie bestanden die beiden wesentlichen Freuden des Gärtnerns in dem Hochgefühl, etwas zu bewegen und Zeit in der Gesellschaft von Pflanzen zu verbringen, »die erfüllt sind von dem Geheimnis des Lebens, genau wie wir es auch sind«.

Ich lernte Diana kennen, als sie 97 Jahre alt war und im Hochsommer in Begleitung ihres Neffen Phil und dessen Frau Annabel unseren Garten besichtigte. Der vollständige Rundgang durch unsere Gartenanlage ist recht anstrengend. Also schob Phil sie im Rollstuhl durch das Gelände, während Annabel sie mit einem Schirm vor der Sonne schützte. Diana erfasste mit einem Blick alle möglichen Details, also blieben wir regelmäßig stehen, um einzelne Pflanzen und Bäume zu begutachten. Sie war elegant gekleidet, und ihre Direktheit war manchmal völlig entwaffnend. Ich war beeindruckt, wie sie es schaffte, die Einschränkungen des hohen Alters zu akzeptieren und sich trotzdem resolut dagegen zu verwahren, von ihnen betroffen zu sein.

Als Diana Athill in den Neunzigern war, zog sie in ein Altenheim in einer üppig begrünten Gegend im Norden von London. Zum Glück gab es dort einen großen Garten. Direkt vor ihrem Fenster blühte ein üppiger Magnolienbaum. Ihr Zimmer führte auf einen Balkon, wo sie zwei Blumentöpfe und drei Blumenkästen aufstellte. In ihrem »fortgeschrittenen Alter«, wie sie es bezeichnete, ging die Nutzung ihres Gartens zwangsläufig immer mehr in fremde Hände über, aber nach wie vor kümmerte sie sich um ihre Topfpflanzen. Sie sagte, sie sei verrückt nach Blumen und Farben. Ihre Pflanzungen umfassten Schmucklilien, Platterbsen, Ackerwinden und später auch Begonien, obwohl sie diese früher nicht gemocht hatte. Ihre Lieblingsbegonie war für sie die »wunderschöne Diva«, die »Blumenkönigin«. Keine hatte eine so leuchtend rote Blüte wie sie, und den ganzen Sommer über saß Diana auf

Ein Garten vor dem Unterstand der Argyll and Sutherland Highlanders, Frühjahr 1915. Captain Irvine (vorne) wurde drei Monate später getötet.

Soldat der Gordon Highlanders (51. Division) bei der Gartenpflege im Schützengraben. Héninel, 23. Oktober 1917.

Carol Sales, die Gartentherapeutin der Wohltätigkeitsorganisation HighGround.

Der Therapiegarten in Headley Court.

San Patrignano, eine Praktikantin versorgt die Blumen im Gewächshaus.

Gemüseernte in San Patrignano.

Ein Projekt für Flüchtlinge – die New Roots Community Farm entstand 2013 auf einem verfallenen Gelände in der Bronx.

Die New Roots Community Farm ist ein Gemeinschaftsprojekt des International Rescue Committee und des Botanischen Gartens in New York.

Teilnehmer des Windy City Harvest Youth Farm Program verkaufen Gemüse auf dem Wochenmarkt.

Die vom Botanischen Garten in Chicago betriebene Windy City Harvest Youth Farm im Washington Park.

Mary Clear, eine der Gründerinnen von Incredible Edible in Todmorden.

Die Oranjezicht City Farm in Kapstadt, die 2012 auf dem Gelände eines verlassenen Bowling Green angelegt wurde.

Der Alnarp-Therapiegarten in Schweden.

Der von Cleve West entworfene Horatio's Garden in Salisbury – ein Therapieprojekt für Patienten mit Wirbelsäulenverletzungen.

Turkana County in Kenia – ein von der Initiative Furrows in the Desert angelegter Shamba-Garten.

In einem Schattenunterstand werden Setzlinge gezogen.

einer Bank und genoss »einen unverhofften Augenblick des Sonnenscheins«.

Im Herbst pflanzte sie Hornveilchen – »Hübsche, tapfere Veilchen, die so empfindlich aussehen, aber unentwegt von Oktober bis Mai blühen. Bei strengem Frost schrumpfen sie etwas, erholen sich aber immer wieder tapfer«.[10] Offenbar genauso wie sie, denn Diana war klar, dass es keineswegs ein Zuckerschlecken war, sehr alt zu werden. Doch die Blumen und die Bäume erfüllten sie mit einer Art Freude, auf die man im Alter – im Gegensatz zu so vielen anderen Dingen – nicht verzichten sollte.

Beide, Diana Athill und Stanley Kunitz, wandten sich im höheren Alter der Gartenarbeit zu. Und es ist bei Gott nicht zu weit hergeholt, wenn man ihre Gesundheit und ihr langes Leben ihrer Lieblingsbeschäftigung zuschreibt.[11] Wenn uns unsere Sterblichkeit überdeutlich bewusst wird, was gewöhnlich im mittleren Alter geschieht, können wir wie Diana Athill und Stanley Kunitz eine Zunahme an kreativer Energie wahrnehmen. Der Entwicklungspsychologe und Psychoanalytiker Erik Erikson bezeichnete dieses Phänomen als »Generativität«.[12] Er vertrat die Ansicht, dass es für unser emotionales Wohlbefinden wichtig sei, während der zweiten Lebenshälfte in verschiedener Weise generativ zu sein. Unter Generativität verstand Erikson, perspektivisch über das eigene Leben hinauszublicken. Es gibt dabei eine Überschneidung mit der Kreativität, aber es geht auch um die Fertigkeiten und das Wissen, das wir an die nächste Generation weitergeben, um das, was nach unserem Tod weiterleben wird und uns nach vorne schauen lässt. Wenn sich uns allerdings im Bewusstsein des Verrinnens der Zeit die Frage aufdrängt »Was soll das Ganze überhaupt?«, laufen wir Gefahr, in eine »Stagnation« zu verfallen, und das Leben verliert seinen Sinn.

Die Harvard Grant Study war die bislang umfassendste psychologische Studie über das Altern und die Lebensqualität; über 1000 Probanden nahmen teil, und der Studienverlauf betrug mehrere Jahrzehnte.[13] Eine für die Wissenschaftler überraschende Erkenntnis war, dass Männer und Frauen, denen sich in ihren Fünfzigern die Möglichkeit eröffnete, generativ zu wirken, dreimal mehr Chancen hatten, das 80. Lebensjahr zu erleben. Die Wissenschaftler hatten dagegen erwartet, dass wirtschaftliche Faktoren die entscheidende Rolle spielen würden, doch hier war die Korrelation nicht so stark. Genauso überraschend war, dass körperliche Gesundheit nicht unbedingt davon abhängt, wie die Menschen mit den Veränderungen und den Nachteilen, die das Altern mit sich bringt, zurechtkommen. Als entscheidende Faktoren erwiesen sich die emotionale Verfassung der Menschen und die jeweiligen Aktivitäten, denen sie nachgingen. Es stellte sich heraus, dass Einsamkeit, eine unglückliche Partnerschaft und das Fehlen einer Zielsetzung die Hauptfaktoren darstellten, die im hohen Alter für eine schlechte Lebensqualität sorgen.

Der Psychiater George Vaillant, der dreißig Jahre lang dieses Projekts leitete, schrieb in seinem Werk *Aging Well,* dass es weniger um die Widrigkeiten gehe, mit denen das Leben uns konfrontiert, sondern mehr darum, wie wir mit ihnen fertigwerden. Das Wichtigste – was seiner Meinung nach auch nicht genug betont werden kann – ist die Notwendigkeit, unsere engsten Beziehungen zu pflegen, da diese uns mehr als alles andere unterstützen werden. Der nächste wichtige Faktor besteht darin, wie wir unsere Zeit verbringen. Es geht dabei nicht so sehr um Produktivität, sondern um Generativität und verschiedene Arten von »kreativem Spiel«. Natürlich gibt es viele Möglichkeiten, dies umzusetzen, aber das Gärtnern gehört zweifellos dazu.

Donald Winnicott war dafür bekannt, dass er sowohl beim Entwurf seiner psychoanalytischen Theorien als auch im Alltagsleben einer spielerischen, kreativen Methode folgte. Deshalb überrascht es nicht, dass er sich auch gern mit Pflanzen befasste. Er war stolz auf seinen Garten auf dem Dach seines Londoner Hauses und pflegte auch seinen Cottage-Garten in der Grafschaft Devon liebevoll. Seine Frau Clare Winnicott beschrieb, wie er sein Spieltalent bis ins hohe Alter pflegte und nach wie vor mit dem Fahrrad den Hügel hinuntersauste – mit den Füßen auf dem Lenker.[14] Kurz nach seinem 70. Geburtstag erlitt Winnicott mehrere schwere Herzinfarkte, die ihn dazu bewogen, seine Autobiografie zu verfassen. An den Rand seiner Notizen schrieb er folgende Bitte: »O Gott, möge ich am Leben sein, wenn mich der Tod ereilt.«[15] Wie viele von uns empfinden dasselbe? Winnicotts Herzensbitte drückt den Wunsch aus, voll und ganz in der Welt zu leben und von der Depression verschont zu bleiben, die so häufig die Endphase des Sterbens begleitet.

Clare Winnicott berichtet, dass ihr Mann »nach sechs Herzinfarkten, von denen er sich wieder erholt hatte«, nicht aufhörte, aktiv zu sein. Noch mit 74 Jahren, einige Monate vor seinem Tod, entdeckte sie ihn auf einem Baum im Garten seines Hauses in Devon. Als sie rief: »Was um Gottes willen tust du da oben?«, erwiderte Winnicott: »Ich habe mir schon lange gewünscht, diesen Baum etwas zu kürzen, denn er versperrt uns die Aussicht aus dem Fenster.« Vielleicht war das etwas, das er schon lange hatte tun wollen und jetzt endlich tat, als die Zeit knapp wurde. Aber die Symbolik ist faszinierend: Er war nicht bereit, zu sterben, sondern wollte noch eine längere Lebensperspektive vor sich haben – und natürlich gibt es nichts Besseres, als ein wenig Aggression zu entwickeln, um sich lebendig zu fühlen.

In jenem Herbst wurde Winnicott immer mehr von Todesgedanken gequält. Zu Beginn eines seiner letzten Vorträge sprach er sein Dilemma auf folgende Weise an: »Ein großer Teil des Wachstums geht wieder zurück. Wenn ich lange genug lebe, hoffe ich, dass ich vielleicht schrumpfe und klein genug werde, um durch das kleine Loch zu passen, das man Sterben nennt.«[16] Für Winnicott schloss die Funktion des Sterbens ein Hauptdilemma mit ein: Wie soll man »nach unten« wachsen und sich gleichzeitig voll und ganz lebendig fühlen? Indem er das hohe Alter und das Sterben mit einer Illusion der Wahl verknüpfte und den Tod als eine Umkehrung des Vorgangs sah, wie wir auf die Welt gekommen sind, bediente er sich seines typischen Humors, um diese ansonsten unbeherrschbare Situation etwas unter Kontrolle zu bekommen.

Dieses »Wachstum nach unten«, das Winnicott beschrieb, betrifft uns alle und geht mit einem unvermeidbaren Verlustgefühl einher. Wenn wir uns dem Tod nähern, gibt es kein Entkommen davor, dass der Lebenshorizont schrumpft. Viele Dinge werden uns genommen oder sind nicht länger möglich. Auch unsere Pläne und Träume müssen dieser Situation angepasst werden. Im Hinblick darauf kann Gartenarbeit dabei helfen, dem Leben weiterhin einen Sinn zu geben. Die Beschäftigung im Garten kann uns dabei helfen, uns mit unserem Platz in dieser Welt zu befassen, und uns das Gefühl vermitteln, dass wir das Leben einigermaßen im Griff haben – dass es zumindest *etwas* gibt, was wir unter Kontrolle haben, und uns nicht alles durch die Finger rinnt. Vermutlich ist die Besorgnis um die Sterblichkeit der am wenigsten bewusste Teil davon. Aber nichts kann uns besser für das »Wachstum nach unten« entschädigen als etwas, das nach oben wächst.

Damit das Gärtnern sich derart positiv auswirkt, muss die Arbeit auch zu bewältigen sein. Von einem Fenster aus auf ein vernachlässigtes, überwuchertes Beet zu blicken, das noch vor Kurzem Anlass zu Stolz gegeben hatte, kann schlimmer sein, als keinen Garten zu besitzen. Dies kann zu einer schmerzlichen Mahnung an die eigene Unfähigkeit werden, diese Aufgabe nicht bewältigen zu können. Die gemeinsame Nutzung eines Gartens kann eine Lösung für dieses Dilemma sein. Das Projekt Edinburgh Garden Partners in Schottland zum Beispiel bringt Menschen, die gerne Gemüse anpflanzen würden, aber kein Grundstück besitzen, mit Menschen zusammen, die Hilfe bei der Pflege eines Gartens benötigen, den sie selbst nicht mehr bearbeiten können.[17] Beide Seiten profitieren davon. Die gemeinsamen Interessen können ein wiedererwachtes Gefühl der Freude aufkommen lassen, und neue Freundschaften können dazu beitragen, die Isolation im hohen Alter zu überwinden. Die Forschungsergebnisse bei einem ähnlichen Projekt, das einige Jahre lang in Wandsworth im Süden Londons lief, ergaben, dass die Lebensqualität von älteren Gartenbesitzern auf diese Weise erheblich verbessert wurde; ihre körperliche Aktivität steigerte sich, und Symptome wie Angst und Depression waren rückläufig.

Um die Probleme des hohen Alters in unserer modernen Gesellschaft anzupacken, müssen wir uns kreative Lösungen wie diese einfallen lassen; aber meistens fehlt uns ein realisierbares Modell.[18] Da die Lebenserwartung weiter zunimmt, ist es wichtiger denn je, dass wir uns darum kümmern. Was hat es für einen Sinn, noch ein oder zwei Jahrzehnte länger zu leben, wenn die Lebensqualität miserabel ist? Viel zu häufig werden die älteren Menschen zur Seite geschoben und müssen im Abseits leben. Es fehlt an Respekt gegenüber ihren Bedürfnissen, und es besteht ein mangelndes Interesse für das, was sie als Lebensweisheit und Erinnerungen bieten können. Diana Athill war sich völlig bewusst, welches Glück sie hatte, Zugang zu einem so schönen Garten zu haben und Pflanzen auf ihrem Balkon genießen zu können. Viele Heime für ältere Menschen, im Grunde die meisten, sind nicht wie ihres. Das Leben in einem Altenheim bietet allzu häufig nur ein eingeschränktes Dasein in Abgeschiedenheit. Es erschöpft sich in einer Routine, die sich in einem relativ unattraktiven und gleichbleibenden Ambiente abspielt. Das Leben ist auf Warten reduziert – das Warten auf die nächste Pilleneinnahme und das Essen. Im Grunde genommen ist es ein Warten auf den Tod.

Atul Gawande erklärt in seinem Werk *Being Mortal,* wie wichtig es ist, eine Sinnquelle zu haben, wenn das Ende des Lebens naht. Leider unternehmen die meisten Pflegeheime nichts, um eine solche Quelle anzubieten. »Wenn sich die Menschen der Endlichkeit ihres Lebens bewusst werden«, schreibt er, »dann haben sie keine großen Ansprüche.[19] Sie streben nicht nach weiteren Reichtümern, wollen nicht mehr Macht. Sie verlangen lediglich, so weit wie möglich die Geschichte ihres Lebens in der Welt auch weiterhin gestalten zu dürfen.« Gewöhnlich erlauben Institutionen nur eine beschränkte Form der individuellen »Lebensgestaltung«, aber das muss nicht so sein. Gawande beschreibt weiterhin, was im Chase Memorial Nursing Home in New York geschah, als für die Heimbewohner Haustiere und Pflanzen eingeführt wurden. Diese Veränderungen brachten es mit sich, dass ein Gemüsebeet und ein Blumengarten angelegt wurden und Hunderte von Topfpflanzen Einzug hielten. Hasen, Hühner, Sittiche, Katzen und Hunde vermittelten ebenfalls Lebenssinn. Die Ergebnisse waren verblüffend: Heimbewohner, die zuvor kaum miteinander gesprochen hatten, begannen, mit anderen zu kommunizieren. Andere, die vorher passiv gewesen waren, wurden nun in neue Aktivitäten mit eingebunden, und die Ängstlichen und Nervösen wurden dabei ruhiger und glücklicher.

In einem Zeitraum von zwei Jahren wurden die Veränderungen am Chase Memorial Nursing Home evaluiert, und die Erkenntnisse mit einem nahe gelegenen normalen Heim verglichen. Die Bewohner des Chase Memorial Nursing Home wiesen nicht nur mehr Vitalität und weniger Fälle von Depressionen auf, auch die Todesrate ging um 15 Prozent zurück, und die Verschreibung von Medikamenten halbierte sich. Dies sind beachtliche Ergebnisse für relativ einfache Veränderungen. Gawande betont, dass man dem weit verbreiteten Gefühl der Auslöschung und Ausgrenzung entgegenwirken konnte: »Der Schrecken vor Krankheiten und hohem Alter ist nicht nur die Angst vor Nachteilen, die man notgedrungen erdulden muss, sondern auch die Angst vor einer Isolierung.«

Einsamkeit kann sich als einer der schmerzlichsten Aspekte des Älterwerdens erweisen. Ein bedenklicher Grad von Trennungsstress kann verheerende Auswirkungen auf die Gesundheit haben. Die letzte Abhandlung, die die Psychoanalytikerin Melanie Klein ein Jahr vor ihrem Tod verfasste, war dem Phänomen der Einsamkeit gewidmet.[20] In welchem Ausmaß wir uns einsam fühlen, wenn wir isoliert sind, hängt wesentlich davon ab, wie wir mit unseren früheren Erfahrungen im Leben umgehen. Verbitterung und Kummer aufgrund der Tatsache, dass viele Freuden einem nun verschlossen bleiben, können als eine Bestätigung für ein Leben mit vielen Leerstellen gesehen werden, und sie verweisen darauf, dass sich die Einsamkeit noch verschlimmern wird. Klein beobachtete jedoch, dass im Gegensatz dazu Erinnerungen an glücklichere Zeiten eine emotionale Quelle sein können, insbesondere wenn wir Dankbarkeit für die Vergangenheit empfinden.

Freude an der Schönheit kann eine Art Gemeinschaftsgefühl wecken, das die Isolierung leichter ertragen lässt. Der Philosoph Roger Scruton verweist darauf, dass unsere Freude an der Schönheit wie ein Geschenk ist, das wir dem bewunderten Objekt darbieten – und das dadurch wiederum ein Geschenk für uns selbst wird.[21] Und er führt an: »In dieser Hinsicht ähnelt es dem Vergnügen, das Menschen in der Gesellschaft ihrer Freunde empfinden.« Die Begegnung mit Schönheit ist mit Dankbarkeit verbunden, und diese Erfahrung trägt dazu bei, dass wir uns in der Welt heimisch fühlen. Diese Dankbarkeit sollte auch Sigmund Freud einmal als 80-Jähriger erfahren. In einem Brief, den er der amerikanischen Dichterin H.D. sandte, bedankte er sich für einen Stechapfel, den sie ihm als Weihnachtsgeschenk gesandt hatte, und schrieb: »Vor meinem Fenster befindet sich eine stolze, süß duftende Pflanze. Ich habe sie nur zweimal blühend in einem Garten erlebt, am Gardasee und im Val Lugano. Sie erinnert mich an jene vergangenen Tage, als ich noch in der Lage war, zu reisen und selbst den Sonnenschein im Süden zu genießen.«[22]

Freuds Reisen waren mit vielen Erinnerungen verbunden, von denen er zehren konnte. Bei seiner ersten Reise nach Italien sah er einen unvergesslich bezaubernden Garten. Als er sich dann gegen Ende der Reise die Füße wund gelaufen hatte und müde war, gelangten er und sein Bruder Alexander zum Torre del Gallo in den Hügeln bei Florenz. Vier Tage blieben sie dort, weil sie, wie er in einem Brief an seine Frau Martha schrieb, auf dieser Reise keine normale Ruhepause hatten.[23] Die Sinnesfreude, die an diesem Ort herrschte, betraf auch dessen Erzeugnisse; Freud hob hervor, dass sie sich während ihrer Wanderung ausgiebig von den Früchten der Region ernährt hätten. Die Anlagen beim Torre del Gallo, die einen Panoramablick auf Florenz boten, waren so ausgedehnt, dass man mit Freuden darin herumschlendern und den ganzen Taumel der südländischen Landschaft in sich aufnehmen konnte.

Was konnte üppiger sein als reife Pfirsiche, frisch vom Baum, die die Sonnenwärme so wohlriechend an den Mund weitergaben? Was konnte an einem derart heißen Sommertag erholsamer sein, als unter einem Feigenbaum zu ruhen und sich Tagträumen hinzugeben, die lediglich vom leisen Summen der Insekten und einer leichten Brise gestört wurden – kein Geschrei auf den Straßen oder andere überraschende Störungen, die einen aus dem halb bewussten Gedankenfluss rissen. Der paradiesische Garten bietet eine sichere, beglückende Erfahrung, die wir unbedingt erneut machen wollen, denn wir kennen diese Empfindung sehr wohl aus unserer frühesten Lebensphase. Wir erlebten es als wohlgenährtes Baby, das ruhig und schläfrig daliegt, während ihm die Behaglichkeit vertrauter Stimmen im Hintergrund das Gefühl vermittelt, dass es nichts zu befürchten gibt.

Freud verlor nie seine Lust an der Schönheit. Als er älter wurde, verbrachte er immer mehr Zeit im Garten. Als ihm kurz vor seinem Siebzigsten ein Krebsgeschwür aus dem Mund entfernt wurde, verboten ihm die Ärzte das Reisen. Es fiel ihm sehr schwer, sich mit den körperlichen Einschränkungen abzufinden, die er ertragen musste, und mit der Aussicht auf »eine lebenslängliche Freiheitsstrafe«, wie er sich ausdrückte. Also führte er folgende Routine ein: In den Frühjahrs- und Sommermonaten mietete er eine Villa in einem Vorort von Wien, wo ihn seine Patienten aufsuchten. Für Freud war es eine Grundvoraussetzung, dass er Zugang zu einem hübschen, paradiesisch anmutenden Garten hatte. Im Garten des Hauses in Pötzleinsdorf fand er »unglaubliche Schönheit, Frieden und Naturverbundenheit«, und er genoss auch das idyllisch ruhige und schöne Sommerhaus in Berchtesgaden.[24] Aber das schönste Ambiente von allen bot ihm die Villa in Grinzing. Sie sei so »schön wie ein Märchen«, schrieb er und wollte nirgendwo anders mehr sein.[25]

Sein Sohn Martin erinnerte sich, dass die Anlagen der Villa in Grinzing so ausgedehnt waren, dass man sie als Park bezeichnen konnte, in dem man sich verlaufen konnte, und dass es dort auch einen schönen Obstgarten mit köstlichen Frühaprikosen gab.[26]

Das vier Hektar große Gelände war von Steinmauern umschlossen und bot einen Blick auf die Weinberge. Freud hatte im Freien eine Schaukelliege mit Baldachin aufstellen lassen, die seinen Wünschen entsprechend hergestellt worden war. Hier konnte er lesen, schlafen und Besucher empfangen. Es war für ihn ein geeigneter Platz, um »in Schönheit zu sterben«.[27] In dieser Phase hatte sich Freud, obwohl er nach wie vor arbeitete, mehr oder weniger aus dem öffentlichen Leben zurückgezogen. Im Laufe der Jahre musste er sich insgesamt 33 Operationen am Kiefer und im Mund unterziehen. Dies verlängerte wohl sein Leben, war aber auch mit schmerzhaften Phasen und zahlreichen Komplikationen und Infektionen verbunden.

Während eines Interviews kurz nach seinem 70. Geburtstag erwähnte Freud seine Liebe zu den Blumen.[28] Der Interviewer war George Viereck, ein amerikanischer Journalist, und während des Interviews schlenderte er mit Freud durch den Garten. Viele Dinge hätten ihm Freude bereitet, erklärte Freud dem Journalisten, an erster Stelle die Zuneigung seiner Frau, seine Kinder und die Sonnenuntergänge. Und im Frühjahr hätte er immer das Wachstum der Pflanzen beobachtet. Die Erfahrung hätte ihn gelehrt, fügte er hinzu, »das Leben mit heiterer Demut zu akzeptieren«. Viereck war unwillkürlich betroffen, wie sehr Freud mit seiner Sprachbehinderung zu kämpfen hatte. Ihm waren Teile des Ober- und Unterkiefers operativ entfernt worden, und er musste mit einer Prothese zurechtkommen, deren schwerfälliger Mechanismus ihm, wie er Viereck anvertraute, kostbare Energie abverlangte. Trotz dieser schweren Einschränkung, betonte er, hatte er immer noch Freude an seiner Arbeit, seiner Familie und seinem Garten: »Ich bin dankbar«, sagte er zu Viereck, »dass ich keine Schmerzen habe, dankbar für die kleinen Freuden des Alltags, für meine Kinder und meine Blumen.« Nur ungern ließ sich Freud bewegen, über seinen Nachlass zu reden. Als Viereck ihn drängte, blieb er stehen, »strich mit seinen empfindsamen Händen zärtlich über einen blühenden Busch und sagte: ›Ich bin viel mehr an dieser Blüte interessiert als an dem, was nach meinem Tod mit mir geschieht‹«. Als sie durch den Garten schritten und sich über alle möglichen Themen unterhielten, kehrte Freud am Ende des Interviews zu jenem Busch zurück. Er verabschiedete sich von Viereck mit folgenden Worten: »Die Blumen haben zum Glück keinen Charakter und keine Vielschichtigkeiten. Ich liebe meine Blumen. Und ich bin nicht unglücklich – zumindest nicht mehr als andere Menschen auch.«

Die alters- und krankheitsbedingten Einschränkungen hindern uns daran, Neues zu erkunden; ein Garten bietet jedoch ein Ambiente, in dem wir immer mehr entdecken, je genauer wir hinschauen. Wenn ein Baum über Nacht erblüht oder die erste Pfingstrose sich öffnet, sehen wir die Welt unwillkürlich mit neuem Blick. Hanns Sachs stellte fest, wie sein alter Freund Sigmund Freud jeden Winkel seines Gartens mit gleichbleibender Freude wahrnahm und genauso viele interessante Dinge über alles, was dort geschah, zu berichten wusste wie über die Kunst und Kultur fremder Völker und ihre Vergangenheit, deren Überreste er in Zeiten, in denen er noch kräftiger war, vor Ort besichtigt hatte.

Als er sich den Achtzigern näherte und sein Gesundheitszustand sich weiter verschlechterte, wurde Freud manchmal von großer Angst vor abermaligem Leiden erfasst. Die nach der Macht strebenden Nationalsozialisten gewannen immer mehr an Boden, und die Welt außerhalb des Gartens wurde schnell furchterregend und fremd. Bei der Bücherverbrennung am 10. Mai 1933 wurden auch Ausgaben von Freuds Werken vernichtet, und die Gestapo beschlagnahmte sie in der Folgezeit in den Buchläden. Alles um ihn herum erschien Freud nun immer bedrohlicher. Obwohl einige seiner Freunde bereits das Land verlassen hatten, wollte er sich nicht ins Exil begeben. Selbst wenn für ihn und seine Familie ein Ort gefunden würde, so war er sich doch nicht sicher, ob seine Gesundheit eine derartige Entwurzelung verkraften würde. Also beschloss er, den Rest seines Lebens »resigniert auszusitzen«.

Als Hanns Sachs Freud kurz nach dessen 80. Geburtstag in Grinzing besuchte, fand er ihn sehr verändert vor. Eine kurz zuvor erforderliche Operation wegen des erneuten Auftretens des Krebsleidens hatte ihn gesundheitlich sehr angegriffen. Er war totenblass und in sich versunken, aber dennoch fest entschlossen, nicht auf seine täglichen Rundgänge im Garten zu verzichten. Selbst in seinem geschwächten Zustand hielt Freud an der Gewohnheit fest, geistige Anregungen in seinem eingeschränkten Umfeld zu suchen.

Wenn das Leben uns fallen lässt, haben wir größte Schwierigkeiten, uns mit dem Gefühl abzufinden, keine Zukunft mehr zu haben. In dieser Situation müssen wir versuchen, aus wenig viel zu machen und kleine Ereignisse zu finden, auf die wir uns freuen. Auch Montaigne bediente sich dieser Strategie, die Nachteile des Alters auszugleichen, und so war er ganz darauf ausgerichtet, das Schlechte schnell hinter sich zu lassen und bei dem Guten zu verweilen. Wenn Montaignes Gedanken sich bei seinem täglichen Spaziergang durch den Obstgarten verdüsterten, fokussierte er seine Aufmerksamkeit bewusst wieder auf seine Umgebung. Die kleinen Freuden des Lebens sind nämlich in Wirklichkeit gar nicht so klein; wir verfallen nur leider allzu leicht in die Gewohnheit, sie für selbstverständlich zu halten.

Im Frühjahr 1938 war Freud nicht mehr in der Lage, in sein Haus in Grinzing zurückzukehren. Unter der nationalsozialistischen Diktatur war er im Grunde zu einem Gefangenen in seiner eigenen Wohnung in der Berggasse geworden. Aus dem Ausland wurde auf seine Situation verwiesen, auch Präsident Roosevelt äußerte sich. Freud durchlebte Monate der Unsicherheit. Schließlich erhielt er Anfang Juni die Erlaubnis, mit seinen direkten Familienangehörigen nach England auszureisen. Die zurückgebliebenen vier seiner fünf Schwestern, deren Ausreise die Behörden nicht bewilligt hatten, wurden später Opfer des Holocaust.

Als Sigmund Freud in London eintraf, war er überwältigt von dem herzlichen Empfang und der Großzügigkeit, mit der man ihn willkommen hieß. Fremde, die erfahren hatten, dass er seine kostbare Antiquitätensammlung, die zusammen mit seinen Ersparnissen nach seiner Ausreise beschlagnahmt worden war, eingebüßt hatte, beschenkten ihn mit Antiquitäten. Es sprach sich auch herum, wie sehr er Blumen liebte. Floristen lieferten Pflanzen und Blumensträuße in solcher Fülle, dass Freud mit seinem typischen schwarzen Humor bemerkte: »Wir sind unter Blumen begraben.«[29]

Es herrschte Hochsommer, und der Garten des Mietshauses der Familie Freud in der Elsworthy Road in Swiss Cottage, das an den Park am Primrose Hill grenzte, erblühte in voller

Farbenpracht. Für Freud war es eine Quelle großer Freude. »Mein Zimmer bietet einen Ausblick auf die Veranda«, schrieb er, »und von der Veranda aus überblickt man unseren mit vielen Blumenbeeten angelegten Garten, der zu einem großen, baumbewachsenen Park führt.« Prinzessin Marie Bonaparte, eine Freundin der Familie, hat diese gefilmt, als sie auf der Veranda Tee trank. Die Kamera schwenkt dann auf Freud, der mit Lucian und Stephen, zwei seiner Enkel, die Fische in einem Seerosenteich bewundert. Dieser Garten soll dazu beigetragen haben, Freud mit neuer Kraft zu erfüllen, und die Kamera hält fest, wie er voller Schwung auf die andere Seite des Teichs eilt, weil er etwas im Wasser entdeckt hatte.

Als Flüchtling in einem fremden Land vermittelten die vertrauten Pflanzen und Bäume in der Elsworthy Road Sigmund Freud ein Gefühl der Sicherheit, und es schien ihm, als lebten sie in Grinzing. Außerdem gab es eine Topfpflanze, die eine Verbindung zur Heimat schuf. Ich erfuhr davon, als ein Freund mir einen Ableger davon gab. Es ist eine Zimmerlinde *(Sparrmannia africana)*, und es wird vermutet, dass sie ein von den Freuds mitgenommener Ableger einer größeren Pflanze war, die in dem Wintergarten in der Berggasse wuchs. Mit ihren großen, leuchtend grünen Blättern und den hübschen weißen Blüten ist die Zimmerlinde eine kräftige, schnell wachsende Pflanze. Im Frühjahr würde sie bereits ein paar Fuß hoch sein.

Im September 1938 zog die Familie Freud in ihr neues Haus in Maresfield Gardens in Hampstead. Ernest Jones beobachtete, wie sehr Freud den bezaubernden Garten dort genoss. Im Vergleich zu den Gärten in Wien, die er so sehr geliebt hatte, war dies ein kleines Gelände, aber es war der erste Garten, der der Familie gehörte. Freud wollte ihn in allen vier Jahreszeiten erleben – was ihm in den Villen, die er gemietet hatte, nie möglich gewesen war. Seine Liebe zur Natur wurde von seiner Tochter Anna Freud, die später eine erfolgreiche

Kinderpsychologin werden sollte, sehr intensiv geteilt. Sie war es auch, die sich um die Pflanzen kümmerte.

Freuds Sohn Ernst, der Architekt war, baute auf der Rückseite des Hauses große Fenstertüren ein. Sie ließen sich vom Arbeitszimmer seines Vaters zum Garten hin öffnen, sodass Freuds Schreibtisch sonnenüberflutet war und er von dort aus einen prächtigen Ausblick genießen konnte. Der geschützte Garten erwies sich als idealer Ort, um die Schaukelliege aus Grinzing, die die Familie mit nach London genommen hatte, wieder aufzustellen. Ein Amateurfilm, der im Oktober jenes Jahres aufgenommen worden war, zeigt, wie Freud fest in Decken eingehüllt darauf liegt.[30] Hanns Sachs erinnerte sich, wie die alten Bäume in den angrenzenden Gärten über die Mauern grüßten und ein Gefühl der Abgeschirmtheit vermittelten. Viele der Pflanzen, beispielsweise Klematis, Rosen und Hortensien, die bereits zu Freuds Zeit in dem Garten blühten, lassen sich dort heute immer noch bewundern.

Ein paar Monate nach Freuds Ankunft in England beschlossen die nationalsozialistischen Behörden, seine kostbare Antiquitätensammlung freizugeben. Nachdem dies geschehen war, schrieb Freud seiner Freundin und Kollegin Jeanne Lampl de Groot: »Alle Ägypter, Chinesen und Griechen sind eingetroffen. Sie haben die Reise ziemlich unbeschadet überstanden und wirken hier noch beeindruckender als in der Berggasse.«[31] Im gesamten Haus sorgte dies für helle Aufregung. Freuds anfängliche Begeisterung wurde jedoch alsbald gedämpft, denn ihn überkam ein schales Gefühl: »Es besteht ein Problem«, schrieb er, »eine Sammlung, die nicht erweitert wird, ist im Grunde genommen wertlos.«

Die Antiquitäten stellten einen wichtigen Teil von Freuds Nachlass dar, aber diese Phase seines Lebens war nun abgeschlossen: Er konnte die Sammlung nicht mehr vergrößern, da ihm sowohl das Geld als auch die Energie dazu fehlten, um Ausschau nach neuen Kunstgegenständen zu halten. Außerdem sind Besitztümer etwas Statisches; für Menschen, die bald sterben werden, verlieren sie zunehmend ihren Wert. Wir müssen ihnen Leben einhauchen, indem wir sie mit Bedeutung aufladen, während die Schönheit der Natur uns selbst lebendig werden lässt. Im Gegensatz zu Freuds Antiquitätensammlung blühte sein Garten auch weiterhin und stellte etwas dar, wofür er und Anna Pläne schmieden konnten.

Der Psychiater Robert Lifton zeigte in seinem Werk zur Psychologie des Sterbens auf, wie wichtig es ist, Möglichkeiten zu finden, der Unsterblichkeit ein Symbol zu verleihen. Dabei stützte er sich auf Freuds Vorstellung, dass das Unbewusste keinen Weg eröffnet, uns unseren eigenen Tod vor Augen zu führen. Lifton betont, dass wir den Tod zumindest partiell leugnen müssen, und dies hilft uns paradoxerweise, seine Realität zu akzeptieren. Die Aussicht auf das Ende ist erschreckend; wir können es psychisch nicht verarbeiten und müssen Wege finden, um dem Tod seine Absolutheit zu nehmen. Hierzu bieten sich uns verschiedene Ansätze, die Lifton als »symbolisches Überleben« bezeichnet.[32] Seiner Auffassung nach schließt das unsere Gene mit ein, die an die nächste Generation weitergegeben werden, sowie unseren Glauben an ein Weiterleben nach dem Tod, an unsere eigene Kreativität und die fortdauernde Beständigkeit der Natur.

Unser existenzielles Bedürfnis nach symbolischem Überleben ist einer der Gründe, weshalb Menschen, die unmittelbar mit dem Tod konfrontiert sind, eine intensive Beziehung zur Natur entwickeln. Dieser Aspekt der Natur vermag den Sterbenden wie den Hinterbliebenen Trost bieten. Wenn wir im Gedenken an jemanden, der gestorben ist, einen Baum pflanzen, stellt dies eine kraftvolle Quelle für das symbolische Überleben dar. Wir wissen, dass die Zeit unsere Erinnerungen verblassen lässt, aber ein Baum bringt neues Wachstum hervor, das tiefe Wurzeln schlägt – wie eine Garantie gegen das Vergessen.

Die Liebe, die wir für Blumen empfinden, kann geteilt werden. Freud schenkte Frauen, die er bewunderte, stets Blumen. Als Virginia Woolf ihn in Maresfield Gardens besuchte, ließ er diese Gelegenheit nicht aus.[33] Leonard Woolf schilderte, wie Freud »auf eine förmliche, altmodische Weise außerordentlich höflich war« und »Virginia fast wie in einer Zeremonie eine Blume überreichte«. Fortschreitende Krankheit und Verfall können so brutal und grausam sein. Freuds Hinfälligkeit in diesem Winter erwähnt Virginia Woolf in einer Tagebucheintragung vom 29. Januar 1939. Sie beschreibt seine »wie gelähmten, krampfartigen Bewegungen« und schildert, wie er sich »unklar ausdrückt, aber dennoch voller Lebendigkeit ist«. Auch wenn Freuds Sprechfähigkeit beeinträchtigt war – Blumen haben ihre eigene Sprache, und die Blume, die Freud ihr überreichte, war eine seiner Lieblingsblumen: eine Narzisse.

Für den im Sterben liegenden Freud war der Frühling, der sich ankündigte, von ganz besonderer Bedeutung. Es war noch zu früh, um die Schaukelliege aufzustellen, aber er konnte draußen in der Loggia sitzen, die sein Sohn Ernst auf der Rückseite des Hauses gebaut hatte. Auf der einen Seite war diese den Elementen preisgegeben, aber sie bot doch einen geschützten Platz, von dem aus Freud den Garten genießen konnte. Loggien, Wintergärten, Veranden und Balkone sind Schwellenräume; dort kann man sich halb im Freien und halb im Inneren des Hauses aufhalten und beide Möglichkeiten optimal nutzen.

Gerade in Hospizen werden solche Baustrukturen wegen ihres Stellenwerts im Rahmen der Pflege von älteren und im Sterben liegenden Menschen immer häufiger verwendet.[34] Wenn das Leben an der Schwelle des Todes angelangt ist, kann eine physische Schwelle hilfreich sein. Denn wenn man in der Lage ist, zu beobachten, wie die Wolken am Himmel entlangziehen, ist das Leben noch nicht zu Ende. Ein Garten bietet das ständige Gefühl von Bewegung und Abwechslung, er ist eine Quelle der Faszination. Auch wenn die Beine einen nicht mehr tragen, können die Augen doch immer noch umherwandern, und wenn die Vögel zwitschern, kann sich der Geist manchmal erheben und hoch auf die Bäume schwingen, um den Vögeln Gesellschaft zu leisten.

Wie die meisten Menschen in der Endphase ihres Lebens schlief Freud im Frühsommer 1939 tagsüber sehr viel. So oft wie möglich tat er dies im Freien, und häufig war seine Familie um ihn versammelt. Doch er war auch sonst nie allein, denn seine Hündin Lun, die er abgöttisch liebte, war seine ständige Begleiterin. Als der Sommer voranschritt, bildete sich in der offenen Wunde an Freuds Kiefer eine Infektion, die keine Anzeichen einer Veränderung zeigte. Schon seit vielen Jahren war das Essen für ihn beschwerlich geworden; jetzt wurde es noch schwieriger. Infolgedessen verlor er immer mehr an Kraft. Sein Arbeitszimmer wurde nun in ein Krankenzimmer umgewandelt, sodass er vom Bett aus in den Garten schauen konnte.

Anfang September zeigte die Haut über seinem Wangenknochen Anzeichen von Wundbrand und entwickelte einen fürchterlichen Geruch. Dies bedeutete das Ende der Beziehung zu seiner Hündin Lun, denn ihre Instinkte meldeten sich und weckten in ihr eine Urangst. Wenn Lun in Freuds Arbeitszimmer geführt wurde, verkroch sie sich in die äußerste Ecke und konnte nicht dazu gebracht werden, sich ihm zu nähern. Zumindest blieb Freud noch der Garten, der ihm Trost spendete. Die Fenstertüren wurden so weit wie möglich offen gelassen und Freuds Bett wurde so ausgerichtet, dass sein Blick auf die Blumen fiel, die er so liebte.[35] Bei Blumen können wir sicher sein, dass sie uns nicht zurückweisen.

In den letzten Wochen vor seinem Tod wurde Anna bei der Pflege von Lucie, der Frau von Ernst, unterstützt. In einem Brief, den Lucie nach Freuds Tod schrieb, berichtete sie, dass trotz der schrecklichen Schmerzen, die ihr Schwiegervater erleiden musste, »eine friedliche, heitere, ja, fast heimelige

Stimmung in dem Krankenzimmer herrschte«.[36] In seinen wachen Momenten war Freud »unbeschreiblich freundlich und liebevoll zu uns allen und ertrug alles mit rührender Geduld«.

Er schrieb einmal, Sterben sei eine Leistung. Wenn wir vom Tod eines bestimmten Menschen erfahren, fühlen wir so etwas wie Bewunderung für die vollendete Aufgabe. Schließlich ist es eine existenzielle Leistung, sich von geliebten Menschen zu lösen und das Leben loszulassen. Freud starb am 23. September 1939 in den frühen Morgenstunden – etwa ein Jahr nachdem seine Familie in das Haus in Maresfield Gardens eingezogen war. Als Freud dort eingetroffen war, wollte er den Garten in allen Jahreszeiten erleben. Dieser Wunsch ging in Erfüllung.

In der Zuflucht eines Gartens erleben wir Mutter Natur in all ihrer Schönheit und Güte. Wir sind geschützt vor allem, was unberechenbar und feindlich ist. In solchen Augenblicken des Friedens ist die Welt in Ordnung. Wenn die Seele mit dem Bedürfnis konfrontiert wird, sich auf den Tod vorzubereiten, muss sie einen Ruheplatz finden, und Sigmund Freud fand diesen im Garten.

Dieser Ruheplatz birgt mehr in sich als nur die besänftigenden und tröstenden Auswirkungen der Natur; ein Garten ruft auch Erinnerungen wach. Für Freud waren so viele schöne Orte in seiner Erinnerung verankert: der Garten in Grinzing, der wie »ein Märchen« war und durch den er gerne schlenderte, der Torre del Gallo, der »Garten Eden«, der ihn faszinierte, wenn er sich die Füße wund gelaufen hatte und müde war. Dann waren da noch seine Ausflüge in die Berge, wo er Orchideen und wilde Erdbeeren suchte, und auch die schattigen Haine in den Wäldern, in denen er sich zu Hause fühlte. Dazu gehörten auch seine Spaziergänge als Junge über die Wildblumenwiesen, nah bei seinem Geburtsort, und – nicht zuletzt – die Arme seiner jungen Mutter, die ihn als Erste über den Tod aufgeklärt hatte.

Die Arme unserer Mutter sind schließlich das Erste, was wir kennenlernen. Freud hob später die Bedeutung dieser Erfahrung hervor, als er darauf verwies, wie die Mutter Erde uns wieder aufnimmt. Er wusste jedoch um die Vergeblichkeit, der Sehnsucht des alten Mannes nach der Liebe einer Frau, wie er sie einst von seiner Mutter empfangen hatte, denn es sei allein die dritte der Schicksalsgöttinnen, die schweigsame Todesgöttin, die ihn in die Arme nehmen würde.

Die Vorstellung des Todes als eine Rückkehr wird lebhaft in Helen Dunmores letztem Lyrikband *Inside the Waves* beschrieben.[37] Darin hält sie ihre Reise in den Tod fest und ihr Bedürfnis, einen Ruheplatz zu finden. Das letzte Gedicht, das sie nur zehn Tage vor ihrem Tod verfasst hatte, trägt den Titel *Hold Out Your Arms* (Breite deine Arme aus). Es beginnt damit, dass sie sich nach der »mütterlichen Liebkosung« des Todes sehnt und ihr Augenmerk auf die Schwertlilien in ihrem Garten richtet, deren »Duft lieblich in die Nase steigt«. Sie denkt darüber nach, wie der Tod sie wohl überwältigen wird, und erkennt dann: »Wie ein Wurzelstamm eine Blüte hochtreibt, so kann man darauf bauen, dass eine Mutter ein Kind hochhebt.« Dann führt sie die Personifizierung fort: »Einerlei …/Dein Gemurmel/Wir sind beinahe am Ziel.«

Der Tod hat kein Gesicht, und alles ohne Gesicht ist Furcht einflößend, genauso wie die Aussicht, in eine Leere zu fallen. Wir fühlen uns sicherer, wenn wir nach etwas Vertrautem greifen können, als ob wir beim Festhalten einer Hand die andere loslassen könnten. Dunmore setzt ihr Vertrauen auf die Schwertlilie und ihren Wurzelstamm, denn dies vermittelt ihr das Gefühl, dass sich ein natürlicher Vorgang entfaltet.

Die verschiedenen Arten, in denen wir den Tod symbolisieren, bestimmen, wie erschreckend oder nicht dieser für uns ist und wie natürlich oder unnatürlich sich das Ende des Lebens anfühlt. Schon seit den frühesten Menschheitskulturen haben Pflanzen und Blumen das Verständnis der Völker im Hinblick auf Leben und Tod beeinflusst; sie verleihen unserem Denken in einer Weise Struktur, die uns hilft, Angst und Verzweiflung zu überwinden. Wir können uns in jedem Jahr immer wieder auf die Rückkehr des Frühjahrs verlassen, und da wir am Leben sind, wenn uns der Tod ereilt, haben wir das Gefühl, dass das Gute bestehen bleibt. Dies ist der beständigste Trost des Gartens.

11 Gartenzeit

Die Gartenarbeit vermittelt uns eine organische Sichtweise auf das Verrinnen der Zeit.
William Cowper (1731–1800)

Wenn das Leben sich aufzulösen scheint, kann die Beschäftigung mit dem Garten uns wieder auf die Beine bringen. Vor ein paar Jahren, als ich mich nach einer mit beruflichem Stress verbundenen längeren Krankheit wieder erholte, durfte ich im Frühjahr dies selbst erfahren.

Zuvor hatte ich dreizehn Jahre lang als Fachärztin für Psychiatrie an einem Institut für Psychotherapie des National Health Service gearbeitet. Angesichts des ausgeprägten und sehr komplexen Krankheitsbilds unserer Patienten war ich es gewohnt, große Verantwortung zu tragen und mit einem gewissen Stress umzugehen. Doch dann wurde die Abteilung, in der ich arbeitete, plötzlich aufgefordert, im Laufe der folgenden vier Jahre Einsparungen in Höhe von 20 Prozent umzusetzen. Die psychiatrische Versorgung der Bevölkerung war von jeher unterfinanziert, und es erschien im höchsten Maße falsch, noch weitere Kürzungen vorzunehmen.

Es folgte eine Zeit organisatorischer Umstrukturierungen, was zur Abschaffung von Spezialistenteams führte; auch mein Team war betroffen. Einige meiner Kollegen wurden arbeitslos, und in den folgenden Monaten beschlossen weitere, von sich aus zu kündigen. Die Auflösung des Psychotherapieteams sowie die Zunahme meiner Arbeitsbelastung führten bei mir zu einem Gefühl von Machtlosigkeit und Isolation;

ich beschloss jedoch, weiterzumachen. Im Jahr darauf wurde ich durch eine plötzlich auftretende rheumatoide Arthritis ausgebremst. Ich war immer sehr engagiert in meinem Job gewesen; nun war ich jedoch arbeitsunfähig und derart lange in meiner Bewegung eingeschränkt, dass ich die Auswirkungen des Jobs auf meine Gesundheit nicht länger ignorieren konnte. Nachdem ich im Sommer darauf gekündigt hatte – vorher hatte ich nicht den Mut dazu aufgebracht –, bekam ich eine Gürtelrose.

Als der Herbst voranschritt, hoffte ich, meine Lebenskräfte wiederzuerlangen, doch vergeblich. Den ganzen Winter über konnte ich diese Lethargie nicht abschütteln, und so ging es immer weiter bis Anfang März. Gewöhnlich hält mich nichts im Haus, wenn das Frühjahr vor der Tür steht, und ich eile ins Gewächshaus. Aber dieses Jahr war es anders. Obwohl ich schon vor langer Zeit verschiedene Samen bestellt hatte, blieben sie in ihrer Verpackung. An einem Wochenende schlug Tom morgens vor, dass wir gemeinsam das Gewächshaus in Ordnung bringen. Es bedurfte dringend einer Reinigung. Wir machten uns an die Arbeit, fegten dürres Laub zusammen und räumten zerbrochene Töpfe und all die Überreste des vergangenen Jahres weg. Dann ordneten wir die Pflanzen auf den Stellagen neu und füllten die Blumentöpfe mit frischer Erde auf. Als wir damit fertig waren, begann ich damit, meine Samenpackungen durchzusehen, und zum ersten Mal überlegte ich, was ich säen wollte.

Am nächsten Tag ging ich direkt nach dem Frühstück hinaus zum Gewächshaus mit dem Plan, ein paar Saatkästen anzulegen. Plötzlich verspürte ich das dringende Bedürfnis, die Samen in die Erde zu bringen. Trotz meiner Müdigkeit arbeitete ich, als ob es nichts Wichtigeres zu tun gäbe. Am Ende jenes Tages hatte ich Folgendes gesät: Salat, Rucola, Gelbe Rüben, Spinat, Rote Bete, Grünkohl, Koriander, Petersilie, Basilikum und noch mehr – alle in Saatkisten oder draußen in Gemüsebeeten. Ich säte auch Blumensamen – Ringelblumen, Rittersporn, Gartenwicken und Schmuckblumen. All diese Blumensamen waren nun nicht mehr in meinem Kopf, sondern im Boden und würden schon bald keimen. In den vergangenen Monaten war ich von der Außenwelt abgeschnitten gewesen – wie ein glückloser Surfer, der beobachtet, wie die Wellen an ihm vorbeirollen. Aber an jenem Tag surfte ich auf der Woge der Zeit, was der Gartenzeit entspricht, die uns mit ihrem jahreszeitlichen Antrieb und der entsprechenden Energie für neues Wachstum mitreißen kann.

Die Samen bergen bereits das Morgen in sich. Sie lösen das Vergnügen des Planens aus und eröffnen uns neue Möglichkeiten. Sie schaffen eine Brücke in die Zukunft – eine Zukunft, die man sich leicht vorstellen kann. Wir wissen, dass zumindest der Salat und die Ringelblumen wachsen werden, was auch immer sonst noch geschehen mag. Man muss mit Schädlingen und schlechtem Wetter fertigwerden, doch sollte einer der Samen nicht keimen, dann werden sicherlich andere gedeihen.

Fortwährend bauen wir auf eine unbekannte Zukunft, aber wenn sich die Dinge gegen uns verschwören und das Leben außer Kontrolle zu geraten scheint, fällt es schwer, Träume umzusetzen. Der Garten ist ein sicherer Ort, um damit wieder zu beginnen. Er gibt uns Struktur und regt zur Disziplin an, denn es geht nicht um grenzenlose Möglichkeiten. Mit dem Ablauf der Jahreszeiten sowie der natürlichen Wachstumskraft lässt sich nicht verhandeln. Wir können sie weder verlangsamen noch beschleunigen. Wir müssen uns dem Rhythmus der Gartenzeit unterwerfen und innerhalb dieses Rahmens arbeiten.

Im Frühjahr und Frühsommer ist dieser Rhythmus besonders vital. Auch wenn mich dies noch so sehr motiviert, gibt es doch Phasen, in denen der kontinuierliche Ablauf der Aufgaben mir zu viel wird, und selbst ein Blick auf den Garten kann mich dann ermüden. Am liebsten würde ich sagen: »Könnt ihr nicht etwas langsamer wachsen? Könnten wir bitte pro Monat eine zusätzliche Woche bekommen?« Aber dann wird mir klar, dass ich es bin, die ihr Tempo verlangsamen muss.

Wir sprechen über ein Zeitgefühl, aber es gibt kein dezidiertes Zentrum, um es wahrzunehmen; es gibt kein Sinnesorgan, das bemerkt, wie die Zeit vergeht.[1] Der Neurowissenschaftler David Eagleman, der über die Wahrnehmung der Zeit forscht, bezeichnet sie als »eine im Gehirn verteilte Eigenschaft«. Diese ist, so sagt er »metasensorisch«. Sie sitzt gewissermaßen »wie ein Reiter auf allen anderen«.[2] Tatsächlich erleben wir den Zeitablauf durch ein Zusammenwirken von Emotionen, Empfindungen und Erinnerungen. Dies bedeutet, dass eine enge Verknüpfung zu unserem Ich-Erleben besteht; einige Menschen sehen tatsächlich in der Zeitwahrnehmung ein Produkt des Ichs. Sicherlich verändern unsere Gefühle die Wahrnehmung des Fortschreitens der Zeit grundlegend.

Wir können in der Gegenwart leben, in der Vergangenheit verweilen und in die Zukunft planen. Die Zeit ist ein Konstrukt, und unsere Lebenserfahrung ist stark durch unsere Einstellung zur Zeit und durch die damit verbundenen Gewohnheiten beeinflusst. Die Zeit kann als eine Reihe wiederkehrender Zyklen verstanden werden oder, wie es heutzutage meistens der Fall ist, in ihrer linearen Form gesehen werden.

Die Menschen haben sich die Zeit zunächst kreisförmig vorgestellt, insbesondere wenn sie eng mit der Erde verbunden waren. Die Kreisförmigkeit der Zeit findet sich nicht nur in der ständigen Wiederkehr der Jahreszeiten wieder – auch die frühesten Erzählungen handelten von einer kreisrunden Form. In Mythen, Legenden und Volksmärchen steht ein Held im Mittelpunkt, der sich auf die Suche nach etwas begibt und dann nach seiner Rückkehr seine Abenteuer schildert. Ein klassisches Beispiel hierfür sind die Ritter von König Artus' Tafelrunde. Eine Erzählschleife bringt den Helden zum Ausgangspunkt zurück; erst nach seiner Rückkehr wird die

Geschichte von ihm berichtet. Die Erzählstruktur in kreisförmigen Schleifen geht zurück auf die Lebensweise der Jäger und Sammler und auf Abenteuergeschichten, die abends beim Lagerfeuer erzählt wurden.

Der Verstand folgt nicht der linearen Betrachtungsweise der Zeit, da das Gehirn ein Prognoseorgan ist. Um der Gegenwart Sinn zu verleihen, kehren wir unzählige Male in die Vergangenheit zurück und blicken voraus in die Zukunft. Wenn wir während einer gewissen Zeitspanne durch zahlreiche Aktivitäten in Anspruch genommen oder von rasanten Ereignissen überrollt werden, müssen wir schließlich wieder eine ruhigere Phase einleiten, um nachdenken und die Dinge, die wir erlebt haben, richtig einordnen zu können. Der parasympathische Ruhe- und Verdauungszustand bezieht sich sowohl auf die physische als auch auf die psychische »Verdauung«, denn nicht nur die Nahrung in unserem Darm, sondern auch unsere Gefühle müssen verarbeitet werden. Dieser Vorgang legt nahe, wie wir auch unsere eigene Geschichte konstruieren. Und wenn uns dafür die Zeit und die geistige Kapazität fehlten, fühlt sich die Erfahrung für uns eher wie eine Aufreihung von disparaten, zusammenhanglosen Ereignissen an – eines nach dem anderen. Das Leben verliert dann an Bedeutung.

Der Garten ist ein Ort, der uns wieder mit den grundlegenden biologischen Lebensrhythmen in Verbindung bringt. Der Rhythmus des Lebens entspricht dem Rhythmus der Pflanzen; wir müssen unser Tempo verlangsamen, und das Gefühl einer sicheren Einfriedung und die Vertrautheit tragen dazu bei, uns auf einen besinnlicheren Bewusstseinszustand einzustimmen. Der Garten vermittelt uns auch einen zyklischen Überblick. Die Jahreszeiten kommen immer wieder. Wir erleben stete Wiederkehr; einiges verändert sich, anderes bleibt gleich. Die Struktur der Jahreszeit bietet uns Trost. Wenn wir auf unsere psychische Verfassung achten, löst dies einen Lernprozess aus, denn wir erhalten eine zweite Chance. Wenn dieses Jahr etwas nicht gelingt, wissen wir, dass wir es im Jahr darauf zur selben Zeit nochmals versuchen können.

Die lineare Zeit ist kompromissloser, und es fällt uns schwer, mit ihrer Begrenztheit zu leben – wie ein Pfeil auf einer festgelegten Flugbahn, der das Bedürfnis des Körpers nach Ruhe und Erholung nicht erkennt oder auch nicht bemerkt, dass Grund und Boden dies genauso benötigen. Wenn alles darauf abgestellt ist, die Zeit für ein Maximum an Output zu nutzen, konzentrieren wir uns vorwiegend darauf, keine Zeit zu vergeuden, und haben trotzdem das Gefühl, nicht genug Zeit zu haben. Schließlich versuchen wir, unseren Lebensrhythmus auf eine Uhr auszurichten, der wir immer etwas abtrotzen wollen.

Das Leben als eine Reihe von prickelnden Augenblicken und Adrenalinstößen zu erleben kann schnell süchtig machen. Paradoxerweise erschwert uns dann eine unterschwellige Erschöpfung, die erforderliche Ruhepause einzulegen. Dies kann dazu führen, dass man Problemen aus dem Weg geht, statt sie aus der Welt zu schaffen. So fällt es uns leichter, unser Tempo zu halten, statt es zu drosseln und Bilanz zu ziehen.

Im Zeitalter von Fast Food, Speeddating und mit einem Klick erfolgten Bestellungen und Auslieferungen am selben Tag scheint die Devise zu lauten: Je schneller alle möglichen Bedürfnisse befriedigt werden, umso besser. Der endlose Strom von Posts, Mitteilungen, E-Mails und Tweets verlangt von uns, eine derartige Fülle an neuen Informationen aufzunehmen, dass wir nur schwer abschätzen können, was davon wichtig ist und was nicht. Es fehlt die Zeit, um eine Erfahrung zu verarbeiten, sie zu verstehen – ja sogar, sich daran zu erinnern, denn unsere individuellen und kollektiven Erinnerungen werden zunehmend in die Cloud ausgelagert.

Unser Gefühl für das Verrinnen der Zeit ist eng mit der Anzahl von Erinnerungen verbunden, die das Gehirn speichert. Die Zeit, die wir an unbekannten Orten verbringen oder in Situationen, die eine Fokussierung auf viele Details verlangen, scheint länger zu währen – weil wir mehr Erinnerungen sammeln. Demgegenüber vergeht die Zeit, die wir im Internet verbringen, wie im Flug, da sie nicht dieselbe Art von Aufmerksamkeit erfordert und wir keine Erinnerungen speichern.

Unsere autobiografische Zeitschiene besteht aus Erinnerungen, aber unser Gefühl für die verstrichene Zeit ist oft verschwommen. Das lässt sich dadurch erklären, dass die Erinnerung eine viel stärkere Beziehung zum Ort als zur Chronologie der Uhr hat. Deshalb sind wir bei der Einschätzung der Zeit häufig unsicher, wann sich etwas ereignet hat, wissen aber immer, wo es geschah. Unsere fernen Vorfahren mussten sich in der Wildnis das Terrain gut einprägen und sich an die Fundorte von Ressourcen erinnern. Es gibt also entwicklungsgeschichtliche Gründe dafür, weshalb der Ort wie eine Art Karteikarte für das Erinnerungssystem funktionieren könnte. Daher werden im Laufe unseres Lebens Orte eng mit unserem biografischen Narrativ und unserem Selbstgefühl verwoben.

Unsere Beziehung zur Zeit und zum Ort ist unterbrochen worden. Wenn wir wollen, können wir fast alles tun – egal, zu welcher Uhrzeit –, und wir haben unbegrenzten Zugang, wo auch immer wir uns befinden. Die digitale Welt verunmöglicht es nahezu, uns den Ort, an dem wir uns befinden, voll und ganz zu eigen zu machen, denn wir sind leicht ablenkbar. Darüber hinaus haben sich die Grenzen zwischen Arbeits- und Ruhezeit sowie Tages- und Nachtzeit verwischt. Der Schlaf tritt ein, wenn die Mikrogliazellen im Gehirn ihr stärkendes Pruning, die restaurative Eliminierung gewisser Synapsen, durchführen und Aktivitäten herunterfahren, aber den meisten Menschen fehlt die Geduld für diese grundlegende Form der Ruhe und Erholungszeit.

In den letzten Jahrzehnten haben zunehmend unsichere Arbeitsverhältnisse und eine auf verschärfte Konkurrenz beruhende Arbeitsüberlastung zu einer dramatischen Steigerung des berufsbedingten Stressaufkommens geführt. In den Städten gibt es immer mehr Büros, in denen die Menschen den ganzen Tag bis in die Abendstunden arbeiten – und in zahlreichen Unternehmen gilt es als Ehrensache, nicht den gesamten bezahlten Urlaub in Anspruch zu nehmen. Viele Lehrer, Ärzte und Krankenschwestern kämpfen trotz Unterbesetzung in ihren Arbeitsbereichen darum, steigenden Anforderungen gerecht zu werden. In fast allen Berufszweigen ist es immer mehr zur Norm geworden, früher oder später ein Burn-out-Risiko einzugehen. Stress ist mittlerweile die häufigste Ursache für Krankmeldungen.

Burn-out tritt auf, wenn die Erholungszeit zu knapp ist und man die Fähigkeit verloren hat, mit Stress umzugehen. Dies verstärkt das Risiko, eine Depression zu bekommen, und ist verbunden mit höheren Quoten für eine Reihe körperlicher Erkrankungen, insbesondere Herzkrankheiten und Diabetes. Den überlastungsbedingten körperlichen oder geistigen Zusammenbruch bezeichnete 1974 der Psychologe Herbert Freudenberger als Burn-out-Syndrom.[3] Eines der größten Zentren für die Behandlung von Burn-out- und Stresssyndromen durch Einsatz im Gartenbau befindet sich in Schweden. In den letzten fünfzehn Jahren haben der Professor für Landschaftsarchitektur Patrik Grahn und seine Kollegen an der Universität für Agrarwissenschaften in Alnarp ein intensives dreimonatiges Gartentherapieprogramm entwickelt. Sie haben zahlreiche Studien veröffentlicht, die den Nutzen des sogenannten Alnarp-Modells nachweisen.[4]

Dieses Projekt ist fachübergreifend konzipiert. Patrik Grahn entwarf den Garten, und ein Team, bestehend aus einem Beschäftigungstherapeuten, einem Physiotherapeuten, einem psychodynamischen Psychotherapeuten und einem Gartenbaufachmann, erstellte das Programm. Die Mehrheit der

Patienten sind Frauen – Lehrerinnen, Krankenpflegerinnen, Ärztinnen oder Richterinnen, die schon seit längerer Zeit arbeitsunfähig sind und auf keine anderen Behandlungen angesprochen haben. Sie alle kennzeichnet, dass sie höchst effiziente, pflichtbewusste Menschen sind, die sich durch eine Kombination aus Arbeitsüberlastung und familiärer Verpflichtungen die Gesundheit ruiniert haben. Sie leiden unter Angstgefühlen, und ihr Mangel an geistiger und körperlicher Energie hat zur Folge, dass es ihnen schwerfällt, sich zu konzentrieren oder Entscheidungen zu treffen. Da ihr Selbstwertgefühl eng mit ihrer guten Leistungsfähigkeit verbunden ist, haben sie wegen ihrer Krankschreibung mit Schuld- und Schamgefühlen zu kämpfen.

Der von einem rostbraunen Palisadenzaun eingefasste Alnarp-Therapiegarten grenzt an den Campus der Universität. Die Leitzentrale des Programms befindet sich in einem traditionellen Holzgebäude inmitten des zwei Hektar umfassenden Geländes. Der zentrale Raum ist schlicht gehalten, verbreitet aber ein heimeliges Gefühl. Von der Holzterrasse aus hat man einen Ausblick auf die Gemüsebeete und weiter hinten auf eine grüne Wiese und einen Wald. Man hat nicht das Gefühl, dass dies alles Teil einer Universität ist oder sich in der Nähe eines geschäftigen Universitätsgeländes befindet; lediglich der Verkehrslärm von einer weiter entfernten Schnellstraße mindert den Eindruck völliger Abgeschiedenheit.

In diesem Garten wachsen sowohl wilde als auch kultivierte Pflanzen, da die Menschen während der verschiedenen Phasen ihrer Behandlung unterschiedliche Bedürfnisse haben. Es gibt zwei Gewächshäuser und eine Mischung aus klassischen Beeten und Hochbeeten für Gemüse, Obst und Kräuter. Im Kontrast dazu stellen die wilderen, unbepflanzten Teile des Gartens ein Experiment der Natur dar, frei von jeglichem Zwang, hier etwas zu bearbeiten. Es gibt auch eine Anzahl abgelegener »Gartenräume«, wo die Patienten Zuflucht suchen können.

Die Teilnehmer, von denen die meisten noch nie zuvor mit Gartenarbeit zu tun hatten, müssen sich über einen Zeitraum von drei Monaten in jeder Woche an vier Vormittagen einer Therapie unterziehen. Nachdem sie sich ein paar Tage eingewöhnt haben, fordert der Therapeut sie auf, einen ruhigen Platz auszuwählen, wo sie allein sein können. Einige tragen Matratzen in wildere Teilen des Gartens, andere benutzen die Hängematte, die Schaukel oder eine der Bänke in den Gartenräumen. Ihre Erkrankung führte zu einer gestörten Beziehung zu ihrem Körper und zur Umwelt. Nun müssen sie einen Weg finden, um diese Beziehung sinnlich-emotional auf der untersten, ursprünglichsten Stufe wiederherzustellen.

In einem der Gartenräume gibt es eine besonders einladende Waldschneise. Im Mai wirkte dieser Teil des Gartens mit blühenden weißen Tulpen frisch und grün. Zwischen den Bäumen war in dieser Woche eine Hängematte aufgespannt worden. Jedes Jahr wächst davor Elefantengras in die Höhe und schafft somit eine private Einfriedung, um Ruhe und Erholung zu finden. Ganz in der Nähe verströmt ein Katsurabaum zarten Zimtduft, und ein mit Moos bewachsenen Steinen eingefasster Teich, an dessen einem Ende ein größerer Felsblock in die Höhe ragt, lädt zum Verweilen ein.

Bäume, Steine und Wasser spielen bei diesem Gartenkonzept, das teilweise auf dem Werk des amerikanischen Psychiaters und Psychoanalytikers Harold Searles beruht, eine wichtige Rolle. Searles war schon in den 1960er-Jahren sehr beunruhigt darüber, in welchem Ausmaß sich Technologie störend auf die Fähigkeit der Menschen auswirkt, mit der Natur in Verbindung zu treten. Damals schrieb er: »In den letzten Jahrzehnten haben wir unseren Lebensraum von einer Welt, in der die lebendigen Werke der Natur entweder vorherrschten oder in greifbarer Nähe waren, in eine andere Welt verlagert, die von einer erstaunlich leistungsstarken, aber toten Technologie beherrscht wird.«[5] Searles glaubte, unsere Fähigkeit, mittels der Natur zu einer umfassenden Sinngebung zu gelangen, werde häufig erst dann offenkundig, wenn wir in einer Krise stecken. Für jemanden, der die Verbindung zum Leben verloren hat, bietet eine Beziehung zu einer viel einfacheren Lebensform eine grundlegende Möglichkeit des Neubeginns. Searles stellte eine Hierarchie der Komplexität von Beziehungen auf, wobei die Beziehungen zu anderen Menschen aufgrund ihrer Vielschichtigkeit an vorderster Stelle standen, gefolgt von den Beziehungen zu Tieren, Pflanzen und Steinen.

Johann Ottosson, der mit Patrik Grahn zusammenarbeitet, erlebte dies selbst vor fast zwanzig Jahren, als er vom Fahrrad stürzte und eine schlimme Kopfverletzung erlitt, die ihn dauerhaft behinderte. Später berichtete er über diese Erfahrung in seiner Abhandlung *The Importance of Nature in Coping with a Crisis,* die die Therapie in Alnarp inspiriert hat.[6]

Ottosson beschreibt, wie sein Trauma ihn in einen Zustand tiefer Apathie versetzte. Als er sich allmählich von seinen Verletzungen erholte, gewöhnte er sich an, in dem Park der Klinik, in der er behandelt wurde, spazieren zu gehen. Hier stieß er auf einen großen »naturbelassenen Stein«, der in gewisser Weise »zu ihm zu sprechen schien«.[7] Mit seinem »Bewuchs aus Flechten und Moos« vermittelte dieser Stein ihm nach dem Unfall seine erste Erfahrung der »Ruhe und Harmonie«. Immer wieder kehrte er zu dem Stein zurück und baute eine Beziehung zu ihm auf; so konnte er sich schließlich wieder seiner Umwelt öffnen. Alles in seinem Leben hatte sich innerhalb eines Moments völlig verändert. Deshalb hatte das zeitlose Dasein des Steins eine beruhigende Wirkung auf ihn: »Der Stein hatte bereits lange vor dem Auftauchen des ersten Menschen dort gelegen. Zahllose Generationen, jede von ihnen mit eigenen Lebensläufen und Schicksalen, waren vorübergezogen.« Ottossons Beziehung zu dem Stein wirkte zutiefst stabilisierend.

Das Pflegepersonal in Alnarp beobachtet häufig bei seinen Patienten das Bedürfnis, die natürlichen Beziehungen zu Bäumen, zum Wasser oder zu den Steinen wiederaufzunehmen. Sie können frei wählen, wie und mit wem sie Zwiesprache halten wollen, und gelegentlich klettert auch jemand den großen Felsblock am Teich hinauf und setzt sich auf dessen abgeplattete Spitze. Wenn Patienten einen sicheren Weg finden, auf diese Weise wieder mit ihrer Umwelt in Beziehung zu treten, hilft ihnen dies, ihre Abschottung zu überwinden. Nach ein bis zwei Wochen entwickeln sie Neugier und beginnen den Garten weiter zu erkunden. Dabei ergeben sich auch viele Gelegenheiten, etwas zu hamstern: Insbesondere die wilden Erdbeeren sind beliebt.

Nach ungefähr sechs Wochen verspürten die meisten Patienten eine bessere Schlafqualität und eine Steigerung ihrer physischen und mentalen Energie. Ihre Punktezahlen auf den Bewertungsskalen für stärkeres Selbstwertgefühl und emotionale Kohärenz zeigten ebenfalls eindeutig eine Verbesserung. Die Patienten waren nun in der Lage, längere Arbeitsphasen im Garten durchzuhalten, wodurch die Verspannung der Muskeln, unter der viele von ihnen litten, gelockert wurde. Ihre Teilnahmslosigkeit beruhte zum Teil darauf, dass sie Warnsignale ihres Körpers nicht beachtet hatten. Nun wurden sie dazu ermutigt, sich darauf einzustellen und Pausen einzulegen, wenn sie sich erschöpft fühlten.

Viele Tätigkeiten im Garten wiederholen sich, sodass die Teilnehmer ein Gefühl für Rhythmus entwickeln können. So können Geist, Körper und das Umfeld eine harmonische Einheit bilden. Gerät man in den sogenannten Flow, unterstützt dies u. a. das parasympathische Nervensystem und fördert die Gesundheit des Gehirns durch die steigende Konzentration einer ganzen Reihe von antidepressiven Neurotransmittern, wie zum Beispiel Endorphine, Serotonin und Dopamin, sowie durch eine höhere Konzentration des Wachstumsfaktors BDNF. Diese kombinierte Wirkung hat eine angenehme und entspannte Einstellung zur Folge.

In den 1980er-Jahren beschrieb der Psychologe Mihaly Csikszentmihalyi als Erster Flow-Zustände, als er Recherchen über die Merkmale einer emotional befriedigenden Arbeit anstellte. Er stellte fest, wie Sportler, Künstler, Musiker, Gärtner und Handwerker, um nur einige zu nennen, Tätigkeiten nachgehen, bei denen sie in die »Zone« gelangen können und sich mit dem, was sie tun, identifizieren. Csikszentmihalyi führt aus, dass dabei »das Ego den Boden unter den Füßen verliert. Die Zeit vergeht im Flug. Jedes Handeln, jede Bewegung und jeder Gedanke folgen zwangsläufig aufeinander«.[8] Nicht alle rhythmischen Abläufe führen zum Flow-Zustand, sodass wir weiterhin über bestimmte Dinge nachgrübeln können. Csikszentmihalyi kam zu dem Ergebnis, dass Flow-Zustände eher dann eintreten, wenn unsere Fähigkeiten mit der Herausforderung im Einklang stehen, sodass die Aufgabe weder zu leicht noch zu schwierig ist.

Der technologische Fortschritt wirkt sich zunehmend auf unser Leben aus und bestimmt sein Tempo. Es kann schwerfallen, den eigenen Rhythmus zu finden, wenn man auf die Reaktion einer Maschine warten muss oder wenn das Netzwerk lahmt. Wenn Sie jedoch körperliche Arbeit verrichten, gibt es kein Zwischenglied. Sie stehen dann in direktem Kontakt mit der realen Welt und können das Tempo selbst bestimmen. Oft sprechen die Menschen, die sich voll und ganz bei einer Tätigkeit einbringen, von einem angenehmen Gefühl der »Selbstvergessenheit«. Diese stellt sich ein, wenn Bewegungsabläufe mit einer Verlangsamung der Aktivität des präfrontalen Cortex einhergehen – ein Phänomen, das als vorübergehende Hypofrontalität bekannt ist. Das bedeutet, dass wir, solange dieser Zustand anhält, weniger selbstkritisch sind. Wir sind alle darauf angewiesen, uns zeitweilig der Selbstkritik und Selbstverurteilung zu enthalten; für Menschen, die unter Depressionen und Angstgefühlen leiden, bedeutet eine solche Phase eine ganz besondere Erleichterung, da bei ihnen der präfrontale Cortex, der eine wichtige Rolle bei der Kontrolle von Emotionen und Verhaltensweisen spielt, eine verstärkte Aktivität aufweist.

Wenn die Teilnehmer am Alnarp-Therapiegarten-Projekt sich intensiver mit körperlichen Symptomen und ihren Emotionen auseinandersetzen, wecken sie ursprüngliche tiefe Gefühle, die mit bislang unbewältigten Situationen in ihrer Vergangenheit in Verbindung stehen. Einige Patienten sind in der Lage, diese Gefühle bei Gruppensitzungen oder in therapeutischen Einzelsitzungen zum Ausdruck zu bringen, andere hingegen ziehen sich in abgelegene Teile des Gartens zurück, wo sie ungestört ihren Gefühlen freien Lauf lassen können.

Auf diese emotionale Katharsis folgt eine neue Phase, in der die sich von der Gartenarbeit herleitende symbolische Bedeutung in den Vordergrund rückt.[9] Dadurch erreicht die Gartentherapie ein weitere Stufe. Hier gibt es bei den Patienten unterschiedliche Ausprägungen, abhängig von der jeweiligen Lebensgeschichte und den individuellen Problemen. Die Pflege einer Jungpflanze kann einem Menschen vor Augen führen, wie wenig er sich um sich selbst gekümmert hat. Das Unkrautjäten kann einen inneren Prozess in Gang setzen und die Überwindung belastender Gefühle bewirken. Die Arbeit am Komposthaufen ist vielleicht dazu geeignet, den Glauben zu bestärken, dass auf Schlechtes Gutes folgen kann. Den Therapeuten in Alnarp zufolge geschieht vieles bei dieser Bewältigungsarbeit unbewusst, und sie versuchen, den Patienten zu helfen, ihre Erfahrungen in Worte zu fassen.

Im Mittelpunkt der letzten Wochen des Alnarp-Programms stehen Gruppenaktivitäten. Der Schwerpunkt liegt nun auf mehr Geselligkeit, und die Teilnehmenden sind im Allgemeinen bereit, sich dieser Entwicklung anzupassen. Eine Folgestudie zeigte auf, dass nach einem Jahr über 60 Prozent der Teilnehmer wieder ein Arbeitsverhältnis oder eine Ausbildung aufgenommen hatten, und die Besuche beim Hausarzt waren im Schnitt von 30 pro Jahr auf fünf zurückgegangen.[10] Da das Alnarp-Modell Langzeitkranken die Wiedereingliederung in den Arbeitsprozess ermöglichen soll, wird es vom

Gemeinderat als eine kostengünstige Intervention gesehen und daher unterstützt.

Anna María Pálsdóttir, eine der leitenden Forscherinnen im Rahmen des Alnarp-Modells, hat unter dem Titel *The Journey of Recovery*[11] eine Studie erstellt, die auf eingehenden Interviews mit den Teilnehmern beruht, sowohl während der Behandlung als auch drei Monate danach. Diese Studie verdeutlicht, dass die »vorbehaltlose« Akzeptanz der Natur aus therapeutischer Sicht für die befragten Personen wichtig war. Das Gefühl der Sicherheit befähigte sie, ihren emotionalen Schmerz zu erleben und zu überwinden. Wenn die Angst vor Zurückweisung und die Schuld- und Schamgefühle sehr ausgeprägt sind, kann es bei der Interaktion mit anderen Menschen schwierig sein, die eigene Verletzlichkeit zuzulassen. Findet man jedoch in der Natur einen sicheren Hort für seine Gefühle, so kann dies eine Entwicklung in Gang setzen, die schließlich dem Einzelnen hilft, zu einer tiefer gehenden Gesprächstherapie überzugehen.

Wenn die Teilnehmer in der Natur verweilen, lernen sie, wie Pálsdóttir es formuliert, »dass es für alles eine Zeit gibt«. Sie begreifen allmählich, dass, wenn sie zu sehr unter Druck geraten, ihr Leben an Wert verliert und dass eine Pause keinen Zeitverlust bedeutet, wenn in der Zeit eine stärkere Verbindung zum Leben aufkommen kann. Eine Frau sprach davon, dass einfach dadurch, dass man »eine Miniwelt in ihrem eigenen Rhythmus« beobachtet, Glücksgefühle aufkommen, »die man in der Klinik nicht erlebt«. Pflanzen durchlaufen Lebenszyklen, die sowohl kürzer als auch länger sind als unsere eigenen. Das Zeitspektrum, das in einem Garten erlebt werden kann, ist ein wichtiger Teil des therapeutischen Effekts.

Donald Winnicott schrieb einmal, dass ein psychischer Zusammenbruch auch ein Durchbruch sein kann.[12] Die Ursache für den Zusammenbruch ist darin zu suchen, dass die Bewältigungsstrategien und psychischen Abwehrkräfte, die dem

Menschen bisher geholfen haben, aufhören zu funktionieren und nun selbst Probleme auslösen. Es muss sich eine neue Lebenseinstellung herauskristallisieren. In dieser Hinsicht kann uns die Pflanzenpflege lehren, wie wir leben sollten.

Wenn sich ein Mensch mit der Gartenpflege befasst, kann dies dazu beitragen, dass er seine Fähigkeit zum Selbstmitgefühl entdeckt. Auf diese Weise können Versagensängste und Anwandlungen harscher Selbstkritik, die einen Teil der Depression ausmachen, allmählich abgebaut werden. Drei Monate nach der Beendigung des Programms stellte Anna María Pálsdóttir fest, dass alle Teilnehmer ihre Lebensweise geändert hatten. Sie hatten für sich einen Modus gefunden, um wieder zur Ruhe zu kommen und mittels eines wöchentlichen längeren Aufenthalts in der Natur ihre Vitalität zu verbessern. Einige machten lange Spaziergänge, andere hatten damit begonnen, sich zu Hause mit Gartenarbeit zu beschäftigen, und wieder andere hatten einen Schrebergarten übernommen.

Die Gartenarbeit kann als eine Art Raum-Zeit-Medizin gesehen werden. Wenn wir im Freien arbeiten, erweitert sich unser Sinn für den mentalen Raum, und die Wachstumszyklen der Pflanzen können unser Verständnis der Zeit verändern. Eine »alte Leier«, die Susan Sontag einst zitierte, lautet: »Die Zeit ist so eingeteilt, dass nicht alles gleichzeitig geschieht … und der Raum existiert, damit nicht alles Ihnen passiert.«[13] Wenn wir krank sind, trifft das Gegenteil von beidem zu. Depressionen, Traumata und Ängste lassen unseren Zeithorizont zusammenschrumpfen und engen unseren mentalen Raum ein. Hoffnungslosigkeit und Ängste verkürzen die Zukunft perspektivisch. Die Vergangenheit und die Gegenwart gehen mehr oder weniger ineinander über, da wir an alten Verletzungen festhalten. Und das In-sich-gekehrt-Sein des Geistes bestärkt einen in dem Gefühl, »alles« stoße einem selbst zu.

Wenn wir dem entgegenwirken wollen, müssen wir ein Verständnis für einen langsamen Zeitverlauf entwickeln. Langsame Zeit bedeutet nicht, dass man Dinge langsamer erledigt. Menschen, die einen Burn-out und eine Depression erlitten hatten, haben in der Folge ihren Lebensrhythmus beträchtlich verlangsamt und sich trotzdem nicht erholt. Langsame Zeit schleicht sich in einen lebendigen Bezug zur Gegenwart ein. C. G. Jung kultivierte diese Erfahrung, indem er in seinem Turm am Seeufer von Bollingen verweilte. Es gab dort keine Elektrizität, und so überließ er sich dem natürlichen Lebensrhythmus. Er schrieb am Morgen, und nach einer Siesta bearbeitete er den Kartoffelacker sowie das Maisfeld und hackte Holz.[14] Während des Krieges bepflanzte er noch mehr Land; er baute Getreide an, Kartoffeln, grüne Bohnen, Weizen sowie Mohnblumen für die Herstellung von Öl. Diese Beschäftigung stärkte ihn immer und baute ihn auf, denn ihm zufolge bringen uns unser Körper, unsere Gefühle und Instinkte mit dem Boden in Berührung.[15] Indem er den Einklang mit der Natur suchte, erlebte er die tiefe Verbundenheit des Lebens.

Jules Pretty, Professor für Umwelt und Gesellschaft an der University of Essex und Guru des Green Exercise (Bewegung im Freien), sagt, dass langsames Sehen und langsames Hören uns neue Kräfte zuführen. Unser Lebensstil im digitalen Zeitalter bietet uns jedoch wenig Gelegenheiten für diese Art des Abtauchens – auch wenn viele Menschen in ihrer Freizeit danach streben mit Aktivitäten wie Wandern, Angeln, Naturbeobachtung und Gartenarbeit.

Jules Prettys Team hat im Rahmen von wissenschaftlichen Studien nachgewiesen, dass der Aufenthalt in der Natur nicht nur dazu beiträgt, sich von Stressbelastungen zu erholen, sondern uns auch darin unterstützt, bevorstehende Stressfaktoren besser zu bewältigen – mit anderen Worten: Die Belastbarkeit wird erhöht.[16] In einer weiteren Untersuchung stellten die Forscher fest, dass Schrebergärtner ein deutlich höheres Niveau des Wohlbefindens aufwiesen als vergleichbare Nichtgärtner. Bei der Pflege ihrer Beete bauten sie erkennbar Anspannung, Ärger und Unbehagen ab.[17] Bereits eine halbstündige Verweilzeit pro Woche im Garten führte zu besserer Stimmung und bewirkte eine Steigerung des Selbstwertgefühls.

Bei der Übernahme eines Schrebergartens hat man das Gefühl, Wurzeln zu schlagen. Es ist eine langfristige Verpflichtung, die emotionales Engagement und erheblichen körperlichen Einsatz erfordert. In England werden die Beete nach wie vor nach dem alten angelsächsischen Stangensystem abgemessen. Eine Parzelle hat gewöhnlich die Größe von fünf Stangen, das entspricht etwa 125 Quadratmeter. Viele Schrebergärtner verbringen im Sommer sechs bis acht Stunden pro Woche und im Winter ungefähr zwei Stunden in ihrem Garten. Statistiken zeigen auf, dass Menschen, die ihren Garten während der ersten zwei Jahre nicht wieder aufgegeben haben, ihn meist auf Dauer behalten.

Im Außenbezirk einer Nachbarstadt befindet sich ein Schrebergartengelände ganz in der Nähe einer Eisenbahnstrecke. Der Flickenteppich aus Grün und Braun verweist auf ein typisches Gemisch aus Konformität und Individualität. Die Ansammlung von kleinen Schuppen, Komposttonnen, Vogelnetzen, Obstkörben und Bohnenstangen erweckt den Eindruck von mäßiger Betriebsamkeit. Im Sommer liefern die Beete eine reiche Gemüseernte. Einige Gärtner pflanzen aber auch Blumen an – rosafarbene und violette Platterbsen und leuchtend gelbe Sonnenblumen.

Dorothy besitzt hier ebenfalls einen Schrebergarten. Sie ist Anfang dreißig, schlank – eine eher elfenhafte Gestalt mit langem blondem Haar. Sie erklärte mir, dass sie sich als Teil einer Generation verstehe, die, wie sie es nannte, »dem einfachen technischen Kram« den Rücken kehrt. Sie verweist auf ein weiterreichendes soziales Erwachen, bei dem die »Menschen allmählich erkennen, dass es sie nicht glücklich macht, wenn alles für sie erledigt wird«. Bekanntlich sind die Wartelisten für Schrebergärten lang, und Dorothy geduldete sich einige Jahre, bis sie an der Reihe war. Als es endlich so weit war, wurde sie schwanger mit ihrem ersten Kind, einem Jungen namens Robin. Der Schrebergarten war von jeher ihr Projekt gewesen, nicht das ihres Mannes, und sie überlegten beide, ob es sie nicht überfordern würde, ihn in dieser Situation zu übernehmen. Aber nach der langen Wartezeit brachte sie es nicht übers Herz, die Gelegenheit verstreichen zu lassen.

Die Parzelle, die Dorothy zugewiesen wurde, war vernachlässigt und von der Kriech-Quecke überwuchert. Bei dem Anblick sank ihr zunächst der Mut, aber sie holte sich Hilfe bei einem Freund, der das Gras mit seinem Traktor umpflügte. Seither bemüht sie sich, den Boden aufzubessern, indem sie alles kompostiert und dann wieder untergräbt. Als Erstes setzte sie ein Apfelbäumchen, dann pflanzte sie jede Menge Erdbeerableger, sodass jetzt fast ein Fünftel des Schrebergartens mit Erdbeerpflanzen bedeckt ist.

Die Parzelle ist von allen Seiten mit Hecken eingefasst, die mit Eichen und Weißdorn dicht bewachsen sind. Sie ist ruhig gelegen und abgeschirmt. Für Dorothy und ihre beiden Kinder ist es das perfekte Umfeld, denn sie weiß, dass die beiden dort sicher aufgehoben sind, auch wenn sie herumstromern. Aber das kommt nicht häufig vor: Robins jüngere Schwester Poppy krabbelt lieber über den Boden und nascht von den Erdbeeren, während Dorothy Unkraut jätet, und Robin fährt auf einem kleinen, eigens für ihn markierten Gartenstück mit seinem Plastikbagger herum.

Das Gärtnern kann – ganz unabhängig davon, wie alt wir sind – eine Art von Spiel für uns darstellen. Donald Winnicott beschreibt die Bedeutung der Spielfähigkeit mit folgenden Worten: »Durch Spielen und ausschließlich durch Spielen kann ein Kind … kreativ sein, und … nur mittels seiner Kreativität findet das Individuum zu sich selbst.« In diesem Sinne bedeutet Spiel nicht nur Zerstreuung oder Zeitvertreib, als die es einem erscheinen mag; es handelt sich vielmehr um eine stärkende Aktivität. Ganz bestimmt traf dies auf Dorothy zu, die die folgende Erkenntnis gewonnen hat: »Wenn sich wirklich große Dinge in Ihrem Leben abspielen, dann können Sie diese mithilfe des Gartens mit Sinn erfüllen.«

Hilfreich ist es auch für Dorothy, sich im Garten in ihre eigene Kindheit zurückzuversetzen und sich zu vergegenwärtigen, wie sie mit ihrem Vater in seinem Schrebergarten war. Er schob sie gelegentlich in einem Schubkarren herum, und sie erinnert sich, wie sie als Kind Rhabarberblätter als Schirm benutzte. Im Sommer bauten sie und ihre Schwester sich unter den großen Pflanzen ein Lager. Einmal schliefen sie ein, und ihr Vater fand sie aneinandergeschmiegt im Schatten der riesigen Rhabarberblätter.

Zu Hause verfügen Dorothy und ihr Mann lediglich über einen winzigen Gartenfleck. Sie findet es viel einfacher, im Schrebergarten auf Robin aufzupassen, der, wie sie sagt, ein »sehr körperbetonter kleiner Kerl« ist. In der Anlage sind alle sehr freundlich, und es gibt genügend Ersatzgroßeltern, die auf die Kinder aufpassen. Sie selbst hat dort auch einige Freundschaften geschlossen. Es gefällt ihr, dass beim Gärtnern kein Konkurrenzkampf herrscht, dass man jeden um Rat fragen und Ideen austauschen kann. Die Gartenarbeit kann sehr wohl gesellig sein; für Dorothy ist es allerdings auch wichtig, dass sie nicht zu gesellig wird. Im Allgemeinen kommen die Menschen in der Anlage ganz gut damit zurecht, ihrer eigenen Arbeit nachzugehen, sodass sie genügend Zeit für sich selbst haben.

Ein Baby zu haben ist eine der lebensbejahendsten und kreativsten Erfahrungen, aber auch eine äußerst aufreibende und anspruchsvolle. Als Poppy auf die Welt kam, beschloss Dorothy ihren Job aufzugeben und sich nur noch ihrem Kind zu widmen. Etwa ein halbes Jahr später war sie in einer schlechten psychischen Verfassung. Sie geriet in eine »Abwärtsspirale« und bekam Antidepressiva verschrieben, die sie über eine kurze Zeitspanne nahm. Vor allem aber kämpfte sie um ihre Selbstachtung, die sie weitgehend eingebüßt hatte: »Man ist Mutter, verdient kein Geld und fühlt sich deshalb etwas minderwertig.«

Der Schrebergarten half Dorothy, aus dieser Abwärtsspirale herauszukommen. Dabei wurde ihr vor allem klar, dass der durch die Natur vorgegebene Zeitrahmen mit seinen »vielen Möglichkeiten« ein gutes Gegenmittel gegen ihre Unentschlossenheit war. Im Gespräch stellt sie es so dar: »Der Garten bietet mir ein Ziel und einen Plan. Er steuert mich und hält mich auf Trab.« Bei anderen Tätigkeiten war dies nicht der Fall. »Eine Patchworkdecke zum Beispiel kann jahrelang in der Schublade eines Schranks liegen – da fehlt die Dynamik.«

Dem Gartenkalender folgend, pflanzte Dorothy schließlich ihren Knoblauch, wofür sie sich eine Stunde Zeit lassen konnte, bevor sie Robin von der Vorschule abholte. »Es regnete in Strömen, aber ich ließ mich nicht davon abhalten – es fühlte sich so gut an, den Regen zu spüren. Das Wetter war so schlecht, dass es mich fast zum Lachen reizte, aber ich spürte echte Befriedigung, dass ich es geschafft hatte, alle Brutzwiebeln in die Erde zu setzen.«

Der Garten bot ihr auch ein Refugium – ein Stück Land, von dem sie sagen konnte: »Das hier ist mein eigener Platz.« Dieses Gefühl, »weg zu sein«, ist wichtig für sie, und es ist viel »positiver, als sich lediglich zurückzuziehen, nachdem bestimmte Dinge erledigt sind«. Zu Hause wird gleich immer offenbar, wie gut sie die Wohnung in Schuss halten kann. Ständig muss sie aufräumen und das Chaos der Kinder beseitigen. Und gleich ist alles wieder durcheinander. Im Garten hingegen ist der Dreck kein Dreck, sondern fruchtbare Erde. Dorothy bemerkte hierzu: »Man kann den Erdboden nicht allzu ordentlich halten, und das ist gut so für Sie, denn Sie können den schmutzigen Erdboden nicht säubern, aber Sie können ihn bestellen.«

Dorothy findet, ganz im Gegensatz zum Staubsaugen und dem Aufräumen von Spielsachen im ganzen Haus, die greifbaren Belohnungen im Garten zutiefst befriedigend. Im Vorjahr züchtete sie »riesengroßen Lauch« sowie viele andere Gemüsesorten wie zum Beispiel Mangold, Rote Bete und Kürbis. Sie sagt: »In der Lage zu sein, etwas zu pflanzen, es wachsen zu lassen, es zu ernten und damit sich und seine Kinder zu ernähren ist sehr befriedigend.«

Die Neurowissenschaftlerin Kelly Lambert vertritt die Meinung, dass das Vertrauen in die Fähigkeit, unser eigenes Leben zu formen, dadurch entsteht, dass wir unsere reale Umwelt gestalten. Wenn Handlungen zu einem Ergebnis führen, das wir sehen und berühren können, fühlen wir uns mit unserer Umwelt viel mehr verbunden, und wir bemerken, dass wir die Dinge unter Kontrolle haben. »In unserem Drang, weniger körperliche Arbeit zu verrichten, um das zu erreichen, was wir wollen und benötigen, haben wir etwas sehr Entscheidendes von unserem mentalen Wohlbefinden eingebüßt«, schreibt sie.

Gemäß Kelly Lambert ist das Gehirn darauf abgestimmt, die Umwelt zu gestalten. Wenn es an Gelegenheiten dazu fehlt, wird unser Gefühl, die Welt kontrollieren zu können, eingeschränkt, und wir werden empfänglicher für Depressionen und Ängste. Lamberts Experimente mit Ratten haben gezeigt, dass diese, wenn sie sich anstrengen müssen, um ihr Futter zu erlangen, und nicht einfach nur gefüttert werden, eine größere Entschlossenheit zeigen, sobald sie mit Hindernissen konfrontiert sind. Sie nennt dieses Phänomen »erlernte Persistenz« und glaubt, dass eine ähnliche Wirkung beim Menschen dazu führt, dass wir eine Art Optimismus in Bezug auf unsere Fähigkeit entwickeln, unsere eigene Lebenssituation zu beeinflussen.[18] Dies steht im Gegensatz zur »erlernten Hilflosigkeit«, die das Gefühl mit einschließt, den äußeren Ereignissen ausgeliefert zu sein. Kelly Lambert ist davon überzeugt, dass wir ständige Booster oder Erinnerungen an unsere Kontrollfähigkeit benötigen. Sie ändern die Physiologie und Chemie von dem, was sie als »den leistungsgesteuerten Belohnungskreislauf« bezeichnet, und aktivieren diesen auf eine schwungvolle Weise.

Kelly Lambert ist zu der Erkenntnis gelangt, dass die Arbeit mit den Händen für unsere Gesundheit lebenswichtig ist, und sie weist darauf hin, dass ein großer Teil des menschlichen Gehirns speziell auf die Bewegung der Hände ausgerichtet ist. Es gibt viele verschiedene Möglichkeiten, mit unseren Händen zu arbeiten. Beim Gärtnern besteht der Vorteil darin, meint Dorothy, dass man nichts aufschieben kann. Kelly Lambert findet auch die Unvorhersehbarkeit wichtig. Wir müssen hier bei einem Vorgang, den sie »Notfalltraining« nennt, für unterschiedliche Ergebnisse planen.[19]

Der Fähigkeit, im gegenwärtigen Moment zu leben, wird heutzutage bei der Behandlung von Stress große Bedeutung beigemessen; darüber hinaus müssen wir auch eine Zielgerichtetheit in die Zukunft entwickeln. Im Laufe der Prähistorie begannen die Menschen zunächst bei der Kultivierung des Bodens, Pläne für die Zukunft zu entwerfen und den Ergebnissen ihrer Bemühungen zu vertrauen. Im Garten gibt es immer etwas zu planen oder etwas, worauf man sich freuen kann. Wenn im Garten die eine Saison endet, beginnt schon die Arbeit für die nächste. Eine derartige positive Erwartungshaltung vermittelt uns ein stabilisierendes Gefühl für die Kontinuität des Lebens. Letztes Jahr erlaubte Dorothy ihrem Sohn, im Schrebergarten einen Kürbis zu pflanzen. »Er war riesig«, erzählt sie mir, »und Sie können sich nicht vorstellen, wie viel Spaß wir an ihm hatten. Wir waren alle sehr zufrieden. Robin war so stolz, als er ihn aus dem Wagen ins Haus trug, und mein Mann sagte: ›Das ist ja ein Riese!‹« Sie bewahrten noch Samen auf, sodass Robin nächstes Jahr erneut Kürbisse züchten kann.

Diesen Stolz, der Dorothy beim Pflanzen von Gemüse und angesichts der Feststellung, dass ihr Sohn diese Leidenschaft geerbt hat, erfüllt, empfindet sie als »unverfälscht«. Das Gärtnern, findet sie, hat weniger mit Eitelkeit zu tun, denn »es geht nicht nur um dich selbst, sondern um dich und den Planeten«. Den Acker zu bestellen verleiht ihr das starke Gefühl, »mit der Erde verbunden zu sein«. Doch Dorothy korrigierte sich, kaum, dass sie dies ausgesprochen hatte: »Nein – mit dem Universum, denn es geht ja um die Sonne und die Erde.« Sie sprach über etwas, das jenseits der menschlichen Zeit liegt. »Ich bin nicht religiös«, erklärte sie, »aber ich nehme etwas Spirituelles davon in mich auf.«

C. G. Jung vertrat die Auffassung, dass der Mensch im Kosmos isoliert sei.[20] Er ist nicht länger in die Natur eingebunden und hat seine emotionale Teilnahme an den Naturereignissen verloren, die bislang von symbolischer Bedeutung für ihn gewesen waren. Eine solche spirituelle Verbindung, wie sie Dorothy beschreibt, empfinden viele Gärtner; es kann jedoch schwierig sein, ein solches Gefühl der Verbundenheit in Worte zu fassen. Deshalb werden diese Erfahrungen im Rahmen der Untersuchung der positiven Auswirkungen des Gärtnerns nur selten thematisiert. Joe Sempik, ein Soziologe, der sich auf die Evaluierung der hortikulturellen Therapie spezialisiert hat, betont, dass diese Empfindungen berücksichtigt werden sollten, da sie die Menschen mit einem tiefen Gefühl für die Sinnhaftigkeit des Lebens erfüllen.[21]

Das Empfinden für eine Welt und ein Individuum, die miteinander in Verbindung stehen, mag fließend sein, aber die Erinnerung daran lebt im Gedächtnis der Menschen weiter und kann uns als Stütze dienen. Dorothy berichtete von einem derartigen Erlebnis, als sie mitten in ihrer »Abwärtsspirale« steckte. Eine Zeit lang konnte sie sich nicht dazu durchringen, ihren Schrebergarten aufzusuchen. Doch kurz vor Poppys Taufe begab sie sich dann doch dorthin, um nach dem Rechten zu schauen. Zu ihrem Erstaunen stellte sie fest, dass ihr Gartengelände fast vollständig mit Mohnblumen übersät war, die in voller Blüte standen. Im Vorjahr war weit und breit nichts davon zu sehen gewesen. Dorothy meinte dazu: »Sie waren wohl bereits die ganze Zeit in der Erde.« Ein Meer purpurner Blumen, poppies (Mohnblumen) für Poppy – welch ein Zufall! »Sie waren so schön«, sagte sie, und ihre Augen füllten sich mit Tränen. Dieses unerwartete Geschenk bot sich ihr gerade in dem Augenblick, in dem sie es nötig hatte, und sie pflückte große Mohnsträuße, um sie nach Hause zu bringen.

Dorothy hatte stets eine Gabe, auf schmerzliche Weise in engem Kontakt mit allem Vergänglichen im Leben zu stehen. Wie sie mir berichtete, war dieses Gefühl im Sommer am schlimmsten, da ihr ständig bewusst wurde, dass die Zeit verrinnt. Wenn wir die Zeit als eine Abfolge verlorener Augenblicke begreifen, dann können wir lediglich ihre Vergänglichkeit bedauern. Es besteht aber weniger Anlass zum Bedauern, wenn diese Augenblicke Teil einer größeren Geschichte sind. Der Schrebergarten stellte für Dorothy diese größere Geschichte dar.

12 Blick aus dem Krankenzimmer

»In vielen Fällen sind die Gärten und die Natur viel wirkungsvoller als jegliches Medikament.«
Oliver Sacks (1933–2015)[1]

Tulpen sind wie geschaffen, um eine Vase zu zieren. Ihre Ausstrahlungskraft ist im Vergleich zu allen anderen Blumen einmalig – und auch ihr Verwelken ist von großer Anmut. Tom und ich pflanzen sie in geraden Reihen in unseren Hochbeeten im Gemüsegarten an: rot, gelb, violett und orange – wie eine prachtvolle Parade, die uns begrüßt, wenn wir uns sonnenhungrig aus dem Winter wieder ins Freie begeben.

Jedes Jahr probieren wir neue Sorten aus, aber nichts verdrängt unsere alten Favoriten aus der prunkvollen Parade: die statuenhafte orangerote Ballerina, die himbeerrote gekräuselte Carnaval de Nice, die exotische dunkle Abu Hassan und die Schönste von allen, die unwiderstehlich heitere rot-gelb gestreifte Mickey Mouse.

Zu einer Zeit, als es noch erlaubt war, Blumen auf die NHS-Krankenstation mitzubringen, besuchte ich eine liebe Freundin mit einem Strauß der schillerndsten bunten Tulpen, die ich in unserem Garten finden konnte. Aufgrund einer erst kürzlich erfolgten Diagnose einer seltenen Krankheit, die eine größere Operation erforderlich machte, deren Erfolg zu diesem Zeitpunkt beunruhigend unsicher war, war ihre Welt ins Wanken geraten. Meine Freundin war aschfahl und ängstlich, doch als ich ihr die Tulpen überreichte, strahlte sie über das ganze Gesicht. Zwischen uns floss ein Strom positiver Gefühle. Den Blick auf die bunten Tulpen gerichtet, sagte sie voller Bewunderung: »Wow!«

Diese Tulpen waren ein Beispiel lebendiger Flower-Power. Es ist bekannt, dass schöne Blumen ein ungekünsteltes Lächeln auslösen – ein unwillkürliches Lächeln, bekannt als das Duchenne-Lächeln. Im Gegensatz zum höflichen Lächeln breitet es sich über das gesamte Gesicht aus und verrät echte Freude. Derartige Phänomene werden selten untersucht, aber im Jahr 2005 befasste sich eine an der Rutgers University durchgeführte Studie mit diesem Phänomen. Jeannette Haviland-Jones und ihre Kollegen testeten die Wirkung eines Blumengeschenks im Vergleich zu anderen Geschenken. Es stellte sich heraus, dass der Blumenstrauß als Geschenk an erster Stelle stand. Jeder, der Blumen geschenkt bekam, lächelte »ungekünstelt« und erlebte eine länger anhaltende gute Stimmung.[2]

Vor Kurzem stürzte ich und brach mir die Hüfte. Voller Schmerzen und bewegungslos lag ich im Bett und wartete auf die Operation. Über Nacht war ich zu einer Person geworden, die Zuflucht im Reich der Kranken suchte. Ich war unfähig, mich zu rühren, während jeder im Reich der Gesunden sein betriebsames Leben weiterführte – zumindest hatte es den Anschein. Umgeben von weißen Wänden fühlte ich mich in einem nüchternen Klinikzimmer gefangen. Mein Gefühl der Abgeschiedenheit wäre noch viel schlimmer gewesen, wenn nicht durch das Fenster neben meinem Bett Tageslicht hereingeströmt wäre. In dieser Hinsicht hatte ich Glück, auch wenn der Ausblick keinen wirklichen Trost bot, da ich auf eine schmutzige, weiß getünchte Mauer blickte. Dahinter konnte ich auf eine etwas höhere rote Ziegelsteinmauer schauen, aus deren Mörtelrissen Pflanzen sprossen. Mein Blick wanderte immer wieder zu diesen winzigen grünen Büscheln, als ob ich nach einem Lebenszeichen oder einem Hoffnungsschimmer Ausschau halten würde. Ich hatte Angst – es war ein wirklich schlimmer Bruch, und trotz aller Wunder der modernen Medizin gab es immer noch viele Ungewissheiten.

Am Tag vor der Operation, bei der ich eine künstliche Hüfte bekommen sollte, brachte mir ein Freund eine Postkarte, bedruckt mit einem Gemälde von Henri Matisse – *Das Dessert: Harmonie in Rot,* eines seiner berühmtesten Gemälde. Ich stellte die Postkarte neben meinem Bett auf. Da ich von weißen Wänden umgeben war, sehnte ich mich nach Farbe, und dieses Gemälde wurde mein Anker. Das weiche, tiefe Rot des Raumes auf dem Gemälde war ein Labsal für meine Augen und eröffnete mir eine andere Welt, in die ich eintauchen konnte. Die Kompositionen aus blauen Blumen, Körben und luftig drapierten Zweigen zeugten von Schönheit und Eleganz, und die Szene mit der Frau, die darin vertieft ist, Obst auf einer Schale zu arrangieren, fühlte sich beruhigend häuslich an. Noch ein weiteres Detail auf dem Gemälde war sehr hilfreich für mich – ein Fenster mit Blick zum Garten. Wie ein Bild im Bild entschädigte mich der Anblick des leuchtend grünen Grases, der Bäume in voller Blütenpracht und der gelben Blumen für die trostlose Mauer vor dem Fenster meines realen Krankenzimmers.

Die meisten Krankenhäuser, die in der zweiten Hälfte des 20. Jahrhunderts entworfen wurden, räumen der Funktionalität, der Infektionskontrolle und der Technologie die höchste Priorität ein. Die daraus resultierende kategoriale Betrachtungsweise flößt vielen Menschen unnötig Angst ein. So verbieten die meisten Krankenstationen in England heutzutage Blumengeschenke – als Vorsichtsmaßnahme gegen bakterielle Verunreinigung. Auch fehlt es den Gebäuden für gewöhnlich an Tageslicht, Grünpflanzen und Frischluft – grundlegende Entbehrungen, die Stress für die Patienten und ihre Familien sowie für das Klinikpersonal zur Folge haben. Die emotionalen Bedürfnisse der Patienten, die ins Krankenhaus eingewiesen wurden, werden damit missachtet, und die Natur wird häufig als unbedeutend oder als bedrohlich betrachtet. Im Gegensatz zu Gefängnisinsassen, die das Recht haben, jeden Tag eine gewisse Zeit außerhalb der Zelle an der frischen Luft zu verbringen, wird den Klinikpatienten dies nicht zugestanden – auch nicht den Langzeitpatienten –, obwohl erwiesen ist, dass frische Luft und Tageslicht gut für die mentale Gesundheit sind. Laut einer vor Kurzem durchgeführten Untersuchung sind sie auch darum »vergessene Antibiotika«, weil helle und luftige Krankenzimmer in Zusammenhang mit kürzeren Klinikaufenthalten und niedrigeren Infektionsraten gebracht werden.[3]

Florence Nightingale erkannte bereits im 19. Jahrhundert diese gesundheitsfördernden Faktoren. Sie glaubte, dass die Krankenstationen viel natürliches Licht und eine gute Zirkulation von Frischluft benötigen. Sie beobachtete auch, dass sich die Patienten schneller erholten, wenn man sie ins Freie brachte. Nach ihrer Erfahrung als Krankenschwester im Krimkrieg schrieb sie: »Ich werde nie vergessen, in welches Entzücken Kranke über ein Bündel Blumen von glänzender Farbe gerieten. Aus meiner eigenen Krankheit erinnere ich mich, wie mir ein Strauß wilder Blumen gesandt wurde und wie von diesem Augenblick an meine Genesung viel rascher fortschritt.«[4] Dies stammt aus ihren *Anmerkungen zur Krankenpflege: Was sie ist, und was sie nicht ist*, die 1859 veröffentlicht wurden. Aus dem Inhalt dieses Buchs geht hervor, dass sie verstanden hatte, welchen Einfluss das Umfeld der Patienten auf die körperliche Heilung ausübt. »Die Leute sagen, die Wirkung äußere sich bloß auf den Geist; das ist nicht der Fall. Die Wirkung äußert sich auch auf den Körper. So wenig wir auch wissen, auf welche Weise Form, Farbe, Licht auf uns wirken, so wissen wir doch, dass sie in der Tat eine sinnliche Wirkung auf uns ausüben.«

Florence Nightingale erlebte das Elend von Patienten, die in Hütten gepflegt wurden, wo lediglich Astlöcher in den

Holzwänden einen minimalen Ausblick boten. Blumen und einem Fenster neben dem Bett konnten ihrer Meinung nach eine wichtige Quelle für die ästhetische Nahrung sein. Aber sie erlebte auch, wie Krankenschwestern den Patienten eine Vase mit Schnittblumen oder eine Topfpflanze untersagten, unter dem Vorwand der Schädlichkeit für die Gesundheit. Und sie beobachtete, wie die Schwestern die Sehnsucht der Kranken nach Farbe und Abwechslung als »Hirngespinste« abtaten. Sie selbst war keineswegs überspannt, sondern fest davon überzeugt, dass diese Sehnsüchte einen Hinweis darauf boten, was zur Genesung beitragen könnte.

Dieser Aspekt von Florence Nightingales Vorstellungen erlebt zurzeit ein Comeback. In zunehmendem Maß wird anerkannt, dass das Umfeld nicht getrennt von der Behandlung betrachtet werden sollte. Es stellt vielmehr einen grundlegenden Teil der Therapie dar, um den man sich unbedingt kümmern muss. Die British Medical Association gab zum Beispiel 2011 eine Reihe von neuen Richtlinien heraus, die bei der Planung von Kliniken eine erhöhte psychologische Achtsamkeit forderten, und empfahlen, dass in allen neuen Kliniken auch ein Garten angelegt werden sollte.[5]

Mehrere Studien haben zu einer Beweisgrundlage für die Betrachtungsweisen der Natur in einer Reihe verschiedener klinischer Settings beigetragen.[6] Diese umfassen auch eine kardiologische Intensivstation, eine Bronchoskopie-Klinik und eine Abteilung für Brandopfer. Der bahnbrechende Umweltpsychologe Roger Ulrich[7] führte 1984 unter dem Titel *View Through a Window May Influence Recovery from Surgery* die erste Studie dieser Art durch.[8] Ulrich wurde bei seinen Recherchen durch eine Kindheitserfahrung inspiriert: Während einer Krankheitsperiode blickte er von seinem Bett aus auf einen Baum vor dem Fenster. Die Studie wurde in einem kleinen Krankenhaus in Pennsylvania mit zwei Gruppen von Patienten, die sich von einer Gallenblasenoperation erholten, durchgeführt. Eine Gruppe war in Zimmern mit Fenstern untergebracht, die den Blick auf sommergrüne Bäume eröffneten, während die andere Gruppe auf eine braune Ziegelmauer blickte. Die Patienten mit dem Ausblick auf die Bäume schnitten besser ab; ihr Stresslevel war niedriger, ihre Stimmung besser; sie benötigten eine geringere Menge an Schmerzmitteln und wurden durchschnittlich einen Tag früher entlassen. Die Studie zeigte auch auf, dass die Patienten mit Blick auf die Bäume in den Aktenvermerken der Schwestern bei Weitem weniger negative Kommentare erhielten, was vermuten lässt, dass ihr geringerer Stresslevel zur Folge hatte, dass diese Patienten weniger Ansprüche stellten.

Ein Skeptiker stellt sich wohl die Frage, ob andere Formen der Ablenkung, wie zum Beispiel Fernsehen, während des Krankenhausaufenthalts dasselbe Ergebnis erzielen würden. Jüngste Untersuchungen, die von einem Team der University of Kansas durchgeführt wurden, ergaben, dass dies offenbar nicht der Fall ist. Alle Patienten in der Studie verfügten über einen Fernseher, und die Hälfte von ihnen hatte auch eine blühende Pflanze in der Nähe des Betts stehen. Insgesamt wurden 90 Patienten, denen der Blinddarm entfernt worden war, nach dem Zufallsprinzip einer der beiden Zimmerkategorien zugeteilt.[9] In der Genesungsphase nach der Operation berichteten die Patienten mit Blumen im Zimmer, dass sie besserer Stimmung und weniger ängstlich waren und einen niedrigeren Blutdruck und Puls aufwiesen. Ihre Einnahme von Schmerzmitteln war ebenfalls deutlich reduziert. Dies ließ die Wissenschaftler zu dem Schluss kommen, dass blühende Pflanzen eine »preiswerte und effektive Medizin für Patienten darstellen, die sich von einer Operation erholen«. Sie berichteten auch, dass die Teilnehmer das Angebot von Pflanzen als ein Indiz dafür deuteten, dass die Klinik ein fürsorglicher Ort war. Mit anderen Worten: Grünpflanzen und Blumen förderten bei den Patienten Gefühle wie Vertrauen und Geborgenheit.

Alle Vorteile der Natur für die Gesundheit, die in den vorherigen Kapiteln besprochen wurden, sind natürlich relevant für die Ergebnisse dieser Studien. Aber im Zusammenhang mit dem Aufenthalt in einem Krankenhaus kommt es insbesondere auf die Art und Weise an, in der grundlegende Gefühle wie Hoffnung und Angst die Krankheit und manchmal auch die Genesung dramatisch beeinflussen können. Gärten und blühende Pflanzen – alles Merkmale eines liebevoll umsorgten Ortes – lösen eine Art von Placeboeffekt aus.[10] Der Begriff »placebo« bedeutet »ich werde gefallen« und wird verwendet für die Testpillen bei Arzneimittelprüfungen. Man bezeichnet damit aber auch die positiven Erwartungen, die bei den Patienten durch den mitfühlenden Umgang mit dem Klinikpersonal entstehen. Während eine Placeboreaktion voll und ganz auf dem Gefühl und dem Glauben basiert, ist die Wirkung im Gehirn real. Dies schließt die Ausschüttung von endogenen Endorphinen mit ein, die die Stimmung aufhellen und beruhigend sowie schmerzlindernd wirken. Den stimmungshebenden Eigenschaften eines Gebäudes schreibt man einen ähnlichen Effekt zu. Deshalb bezieht sich der Architekturautor Charles Jencks, Gründer der Wohlfahrtsorganisation, die in Großbritannien die Maggie's Cancer Care Centres baut, auf den »Design-Placeboeffekt«. Die Maggie's Centres, die von freundlichen ehrenamtlichen Mitarbeitern geführt werden, sind als Gegenmittel konzipiert zu dem, was Jencks als »Klinikfabrik« bezeichnet. Sie werden von verschiedenen führenden Architekten entworfen, sodass die Ästhetik bei jedem von ihnen variiert, aber sie alle maximieren den Design-Placeboeffekt durch den Einbau von angenehmen Lichtquellen, durch die Gestaltung von schönen, behaglichen Räumen und durch Gartenanlagen.[11]

Wenn wir krank sind, können wir nicht auf unsere gewohnten Mechanismen der Lebensbewältigung bauen. Wir werden auf die Grundlagen zurückverwiesen – eine Schwarz-Weiß-Version der Welt, in der die Dinge schnell als gut oder schlecht etikettiert werden, als sicher oder gefährlich. Was einem gelassenen Individuum harmlos erscheint, kann unter Stressbedingungen ganz anders wirken. Wenn wir uns bei dem geringsten Anzeichen ängstigen, projizieren wir erschreckende Dinge in unser Umfeld. Roger Ulrichs Untersuchung über die Auswirkungen von Kunst in Kliniken bestätigt, in welchem Ausmaß Gemälde mit Bedacht ausgewählt werden müssen.[12] Während seiner 15 Jahre währenden Arbeit in einer schwedischen psychiatrischen Klinik stellte er fest, dass Patienten lediglich die abstrakten Gemälde attackierten und sie beschädigten, aber niemals Bilder mit Naturszenen. Eine weitere Studie mit Patienten, die sich von einer Herzoperation erholten, ergab, dass abstrakte Kunst auf diese weniger beruhigend wirkte als Naturbilder.[13] Insbesondere ein Bild mit geraden Linien stellte sich als absolut belastend heraus, vielleicht, weil dadurch die Gefühle des Eingesperrtseins oder der Begrenztheit noch verstärkt wurden.

Roger Ulrich erwähnt auch das Beispiel einer ziemlich abstrakten Installation aus großen, kantigen, vogelähnlichen Metallfiguren, die für ein Krebsbehandlungszentrum in Auftrag gegeben worden war.[14] In der Planungsphase für »The Bird Garden«, wie diese Installation genannt wurde, war sich niemand im Planungsteam der potenziell bedrohlichen Ausstrahlung der Skulpturen bewusst gewesen. Kurz nachdem die Installation in dem Behandlungszentrum aufgestellt worden war, berichteten über 20 Prozent der Patienten, dass die Skulpturen negative Reaktionen in ihnen hervorrufen würden. Es ging nicht nur darum, dass die Patienten sie schlichtweg nicht mochten; einige empfanden sie sogar als feindlich und bedrohlich. Die Skulpturen verstärkten die Ängste einiger Patienten vor Krebs, und innerhalb kurzer Zeit mussten sie wieder entfernt werden.

Die skulpturale Installation »The Bird Garden« ist ein Beispiel dafür, wie unsere Lebenserfahrung durch einen Prozess der fantasievollen Projektion beeinflusst wird. Im 19. Jahrhundert bezeichnete der deutsche Philosoph Robert Vischer dieses Phänomen als »Einfühlung« – womit auch »Bauchgefühl« gemeint ist. Vischer prägte diesen Begriff, um die Art und Weise zu erfassen, wie wir uns in die Welt um uns hineinfühlen, und zwar, wie er glaubte, durch eine Form der Kinästhetik oder der inneren Simulierung. Vischer war seiner Zeit weit voraus. Damals war das vorherrschende Modell für unser Denkorgan ein Gehirn, das passiv zur Kenntnis nimmt, was wir sehen – genauso wie eine Kamera es tut. Inzwischen wissen wir aber, dass dies nicht der Fall ist. Das Gehirn simuliert Handlungen und Bewegungen so, wie wir diese erfassen. Dieser komplexe Vorgang entspringt der Aktivität von spezialisierten Zellen, den sogenannten Spiegelneuronen. Diese Neuronen befinden sich im motorischen Cortex. Wenn wir Bewegungen beobachten, springen die Spiegelneuronen an, und zwar so, als ob wir diese Bewegungen tatsächlich ausführen würden. Es fehlt dabei nur die Anweisung an die Muskelstränge, sie auch auszuführen. Vischer sah in der »Einfühlung« einen Vorgang der »inneren Nachahmung«, was diese auch mehr oder weniger ist.[15]

Spiegelneuronen treten in zahlreichen verschiedenen Arten auf, sie spielen auch beim Widerspiegeln der Mimik bei der Mutter-Kind-Verbindung eine wichtige Rolle. Außerdem tragen sie zu unserer Empathiefähigkeit bei. Bis jetzt galt das Hauptinteresse der Untersuchungen vor allem diesen Bereichen; neueste Studien haben jedoch aufgezeigt, dass die Spiegelneuronen noch viel weitreichender in die Art und Weise eingebunden sind, wie wir unsere reale Umgebung wahrnehmen. Vielleicht ist dies gar nicht so überraschend, da schon das Überleben der Jäger und Sammler von ihrer Fähigkeit abhing, die geringste Bewegung in der Landschaft zu entdecken. Der italienische Neurowissenschaftler Vittorio Gallese leitet eines der wichtigsten Forschungsteams, die sich auf die Funktionen der Spiegelneuronen spezialisiert haben; er weist auf die Möglichkeit hin, dass »ein Kiefernzapfen, der auf die Gartenbank im Park fällt, oder Regentropfen, die während eines Wolkenbruchs auf die Blätter einer Pflanze platschen«, diese Neuronen in Gang setzen.[16]

Ein Prozess der inneren Simulation bedeutet, dass wir die Umwelt auf dieselbe Weise deuten wie die Körpersprache. Dieses Phänomen erfasst, wie wir indirekt Freude an Dingen um uns herum haben können und Empathie für alle möglichen Arten von Erscheinungsformen der Natur empfinden. Die Faszination, einen Vogel im Flug zu beobachten, wie er im Aufwind segelt, ist dadurch zu erklären, dass wir – zu einem Teil – mit ihm fliegen. Da diese Erfahrung aktiv in unserem Inneren simuliert wird, können wir uns in den Vogel hineinversetzen, als ob wir ihn auf seinem Flug begleiten würden.

Die Wirkung beim Beobachten von Bewegungen in der Natur, wenn wir krank und schwach sind, unterscheidet sich vielleicht nicht so sehr von dem, was wir bei Babys wahrnehmen, die total fasziniert davon sind, Gegenstände wie Mobiles zu bewegen oder Äste hin und her zu schwingen. Es bedeutet auch, dass die motorischen Areale des Gehirns immer noch auf angenehme Art stimuliert werden können, auch wenn der Körper schwach ist und körperliche Bewegungen eingeschränkt sind.

Als der berühmte Neurologe Oliver Sacks am Beth Abraham Hospital in Manhattan arbeitete, führte er seine Patienten regelmäßig über die Straße zu Spaziergängen im New Yorker Botanischen Garten. Für Sacks waren zwei Arten von nicht pharmazeutischer Therapie bei chronischen neurologischen Erkrankungen besonders wichtig: Musik und Gärten. Beides wirkt sich seiner Ansicht nach »beruhigend und ordnend« auf unser Gehirn aus.[17] Er beobachtete, dass Patienten mit neurologischen Erkrankungen wie beispielsweise Parkinson oder dem Tourettesyndrom in der Natur eine vorübergehende Abschwächung ihrer Symptome verspürten. Es gibt noch weitere Erkrankungen, bei denen die beruhigenden und fokussierenden Wirkungen der Natur ebenfalls beobachtet werden können, zum Beispiel bei Alzheimer[18] und bei ADHS (Aufmerksamkeitsdefizit-Hyperaktivitäts-Störung)[19] – vielleicht kommt also unsere angeborene neurologische Reaktion auf die Natur deutlicher zum Vorschein, wenn das Nervensystem gestört ist. Jedenfalls glaubte Sacks, dass das Gehirn durch derartige Erfahrungen eine direkte Veränderung erfährt. »Die Wirkungen der Eigenschaften der Natur auf die Gesundheit«, stellte er fest, »sind nicht nur spiritueller und emotionaler, sondern auch physischer und neurologischer Art. Ich zweifle nicht daran, dass sie tief greifende Veränderungen in der Physiologie des Gehirns und möglicherweise sogar in seiner Struktur widerspiegeln.«

Sacks' Meinung wird durch einige neuere wissenschaftliche Erkenntnisse untermauert. Es wurde zum Beispiel festgestellt, dass Blütenpflanzen und Gartenarbeit die elektrische Aktivität des Gehirns durch einen beschleunigten Rhythmus der Alphawellen verändern.[20] Der Alpharhythmus ist eine Form der neurologischen Anreicherung; durch die Abgabe des beruhigenden, antidepressiv wirkenden Neurotransmitters Serotonin hebt sich die Stimmung.

Die häusliche Umgebung neigt dazu, statisch und eintönig zu sein, aber das Nervensystem ist auf Veränderung und Abwechslung ausgerichtet. Wir benötigen Anreize für die Sinne, um uns lebendig zu fühlen. Es gibt allerdings einen optimalen Zustand zwischen zu viel und zu wenig Stimulierung. Zum Beispiel wirkt das Säuseln des Winds in den Bäumen oder leise plätscherndes Wasser beruhigend, da diese Geräusche sich in vorhersehbarem Ausmaß unaufhörlich verändern. Die visuellen Muster, die wir in der Natur finden, stimulieren das Gehirn ebenfalls auf sanfte Weise. Naturformen weisen eine Art Geometrie auf, bekannt als »Selbstähnlichkeit«, bei der Muster auf verschiedenen Ebenen wiederholt werden wie Variationen über ein Thema. Fraktale Nachbildung, so der entsprechende Begriff, wird vielleicht am besten anhand des

Aufbaus eines Baums veranschaulicht. All die verschiedenen Teile des Baums, von den Blattadern bis zum sich verästelnden Stamm und den Wurzeln, haben ein ähnliches Muster, und doch sind jeweils feine Unterschiede festzustellen. Das Gehirn ist im Grunde genommen ein Muster suchendes Organ und muss anhand zahlreicher eingehender sensorischer Informationen schnelle Voraussagen treffen. Fraktale Nachbildung erleichtert die Aufgabe des Gehirns, da ein starkes Element der Vorhersagbarkeit vorhanden ist, sodass der visuelle Cortex auf einen Blick Lücken füllen und ein größeres Bild zusammenstellen kann.[21]

Aufgrund dieser spezifischen Muster eignen sich Landschaften in ihrer ursprünglichen, von der Natur vorgegebenen Form für die sogenannte fließende visuelle Verarbeitung.[22] Das bedeutet, dass wir mit entspanntem Blick die Umgebung überfliegen und sie durch ein Minimum an Augenfixationen in uns aufnehmen können. Die niederländische Umweltpsychologin Agnes van den Berg von der Universität Wageningen untersucht Fraktale, die ihr zufolge in hohem Maß zu der Entspannung beitragen, die wir in der Natur erleben. Sie verweist darauf, dass ein bebautes Umfeld voller unregelmäßiger, kantiger Muster sei. Untersuchungen haben gezeigt, dass unsere Augen, wenn wir eine solche Umgebung betrachten, viel mehr Fixationen ausüben müssen, um die visuelle Information zu sortieren. Wir sind uns dessen nicht bewusst, aber es bedeutet gleichwohl, dass wir mehr Energie aufwenden müssen, um das, was wir sehen, zu verarbeiten. Demgegenüber ist es weit weniger belastend, in der Natur etwas zu interpretieren, denn, wie Agnes van den Berg es ausdrückt, »die Natur ist leicht zu verstehen«. Wenn wir krank sind und unser Körper einen sehr niedrigen Energielevel aufweist, muss die sensorische Stimulation sich richtig einpendeln. Sie darf dann weder zu stark noch zu gering sein, damit die sanften Formen der Natur ihr Bestes bieten.

Die Natur versteht es, unsere Emotionalität zu wecken.

Ganz gleich, wie viel wir vielleicht von den neurologischen Effekten natürlicher Stimuli begreifen, wird dieser Aspekt wohl eher ein Geheimnis bleiben, da er von unserer Gemütsverfassung abhängt. Es gibt Zeiten, in denen wir wohl schauen, aber nicht sehen, und zuhören, aber nicht wirklich hören. Der visionäre Künstler und Dichter William Blake hatte verstanden, dass unsere Welterfahrung durch die Empfänglichkeit unseres Geistes entscheidend beeinflusst wird, und verdeutlichte dies an einem Beispiel: Der Baum, der einige zu Freudentränen rührt, ist in den Augen anderer lediglich ein grüner Gegenstand, der im Weg steht.[23]

Die Schriftstellerin Eve Ensler hatte während eines Klinikaufenthalts eine außergewöhnliche Begegnung mit einem Baum.[24] So wie William Blake es beschrieben hatte, sah sie in dem Baum vor ihrem Fenster anfangs lediglich ein »grünes Ding«, das ihr im Weg stand. Kurz zuvor war eine große Krebsgeschwulst in ihrem Uterus diagnostiziert worden, und ihr ging es sehr schlecht. In ihrem Werk *In the Body of the World* erzählt sie, wie sie im Zustand höchster Erschöpfung ins Krankenhaus kam. Ihr Zimmer war beruhigend hübsch und sauber, aber der Blick aus dem Fenster wurde durch einen Baum verdüstert. Da sie zu schwach war, um sich einen Film anzusehen oder eine Freundin anzurufen, konnte sie lediglich im Bett ausharren und auf diesen Baum starren. Sie hatte Angst, vor lauter Langeweile verrückt zu werden, und der Baum ärgerte sie. Sie erklärt: »Ich wuchs in Amerika auf, wo alles auf die Zukunft, den Traum und die Produktion ausgerichtet ist. Es gibt keine Gegenwart. Es gibt keine Wertschätzung für das, was bereits existiert, sondern lediglich für das, was aus dem bereits Bestehenden gemacht werden kann, oder für die Art und Weise, wie es genutzt werden könnte.« Gemäß dieser Denkweise hat ein Baum nur dann einen Wert, wenn er gefällt und als Brennholz verwendet wird. Mit anderen Worten: wenn es ein toter Baum ist.

Die ersten paar Tage verliefen recht ähnlich: Eve Ensler

reagierte nicht auf die Natur. Doch dann veränderte sich etwas – sie betrachtete den Baum nicht länger als einen hinderlichen Gegenstand, sondern sah ihn als etwas Lebendiges, bis in alle Einzelheiten: »Am Dienstag meditierte ich über die Rinde; am Freitag über die grünen Blätter, die im Licht des Spätnachmittags schimmerten. Über Stunden hinweg verlor ich mich selbst, meinen Körper – ja, ich verschmolz mit dem Baum.« Eine derartige Vertrautheit, ausgerechnet mit einem Baum, war völlig neu für sie. »Mein morgendliches Erwachen bestand darin, dass ich in meinem Klinikbett lag, den Baum erblickte, in ihn hineinschlüpfte und das grüne Leben fand, das dem Baum innewohnte. Jeden Morgen konnte ich es kaum abwarten, mich auf den Baum zu fokussieren. Ich ließ mich von dem Baum aufnehmen. Jeden Tag war es anders, je nachdem, ob es hell, windig oder regnerisch war. Der Baum wirkte wie ein Lebenselixier und eine Kur; er war ein Guru und bot eine Lehre.« Sie konnte von ihm wie von einem allgegenwärtigen Gefährten lernen; der Baum heilte sie von ihrem apathischen Blick. Als sie ihre Chemotherapie im Mai aufnahm, schwelgte sie in einem Gefühl »überschwänglicher Freude über die sanfte weiße Blütenpracht, die überall zu erblühen begann«.

Ihr Leben lang hatte Eve Ensler an einer Entfremdung von ihrem Körper und von der Erde gelitten. Als Kind und Erwachsene war sie sexuell missbraucht worden. Als sie heranwuchs, war ihr nicht bewusst, dass ihr Körper ihrer Fürsorge bedurfte. Jahrelang sehnte sie sich nach einer Beziehung zu ihrer Mutter, aber es gelang ihr nicht, Zugang zu ihr zu finden. Und auf ihr eigenes Leben bezogen, fühlte sie sich auf dieser Erde eher als »Besucherin« denn als »Bewohnerin«. Der Baum änderte dies jedoch durch seine bloße Gegenwart und seine Anspruchslosigkeit ihr gegenüber. In gewisser Weise ist es schwierig, dies in Worte zu fassen, aber sie hatte durch das »Bewohnen« des Baums das Gefühl, ihre Mutter wiedergefunden zu haben.

Nicht viele Menschen wären geneigt, Stunden damit zu

verbringen, einen Baum anzustarren – Ensler ganz bestimmt nicht. Eine schwere Krankheit zwingt uns jedoch, innezuhalten und unser Tempo zu verlangsamen; sie erfordert eine größere Umstellung – sie ist ein Wendepunkt, eine Art Wasserscheide, die überschritten wurde, und das Leben wird danach nie mehr so sein, wie es war. Bei der Heilung geht es nicht nur um das körperliche Überleben; wir müssen neu bewerten, was wirklich zählt, unsere Prioritäten neu ausrichten und einen anderen Weg einschlagen.

Enslers Erwachen sowie ihr neu entdecktes Gefühl der Verbundenheit sind keineswegs einmalig, auch wenn diese Erfahrungen sehr wirkungsvoll waren. Bei einer vor Kurzem durchgeführten Überprüfung der Befunde von Krebskranken wurde festgestellt, dass viele von ihnen durch ihre Krankheit ein völlig neues Verhältnis zur Natur gefunden hatten. Darüber hinaus verhalf ihnen der Aufenthalt in der Natur zu einer neuen Lebensperspektive. Wenn wir erkranken, ist es wichtig, bei der damit verbundenen Umstellung Hilfe von anderen zu erfahren, doch letztlich müssen wir diese Veränderungen aus eigener Kraft durchführen. In der Natur sind wir immer von etwas Lebendigem umgeben. Insofern besteht durchaus die Möglichkeit, dass wir uns zwar allein, aber nicht isoliert fühlen und eine überaus tröstende Form der Einsamkeit erleben.

Als ich Olivia Chapple, Mitbegründerin einer englischen Wohltätigkeitsorganisation namens Horatio's Garden, befragte, verwies sie auf die therapeutischen Auswirkungen, wenn wir allein sind, uns aber nicht isoliert fühlen. Horatio's Garden gründet und unterhält in England Gärten im Rahmen von Zentren zur Therapie von Wirbelsäulenverletzungen. In den vergangenen acht Jahren hat Olivia die tröstliche Wirkung miterlebt, die ein schöner Garten Menschen mit einer lebensverändernden Behinderung spenden kann. Obwohl Patienten mit Wirbelsäulenverletzungen sechs bis zwölf Monate im Krankenhaus verbringen müssen, waren die einzigen Außenräume, zu denen sie zuvor in anderen Einrichtungen Zugang hatten, die asphaltierten Parkplätze.

Der Designer Cleve West schuf den ersten dieser Gärten im Duke of Cornwall Spinal Treatment Centre, das dem Salisbury Hospital angegliedert ist. Bei seinem ersten Besuch dort bat er darum, in einem Bett und auch in einem Rollstuhl herumgeschoben zu werden. Bei dieser Erkundung war er schockiert, wie sehr er die geringste Unebenheit des Bodens spürte und wie verletzlich er sich fühlte. Diese Erfahrung vermittelte ihm eine neue Perspektive beim Planungsprozess.

Eine vorausgehende Befragung der Patienten hatte ergeben, dass sie sich am sehnlichsten einen Platz wünschten, wo sie in der Krankenhausumgebung Zuflucht finden könnten. Ganz oben auf ihrer Prioritätenliste standen lediglich zwei Begriffe: »schön« und »zugänglich«. Das Rehabilitationsprogramm ist im Großen und Ganzen auf körperliche Bedürfnisse fokussiert und weniger auf emotionale oder soziale. Um sich an diese Vorgabe zu halten, wurde der Garten zu Beginn für die Optimierung der physischen Therapie konzipiert. Demgegenüber äußerten die Patienten jedoch ihre Erwartung, dass der Garten eher eine emotionale Unterstützung bieten sollte. Sie sehnten sich nach einem Ort, wo sie keine Therapie durchführen mussten, sondern vorübergehend in so etwas wie ein »normales« Leben zurückkehren konnten.

Das Hauptaugenmerk von Wests Entwurf richtete sich nun auf Schönheit und Zugänglichkeit. Er schuf einen Garten voller mehrjähriger Pflanzen, die sowohl eine Struktur gaben als auch zahlreiche jahreszeitliche Abwechslungen und Farben boten. An einer Seite des Gartens erstreckt sich ein Laubengang mit rankenden Apfelbäumen. Dort können Patienten nahe des angrenzenden Bächleins im Schatten ruhen. Obwohl sich im Garten ein Gewächshaus befindet und genügend Platz für die Physiotherapie vorhanden ist, wirkt dieses Areal nicht wie ein Ort, wo man von einem erwartet, dass man aktive Rekonvaleszenz betreibt – er will lediglich genutzt werden. Als ich auf einer der langen, gekrümmten Steinmauern saß, die den Garten durchschneiden, und zu dem dahinter gelegenen grünen Hügel blickte, vergaß ich fast völlig, dass ich mich auf einem Klinikgelände befand.

Olivia und ihr Mann David Chapple – sie war früher Allgemeinärztin, er Neurochirurg – hatten die Wohltätigkeitsorganisation gegründet. Doch die eigentliche Triebkraft war ihr ältester Sohn Horatio. Im Alter von sechzehn Jahren arbeitete Horatio ehrenamtlich in der Abteilung für Wirbelsäulenverletzungen im Salisbury District Hospital. Immer mehr spürte er, wie sehr den Patienten ein Ort in der freien Natur fehlte. Er konnte nicht verstehen, warum niemand dieses grundlegende menschliche Bedürfnis zu erkennen schien. Daraufhin startete er eine Kampagne, um Spenden für einen Garten zu sammeln, der auf einem Stück Brachland in der Nähe der Klinik angelegt werden sollte. In jenem Sommer kam Horatio durch einen tragischen Unfall bei einem Schulausflug ums Leben. Daraufhin beschlossen seine Eltern, seine Vision umzusetzen, und zwei Jahre später wurde der Garten, von dem er geträumt hatte, angelegt.

In England gibt es elf Zentren zur Therapie von Wirbelsäulenverletzungen. Bis 2012 verfügte keines von ihnen über einen Garten, inzwischen sind es sechs. Jede dieser Spezialkliniken deckt eine größere Region ab, was für viele Patienten bedeutet, dass sie von der Familie und Freunden weit entfernt sind. Eine Wirbelsäulenverletzung stellt einen fatalen Gesundheitszustand dar, denn die Zukunft der Patienten wird völlig auf den Kopf gestellt. Beziehungen, Job und Hobbys – alle Bereiche sind betroffen. Da es fortan so viele Einschränkungen gibt, ist es nicht leicht, sich der Zukunft zu stellen. Eine gewaltige körperliche Umstellung ist erforderlich, aber auch eine tief greifende mentale Veränderung. Es kann schrecklich sein, wenn man sich mit dem Gefühl abfinden muss, von allem abgeschnitten zu sein.

Olivia beschreibt, wie Rollstuhlfahrer nach einer langwierigen Anfangsphase vollständiger Bettruhe zum ersten Mal in den Garten hinausfahren. Nachdem sie nach allem, was sie durchgemacht haben, endlich wieder den Himmel sehen und die Sonnenwärme spüren können, sind sie so ergriffen, dass viele sogar Tränen vergießen. Greg war Anfang zwanzig, als er bei einem Autounfall schwer verletzt wurde. Er beschrieb, wie er sich an der frischen Luft zwischen den Pflanzen und Bäumen zum ersten Mal nicht mehr eingesperrt fühlte: »Man ist nicht länger das Eigentum der Klinik«, erklärte er mir. Da Greg sich dem Garten zuwenden konnte, gelang es ihm, sein Identitätsbewusstsein wiederzuerlangen. »Ich habe mich wiedergefunden«, sagte er – das sind einfache Worte, und doch vermitteln sie tief gehende Wirkungen. Die Wahrheit ist: Wenn wir mit der Natur eine Beziehung aufbauen, nehmen wir Kontakt mit uns selbst auf, mit unserem Innersten.

In seinem Buch *Der Tag, an dem mein Bein fortging* beschreibt Oliver Sacks, wie er dank der Natur sein Identitätsbewusstsein wiedererlangte. In klaren Worten schildert er seine Einschränkung und den Reizentzug im Krankenhaus im Anschluss an einen traumatischen Unfall, bei dem sein linkes Bein schwer verletzt wurde. Von der Außenwelt abgeschnitten, verbrachte er drei Wochen in einem fensterlosen Krankenzimmer. Dies hatte zur Folge, dass er sich in sich selbst zurückzog. Am schockierendsten war es, dass alles so schnell ging. Routiniert sprechen wir von »Institutionalisierung«, betont er, doch tatsächlich haben wir nicht die geringste Ahnung, was damit verbunden ist; wir wissen nicht, wie heimtückisch und umfassend die Einschränkung in allen Bereichen ist und wie schnell dies jedem zustoßen kann, auch einem selbst.

Vor der Verlegung in eine Rehaklinik wurde Oliver Sacks an seinem letzten Tag im Krankenhaus, nachdem er monatelang keine frische Luft genossen hatte, im Rollstuhl in den Garten gefahren. Das Gefühl, dass etwas anders war, stellte sich schnell ein und war intensiv. Sacks empfand eine tiefe

Freude, die Sonne in seinem Gesicht und den Wind in seinen Haaren zu spüren und das Gezwitscher der Vögel zu hören. Er erfreute sich am Anblick der Pflanzen und berührte sie. Nach der grauenhaften Isolierung und Verfremdung konnte er eine lebenswichtige Beziehung und Verbundenheit mit der Natur wiederherstellen. Als er in den Garten gefahren wurde, erwachte, wie er sagte, ein Teil von ihm, der andernfalls vielleicht unbemerkt ausgehungert und eingegangen wäre, wieder zum Leben.[25] Wenn man krank oder schwer verletzt ist, führt Sacks weiter aus, bedeutet dies, dass man einen »Zwischenort« benötigt, einen ruhigen Ort, einen Zufluchtshafen, einen Unterschlupf. Man kann nicht so ohne Weiteres in die Welt zurückgeworfen werden.

Ein wichtiger Aspekt des Gartens als »Zwischenort« bestand für Greg darin, dass er ihm während seines langen Klinikaufenthalts dazu verhalf, mit seinen Freunden in Kontakt zu bleiben. Alles erschien viel »normaler«, wenn man mit ihnen gemeinsam die Sonne genießen konnte. »An diesem Ort würden sich alle gern aufhalten«, sagt er. Auch die Verwandten des Patienten sind auf dieses Gefühl angewiesen, da ein solches Trauma die gesamte Familie in Mitleidenschaft zieht. Horatio's Gardens sind jeweils unterschiedlich angelegt, aber sie alle verfügen über abseits gelegene Plätze und verschwiegene Orte, wo die Patienten und ihre Besucher weitgehend für sich sind. Der Garten hat Greg auch dabei geholfen, seine endlos sich wiederholenden Rehaübungen durchzuhalten, beispielsweise eine Klammer aufzuheben und in eine Schachtel zu legen. Greg ist bei Weitem nicht der Einzige, der diese positiven Effekte zu spüren bekommt. Viele Menschen bezeugen die unschätzbare Hilfe, die sie durch den Aufenthalt in den Gärten erfahren haben, und das Ausmaß, in dem die Schönheit der Natur sie während des lange währenden Prozesses der Rehabilitation unterstützt hat.

Für Patienten, die sich gerade auf einer der Stationen für Wirbelsäulenverletzungen in Behandlung befinden, kann die

Kluft zwischen der Klinik und der Außenwelt als unüberbrückbar erscheinen. Der Garten bringt jedoch die Außenwelt ins Krankenzimmer und fungiert somit als Vermittler. Einen wesentlichen Beitrag dazu leisten die Ehrenamtlichen, die die Pflanzen pflegen und das Unkraut jäten. Da sie alle regelmäßig in die Klinik kommen, lernen die Patienten sie kennen. Dies bietet die Gelegenheit, normale Unterhaltungen zu führen, zum Beispiel über ihre Freude an den Blumen. Die Patienten können auch über ihre Verletzungen sprechen, was sich als unschätzbare Vorbereitung für die Zeit nach ihrer Entlassung aus der Klinik erweist. Manchmal kehren ehemalige Patienten auch als Ehrenamtliche in die Klinik zurück. Für Patienten, die erst vor Kurzem eingewiesen wurden, kann es hilfreich sein, zu beobachten, wie jemand in einem Rollstuhl sitzend im Garten arbeitet – ein Mensch, dessen Leben weitergeht. Gärten besitzen eine besondere Art, sich mit Leben zu füllen – besonders im Sommer, wenn sich die Menschen dort treffen können. Horatio's Garden dient auch als Veranstaltungsort für Konzerte sowie für Lebensmittel- und Pflanzenausstellungen. Einige Patienten feiern sogar ihre Hochzeit oder eine Taufe in einem der Gärten, da er eine so wichtige Rolle in ihrem Leben spielt.

Ein therapeutischer Garten ist eine Gesundheitshilfe und als eine Art der Behandlung aufzufassen, die sorgfältig auf die Menschen, die ihn benutzen, zugeschnitten sein muss. Bei Patienten mit Wirbelsäulenverletzungen sind ebene Bodenflächen ohne Türschwellen äußerst wichtig, denn der geringste Stoß kann schmerzhafte Muskelverkrampfungen hervorrufen. Ansonsten sollte der Garten Schönheit und Vielfalt ausstrahlen sowie die Möglichkeit bieten, den Schatten aufzusuchen.

Das Pamela Barnett Centre in Ravenswood Village in Berkshire, ein Heim für Erwachsene mit starker Lernbehinderung, hat einen Garten, dessen Anlage sorgfältig auf die

Bedürfnisse der Patienten ausgerichtet wurde. Die Patienten sind der Sprache nicht mächtig, und ihre nonverbale Kommunikationsfähigkeit ist beeinträchtigt. Die meisten leiden auch an Hypostimulation und benötigen viele Sinnesreize. Wenn diese fehlen, schaffen sich die Betroffenen ihre eigene Stimulation durch lautes Klopfen oder Pochen.

Die Natur ist jedoch in der Lage, Zugang zu ihnen zu finden. Die Bewegungen, Geräusche und die Beschaffenheit von Pflanzen, Vögeln und Insekten sind eine Quelle unendlicher Faszination. Gayle Souter-Brown und Katy Bott, die für das Unternehmen Greenstone Design tätig sind, das sich auf Pflegeeinrichtungen des Gesundheitswesens spezialisiert hat, entwarfen einen besonders üppigen Garten mit unterschiedlicher Belaubung und einer Vielfalt von Blumen und essbaren Früchten.[26] Der Bauplan ist kurvig angelegt und lädt zur Erkundung der miteinander verbundenen Wege ein. Einzelne Zonen des Gartens haben verschiedene Merkmale: Es gibt kleine Sumpfgebiete, einen Zen-Garten mit Kieselsteinen, einen Fischteich und eine kleine Wiese. Die Patienten schwelgen in der Fülle der Sinneseindrücke und dem Gefühl von Freiheit, die sie in diesem Außenbereich genießen können. Der Garten wird auch für eine besondere Therapieart benutzt, die sogenannte Intensive Interaction. Der Therapeut hält dabei eine Sitzung mit dem Patienten ab und versucht sich auf dessen Gemütszustand einzustimmen. Er reagiert auf das Atmungsverhalten, die Tonlage der Stimme, die Augenbewegungen und weitere Körpersignale. Ähnlich wie die Zwiesprache der Mutter mit ihrem Baby wird dies zur Grundlage der gegenseitigen Kommunikation. Die beruhigende und ordnende Wirkung der Natur auf das Nervensystem ist klar erkennbar. Die Patienten werden zugänglicher und sind in der Lage, inmitten der Natur sich auch erkenntlich zu zeigen, was innerhalb der Klinik nicht unbedingt der Fall ist.

Jenseits einer hohen Hecke gibt es einen weiteren therapeutischen Garten, der zum Tager Centre gehört. Der Kontrast könnte nicht größer sein. Dieser Garten, der von denselben Designern entworfen wurde, ist kahl und geradlinig angelegt und entbehrt jeglicher Anreize für die Sinne. Die Patienten hier leiden an starkem Autismus. Dieser ist so ausgeprägt, dass die Natur nicht beruhigend wirkt – eher im Gegenteil: Gerade die Veränderlichkeit der Natur kann extreme Angstgefühle wecken. Das Bedürfnis nach einem hohen Grad an Vorhersehbarkeit bedeutet, dass es hier keine Blumen, keine Beeren und keine Blätter gibt, die sich farblich verändern und abfallen, oder sonst etwas, was sich über Nacht verändern könnte. Die Ausstattung im Inneren der Klinik ist vielleicht vorhersehbarer, aber nicht unbedingt beruhigender. Die Patienten fühlen sich schnell eingeschlossen und werden nervös, sie gehen ständig auf und ab. Das immergrüne Gartengelände eignet sich in solchen Zeiten am besten für sie. Die frische Luft trägt dazu bei, dass ihre negative Energie sich auflöst. Nachdem sie kurze Zeit die Schaukel oder die Wippe benutzt haben, finden sie ihre Ruhe wieder.

Der Garten des Tager Centre weicht vom allgemein üblichen Konzept für therapeutische Gärten ab, das einer ausgeprägten natürlichen Vielfalt ein größeres Erholungspotenzial zuspricht. Auch der Anteil an begrünter Fläche im Verhältnis zu unbegrünter Fläche ist demzufolge von Bedeutung: Optimal ist hier das Verhältnis 7:3.[27] Ein zu geringer Pflanzenbewuchs wirkt sich nachteilig auf die Gesundung aus. Zudem lockt pflanzliche Vielfalt auch Tiere an und verstärkt somit die therapeutische Wirkung des Gartens als Mikrokosmos.

In dieser Hinsicht machte ich im Anschluss an meine Operation, die Gott sei Dank gut verlief, und nach der Entlassung aus der Klinik meine eigene Erfahrung. Ich war erleichtert, in die mir vertraute Umgebung zurückzukehren; auch wenn meine Mobilität vorübergehend sehr eingeschränkt war. Das Gelände, über das ich einst unbeschwert geschlendert war, erschien mir nun wie ein fremder Kontinent. Jeden Tag verschanzte ich mich an einem geschützten Platz in der Nähe des

Hauses. Und obwohl mir die Pflanzen Freude bereiteten, waren sie zu meiner eigenen Überraschung nicht das wichtigste aufheiternde Allheilmittel. Wirklich aufgemuntert haben mich die Vögel.

Als ich dasaß und die spätherbstlichen Sonnenstrahlen genoss, ignorierten mich die kleinen Vögel – hauptsächlich Blau- und Kohlmeisen. Je mehr sie es meinem Empfinden nach taten, desto mehr fokussierte ich mich auf sie. Behutsam näherten sie sich den Futterhäuschen und setzten sich erst einmal auf nahe gelegene Äste. Ich beobachtete, wie sie in alle Richtungen blickend die Umgebung absuchten, bevor sie die Sicherheit des Baums hinter sich ließen und auf eines der Futterhäuschen zuflogen. Das Geheimnis dieser Entscheidungsfindung war faszinierend. Jeder Vogel verhielt sich etwas anders – einige wirkten zögerlicher als andere, aber alle waren wachsam. Vorübergehend konnte ich mich ganz in ihre Welt versenken.

Bald schon steigerte sich meine Bewegungsfähigkeit, und ich begann die hinteren Bereiche des Gartens zu erforschen. Ich war aber noch auf Krücken angewiesen und daher ebenso vorsichtig wie die Vögel. Eines Tages begab ich mich zum Gewächshaus. Als ich die Tür öffnete, bot sich mir ein unerwarteter Anblick. Auf dem Gerüst waren Safran-Krokusse in voller Blüte aufgereiht. Unvermittelt kehrte die Erinnerung zurück, wie ich wenige Wochen vor meinem Unfall die Blumenzwiebeln gekauft hatte. Bei einer Pflanzenausstellung hatte ich mich spontan zum Kauf entschlossen, da ich Safran kultivieren wollte. Es war inzwischen so viel geschehen, dass ich sie völlig vergessen hatte. Eine höchst willkommene Überraschung! Die prachtvollen violetten und purpurnen Blüten waren voll erblüht, doch am meisten verblüffte mich das leuchtende Rot ihrer langen Narben, die wie Bänder flatterten. Ein paar Tage später kam ich wieder und wollte diese kostbaren purpurroten Narben ernten. Diese systematische Arbeit wirkte auf mich beruhigend, und zum ersten Mal seit meinem Unfall hatte ich das Gefühl, etwas Sinnvolles zu tun. Abends verwendete ich einige der Fäden zur Zubereitung eines köstlichen Safranrisottos – ein voller Erfolg!

Ich war überglücklich und aufgeregt, nach meinem Krankenhausaufenthalt wieder mit Freunden und der Familie vereint zu sein. Aber bei diesen Begegnungen kamen unvermeidlich Einzelheiten über meinen Sturz zur Sprache, den ich gerade erst zu verarbeiten begann. Im Gewächshaus hingegen musste ich keinen Bericht erstatten, keine quälenden Erinnerungen verkraften oder mit Gefühlen fertigwerden. Ich fand dort eine erholsame Einsamkeit; ich war allein, aber nicht einsam – es gab nur mich und die Blumen. Die Entdeckung der Krokusse und das Pflücken der Safranfäden erfüllten mich mit Freude – einer einfachen, reinen Freude.

13 Grüne Kapsel

Die Kraft, die durch die grüne Kapsel Blüten treibt,
treibt meine grünen Jahre …
Dylan Thomas (1914–1953)[1]

Im Mai ist unser Garten eine einzige grüne Pracht. Alle Bäume und Rasenflächen scheinen den großen Lebensimpuls auszustrahlen, der aus der Erde emporsteigt. Nie zuvor habe ich dies deutlicher empfunden als zu dem Zeitpunkt, als ich aus einem entlegenen Teil Kenias, wo ich ein landwirtschaftliches Entwicklungsprojekt besucht hatte, zurückkehrte.

Tom und ich hatten zwei Wochen in Turkana County verbracht, um uns über eine Initiative namens Furrows in the Desert (Ackerfurchen in der Wüste) zu informieren. Es war eine bemerkenswerte Zusammenarbeit zwischen einer spanischen und einer kenianischen Missionsorganisation sowie einem Team von israelischen Agrologen, die wegweisende Methoden für den nachhaltigen Anbau in Trockengebieten erforschten. Während unseres 14-tägigen Aufenthalts bearbeiteten wir die ertragreichen Obst- und Gemüsegärten, die dort als Shamba-Gärten bekannt sind.

Das Volk der Turkana zeichnet sich seit vielen Generationen durch außerordentliche Widerstandsfähigkeit aus. Die Menschen sind hochgewachsen und markante Erscheinungen. Die Frauen tragen bis zum Kinn hinaufreichende Halsbänder aus bunten Perlen. Über viele Generationen hinweg wurden ihre Lieder und Tänze überliefert, ebenso ihr traditioneller Lebensstil als nomadische Hirtenvölker am Rand der Gesellschaft. Gegenwärtig wird es jedoch immer schwieriger, diese Lebensweise aufrechtzuerhalten, da das Land unter den Auswirkungen des Klimawandels leidet. Die Wettermuster haben sich verändert; man kann sich nicht mehr auf die Konstanz der Regenzeit verlassen, und die Herden und das Kleinvieh finden immer weniger Weiden zum Grasen. Als wir dort eintrafen, war fast ein Jahr lang kein Regen gefallen. Viele Kinder in den von uns besuchten Dörfern waren sichtlich unterernährt, und immer wieder sahen wir tote Ziegen am Wegesrand. Wir konnten uns kaum vorstellen, dass diese Region des Großen Afrikanischen Grabenbruchs einst eine ideale Landschaft für unsere frühzeitlichen Vorfahren gewesen war. An der Grenze zu Äthiopien, in der Nähe des Flusses Omo, wird die Wiege der Menschheit angesiedelt; dort wurden einige der ältesten Überreste der Hominiden gefunden.

Da es inzwischen immer schwieriger wurde, das Nomadenleben weiterzuführen, sind die Menschen sesshaft geworden; sie leben aber weiterhin in ihren traditionellen Reisighütten. Zum Teil sind sie auch auf Lebensmittelhilfe angewiesen. Seit undenklichen Zeiten dient das Land als Weidefläche für das Vieh; der Boden war noch nie bewirtschaftet worden. Früher gingen die Menschen in der weiteren Umgebung auf Nahrungssuche, aber nun lernen die Männer und Frauen, in den neu angelegten Shamba-Gärten essbare Pflanzen anzubauen.

Inzwischen gibt es 150 solcher Gärten und kleine Bauernhöfe in 30 verschiedenen Gemeinden; weitere sind in Planung. Alle nutzen das mit Sonnenenergie und Windpumpen geförderte Wasser, das durch Tropfbewässerung sparsam verteilt wird. Das Gelände ist bergig und felsig, es ist starken, trockenen Winden ausgesetzt, und es herrschen Temperaturen von 40 °C – eine unwirtliche Umgebung, um essbare Pflanzen anzubauen. Der Erfolg dieses Projekts beruht auf der Kombination des Fachwissens aus Israel bei der Bewirtschaftung der

Wüste sowie beim Aufbau der Wasserinfrastruktur mit dem lokalen Wissen der Missionsorganisation, die seit über 25 Jahren hier tätig ist.

In den Gärten wachsen jede Menge Gemüsesorten wie Grünkohl, Spinat, Bohnen, Tomaten und Wassermelonen; der Kontrast zu der ausgebrannten Landschaft ringsherum könnte nicht deutlicher ausfallen. Zu beobachten, wie dort unter so harten Bedingungen Gemüse angepflanzt wird, war lebensbejahend und inspirierend. Gegen Ende unseres Aufenthalts in Turkana County schöpften wir alle Hoffnung, als sich am Himmel Wolken zusammenballten, aber der dringend benötigte Regen blieb aus. Obwohl ich mich danach sehnte, wieder nach Hause zurückzukehren, fühlte ich mich miserabel bei dem Gedanken, mich von diesem hoffnungsvollen Projekt wieder verabschieden zu müssen.

Mit dem seltsamen Gefühl, immer noch auf der Durchreise zu sein, kam ich wieder zu Hause an und begab mich in den Garten. Unsere Einzäunungen aus hohen Hecken mit Hainbuchen wirken selbst an einem sehr trüben Tag wie ruhige botanische Oasen, aber an jenem Morgen hatte die Sonne die Blätter der Hainbuchen zum Strahlen gebracht. Ich schlenderte wie in Trance die grasbewachsenen Wege entlang, während ich das leuchtende Grün um mich herum aufsog.

Haben sich die Nomaden in längst vergangenen Zeiten so gefühlt, als sie nach der Durchquerung der Wüste auf eine Oase mit Palmen und einen paradiesischen Garten stießen – einen Ort, der die Grünkraft der Erde verkündete? Es hatte mich zutiefst beeindruckt, das Land so ausgedörrt und rissig zu sehen. Nun konnte ich erst wirklich verstehen, warum Hildegard von Bingen mit solchem Nachdruck auf die lebensbedrohende Trockenheit hingewiesen hatte. Zum ersten Mal erkannte ich die Kraft ihrer grünen Kapsel –*viriditas* – wirklich und was es bedeutet, wenn sie fehlt. Der in Turkana County so heiß ersehnte Regen fiel schließlich ein paar Tage später, und das schlummernde Leben, das in der ausgedörrten Erde verborgen war, entfaltete sich. In knapp einer Woche verwandelte sich die trostlose Landschaft von Braun in Grün, aber es bedurfte noch vieler Monate der Erholung. Und auch in Zukunft sind dort lange Trockenperioden zu erwarten.

Im Zeitalter der Klimakrise und der zunehmenden Entfremdung von der Natur können wir nicht länger die Augen vor der engen Beziehung zwischen der menschlichen und der grünen Natur und dem Zustand des Planeten verschließen. Wie konnte es geschehen, dass wir es so lange übersehen haben? Vor langer Zeit verbrachten die Menschen viel Zeit damit, über das Geheimnis des Lebens zu meditieren – häufig in einem Garten. Im antiken Reich der Perser kam die Vorstellung eines Gartens auf, der Erholung von der Hitze und dem Staub der Wüste bieten und das Leben sowohl spirituell als auch physisch bereichern sollte. Ein Teil der Wirkung war der dramatische Gegensatz zwischen dem Garten und seiner rauen, ausgedörrten Umgebung. Sich im wohltuenden Schatten eines Gartens aufzuhalten, nahe einem Bach in üppigem Grün vermittelt das Erlebnis friedlicher Fülle, die ganz unwillkürlich mit einem Gefühl der Dankbarkeit für die in Blüte stehende Erde verbunden ist.

Seit diesen längst vergangenen Zeiten haben die Gärten dazu beigetragen, dass die Menschen lernen, die Kluft zwischen dem *Tun* und dem *Sein* zu überwinden. In der heutigen Zeit scheint uns jedoch die Fähigkeit, eine gesunde Ausgewogenheit zwischen diesen beiden Zuständen herzustellen, auf Dauer abhandengekommen zu sein. Umso mehr, weil der Gärtner als Schöpfer und Gestalter einer Miniaturwelt überblicken kann, in welchem Maß ein Garten ein eigenes Leben besitzt. Als ich damit anfing, meinen Garten zu bepflanzen, war ich auf dessen Ertragsfähigkeit fixiert. Wann immer ich in den Garten ging, begutachtete ich unwillkürlich die Beete, um herauszufinden, was getan werden musste, und ich erstellte in Gedanken eine Liste. Mir wurde allmählich bewusst, dass ich in die Falle tappte, ständig etwas tun zu müssen, und ich fing an, die Zeiten zu genießen, in denen ich einfach im Garten war, um mich daran zu erfreuen.

Die frühen Morgenstunden genieße ich besonders, wenn ich barfuß über das mit Tau bedeckte Gras gehe. Während der Nacht sind die Blumen und Hecken gewachsen (denn das ist die unbemerkte Zeitspanne, in der die Pflanzen wachsen), und irgendwie scheint der Garten zu dieser frühen Tageszeit mehr den Pflanzen zu gehören als mir. Selbst wenn das Unkraut unübersehbar wird, kann das Jäten mit gutem Gewissen aufgeschoben werden, denn es stehen noch viele Stunden des Tages zur Verfügung, um diese Dinge zu tun. Auch bei Nacht liegt in der Doppeldeutigkeit der Schatten etwas Animistisches, das den Garten mit einem anderen Lebenssinn erfüllt, und im Dunkeln kann man das Unkraut nicht erkennen und auch keine Gartenarbeit irgendwelcher Art verrichten.

Unser Garten ist vollständig von Wiesen umgeben. Sie erfordern eine andere Art der Kultivierung des Bodens, die hauptsächlich darin besteht, sich zurückzuhalten und der Natur freie Entfaltung zu lassen. Das Verschwinden der Wiesen mit ihren Wildblumen ist eine der Tragödien der englischen Landschaft. In den letzten siebzig Jahren sind 97 Prozent von ihnen umgewandelt worden – hauptsächlich zur landwirtschaftlichen Nutzung und zur Bebauung.[2] Wenn eine Wiese angelegt wird, schafft man die Bedingungen für einen nachhaltigen Erholungsprozess. Nach dem Säen vor dreißig Jahren und dem Mähen des Heus einmal pro Jahr sollte als einziger weiterer Eingriff das Beseitigen des gelben Sumpfläusekrauts erfolgen. In der Umgangssprache bezeichnet man dieses Kraut als Bauernfeind, da es das gesunde Gras schwächt, das ansonsten Blumen wachsen lässt und den wilden Pflanzenbewuchs bremst. Die Kuckucks-Lichtnelke, die Flockenblume, die Wiesenskabiose, Malve und Sternmiere bilden nur einen kleinen Teil der Wildblumenvielfalt. Das eigentliche

Wunder der Wiese aber ist die Tatsache, dass sie einen begehrenswerten Lebensraum darstellt.

Im Laufe der Zeit entwickelte sich ein kahles, baumloses Weizenfeld, das noch nie besonders ertragreich gewesen war, zu einem Paradies für Tiere. Im Sommer findet man hier viele Insektenschwärme. Die Wiese lockt auch Kohlweißlinge an. Auffallend sind auch die kleinen Falter mit glänzenden roten Punkten auf ihren dunklen Flügeln und der herrliche, leuchtend bunte Hauhechel-Bläuling, der bedauerlicherweise inzwischen nicht mehr so häufig vorkommt, obwohl er sich in dieser Gegend stark vermehrt. Es gibt einige Spechte, die sich an den zahlreichen Ameisenkolonien gütlich tun. Und im sicheren Schutz der Wiese bauen Rebhühner und Fasane ihre Nester.

Diese Art des Gärtnerns ist weniger auf das Tun fokussiert, sondern eher auf das Gewährenlassen der Natur. Natürlich steht bei der Gartenarbeit nicht immer der Schutz der Ressourcen oder die Umweltfreundlichkeit im Vordergrund. Die Vorstellungen des Menschen hinsichtlich der Beherrschung der Natur sind in der Geschichte des Gartens ausführlich dokumentiert. In vielen Regionen beobachten wir gebändigte, beherrschte, verbesserte und perfektionierte Natur. Die Verbreitung des wasserfressenden, mit Unkrautvernichter durchtränkten grünen Rasens zeigt deutlich, in welchem Maß die Natur ausgebeutet wird. Heutzutage rückt angesichts der Umweltzerstörung, die sich vor unseren Augen entfaltet, der heilende, reparative Aspekt in den Vordergrund. Der wachsende Einfluss der Renaturierungsbewegung verdeutlicht, dass es beim Gärtnern mittlerweile weniger um die Beherrschung der Natur geht, sondern mehr um Rettung und Wiederverwilderung.

Gleichzeitig findet ein Paradigmenwechsel statt; unsere Betrachtungsweise der Natur und ihre Typisierung ist im Wandel begriffen. Bislang wurde unsere Vorstellung von der Natur eher durch Schlagwörter geprägt wie »Zähne und

Klauen«, »Überleben des Stärkeren« und »das egoistische Gen«. Vielleicht war diese Einstellung zeitgemäß und bedeutete, dass andere Kräfte, die die Koexistenz fördern, eher übersehen wurden. Doch inzwischen werden Vorstellungen, die früher als »unkonventionell« galten, zunehmend populär. Die Botanik erforscht nun die Kommunikation der Pflanzen. Wir haben gelernt, dass Bäume Gemeinschaften bilden und mittels eines unterirdischen Netzwerks von Pilzen »zusammenarbeiten«.[3] Pflanzen warnen andere Pflanzen, wenn sie von Insekten und anderen Schädlingen bedroht werden,[4] und Sonnenblumen gehen Schädlingen aus dem Weg, indem sie ihr Wurzelwerk bei ihren Nachbarn einquartieren.[5] Die Pflanzenwelt organisiert sich auf vielfältige Weise, um das kollektive Überleben zu gewährleisten. Und genau dieses kollektive Überleben ist das vordringliche Problem unserer Zeit.

Die Klimakrise ist eng verbunden mit einer Krise der Artenvielfalt.[6] Lokale Presseberichte über die schwindende Anzahl von Vögeln, Schmetterlingen und Bienen spiegeln nur einen Bruchteil der Erschöpfung der natürlichen Ressourcen wider, die sich gerade abzeichnet. Eine Kombination aus ansteigenden Temperaturen, dem Verlust von Lebensräumen und dem übermäßigen Einsatz von Agrochemikalien sowie die schädigenden Auswirkungen der Luftverschmutzung haben das verwobene Lebensnetz, das die Gesundheit des Planeten gewährleistet, ernsthaft beschädigt. Vor Kurzem haben Ökologen damit begonnen, das Leben in Hausgärten zu beobachten, und herausgefunden, dass diese als Hotspot für die Artenvielfalt dienen können, denn sie weisen in vielen Fällen einen größeren Reichtum auf als die Landschaft in der näheren Umgebung.[7]

Gleichzeitig wird jedoch in England der Vorgarten zugunsten von mehr Parkplätzen abgeschafft.[8] Jeder dritte Vorgarten ist mittlerweile nicht mehr bepflanzt.

Gärten bieten, selbst wenn sie klein sind, einen vielfältigen

Lebensraum für alle möglichen Tiere, denn sie gewähren einen sicheren Zufluchtsort zwischen einer ausgebeuteten Landschaft und der rauen Stadt. Die Anzahl der Vögel in Stadtgärten ist im Vergleich zu der in Gärten auf dem Land im Schnitt sechsmal geringer, die breite Vielfalt an blühenden Pflanzen in Stadtgärten lockt jedoch viele verschiedene Arten von Bestäubern an.[9] Vernachlässigte Ecken mit Stapeln von Zweigen, faulem Laub und vermoderten Baumstümpfen sind ein wahres Paradies für Ameisen, Asseln und Käfer.

Der Boden vieler Gärten enthält eine gesunde Vielfalt von Mikroben, Pilzen, Würmern und anderen Kleintieren, die hier ihren Lebensraum gefunden haben.[10] Demgegenüber sind die landwirtschaftlich genutzten Flächen erschöpft und ausgelaugt. Jahrzehnte intensiver industrieller Bewirtschaftung haben dazu geführt, dass seit dem Zweiten Weltkrieg über ein Drittel der gesamten Humusschicht auf der Welt verloren gegangen ist. Der Humusboden ist eine kostbare Ressource; ohne ihn haben die Pflanzen Schwierigkeiten zu gedeihen.[11] Und man muss sich vor Augen führen, dass er sich erst im Verlauf von 500 bis 1000 Jahren neu bildet. Der Abbau des Humusbodens aufgrund mangelnder Voraussicht führte einst zum Untergang der sumerischen Kultur.[12] Die alten Römer missachteten ebenfalls die Rekultivierung des Bodens, und die daraus folgenden Missernten trugen zum Verfall ihres Reiches bei. In den 1930er-Jahren führte in Nordamerika die »Dust Bowl«-Katastrophe zur Zerstörung der Prärien. Derselbe Fehler wiederholt sich nun weltweit.

Wir stehen dem bedrohten Zustand der Erde hilflos gegenüber, immer mehr Menschen werden von der sogenannten Klimadepression oder der Umweltmelancholie erfasst. Als Reaktion darauf können wir entweder das Problem herunterspielen und das Beste hoffen oder uns der Verzweiflung und Passivität hingeben. So oder so gilt Folgendes: Wenn wir den Bezug zur Erde als grundlegende Quelle des Guten verlieren, wirkt sich dies auf unsere Psyche aus; es wird uns dann schwerfallen, die Schönheit der Natur zu genießen oder Dankbarkeit für ihre blühende Vielfalt zu empfinden. Naomi Klein schilderte nach der BP-Ölkatastrophe im Golf von Mexiko, wie sie ihre Fähigkeit, Freude an der Natur zu empfinden, verloren hatte. Ihrer Meinung nach war die Natur nicht mehr zu retten, und es schien ihr, als würde sie in einem ständigen Zustand des vorzeitigen Verlusts leben.[13] Naomi Klein litt also an einer ausgeprägten Melancholie, die ihr keine Perspektive eröffnete, wieder Freude empfinden zu können.

In dem Maß, wie der Zustand unseres Planeten unerträglich geworden ist, ist auch unsere Lebensweise psychisch kaum noch zu verkraften. Depressionen haben mittlerweile die Atemwegserkrankungen als weltweite Hauptursache für schlechte Gesundheit und Aktivitätseinschränkung überholt.[14] Auch wenn diese Zunahme nicht direkt mit der Klimadepression zusammenhängt, so gibt es doch Verbindungen, weil die Probleme weitgehend miteinander verwoben sind. Die Bedürfnisse der Menschen zu vernachlässigen, deren Erfüllung ihr Wohlbefinden gewährleistet, ist ein Symptom für dieselbe Einstellung, die am Erhalt und Schutz der Natur gescheitert ist.

Voltaires zeitlose Aufforderung *Il faut cultiver notre jardin*[15] (Wir müssen unseren Garten bestellen) ist die Schlussfolgerung in seiner satirischen Novelle *Candide.* Obwohl diese Geschichte vor 250 Jahren veröffentlicht wurde, ist sie durchaus zeitgemäß. *Candide* wurde im Anschluss an die sogenannte erste moderne Katastrophe geschrieben – dem verheerenden Erdbeben von Lissabon, einer Tragödie, die seinerzeit weltweit akzeptierte kulturelle Grundannahmen erschütterte.

1755 wurde Lissabon, damals eine der reichsten und am dichtesten bevölkerten Städte der Welt, von einem der verheerendsten Erdbeben der Geschichte völlig zerstört. Die seismischen Wellen des Bebens lösten einen Tsunami aus, und es folgte ein vernichtender Feuersturm. Das Ausmaß dieser Katastrophe stellte den seinerzeitigen Glauben an den gleichmäßigen, vorhersehbaren Lauf eines Universums, das einem Uhrwerk gleicht, infrage. Diese Vorstellung stammte aus der newtonschen Physik und hatte das Denken des 18. Jahrhunderts geprägt. Das Modell eines Uhrwerk-Universums mag uns heute absurd vorkommen, aber es verdeutlicht, wie sehr die Maschine als Metapher die Vorstellung der Bewohner der westlichen Hemisphäre prägte. Gegenwärtig lässt sich als Äquivalent der Vergleich des Gehirns mit einem Computer heranziehen, in dem wir dieselbe Diskrepanz zwischen Maschine und Natur wiederfinden. Metaphern sind mächtig, sie können unser Denken vertiefen, es aber ebenso gut beschränken oder verzerren. Der gefährliche Zustand der Biosphäre ist auf das Versagen der Menschheit zurückzuführen, die Natur als ein lebendes System zu respektieren, und somit werden wir zu Augenzeugen der weitreichenden Konsequenzen eines Uhrwerk-Universums.

Voltaire war ein leidenschaftlicher Gegner philosophischer und religiöser Vorstellungen, die auf der Idee eines gleichmäßigen Laufs des Universums beruhen, und brachte dies in *Candide* zum Ausdruck. Nachdem das Werk zunächst unter Pseudonym und unter Ausspielung der französischen Zensurbehörden veröffentlicht worden war, wurde es alsbald verboten, avancierte aber später zu einem Bestseller. Im Kern der Geschichte setzt sich Voltaire mit der insbesondere von Leibniz vertretenen optimistischen Weltanschauung auseinander, auf deren Basis hartnäckig das Beste angenommen und das Schlimmste minimiert wird. Im Ergebnis werden unbequeme Wahrheiten vermieden. Die Erzählung gibt dies in der Form von sich schnell entfaltenden Ereignissen und unmöglichen Handlungswendungen wieder. Dabei tauchen Figuren, die im Verlauf von vorhergehenden Begebenheiten brutal ermordet oder verletzt worden waren, in späteren Kapiteln unverhofft wieder auf. Insofern liest sich *Candide* wie ein Vorläufer des magischen Realismus.

Wenn wir dem Helden Candide bei seinen Abenteuern folgen, lässt sich keinesfalls ignorieren, in welchem Ausmaß die optimistische Weltanschauung die Menschen daran hindert, sich durch schreckliche Ereignisse erschüttern zu lassen. Zu dieser Erkenntnis gelangt Candide, als er auf einer Zuckerrohrplantage mit dem Elend eines grauenhaft verstümmelten Sklaven konfrontiert wird. Der Preis, den Menschen für die Zuckerproduktion zahlen, ist eine schockierende Enthüllung, und zum ersten Mal räumt Candide ein, dass der Optimismus eine »Manie« darstelle, darauf zu bestehen, dass alles gut sei, obwohl die Tatsachen dagegen sprechen würden. Für Candide liegt das Problem darin, dass er ohne seinen blinden Optimismus, mit dem er sich schützt, von dem Gedanken verzehrt wird, dass das Böse immer triumphieren wird, und so gerät er in einen Zustand hilfloser Melancholie. Die einzige Alternative zu der Manie der Verleugnung, so scheint es, liegt im Pessimismus – ein trostloses Umdenken, bei dem keine Hoffnung besteht, sich selbst oder die Welt positiv verändern zu können, weil alles viel zu groß und viel zu schwierig erscheint.

Am Ende der Geschichte befindet sich Candide auf einem Schiff in den Dardanellen und geht dort dann an Land, und zwar genau an der Stelle, an der mein Großvater während der Schlacht von Gallipoli gefangen genommen worden war. Dieser Zufall baut für mich eine Brücke zu Ted und seinen Erlebnissen im Ersten Weltkrieg und lässt mich zum Ausgangspunkt zurückkehren. Für Voltaires Leser wären die Assoziationen wohl ganz anderer Art gewesen. In der allgemeinen Vorstellung jener Zeit war das Osmanische Reich ein exotisches Land, das man mit den prachtvollen Gärten des Sultans und den traditionellen Bostan-Gärten – kleine, ertragreiche Nutzgärten, die damals weit verbreitet waren – in Verbindung brachte.

Irgendwo unterwegs in der Nähe von Konstantinopel begegnet Candide schließlich einem »achtbaren alten Mann«, der mit seinen Söhnen und Töchtern auf einem kleinen Bauernhof lebt. Der alte Mann heißt Candide und seine Begleiter in seinem Haus willkommen und bietet ihnen Früchte aus seinem Garten an. Gemeinsam kosten sie Orangen, Ananas und Pistazien sowie hausgemachte Sorbets. Candide wundert sich, dass dieser einfache Bauernhof derart gut prosperiert. Er und seine Freunde hatten ihre Zeit mit langatmigen philosophischen Diskussionen verbracht und waren schließlich gelangweilt, nervös und ängstlich. Und nun erkennt Candide, dass sie stattdessen lieber ihren Garten bestellen sollten.

Gegenwärtig wird unser Leben von Optimismus und Pessimismus in sehr unterschiedlichen Ausprägungen bestimmt. Eine pessimistische Grundstimmung herrscht überall um uns herum, ausgelöst durch die Ängste vor Epidemien, durch die Passivität und Hilflosigkeit angesichts der fortschreitenden Umweltzerstörung, der Klimakrise, der Kriege, der Gewalt und der unbarmherzigen Ausbeutung von Natur und Mensch. Wie Candide scheinen wir in einer bipolaren Welt zu leben, in der wir entweder erdrückende Trübsal verspüren wegen des Weltgeschehens oder in einen Zustand der Verleugnung verfallen und davon ausgehen, dass »alles gut wird«, während wir weiterhin auf einen Bildschirm starren, der uns in andere Welten entführt.

Vermutlich ist der Garten die beste Metapher für das Leben, aber er ist auch weit mehr als eine Metapher. Genauso sah es Voltaire. Nach der Veröffentlichung von *Candide* lebte er während der letzten zwanzig Jahren seines Lebens entsprechend seiner Botschaft und widmete der Gartenarbeit viel Zeit und Energie. Er übernahm ein verwahrlostes Anwesen in Ferney im Osten Frankreichs, wo er im Gegensatz zu der üblichen französischen Mode der geometrisch angelegten Gärten einen ertragreichen Obst- und Gemüsegarten anlegte.[16] Voltaire hielt Bienen und pflanzte Tausende von Bäumen, einige davon sogar eigenhändig. Im Alter auf sein Leben zurückblickend vertrat er die Ansicht, dass er nur eine sinnvolle Aufgabe erfüllt habe – die Kultivierung des Bodens. Ihm zufolge ist der Garten kein Rückzugsort, sondern ein zutiefst pragmatischer Denkansatz, der zum Allgemeinwohl beiträgt.

Il faut cultiver notre jardin bedeutet: Man akzeptiert, dass das Leben gepflegt werden muss. Am besten können wir das erreichen, indem wir unser eigenes Leben gestalten, unsere Gemeinschaften und unser Umfeld. Die Moral von Voltaires Geschichte lautet: Man jage nicht einer idealisierten Version des Lebens hinterher und verschließe nicht die Augen vor den Problemen, sondern mache das Beste aus dem, was einem zur Verfügung steht, und konzentriere sich auf etwas Reales.

In dieser Zeit, in der wir permanent mit virtuellen Welten und fingierten Fakten konfrontiert werden, bringt uns der Garten wieder in die Realität zurück. Allerdings nicht in die Art von Realität, die bekannt und vorhersehbar ist, denn der Garten ist immer voller Überraschungen, und wir können darin eine andere Art des Erkennens erleben – ein sensorisches und physisches Erkennen, das die emotionalen, spirituellen und kognitiven Aspekte unseres Lebens stimuliert. In diesem Sinn ist das Gärtnern sowohl etwas Althergebrachtes als auch etwas Modernes. Althergebracht wegen der evolutionären Anpassungsleistung zwischen Gehirn und Natur. Althergebracht auch wegen der Lebensweise zwischen Nahrungssuche und Bewirtschaftung eines Bauernhofs, was unser tief verwurzeltes Bedürfnis nach Sesshaftigkeit zum Ausdruck bringt. Modern, weil der Garten von seinem Wesen her immer auf die Zukunft ausgerichtet ist und der Gärtner immer nach einer besseren Ernte strebt.

Kultivierung funktioniert in zweierlei Hinsicht: sowohl nach innen als auch nach außen. Die Gartenpflege kann zu einer Lebenseinstellung werden. In einer Welt, die zunehmend durch Technologie und Konsum beherrscht wird, bringt uns die Gartenarbeit in eine direkte Beziehung zur Realität des Lebens; sie lässt uns erkennen, wie Leben erzeugt und aufrechterhalten wird und wie zerbrechlich und vergänglich es sein kann. Wir müssen uns jetzt mehr denn je daran erinnern, dass wir zuallererst Geschöpfe der Erde sind.

Dank

Viele Ideen, die das Gerüst dieses Buchs bilden, gehen auf einen Vortrag zurück, den ich im Jahr 2013 beim ersten Literarischen Sommer des Garden Museum in London gehalten habe. Ich bin Christopher Woodward, dem inspirierenden Direktor des Museums, für immer dankbar, dass er mich zu dieser Veranstaltung eingeladen hat.

Ein Strang dieses Buchs befasst sich mit der Geschichte meiner Familie, insbesondere der meines Großvaters Ted May. Ohne die Hilfe und Unterstützung meiner Mutter Judy Roberts, meines Bruders Nigel Evans und meines Cousins Roger Cornish hätte ich seine Kriegserlebnisse und seine Liebe zum Gärtnern nicht erforschen können. Ihnen sei herzlich gedankt.

Ein weiterer Strang beschäftigt sich mit The Barn Garden in Serge Hill, den ich mit meinem Mann Tom angelegt habe, was ohne die großzügige Unterstützung meiner Schwiegereltern Joan und Murray Stuart-Smith, die unser Leben in The Barn auf vielfältige und wunderbare Weise mitgestaltet haben, nicht möglich gewesen wäre. Familiäre Unterstützung für das Buch kam auch von Bella, Mark und Kate Stuart-Smith. Kate scheute keine Zeit und Mühe, das endgültige Manuskript zu redigieren, und ich bin ihr für ihre aufmerksame Lektüre des Textes dankbar.

Die folgenden Personen haben mich daran teilnehmen lassen, wie ihnen durch das Gärtnern und das Verweilen im Garten geholfen wurde. Sie sprachen mit Leidenschaft und

Eloquenz aus ihrer persönlichen Erfahrung und vermittelten grundlegende Einsichten. Ohne ihre Beiträge wäre das Buch nicht das, was es ist: Andrew Albright, Shakim Allen, Jose Althia, Ian Belcher, Dagmara Bernoni, Juan Bran, Tiffany Champagne, Jose Diaz, Vanessa Eranzo, Harry Gaved, Hussein Ershadi, David Golden, Darrin Haynes, Christian Howells, Glenn Johnson, Velvet Johnson, Valerie Leone, David Maldonado, Jack Mannings, Jose Mota, Wilmer Osibin, Hiro Perulta, Caroline Ralph, Juan Rodas, Jose Rodriguez, Frank Ruiz, Jane Shrimpton, Albert Silvagnoli, Sharon Tizzard, Angel Vega, Richard Warren, Holland Williams und Kevin Williams.

Ich bin dankbar für die Unterstützung durch die Royal Horticultural Society, insbesondere danke ich Fiona Davison von der Lindley Library und Alistair Griffiths, dem Direktor der wissenschaftlichen Sammlungen. Bei Thrive möchte ich Shirley Charlton, Penny Cooke, Nathan Dippie, Steve Humphries, Kathryn Rossiter und Sally Wright danken. Der Botanische Garten in New York war für meine Forschung in den USA enorm hilfreich: Ursula Chanse, Barbara Corcoran und Gregory Long haben mich auf vielfältige Weise unterstützt und mich mit interessanten Projekten in Verbindung gebracht. Der Botanische Garten in Chicago arrangierte ebenfalls Besuche und vermittelte mir Kontakte. Mein besonderer Dank gilt Eliza Fournier, Rachel Kimpton und Barbara Kreski.

Viele Menschen, die an der Durchführung von Gemeinschaftsprojekten und gartentherapeutischen Programmen in verschiedenen Ländern beteiligt sind, opferten ihre Zeit, um mit mir zu sprechen. Ich möchte ihr tiefes Verständnis für das transformative Potenzial der Arbeit mit der Natur würdigen. Ich habe versucht, niemanden auszulassen, wenn doch, entschuldige ich mich hiermit: Kurt Ackerman, Anna Adevi, Shaniece Alexander, Or Algazi, Anna Baker Cresswell, Barbera Barbieri, Isobel Barnes, Monica Bazanti, Leahanne

Black, Natalie Brickajlik, Estelle Brown, Heather Budge-Reid, Ahmet Caglar, Pat Callaghan, Olivia and David Chapple, Keely Siddiqui Charlick, Mary Clear, Paula Conway, Kyle Cornforth, Phyllis D'Amico, Pino D'Aquisito, Elizabeth Diehl, Mike Erickson, Maque Falgás, Christian Fernández, Ron Finlay, Gwenn Fried, Darrie Ganzhorn, Andreas Ginkell, Patrik Grahn, Edwina Grosvenor, Rex Haigh, Mark Harding, Sonya Harper, Paul Hartwell, Teresia Hazen, Qayyum Johnson, Hilda Krus, Jean Larson, Adam Levin, Ruth Madder, Susanna Magistretti, Orin Martin, Marianna Merisi, Tiziano Monaco, Cara Montgomery, Alfonso Montiel, Kai Nash, Konrad Neuberger, John Parker, Keith Petersen, Harry Rhodes, Anne und Jean-Paul Ribes, Liz Rothschild, Cecil-John Roussow, Carol Sales, Albert Salvans, Rebekah Silverman, Cathrine Sneed, Jay Stone Rice, Malin Strand, Lindsay Swan, Mike Swinburne, Paul Taliaard, Phoebe Tanner, Alex Taylor, Julie und John Tracy, Clare Trussler, Lucy Voelker und Beth Waitkus.

Die folgenden Wissenschaftler, Mediziner und Autoren haben mich freigebig an ihrem Fachwissen teilhaben lassen und das Buch bereichert, auch wenn sie nicht direkt zitiert werden: William Bird, David Buck, Paul Camic, Chris Cullen, Robyn Francis, Dorian Fuller, Richard Fuller, Charles Guy, Jan Hassink, Teresia Hazen, Kenneth Helphand, Glynis Jones, Rachel Kelly, Kelly Lambert, Christopher Lowry, Annie Maccoby, Alan McLean, Andreas Meyer-Lindenberg, David Nutt, Matthew Patrick, Jules Pretty, Jenny Roe, Edward Rosen, Joe Sempik, Philip Siegel, Matilda van den Bosch und Peter Whybrow. Darüber hinaus haben die Gartengestalter Katy Bott, Gayle Souter-Brown und Cleve West mir vermittelt, was es bedeutet, einen therapeutischen Garten anzulegen.

Deborah Pursch half mir bei einigen Nachforschungen und suchte einfallsreich nach Quellen und Informationen, die mir entgangen waren. Sally Miller vom Hampshire Gardens Trust durchforstete die Archive der Grafschaft Hampshire und entdeckte das Material über Sarisbury Court in Kapitel 9. Ich danke auch Bryony Davies von der Freud Museum Picture Library sowie Frances Wharton für ihre Übersetzung des in Kapitel 10 zitierten Freud-Briefes aus dem Torre del Gallo.

Meine Lektorin bei HarperCollins, Arabella Pike, befürwortete dieses Buch sofort. Ihre Überzeugungskraft und ihre kritische Lektüre waren von unschätzbarem Wert. An der Entstehung eines Buchs sind viele Menschen beteiligt, und ich bin einem ganzen Team bei HarperCollins zu Dank verpflichtet, das alle Hebel in Bewegung setzte, um diesem Buch Gestalt zu geben: Katy Archer, Helen Ellis, Chris Gurney, Julian Humphries, Kate Johnson, Anne Rieley, Marianne Tatepo, Jo Thompson und Mark Wells. Die Künstlerin Raija Jokinen gestaltete das Bild für das schöne Cover der englischen Ausgabe.

Auch bei Scribner in New York habe ich einem Team zu danken. Colin Harrisons redaktioneller Beitrag hat das Buch in vielerlei Hinsicht geprägt, und sein einfühlsames und klarsichtiges Verständnis für den Text hat mich viel über das Handwerk des Schreibens gelehrt. Ich danke bei Scribner auch Sarah Goldberg, Nan Graham, Mark LaFlaur und Rick Willett für ihre Hilfe.

Weitere redaktionelle Unterstützung kam von Vanessa Beaumont, die mir bei der Strukturierung der ersten Kapitel half. In der Schlussphase redigierte meine treue Freundin Caroline Oulton den Text mit Hingabe und Humor und half mir mit ihrer wachen Intelligenz, das Manuskript zu beschneiden und von Unkraut zu befreien.

Freunde, Familie und Kollegen haben einige oder alle Kapitel in verschiedenen Stadien gelesen. Mein besonderer Dank gilt Cyril Couve, Tony Garelick, Susie Godsil, Karen Jenkinson, Anna Ledgard, Neil Morgan und Purdy Rubin für ihre Kommentare und Anregungen. Bei mir zu Hause muss ich Julia Maslin für die administrative Unterstützung und Jenny Levy für die Versorgung des Gemüsegartens danken, als mich das Buch an meinen Schreibtisch fesselte. Für die Gastfreundschaft in den USA danke ich Za Bervern, John Fornengo, Elizabeth Louis und Martha Pichey.

Meine wunderbare Freundin Nici Dahrendorf half mir, das Buch auf den Weg zu bringen, indem sie mich meiner Agentin Felicity Bryan vorstellte. Felicitys unerschütterlicher Glaube an das Projekt von Anfang an erlaubte es mir, meine Überlegungen über den Einfluss der Gartenarbeit auf die Psyche weiterzuentwickeln und zu vertiefen. Ihr Engagement und ihre Energie sind nie ins Wanken geraten. Mein Dank gilt auch Zoë Pagnamenta und ihrer Agentur in New York.

Ich habe viel Ermutigung und Hilfe von Freunden und Kollegen erhalten, insbesondere von Phil Athill, Jinny Blom, Madeleine Bunting, Tania Compton, Alex Coulter, Sarah Draper, Helena Drysdale, Susannah Fiennes, Francis Hamel, Beth Heron, Michael Hue-Williams, Marilyn Imrie, Anna-Maria Ivstedt, Ali Joy, Joseph Koerner, Todd Longstaffe-Gowan, Adam Lowe, Martin Lupton, Jo O'Reilly, Rebecca Nicolson, Rosie Pearson, James Runcie, Agnes Schmitz, Kate Sebag und Robin Walden. Auf dem ganzen Weg hat mich die Aufmerksamkeit vieler anderer Freunde berührt, die mich auf Pressenotizen oder relevante Forschungsprojekte aufmerksam gemacht haben.

Wie Goethe schrieb: »… dass gar nicht berechnet werden kann, was ein Paar Gatten einander schuldig werden.« So ist es mit meinem Mann Tom, mit dem ich das Glück habe, mein Leben zu teilen. Ich danke ihm über alle Maßen, dass er mir ein ständiger Begleiter ist, dass er gelesen und redigiert hat, dass er meine Moral aufrechterhalten hat, als sie nachließ, und vor allem, dass er eine so starke Inspirationsquelle war. Und schließlich haben mich der Enthusiasmus und die entscheidende Dosis an Unterstützung von Rose, Ben und Harry, unseren drei Kindern, die mit dem Garten aufgewachsen sind, bei der Entstehung dieses Buchs begleitet.

Anmerkungen

1 Die Anfänge

1 William Wordsworth: »Den Spieß umgedreht« in: *Lyrische Balladen.* 1798.
2 William Wordsworth: »Verse, verfasst ein paar Meilen oberhalb von Tintern Abbey« in: *Lyrische Balladen.* 1798.
3 Am 10. Juli 1976 setzte eine Explosion in der italienischen Chemiefabrik Icmesa eine Dioxinwolke frei, die sich über der Stadt Seveso nördlich von Mailand ausbreitete. Zuerst starben Tiere, nach vier Tagen erkrankten die Menschen. Erst nach Wochen wurde die Stadt evakuiert.
4 Im Jahr 2013 waren Depressionen laut WHO die zweithäufigste Ursache für mit Einschränkungen verlebte Jahre weltweit. Im Jahr 2014 wiesen in Großbritannien 19,7 Prozent der Menschen über 16 Jahren Symptome einer Angststörung oder Depression auf – ein Anstieg von 1,5 Prozent gegenüber 2013 (Bericht der Mental Health Foundation 2016). Psychische Störungen wie Depressionen und Angst bei Menschen zwischen 16 und 74 Jahren stiegen von 16,2 Prozent in 2007 auf 17 Prozent im Jahr 2014 (Office of National Statistics, 2016) in: *Adult Psychiatric Morbidity in England, 2014: Results of a Houshold Survey.*
5 McGhee, R. D.: *Guilty Pleasures. William Wordsworth's Poetry of Psychoanalysis.* The Whitston Publishing Co., 1993; Harris Williams, M. und Waddell, M.: *The Chamber of Maiden Thought: Literary Origins of the Psychoanalytic Model of the Mind.* Routledge, 1991.
6 Siehe Ramachandran, V. S. und Blakeslee, S.: *Phantoms in the Brain: Human Nature and the Architecture of the Mind.* Harper Perennial, 2005.
7 Wordsworth, D.: Koppenfels, W. von: *Das Grassmere Journal.*

Dieterich'sche Verlagsbuchhandlung, 2015; Wilson, F.: *The Ballad of Dorothy Wordsworth.* Faber & Faber, 2008.
8 Wordsworth: aus dem Gedicht »A Farewell«. 1802.
9 Wordsworth: Vorwort zu *The Tables Turned in Lyrical Ballads.*
10 Buchanan, C. und Buchanan, R.: *Wordsworth's Gardens.* Texas Tech University Press, 2001, S. 35.
11 Dale, P. und Yen, B.C.: *Wordsworth's Gardens and Flowers: The Spirit of Paradise.* ACC Art Books. 2018; Buchanan, ebenda.
12 Wordsworth's Brief an George Beaumont in: Buchanan, S. 30.
13 Winnicott, D.W., »Transitional Objects and Transitional Phenomena.«, *Int J Psychoanal,* 34(2), 1953, S. 89–97.
14 Für einen Überblick über Winnicotts Theorie siehe: Caldwell, L. und Joyce, A.: *Reading Winnicott.* Routledge, 2011.
15 Winnicott, D.W. und Ermann, M.: *Vom Spiel zur Kreativität.* Klett-Cotta/J.G. Cotta'sche Buchhandlung Nachfolger, 2. Auflage, 1969.
16 Winnicott, D.W.: »Über die Fähigkeit, allein zu sein«. *Psyche.* 6, 1958, S. 344–352.
17 Holmes, J.: *John Bowlby und die Bindungstheorie.* Ernst Reinhardt Verlag, 2002.
18 Bowlby, J.: *Bindung und Verlust.* Bd. 2. *Trennung.* Ernst Reinhardt Verlag, 2006.
19 Manzo, L.C. und Devine-Wright P.: *Place Attachment: Advances in Theory, Methods and Applications.* Routledge, 2014.Lewicka, M.: »Place Attachment: How Far Have We Come in the Last 40 Years?«. *Journal of Environmental Psychology,* 31, 2011, S. 207–230.
20 Chawla, L.: *Childhood Place Attachments.* In: Altman, I. und Low, S.M. (Hg.): *Place Attachment.* Plenum Press, 1992, S. 63–86.
21 Klein, M.: *Die Trauer und ihre Beziehung zu manisch-depressiven Zuständen.* Schriften 1920–1945, Teil 2. Bd. I,2. Frommann-Holzboog. 1940.
22 Lakoff, G. & Johnson, M.: *Leben in Metaphern: Konstruktion und Gebrauch von Sprachbildern.* Carl-Auer Verlag, 2004.
23 Segal, H.: *The Work of Hanna Segal: A Kleinian Approach to Clinical Practice.* J. Aronson, London, 1981, S. 73.

2 Grüne Natur – menschliche Natur

1 Herbert, G.: *Die Blume.* In: Herbert, G. und Leimberg, I.: *The Temple.* Waxmann Verlag. 2002.
2 Namen und Merkmale der in den Fallstudien erwähnten Personen

in diesem und den folgenden Kapiteln sind geändert. Zitate aus Interviews sind im Wortlaut wiedergegeben.
3 Thacker, C.: *The Genius of Gardening.* Weidenfeld & Nicolson, 1994; Jones, G.: *Saints in the Landscape.* Tempus Publishing, 2007.
4 Butler, A.: *Butler's Lives of the Saints.* Burns & Oates, 1985.
5 Brooke, C.: *The Age of the Cloister: The Story of Monastic Life in the Middle Ages.* Paulist Press, 2003.
6 Gerlach-Spriggs, N.; Kaufman, R. E. und Warner, S. B.: *Restorative Gardens: The Healing Landscape.* Yale University Press, 2004, S. 9.
7 Souter-Brown, G.: *Landscape and Urban Design for Health and Well-Being.* Routledge, 2015.
8 Fox, M.: *Hildegard of Bingen: A Saint for our Times.* Namaste, 2012.
9 Klein, M.: *Liebe, Schuldgefühl und Wiedergutmachung,* Schriften 1920–1945, Teil 2, Bd. I,2. Frommann-Holzboog, 1937.
10 Klein, M.: ebenda.
11 Klein, N.: Interview im *New Statesman,* 2. Juli 2017. https://www.newstatesman.com/2017/07/take-back-power-naomi-klein.
12 Conn, A.; Pedmale, U. V.; Chory, J.; Stevens, C. F. und Navlakha, S.: »A Statistical Description of Plant Shoot Architecture«. *Current Biology,* 27(14), 2078–2088.e3, https://doi.org/10.1016/j. cub.2017.06.009, 2017.
13 Hughes, V.: »Microglia: The Constant Gardeners«. *Nature,* 485(7400), 570–572, 2012. doi: 10.1038/485570a.
14 Schafer, D. P.; Lehrman, E. K.; Kautzman, A. G.; Koyama, R.; Mardinly, A. R.; Yamasaki, R., siehe Stevens, B.: »Microglia Sculpt Postnatal Neural Circuits in an Activity and Complement-Dependent Manner«. *Neuron,* 74(4), S. 691–705, 2012. doi: 10.1016/j.neuron.2012.03.026.
15 European Molecular Biology Laboratory. Captured on film for the first time: Microglia nibbling on brain synapses. *ScienceDaily,* 26. März 2018. www.sciencedaily.com/releases/2018/03/180326090326.htm
16 Ratey, J. J. und Hagerman, E.: *Spark: The Revolutionary New Science of Exercise and the Brain.* Little Brown, 2008.
17 Ein therapeutischer Effekt von Antidepressiva ist die Erhöhung des BDNF-Spiegels. Siehe: Lee, B. H und Kim, Y. K.: »The roles of BDNF in the pathophysiology of major depression and in antidepressant treatment«. *Psychiatry Investigation,* 7(4), 2010, S. 231–235.
18 Cregan-Reid, V.: *Primate Change How the World We Made Is Remaking Us.* Hachette, 2018.

19 Hickman, C.: *Therapeutic Landscapes.* Manchester University Press, 2013.
20 Tuke, S.: *Description of the Retreat.* Isaac Peirce, 1813.
21 Benjamin Rush veröffentlichte 1812 medizinische Erhebungen und Beobachtungen zu psychischen Krankheiten.
22 Kilgarriff-Foster, A. und O'Cathain, A.: »Exploring the Components and Impact of Social Prescribing«. *Journal of Public Mental Health,* 14(3), 2015, S. 127–34.Bragg, Rachel. et al.: »Good Practice in Social Prescribing for Mental Health: The Role of Nature-Based Interventions«. *Natural England Report,* 2017, Nr. 228.
23 van den Bosch, M. und Bird, W.: *Oxford Textbook of Nature and Public Health: The Role of Nature in Improving the Health of a Population.* Oxford University Press, 2018.
24 Siehe auch: Ireland, N.: *Social Return on Investment (SROI) Report: Gardening in Mind.* 2013.
25 Bragg, R.; Wood, C. und Barton, J.: *Ecominds Effects on Mental Wellbeing: An Evaluation for MIND.* Mind, 2013.
26 Gonzalez, M.T.; Hartig, T.; Patil, G.G.; Martinsen, E.W. und Kirkevold, M.: »Therapeutic Horticulture in Clinical Depression: A Prospective Study of Active Components«. *Journal of Advanced Nursing,* 2010. doi: 10.1111/j.1365–2648.2010.05383.x.
27 Kamioka, H.; Tsutani, K.; Yamada, M.; Park, H.; Okuizumi, H.; Honda, T.... Mutoh, Y.: »Effectiveness of Horticultural Therapy: A Systematic Review of Randomized Controlled Trials«. *Complementary Therapies in Medicine,* 22(5), 2014, S. 930–943. doi: 10.1016/j.ctim.2014.08.009.
28 Stigsdotter, U.K.; Corazon, S.S.; Sidenius, U.; Nyed, P.K.; Larsen, H.B. und Fjorback, L.O.: »Efficacy of Nature-Based Therapy for Individuals with Stress-Related Illnesses: Randomised Controlled Trial«. *The British Journal of Psychiatry,* 213(1), 2018, S. 404–411. doi: 10.1192/bjp.2018.2
29 Freud, S.: *Das Unbehagen in der Kultur.* Boer-Verlag, 2018.
30 Dickens, C.: *Große Erwartungen.* Aufbau Verlag, 2011.

3 Samen und Selbstvertrauen

1 Fuller, T.: *Gnomologia: Adages and Proverbs, Wise Sentences and Witty Sayings.* Barker & Bettesworth Hitch, 1732.
2 Pollan, M. und Leipprand, E.: *Meine zweite Natur: Vom Glück, ein Gärtner zu sein.* Oekom Verlag, 2014.

3 Milner, M.: »The Role of Illusion in Symbol-Formation« in: Klein, M. (Hg.), *New Directions in Psycho-Analysis*. Tavistock Publications, 1955.

4 Siehe Winnicott D. W.: *Die menschliche Natur.* Klett-Cotta, 1998. Winnicott schreibt: »… der Säugling … hat zunächst die Illusion, das, was er findet, selbst erschaffen zu haben.«

5 Groos, Karl: *Die Spiele der Menschen.* G. Fischer, Jena, 1899.

6 Winnicott, D. W.: »Übergangsobjekte und Übergangsphänomene«. *Psyche*, 23, 1969.

7 Winnicott, D. W.: *Kind, Familie und Umwelt.* Reinhardt, 1971.

8 Winnicott, D. W.: *Die spontane Geste: Ausgewählte Briefe.* Klett-Cotta, 1995.

9 *RHS Gardening in Schools: A Vital Tool for Children's Learning.* Royal Horticultural Society, London, 2010. www.rhs.org.uk/schoolgardening.

10 Die Rikers-Zahlen sind mit ähnlichen Programmen vergleichbar. Siehe: van der Linden, S.: »Green Prison Programmes, Recidivism and Mental Health: A Primer«. *Criminal Behaviour and Mental Health*, 25(5), 2015, S. 338–342.

11 Jiler, J.: *Doing Time in the Garden.* Village Press, 2006.

12 Maruna, S.: »Making Good: How Ex-Convicts Reform and Rebuild Their Lives«. *American Psychological Association*, 2013.

13 Lisa Benham: Evaluation des Insight-Garden-Programms. 2002.

14 Bis zu 70 Prozent der Kinder leiden unter Vitamin-D-Mangel, weil sie nicht im Freien spielen. Siehe: Voortman, T. et al.: »Vitamin D Deficiency in School-Age Children Is Associated with Sociodemographic and Lifestyle Factors«. *The Journal of Nutrition*, 145(4), 2015, S. 791–798.

15 Winnicott, D. W.: *Aggression. Versagen der Umwelt und antisoziale Tendenz.* Klett-Cotta, 1988.

16 Milner, M.: *On Not Being Able to Paint.* Routledge, 2010.

17 Piaget, J.: *Schlüsseltexte in 6 Bänden.* Bd. 1. *Das Weltbild des Kindes.* Klett-Cotta, 2017. Siehe auch: Singer, D. G. und Revenson, T. A.: *A Piaget Primer.* Plume Books, 1978.

18 Die Studie *Play in Balance* umfasste 2000 Eltern in zehn Ländern mit Kindern von fünf bis zwölf Jahren. Demnach hielten sich 70 Prozent der Kinder weniger als 60 Minuten täglich im Freien auf und 30 Prozent weniger als 30 Minuten. Die Studie wurde im Jahr 2016 von Persil in Auftrag gegeben. Siehe auch: Benwell, R.; Burfield, P.; Hardiman, A.; McCarthy, D.; Marsh, S.; Middleton, J.; Wynde, R.: *A Nature and Wellbeing Act: A Green Paper from the*

Wildlife Trusts and the RSPB. 2014; Moss, S.: *Natural Childhood.* National Trust Publications, 2012.

19 Pollan, M.: *The Botany of Desire: A Plant's-Eye View of the World.* Bloomsbury, 2002.

4 Der sichere grüne Raum

1 Erikson, E. H.: *Der junge Mann Luther.* Suhrkamp Verlag, 2016.

2 Searles, H. F.: *Die Welt der Dinge: Die Bedeutung der nicht menschlichen Umwelt für die seelische Entwicklung.* Bibliothek der Psychoanalyse, Psychosozial-Verlag, 2016.

3 Rees, G.: *A Bundle of Sensations: Sketches in Autobiography.* Chatto & Windus, 1960, S. 205–240.

4 Winnicott, D. W.: *Human Nature.* Free Association Books, London, 1988, S. 117.

5 Winnicott, D. W.: ebenda.

6 Appleton, J.: *The Experience of Landscape.* John Wiley & Sons, 1975.

7 Panksepp, J.: *Affective Neuroscience: The Foundations of Human and Animal Emotions.* Oxford University Press, 1998.

8 van der Kolk, B.: »Posttraumatic Stress Disorder and the Nature of Trauma«. *Dialogues Clin Neurosci,* 2(1), 2000, S. 7–22.

9 Herman, J.: *Die Narben der Gewalt: Traumatische Erfahrungen verstehen und überwinden.* Junfermann Verlag, 2018.

10 Westlund, S.: *Field Exercises.* New Society Publishers, 2014.Wise, J.: *Digging for Victory.* Karnac Books, 2015.

11 Kline, N. und Rausch, J.: »Olfactory Precipitants of Flashbacks in Posttraumatic Stress Disorder: Case Reports«. *J. Clin. Psychiatry,* 46, 1985, S. 383–384.

12 Sternberg, E.: *Heilende Räume.* Crotona Verlag, 2011.

13 Siehe: Ulrich, R. S.: »Natural Versus Urban Scenes: Some Psycho-Physiological Effects«. *Environ Behav.,* 13, 1981, S. 523–556.Ulrich, R. S.; Simons, R. F.; Losito, B. D.; Fiorito, E.; Miles, M. A. und Zelson, M.: »Stress Recovery During Exposure to Natural and Urban Environments«. *Journal of Environmental Psychology,* 11(3), 1991, S. 201–230. doi: 10.1016/s0272–4944(05)80184–7.

14 Gladwell, V. F.; Brown, D. K.; Barton, J. L.; Tarvainen, M. P.; Kuoppa, P.; Pretty, J., siehe Sandercock, G. R. H.: »The Effects of Views of Nature on Autonomic Control«. *European Journal of Applied Physiology,* 112(9), 2012, S. 3379–3386. doi: 10.1007/s00421-012-2318-8.

15 van den Berg, A. E. und Custers, M. H.: »Gardening Promotes Neuroendocrine and Affective Restoration from Stress«. *Journal of Health Psychology,* 16(1), 2010, S. 3–11. doi: 10.1177/1359105310365577.
16 Williams, M. und Penman, D.: *Das Achtsamkeitstraining.* Goldmann, München, 2015.Kabat-Zinn, J.: *Full Catastrophe Living.* Piatkus, 2013.
17 Farb, N. A. S.; Anderson, A. K. und Segal, Z. V.: »The Mindful Brain and Emotion Regulation in Mood Disorders«. *The Canadian Journal of Psychiatry,* 57(2), 2012, S. 70–77. doi: 10.1177/070674371205700203.
18 Appleton, J.: *The Experience of Landscape.* John Wiley & Sons, 1975.
19 Lambert, G.; Reid, C.; Kaye, D.; Jennings, G. und Esler, M.: »Effect of Sunlight and Season on Serotonin Turnover in the Brain«. *The Lancet,* 360(9348), 2002, S. 1840–1842. doi: 10.1016/s0140–6736(02)11737–5.
20 Frick, A.; Åhs, F.; Palmquist, Å. M.; Pissjota, A.; Wallenquist, U.; Fernandez, M., siehe Fredrikson, M.: »Overlapping Expression of Serotonin Transporters and Neurokinin-1 Receptors in Posttraumatic Stress Disorder: A Multi-Tracer PET Study«. *Molecular Psychiatry,* 21(10), 2015, S. 1400–1407. doi: 10.1038/mp.2015.180.
21 Cotman, C.: »Exercise: A Behavioral Intervention to Enhance Brain Health and Plasticity«. *Trends in Neurosciences,* 25(6), 2002, S. 295–301. doi: 10.1016/s0166–2236(02)02143–4.Mattson, M. P.; Maudsley, S. und Martin, B.: »BDNF and 5-HT: A Dynamic Duo in Age-Related Reuronal Plasticity and Neurodegenerative Disorders«. *Trends in Neurosciences,* 27(10), 2004, S. 589–594. doi: 10.1016/j.tins.2004.08.001.
Sayal, N.: »Exercise Training Increases Size of Hippocampus and Improves Memory«. *Annals of Neurosciences,* 22(2), 2015. doi: 10.5214/ans.0972.7531.220209
22 Agudelo, L. Z.; Femenía, T.; Orhan, F.; Porsmyr-Palmertz, M.; Goiny, M.; Martinez-Redondo, V. … Ruas, J. L.: »Skeletal Muscle pgc-1–1 Modulates Kynurenine Metabolism and Mediates Resilience to Stress-Induced Depression«. *Cell,* 159(1), 2014, S. 33–45. doi: 10.1016/j.cell.2014.07.051.
23 Sapolsky, R. M.: *Warum Zebras keine Migräne kriegen.* Piper, 1998.
24 Barton, J. und Pretty, J.: »What Is the Best Dose of Nature and Green Exercise for Improving Mental Health? A Multi-Study Analysis«. *Environmental Science & Technology,* 44(10), 2010, S. 3947–3955. doi: 10.1021/es903183r.

25 Chater, K. F.: *The Smell of the Soil.* 1998; siehe auch: Polak, E. H. und Provasi, J.: »Odor Sensitivity to Geosmin Enantiomers«. *Chemical Senses,* 17.10.1093/chemse/17.1.23, 2015.

26 Lowry, C. A.; Smith, D. G.; Siebler, P. H.; Schmidt, D.; Stamper, C. E.; Hassell, J. E., siehe Rook, G. A.: »The Microbiota, Immunoregulation, and Mental Health: Implications for Public Health«. *Current Environmental Health Reports,* 3(3), 2016, S. 270–286. doi:10.1007/s40572-016-0100-5.Matthews, D. M. und Jenks, S. M.: »Ingestion of Mycobacterium Vaccae Decreases Anxiety-Related Behavior and Improves Learning in Mice«. *Behavioural Processes,* 96, 2013, S. 27–35. doi: 10.1016/j.beproc.2013.02.007.

27 Anderson, S. C.; Cryan, J. F. und Dinan, T.: *The Psychobiotic Revolution.* National Geographic, 2017; Yong, Ed.: *I Contain Multitudes.* The Bodley Head, 2016.

28 Poulsen, D. V.; Stigsdotter, U. K.; Djernis, D. und Sidenius, U.: »›Everything Just Seems Much More Right in Nature‹: How Veterans with Post-Traumatic Stress Disorder Experience Nature-Based Activities in a Forest Therapy Garden«. *Health Psychology Open,* 3(1), 2016, 205510291663709. doi: 10.1177/2055102916637090.

29 Frazer, J. G.: *Der goldene Zweig.* Rowohlt, 2004.

30 Menninger-Zitat aus: Relf, P. D.: »Agriculture and Health Care: The Care of Plants and Animals for Therapy and Rehabilitation in the United States« in: Hassink, J. und van Dijk, M. (Hg.): *Farming for Health: Green-Care Farming Across Europe and the United States of America.* Springer, 2006, S. 309–343.

5 Natur in der Stadt

1 Olmsted, F. L.: *Walks and Talks of an American Farmer in England.* 1852.

2 Kramer, S. N.: *History Begins at Sumer: Thirty-Nine Firsts in Man's Recorded History.* University of Pennsylvania Press, 1981.

3 Evelyn's Fumifugium aus dem Jahr 1661: Zitat aus: Cavert W.: *The Smoke of London: Energy and Environment in the Early Modern City.* Cambridge University Press, 2016, S. 181.

4 Olmsted, F. und Nash, R.: *The Value and Care of Parks: Report to the Congress of the State of California.* Reprint in: The American Environment. Hillsdale, NJ. 1865, S. 18–24.

5 Beveridge, C. (Hg.): Olmsted, F. L.: *Writings on Landscape, Culture, and Society.* Library of America, 2016, S. 426.

6 Gijswijt-Hofstra, M. und Porter, R.: *Cultures of Neurasthenia*. The Wellcome Trust, 2001.

7 McManus, S.; Meltzer, H.; Brugha, T.; Bebbington, P. und Jenkins, R.: »Adult Psychiatric Morbidity in England, 2007«. *Results of a Household Survey*, 2009, doi: 10.13140/2.1.1563.5205; Peen, J.; Schoevers, R. A.; Beekman, A. T. und Dekker, J.: »The Current Status of Urban-Rural Differences in Psychiatric Disorders«. *Acta Psychiatrica Scandinavica*, 121(2), 2010, S. 84–93. doi: 10.1111/j.1600-0447.2009.01438.x.

8 Newbury, J.; Arseneault, L.; Caspi, A.; Moffitt, T. E.; Odgers, C. L. und Fisher, H. L.: »Cumulative Effects of Neighborhood Social Adversity and Personal Crime Victimization on Adolescent Psychotic Experiences«. *Schizophrenia Bulletin*, 44(2), 2017, S. 348–358. doi: 10.1093/schbul/.

9 Lederbogen, F.; Kirsch, P.; Haddad, L.; Streit, F.; Tost, H.; Schuch, P. … Meyer-Lindenberg, A.: »City Living and Urban Upbringing Affect Neural Social Stress Processing in Humans«. *Nature*, 474(7352), 2011, S. 498–501. doi: 10.1038/nature10190.Vassos, E.; Pedersen, C. B.; Murray, R. M.; Collier, D. A. und Lewis, C. M.: »Meta-Analysis of the Association of Urbanicity with Schizophrenia. *Schizophrenia Bulletin*, 38(6), 2012, S. 1118–1123. doi: 10.1093/schbul/sbs096.

10 Office for National Statistics Commuting and Personal Well-being, 2014.

11 Hartig, T.: »Green Space, Psychological Restoration, and Health Inequality«. *The Lancet*, 372(9650), 2008, S. 1614–1615. doi:10.1016/s0140-6736(08)61669-4; Roe, J.; Thompson, C.; Aspinall, P.; Brewer, M.; Duff, E.; Miller, D. … Clow, A.: »Green Space and Stress: Evidence from Cortisol Measures in Deprived Urban Communities«. *International Journal of Environmental Research and Public Health*, 10(9), 2013, S. 4086–4103. doi: 10.3390/ijerph10094086; Keniger, L.; Gaston, K.; Irvine, K. und Fuller, R.: »What Are the Benefits of Interacting with Nature?«. *International Journal of Environmental Research and Public Health*, 10(3), 2013, S. 913–935. doi: 10.3390/ijerph10030913; Shanahan, D. F.; Lin, B. B.; Bush, R.; Gaston, K. J.; Dean, J. H.; Barber, E. und Fuller, R. A.: »Toward Improved Public Health Outcomes from Urban Nature«. *American Journal of Public Health*, 105(3), 2015, S. 470–477. doi: 10.2105/ajph.2014.302324.

12 Fuller, R. A.; Irvine, K. N.; Devine-Wright, P.; Warren, P. H. und Gaston, K. J.: »Psychological Benefits of Greenspace Increase with Biodiversity«. *Biology Letters*, 3(4), 2007, S. 390–394. doi: 10.1098/rsbl.2007.0149.

13 Shanahan, D.F et al.: »Health Benefits from Nature Experiences Depend on Dose«. *Scientific Reports,* 6 28551: 1–10, 2016.
14 Mitchell, R.J.; Richardson, E.A.; Shortt, N.K. und Pearce, J.R.: »Neighborhood Environments and Socioeconomic Inequalities in Mental Well-Being«. *American Journal of Preventive Medicine,* 49(1), 2015, S. 80–84. doi: 10.1016/j. amepre.2015.01.017.
15 Kardan, O.; Gozdyra, P.; Misic, B.; Moola, F.; Palmer, L.J.; Paus, T. und Berman, M.G.: »Neighborhood Greenspace and Health in a Large Urban Center«. *Scientific Reports,* 5(1), 2015. doi: 10.1038/srep11610.
16 Kuo, F.E.; Sullivan, W.C.; Coley, R.L. und Brunson, L.: »Fertile Ground for Community: Inner-City Neighborhood Common Spaces«. *American Journal of Community Psychology,* 26(6), 1998, S. 823–851. doi: 10.1023/a:1022294028903; Kuo, F.E.: »Coping with Poverty«. *Environment and Behavior,* 33(1), 2001, S. 5–34. doi: 10.1177/00139160121972846; Kuo, F.E. und Sullivan, W.C.: »Aggression and Violence in the Inner City«. *Environment and Behavior,* 33(4), 2001, S. 543–571. doi:10.1177/00139160121973124; Kuo, F.E. und Sullivan, W.C.: »Environment and Crime in the Inner City«. *Environment and Behavior,* 33(3), 2001, S. 343–367. doi: 10.1177/0013916501333002.
17 Bratman, G.N.; Hamilton, J.P. und Daily, G.C.: »The Impacts of Nature Experience on Human Cognitive Function and Mental Health«. *Annals of the New York Academy of Sciences,* 1249(1), 2012, S. 118–136. doi: 10.1111/j.1749-6632.2011.06400.x.
18 Pretty, J.: *The Earth Only Endures.* Earthscan, 2007, S. 217.
19 Kaplan, R. und Kaplan, S.: *The Experience of Nature: A Psychological Perspective.* Cambridge University Press, 1989.
20 Berto, R.: »Exposure to Restorative Environments Helps Restore Attentional Capacity«. *Journal of Environmental Psychology,* 25(3), 2005, S. 249–259. doi: 10.1016/j.jenvp.2005.07.001; Lee, K.E.; Williams, K.J.; Sargent, L.D.; Williams, N.S. und Johnson, K.A.: »40-Second Green Roof Views Sustain Attention: The Role of Micro-Breaks in Attention Restoration«. *Journal of Environmental Psychology,* 42, 2015, S. 182–189. doi: 10.1016/j.jenvp.2015.04.003.
21 Berman, M.G.; Jonides, J. und Kaplan, S.: »The Cognitive Benefits of Interacting with Nature«. *Psychological Science,* 19(12), 2008, S. 1207–1212. doi: 10.1111/j.1467-9280.2008.02225.x.
22 Zitate aus: McGilchrist, I.: *The Master and His Emissary.* Yale University Press, 2010.
23 Wilson, E.O.: *Biophilia.* Harvard University Press, 1984.

24 Ellett, L.; Freeman, D. und Garety, P. A.: »The Psychological Effect of an Urban Environment on Individuals with Persecutory Delusions: The Camberwell Walk Study«. *Schizophrenia Research,* 99(1–3), 2008, S. 77–84. doi: 10.1016/j.schres.2007.10.027; Freeman, D.; Emsley, R.; Dunn, G.; Fowler, D.; Bebbington, P.; Kuipers, E., siehe Garety, P.: »The Stress of the Street for Patients with Persecutory Delusions: A Test of the Symptomatic and Psychological Effects of Going Outside Into a Busy Urban Area«. *Schizophrenia Bulletin,* 41(4), 2014, S. 971–979. doi: 10.1093/schbul/sbu173.
25 Siehe: Roberts, S. und Bradley A. J.: »Horticultural Therapy for Schizophrenia«. *Cochrane Database of Systematic Reviews,* 11, 2011.
26 Burrows, E. L.; McOmish, C. E.; Buret, L. S.; Van den Buuse, M. und Hannan, A. J.: »Environmental Enrichment Ameliorates Behavioral Impairments Modeling Schizophrenia in Mice Lacking Metabotropic Glutamate Receptor 5«. *Neuropsychopharmacology,* 40(8), 2015, S. 1947–1956. doi: 10.1038/npp.2015.44.
27 Kempermann, G.; Kuhn, H. G. und Gage, F. H.: »More Hippocampal Neurons in Adult Mice Living in an Enriched Environment«. *Nature,* 386(6624), 1997, S. 493–495. doi:10.1038/386493a0; Sirevaag, A. M. und Greenough, W. T.: »Differenzial Rearing Effects on Rat Visual Cortex Synapses«. *Brain Research,* 424(2), 1987, S. 320–332. doi: 10.1016/00068993(87)91477-6.
28 Lambert, K.; Hyer, M.; Bardi, M.; Rzucidlo, A.; Scott, S.; Terhune-cotter, B., siehe Kinsley, C.: »Natural-Enriched Environments Lead to Enhanced Environmental Engagement and Altered Neurobiological Resilience«. *Neuroscience,* 330, 2016, S. 386–394. doi: 10.1016/j.neuroscience.2016.05.037; Lambert, K. G.; Nelson, R. J.; Jovanovic, T. und Cerdá, M.: »Brains in the City: Neurobiological Effects of Urbanization«. *Neuroscience & Biobehavioral Reviews,* 58, 2015, S. 107–122. doi: 10.1016/j.neubiorev.2015.04.007.
29 U.S. Environmental Protection Agency, *Report to Congress on Indoor Air Quality.* Volume 2, EPA/400/1-89/001C, Washington, DC, 1989.
30 Yamane, K.; Kawashima, M.; Fujishige, N. und Yoshida, M.: »Effects of Interior Horticultural Activities with Potted Plants on Human Physiological and Emotional Status«. *Acta Horticulturae,* (639), 2004, S. 37–43. doi: 10.17660/actahortic.2004.639.3; Weinstein, N.; Przybylski, A. K. und Ryan, R. M.: »Can Nature Make Us More Caring? Effects of Immersion in Nature on Intrinsic Aspirations and Generosity«. *Personality and Social Psychology Bulletin,* 35(10), 2009, S. 1315–1329. doi: 10.1177/0146167209341649; Zelenski,

J. M.; Dopko, R. L. und Capaldi, C. A.: »Cooperation Is in Our Nature: Nature Exposure May Promote Cooperative and Environmentally Sustainable Behavior«. *Journal of Environmental Psychology,* 42, 2015, S. 24–31. doi: 10.1016/j.jenvp.2015.01.005.

31 Kim, G.; Jeong, G.; Kim, T.; Baek, H.; Oh, S.; Kang, H. … Song, J.: »Functional Neuroanatomy Associated with Natural and Urban Scenic Views in the Human Brain: 3.0T Functional MR Imaging«. *Korean Journal of Radiology,* 11(5), 2010, S. 507. doi: 10.3348/kjr.2010.11.5.507.

32 Maas, J.; Van Dillen, S. M.; Verheij, R. A. und Groenewegen, P. P.: »Social Contacts As a Possible Mechanism Behind the Relation Between Green Space and Health«. *Health & Place,* 15(2), 2009, S. 586–595. doi: 10.1016/j.healthplace.2008.09.006.

6 Wurzeln

1 Henry David Thoreau: *Walden.* Kap. 5. Jena, 1922.

2 Childe, V. G.: *Der Mensch schafft sich selbst.* Verlag der Kunst, 1959.

3 Bellwood, P.: *First Farmers.* Blackwell, 2005.

4 Fuller, D. Q.; Willcox, G. und Allaby, R. G.: »Early Agricultural Pathways: Moving Outside the ›Core Area‹ Hypothesis in Southwest Asia«. *Journal of Experimental Botany,* 63(2), 2011, S. 617–633. doi: 10.1093/jxb/err307.Holmes, B.: »The Real First Farmers: How Agriculture Was a Global Invention« *New Scientist,* 28. Oktober 2015.

5 Farrington, I. S. und Urry, J.: »Food and the Early History of Cultivation«. *Journal of Ethnobiology,* 5(2), 1985, S. 143–157.

6 Sherratt, A.: »Climatic Cycles and Behavioural Revolutions: The Emergence of Modern Humans and the Beginning of Farming«: *Antiquity,* 7, 1997, S. 272.

7 Smith, B. D.: »General Patterns of Niche Construction and the Management of ›Wild‹ Plant and Animal Resources by Small-Scale Pre-Industrial Societies«. *Philosophical Transactions of the Royal Society of London. Biological Sciences,* 366(1566), 2011, S. 836–848.

8 Snir, A.; Nadel, D.; Groman-Yaroslavski, I.; Melamed, Y.; Sternberg, M.; Bar-Yosef, O. und Weiss, E.: »The Origin of Cultivation and Proto-Weeds, Long Before Neolithic Farming«: *PLOS ONE,* 10(7), 2015. e0131422. doi: 10.1371/journal.pone.0131422.

9 Smith, B. D.; ebenda; Rowley-Conwy, P. und Layton, R.: »Foraging and Farming as Niche Construction: Stable and Unstable Adaptations«. *Philosophical Transactions of the Royal Society of Lon-*

don. Biological Sciences, 366(1566), 2011, S. 849–862. doi: 10.1098/rstb.2010.0307.
10 Smith, B. D. »Low-Level Food Production«. *Journal of Archaeological Research,* 9, 2001, S. 1–43.
11 Holmes, Bob: »The Real First Farmers: How Agriculture Was a Global Invention«. *New Scientist,* 28 Oktober. 2015.
12 Smith, B. D.: »Niche Construction and the Behavioral Context of Plant and Animal Domestication«. *Evolutionary Anthropology: Issues, News, and Reviews,* 16(5), 2007, S. 188–99.
13 McQuaid, C. D. und Froneman, P. W.: »Mutualism Between the Territorial Intertidal Limpet Patella Longicosta and the Crustose Alga Ralfsia Verrucose«. *Oecologia,* 96(1), 1993, S. 128–133. doi: 10.1007/bf00318040.
14 Chomicki, G.; Thorogood, C. J.; Naikatini, A. und Renner, S. S.: »Squamellaria: Plants Domesticated by Ants«. *Plants, People, Planet,* 1(4), 2019, S. 302–305. doi: 10.1002/ppp3.10072.
15 Zhenchang Zhu: »Worms Seen Farming Plants to Be Eaten Later for the First Time«. *New Scientist,* Oktober 2016.
16 Flannery, K. V. (Hg.); Naquitz, G.: *Archaic Foraging and Early Agriculture in Oaxaca, Mexico.* Emerald Group Pub. Ltd., 1986.
17 Anderson, E.: *Plants, Man & Life.* The Anchor Press, 1954.
18 Heiser, C. B.: *Of Plants and People.* University of Oklahoma Press, 1985, S. 191–220.Heiser, C. B.: *Seed to Civilization: The Story of Food.* Harvard University Press, 1990, S. 24–26.
19 Malinowski, B.: *Korallengärten und ihre Magie.* Bd. 1. Syndikat Verlag 1981.
20 Gell, A.: *The Technology of Enchantment and the Enchantment of Technology in Anthropology, Art and Aesthetics.* Clarendon Press., 1992, S. 60–63.
21 Malinowski, B: *Korallengärten und ihre Magie.* Bd. 1. Syndikat Verlag 1981. S. 98.
22 Descola, P.: *La nature domestique. Symbolisme et praxis dans l'écologie des Achuar.* Éditions de la maison des sciences de l'homme, Paris 1986,
23 Ebenda, S. 136–220.
24 Descola, P.: Leben und Sterben in Amazonien: Bei den Jívaro-Indianern. Suhrkamp Verlag, 2011.
25 Humphrey, N.: *Consciousness Regained.* Oxford University Press, 1984, S. 26–27.
26 Ingold, T.: *The Perception of the Environment.* Routledge, 2000, S. 86–87.

27 Siehe: Ringuette, J.: *Beacon Hill Park history, 1842–2004*. Victoria, B.C. 25, 2004.
28 Suttles, W.: »Coast Salish Essays«. In: Talonbooks, D.D. und Turner N.J. (Hg.): *Keeping It Living: Traditions of Plant Use and Cultivation on the Northwest Coast of North America.* University of Washington Press, 2005.
29 Acker, M.: *Gardens aflame.* New Star Books, 2012.
30 Turner, N.J. et al.: »Plant Management Systems of British Columbia's First Peoples«. *The British Columbian Quarterly,* 179, 2013, S. 107–133.
31 Jones, G.: »Garden Cultivation of Staple Crops and Its Implications for Settlement Location and Continuity«. *World Archaeology,* 37(2), 2005, S. 164–176.
32 Best, E.: *Maori Agriculture.* Ams Press, 1987.
33 Kramer, S.N.: *History Begins at Sumer: Thirty-Nine Firsts in Man's Recorded History.* University of Pennsylvania Press, 1981.
34 Ebenda, S. 306, siehe auch Übersetzung in: Haas, Volkert: *Babylonischer Liebesgarten.* C.H.Beck, 1999.
35 Tharoor, K. und Maruf, M.: »Museum of Lost Objects: Looted Sumerian Seal«. *BBC News Magazine,* 11. März 2016.
36 Siehe: Meredith Sabini: *The Earth Has a Soul: C.G. Jung's Writings on Nature, Technology and Modern Life*. North Atlantic Books. 2002.
37 Dash, R.: *Notes from Madoo: Making a Garden in the Hamptons.* Houghton Mifflin, 2000, S. 234.

7 Flower-Power

1 https://fondation-monet.com/en/claude-monet/quotations/
2 Kant, I.: *Kritik der Urteilskraft.* Georg Reimer, 1913.
3 https://fondation-monet.com/en/claude-monet/quotations/
4 Freud, Bernays, A.: *Mein Bruder Sigmund Freud.* 1940.
5 Jones, E.: *Sigmund Freud, Leben und Werk.* Bd. 3. dtv, 1987.
6 Freud, S.: *Das Unbehagen in der Kultur.* Kap. 2. S. Fischer, 1968.
7 Zeki, S.; Romaya, J.P.; Benincasa, D.M. und Atiyah, M.F.: »The Experience of Mathematical Beauty and Its Neural Correlates«. *Frontiers in Human Neuroscience,* 8. 2014. doi: 10.3389/fnhum.2014.00068.
8 Berridge, K.C. und Kringelbach, M.L.: »Affective Neuroscience of Pleasure: Reward in Humans and Animals«. *Psychopharmacology,* 199(3), 2008, S. 457–480. doi: 10.1007/s00213-008-1099-6.

9 Crithlow, K.: *The Hidden Geometry of Flowers.* Floris Books, 2011.
10 Ardetti, J.; Elliott, J.; Kitching, I. J.; Wasserthal, L. T.: »›Good Heavens what Insect Can Suck It‹ – Charles Darwin, Angraecum Sesquipedale and Xanthopan Morganii Praedicta«. *Botanical Journal of the Linnean Society,* 169, 2012, S. 403–432.
11 Perry, C. J.; Baciadonna, L. und Chittka, L.: »Unexpected Rewards Induce Dopamine-Dependent Positive Emotion-Like State Changes in Bumblebees«. *Science,* 353(6307), 2016. 15291531. doi: 10.1126/science.aaf4454.Perry, C. J. und Barron, A. B.: »Neural Mechanisms of Reward in Insects«. *Annual Review of Entomology,* 58(1), 2013, S. 543–562. doi: 10.1146/annurev-ento-120811–153631; Nektar mit geringen Anteilen von Nikotin und Koffein lockt Bienen an: Thomson, J. D.; Draguleasa, M. A. und Tan, M. G.: »Flowers with Caffeinated Nectar Receive More Pollination«. *Arthropod-Plant Interactions,* 9(1), 2015, S. 1–7. doi: 10.1007/s11829-014-9350-z.
12 Sachs, H.: *Freud: Meister und Freund.* Übersetzung Emmy Sachs, Imago Publishing, 1950.
13 Freud, M.: *Mein Vater Sigmund Freud.* Mattes Verlag, 1999.
14 Doolittle, H.: *Huldigung an Freud.* Ullstein, 1976.
15 Chioca, L. R.; Ferro, M. M.; Baretta, I. P.; Oliveira, S. M.; Silva, C. R.; Ferreira, J. … Andreatini, R.: »Anxiolytic-Like Effect of Lavender Essential Oil Inhalation in Mice: Participation of Serotonergic But Not GABAA/Benzodiazepine Neurotransmission«. *Journal of Ethnopharmacology,* 147(2), 2013, S. 412–418. doi: 10.1016/j.jep.2013.03.028; López, V.; Nielsen, B.; Solas, M.; Ramírez, M. J. und Jäger, A. K.: »Exploring Pharmacological Mechanisms of Lavender (Lavandula angustifolia) Essential Oil on Central Nervous System Targets«. *Frontiers in Pharmacology,* 8, 2017. doi: 10.3389/fphar.2017.00280.
16 Moss, M. und Oliver, L.: »Plasma 1,8-Cineole Correlates with Cognitive Performance Following Exposure to Rosemary Essential Oil Aroma«. *Therapeutic Advances in Psychopharmacology,* 2(3), 2012, S. 103–113. doi: 10.1177/2045125312436573.
17 Costa, C. A.; Cury, T. C.; Cassettari, B. O.; Takahira, R. K.; Flório, J. C. und Costa, M.: »Citrus Aurantium L. Essential Oil Exhibits Anxiolytic-Like Activity Mediated by 5-HT1A-Receptors and Reduces Cholesterol After Repeated Oral Treatment«. *BMC Complementary and Alternative Medicine,* 13(1), 2013. doi: 10.1186/1472-6882-13-42.
18 Ikei, H.; Komatsu, M.; Song, C.; Himoro, E. und Miyazaki, Y.: »The Physiological and Psychological Relaxing Effects of Viewing Rose

Flowers in Office Workers«. *Journal of Physiological Anthrop.*, 33(1), 2014, 6. doi: 10.1186/1880-6805-33-6.
19 Pinker, S.: *Wie das Denken im Kopf entsteht.* S. Fischer Verlag, 2011.
20 Weiss, E.; Kislev, M. E.; Simchoni, O.; Nadel, D. und Tschauner, H.: »Plant-Food Preparation Area on an Upper Paleolithic Brush Hut Floor at Ohalo II, Israel«. *Journal of Archaeological Science,* 35(8), 2008, S. 2400–2414. doi: 10.1016/j. jas.2008.03.012.
21 Haviland-Jones; J., Rosario, H. H.; Wilson, P. und McGuire, T. R.: »An Environmental Approach to Positive Emotion: Flowers«. *Evolutionary Psychology,* 3(1), 2005, 147470490500300. doi: 10.1177/147470490500300109.
22 Goodie, J.: *The Culture of Flowers.* Cambridge University Press, 1993, S. 43.
23 Freud, S.: *Brautbriefe.* S. Fischer Verlag, 1968.
24 Freud, S.: *Die Traumdeutung.* Fischer TB Verlag, 1991.
25 Gardiner, M., (Hg.): *The Wolf-Man and Sigmund Freud.* Penguin, 1973, S. 139.
26 Appignansei, L.: *Die Frauen Sigmund Freuds.* Econ, 2000.
27 Masson, G. (Hg.): *Sigmund Freud, Briefe an Wilhelm Fließ.* S. Fischer Verlag, 1986. Brief vom 8.5.1901.
28 Freud, S.: *Brautbriefe.* S. Fischer Verlag, 1968. Brief vom 28. April 1885.
29 Freud, S.: *Vergänglichkeit.* S. Fischer Verlag, 1968.
30 Freud, S.: ebenda.
31 Meyer-Palmedo, I. (Hg.): *Sigmund Freud, Anna Freud, Briefwechsel 1904–1938.* S. Fischer Verlag, 2006.
32 Freud, S.: *Jenseits des Lustprinzips.* S. Fischer Verlag, 1920.
33 Freud, S.: *Das Unbehagen in der Kultur.* S. Fischer Verlag, 1968.
34 Friedman, L. J.: *The Lives of Erich Fromm.* Columbia University Press, 2013, S. 302.
35 Fromm, E.: *Anatomie der menschlichen Destruktivität.* S. Fischer Verlag, 1977.
36 Fromm, E.: *Die Kunst des Liebens.* Ullstein, 2005.
37 Wilson, E. O.: *Biophilia.* Harvard University Press, 1984.
38 Fuchs, T.: »The Brain – A Mediating Organ«. *Journal of Consciousness Studies,* 18, 2011, S. 196–221.

8 Radikale Lösungen

1 Attenborough, R.: *The Words of Gandhi.* 1982.

2 Cleveland-Peck, P.: *Auriculas Through the Ages.* The Crowood Press, 2011.

3 Willes, M.: The Gardens of the British Working Class. Yale University Press, 2014.

4 Willes, ebenda: Der Arzt William Buchan schrieb im 18. Jh. den Bestseller *Domestic Medicine.* Darin rühmte er die Tugenden des Gärtnerns.

5 Gaskell, E.: *Mary Barton: A Tale of Manchester Life.* Penguin Classics, 1848/1996.

6 Uings, J. M.: *Gardens and Gardening in a Fast-Changing Urban Environment: Manchester 1750–1850.* A Thesis submitted to Manchester Metropolitan University for the Degree of Doctor of Philosophy, April 2013.

7 Hinshaw, R. (Hg.): *C. G. Jung im Gespräch; Interviews, Reden, Begegnungen.* Daimon, 1986.

8 »Trapped in a Bubble«. Report for The Co-Op and British Red Cross, Dezember 2016.

9 Holt-Lunstad, J.; Smith, T. B. und Layton, J. B.: »Social Relationships and Mortality Risk: A Meta-Analytic Review«. *PLOS Medicine, 7*(7), 2010, e1000316. doi: 10.1371/journal.pmed.1000316.

10 Joubert, L.: *Oranjezicht City Farm.* NPC, 2016.

11 Reynolds, R.: On Guerrilla Gardening: A Handbook for Gardening without Boundaries. Bloomsbury, 2009.

12 Santo, R.; Kim, B. F. und Palmer, A. M.: »Vacant Lots to Vibrant Plots: A Review of the Benefits and Limitations of Urban Agriculture«. *Report for The Johns Hopkins Center for a Livable Future,* April 2016.

13 Shepley, M.; Sachs, N.; Sadatsafavi, H.; Fournier, C. und Peditto, K.: »The Impact of Green Space on Violent Crime in Urban Environments: An Evidence Synthesis«. *International Journal of Environmental Research and Public Health, 16*(24), 2019, S. 5119. doi: 10.3390/ijerph16245119.

14 Branas, C. C.; Cheney, R. A.; MacDonald, J. M.; Tam, V. W.; Jackson, T. D. und Ten Have, T. R.: »A Difference-in-Differences Analysis of Health, Safety, and Greening Vacant Urban Space«. *American Journal of Epidemiology, 174*(11), 2011, S. 1296–1306. doi: 10.1093/aje/kwr273.Branas, C. C. et al.: »Citywide Cluster Randomized Trial to

Restore Blighted Vacant Land and Its Effects on Violence, Crime, and Fear«. *Proceedings of the National Academy of Sciences*, 115(12), 2018, S. 2946–2951.
15 Csibra, G. und Gergely, G.: »Natural Pedagogy as Evolutionary Adaptation«. *Philosophical Transactions of the Royal Society B: Biological Sciences*, 366(1567), 2011, S. 1149–1157.
16 Cozolino, Louis: The Social Neuroscience of Education: Optimizing Attachment and Learning in the Classroom. Norton, 2013.
17 Jung, C. G.: *Der Mensch und seine Symbole*. Patmos, 1999.
18 Ebenda.
19 Wandersee, J und Schussler, E.: »Toward a Theory of Plant Blindness«. *Plant Science Bulletin*, 47(1), 2001, S. 2–9.
20 https://www.theoi.com/Georgikos/Priapos.html.
21 Silva, S. und Tehrani, J.: »Comparative Phylogenetic Analyses Uncover the Ancient Roots of Indo-European Folktales«. *Royal Society Open Science*, 3(1) 150645, 2016.

9 Krieg und Gartenarbeit

1 P. Vergilius Maro (Vergil): *Georgica: Vom Landbau*. Reclam Verlag, 2010, S. 71.
2 Hobhouse, P.: *Persische Gärten, Paradiese des Orients*. Knesebeck, 2005.
3 Sassoon, S.: *Siegfried's Journey 1916–1920*. Faber & Faber, 1945.
4 Storr, A.: *Churchill's Black Dog*. Fontana, 1990; Buczacki, S.: *Churchill & Chartwell*. Frances Lincoln, 2007.
5 Lewis-Stempel, J.: Where Poppies Blow: The British Soldier, Nature, the Great War. Weidenfeld & Nicolson, 2017; siehe auch: Powell, A.: Gardens Behind the Lines: 1914–1918. Cecil Woolf, 2015.
6 Moynihan, M. (Hg.): *People at War 1914–18*. David & Charles, 1973, S. 69–82.
7 Spencer, C.: War Scenes I Shall Never Forget. Leopold Classic Library, 1917, S. 17–22.
8 Gillespie, A. D.: Letters from Flanders Written by Second Lieutenant A D Gillespie. Smith, Elder, 1916.
9 Seldon, A. und Walsh, D.: *Public Schools and the Great War*. Pen & Sword Military, 2013. Siehe https://www.thewesternfrontway.com/our-story/
10 Sackville-West, V.: *The Garden*. Frances Lincoln, 2004.

11 Helphand, K. I.: Defiant Gardens: Making Gardens in Wartime. Trinity, 2008, S. 9.
12 Tidball, K. G. und Krasny, M. E.: *Greening in the Red Zone*. Springer, 2014. S. 54.
13 Breen, J. (Hg.): Owen, Wilfred, *Selected Poetry and Prose*. Routledge, 2014.
14 Ebenda.
15 Crossman, A. M.: »The Hydra, Captain A J Brock and the Treatment of Shell-Shock in Edinburgh«. *The Journal of the Royal College of Physicians of Edinburgh*, 33, 2003, S. 119–123; Webb, T.: »›Dottyville‹ – Craiglockhart War Hospital and Shell-Shock Treatment in the First World War«. *Journal of the Royal Society of Medicine*, 99, 2006, S. 342–346; Cantor, D.: »Between Galen, Geddes, and the Gael: Arthur Brock, Modernity, and Medical Humanism in Early Twentieth Century Scotland«. *Journal of the history of medicine*, 60(1), 2005.
16 Brock, A. J.: *Health and Conduct*. Williams & Norgate, 1923.
17 Meller, H.: Patrick Geddes: Social Evolutionist and City Planner. Routledge, 1990; Boardman, P.: Patrick Geddes, Maker of the Future. University of North Carolina Press, 1944.
18 Hibberd, D.: *Wilfred Owen: A New Biography*. Weidenfeld & Nicolson, 2003.
19 Sassoon, S.: *Siegfried's Journey 1916–1920*. Faber and Faber, 1945, S. 61.
20 MacKay, R.: A Precarious Existence: British Submariners in World War One. Periscope Publishing Ltd., 2003.
21 Winton, J.: *The Submariners*. Constable, 2001.
22 Brodie, C. G.: Forlorn Hope, 1915: The Submarine Passage to the Dardanelles. Frederick Books, 1956.
23 Boyle, D.: *Unheard Unseen*. Createspace, 2015.
24 Bis zu einem gewissen Grad hat sich dies vor Kurzem geändert mit der Veröffentlichung von Ariotti, K.: *Captive Anzacs: Australian POWs of the Ottomans During the First World War*. Cambridge University Press, 2018.
25 Das Tagebuch von Able Seaman John Harrison Wheat kann unter folgendem Link eingesehen werden: http://blogs.slq.qld.gov.au/ww1/2016/05/22/diary-of-a-submariner/; Das Tagebuch von Able Seaman Albert Edward Knaggs wurde transkribiert: http://jeffery-knaggs.com/diary.html; Still, J.: *A Prisoner in Turkey*. John Lane, London, 1920; White, M. W. D.: »Australian Submariner P. O. W.'s After the Gallipoli Landing«. *Journal of the Royal Historical Society of Queensland*, 14(4), 1990, S. 136–144.

26 Report on the Treatment of British Prisoners of War in Turkey. HMSO, 1918. https://www.bl.uk/collection-items/report-on-treatment-of-british-prisoners-of-war-in-turkey
27 Vischer, A. L.: Barbed Wire Disease – A Psychological Study of the Prisoner of War. John Bale & Danielson, 2019; Yarnall, J.: Barbed Wire Disease. Spellmount, 2011.
28 Dies wurde am Freitag, dem 27. Juni 1919 im *Kent and Sussex Courier* berichtet. https://www.britishnewspaperarchive.co.uk
29 Sally Miller: »Sarisbury Court and Its Role in the Re-Training of Disabled Ex-Servicemen after the First World War«. *Hampshire Gardens Trust Newsletter,* Frühjahr 2016.
30 Fenton, N. *Shell Shock and Its Aftermath.* C. V. Mosby Co., 1926. Cambridge University Press, 2018. https://doi.org/10.1192/bjp.74.306.527

10 Die letzte Lebensphase

1 Gothein, M. L.: *Geschichte der Gartenkunst.* Diederichs Verlag, Jena, 1997.
2 Jones, E.: *Sigmund Freud, Leben und Werk.* Bd. 3 *1919–39.* S. Fischer Verlag, 1969; Schur, M.: *Sigmund Freud, Leben und Sterben.* Suhrkamp Verlag, 1982.
3 Dor-Ziderman, Y.; Lutz, A. und Goldstein, A.: »Prediction-Based Neural Mechanisms for Shielding the Self From Existential Threat«. *NeuroImage,* 202, 2019. 116080. doi: 10.1016/j.neuroimage.2019.116080.
4 Taylor, T.: The Buried Soul: How Humans Invented Death. Fourth Estate, 2003.
5 Farrar, L.: Gardens and Gardeners of the Ancient World: History, Myth and Archaeology. Oxbow, 2016.
6 ebd.
7 Kunitz, S. und Lentine, G.: *The Wild Braid.* Norton, 2007.
8 Athill, D.: *Irgendwo ein Ende.* Ullstein Verlag, 2010.
9 Athill, D.: »How Gardening Soothes the Soul in Later Life«, https://www.theguardian.com/lifeandstyle/2008/nov/29/gardening-old-age-diana-athill
10 »My Grandparents' Garden«, ein Gespräch, nachgedruckt in: *The Garden Museum Journal,* 28, Winter 2013, Memoir: Gartenliteratur vom Literaturfestival 2013, S. 33.
11 Eine Reihe von Studien untermauern diese Wirkung, zum Beispiel

die folgende Studie, in deren Rahmen festgestellt wurde, dass Gärtner gegenüber der Normalbevölkerung ein um 36 Prozent niedrigeres Risiko aufweisen, an Demenz zu erkranken: Simons, L. A.; Simons, J.; McCallum, J. und Friedlander, Y.: »Lifestyle Factors and Risk of Dementia: Dubbo Study of the Elderly«. *Medical Journal of Australia,* 184(2), 2006, S. 68–70. doi: 10.5694/j.1326-5377.2006.tb00120.x.

12 Erikson, E. H.: *Der vollständige Lebenszyklus.* Suhrkamp Verlag, 1995.

13 Die Forschungsergebnisse sind zusammengefasst in: Vaillant, G. E.: *Aging well.* Little Brown, 2003.

14 Rodman, F. R.: *Winnicott Life and Work.* Da Capo Press, 2004, S. 384.

15 Winnicott, C.: »D. W. W.: A Reflection« in: Grolnick, S. A. und Barkin L. (Hg.): *Between Reality and Fantasy.* Jason Aronson, 1978, S. 19.

16 Kahr, B.: *D. W. Winnicott: A Biographical Portrait.* Karnac Books, 1996, S. 125.

17 Jackson S.; Harris J.; Sexton S.: *Growing Friendships: A Report on the Garden Partners Project.* Age UK Wandsworth. https://www.ageuk.org.uk/bp-assets/globalassets/wandsworth/auw_annual-report-2013_14.pdf.

18 S. Scott, T. L.; Masser, B. M. und Pachana, N. A.: »Exploring the Health and Wellbeing Benefits of Gardening for Older Adults«. *Ageing and Society,* 35(10), 2014, S. 2176–2200. doi: 10.1017/s0144686x14000865.

19 Gawande, A.: *Sterblich sein: Was am Ende wirklich zählt.* Fischer Verlag, 2017.

20 Klein, M.: *Envy and Gratitude.* Hogarth Press, 1975, S. 300.

21 Scruton, R.: *Beauty: A Very Short Introduction.* Oxford University Press, 2011, S. 26.

22 Doolittle, H.: *Tribute to Freud.* New Directions Press, 2012, S. 195.

23 Freud, S.: *Unser Herz zeigt nach dem Süden, Reisebriefe 1895–1923.* Aufbau Verlag, 2003.

24 Brief an Lou Andreas-Salomé vom 28. Juli 1929 in: Rothe, D. A. und Weber, I. (Hg.): *»… als käm ich heim zu Vater und Schwester«: Lou Andreas-Salomé – Anna Freud Briefwechsel 1919–1937.* Wallstein Verlag, 2013.

25 Jones, E.: *Sigmund Freud, Leben und Werk.* dtv, 1987. Freud schrieb auch in einem Brief an die Prinzessin Marie Bonaparte (2. Mai 1934): »Es ist schön hier, wie ein Märchen.«

26 Freud, M.: Glory Reflected: Sigmund Freud – Man and Father. Angus & Robertson, 1957.
27 Brief an Lou Andreas-Salomé vom 16. Mai 1934 in: Rothe, D. A. und Weber, I. (Hg.): *»… als käm ich heim zu Vater und Schwester«: Lou Andreas-Salomé – Anna Freud Briefwechsel 1919–1937*. Wallstein Verlag, 2013.
28 Viereck, G. S. *An Interview with Freud.* http://www.psychanalyse.lu/articles/FreudInterview.pdf
29 Edmundson, M.: *Sigmund Freud, das Vermächtnis der letzten Jahre.* DVA, 2009.
30 Siehe: https://youtu.be/SQOcf9Y-Uc8
31 Brief an Jeanne Lampl de Groot vom 8. Oktober 1938 in: Freud, L.; Freud, E. und Grubrich-Simitis, I.: *Sigmund Freud: Sein Leben in Bildern und Texten.* Suhrkamp Verlag, 2006.
32 Lifton, R. J.: *Death in Life.* Weidenfeld & Nicolson, 1968.
33 Edmundson, M.: ebenda.
34 Worpole, K.: *Modern Hospice Design.* Routledge, 2009.
35 Jones, E.: *Sigmund Freud, Leben und Werk.* Bd. 3 *1919–39.* Suhrkamp Verlag, 1969.
36 Meyer-Palmedo, I. (Hg.): *Sigmund Freud & Anna Freud Briefwechsel 1904–1938.* S. Fischer Verlag, 2006.
37 Dunmore, H.: *Inside the Wave.* Bloodaxe, 2017.

11 Gartenzeit

1 Wittmann, M.: »The Inner Experience of Time«. *Philosophical Transactions of the Royal Society B: Biological Sciences,* 364(1525), 2009, S. 1955–1967.
2 Eagleman, D. M.: »Time and the Brain: How Subjective Time Relates to Neural Time«. *Journal of Neuroscience,* 25(45), 2005, S. 10 369–10 371. doi: 10.1523/jneurosci.3487-05.2005.
3 Freudenberger, H.: »Staff Burn-out«. *Journal of Social Issues,* 30(1), 1974, S. 159–165.
4 Stigstotter, U. A. und Grahn, P.: »What Makes a Garden a Healing Garden?«. *Journal of Therapeutic Horticulture,* 13, 2002, S. 60–69.Adevi, A. und Martensson F.: »Stress Rehabilitation Through Garden Therapy: The Garden as a Place in the Recovery from Stress«. *Urban Forestry & Urban Greening,* 12(2), 2012, S. 230–237. doi: 10.1016/j.ufug.2013.01.007; Grahn, P.; Pálsdóttir, A. M.; Ottosson, J. und Jonsdottir, I. H.: »Longer Nature-Based Rehabili-

tation May Contribute to a Faster Return to Work in Patients with Reactions to Severe Stress and/or Depression«. *International Journal of Environmental Research and Public Health,* 14(11), 2017, S. 1310. doi: 10.3390/ijerph14111310.

5 Searles, H.: »Unconscious Processes in Relation to the Environmental Crisis«. *Psychoanalytic Review,* 59(3), 1972, S. 368.

6 Ottosson, J.: »The Importance of Nature in Coping With a Crisis«. *Landscape Research,* 26, 2001, S. 165, 172.

7 Ottosson, J. und Grahn, P.: »The Role of Natural Settings in Crisis Rehabilitation: How Does the Level of Crisis Influence the Response to Experiences of Nature with Regard to Measures of Rehabilitation?«. *Landscape Research,* 33(1), 2008, S. 51–70. doi: 10.1080/01426390701773813.

8 Csikszentmihalyi, M.: Flow: The Classic Work on How to Achieve Happiness. Rider, 2002.

9 Grahn, P.; Stigsdotter, U. K.; Ivarsson, C. T. und Bengtsson, I.-L.: »Using Affordances as a Health Promoting Tool in a Therapeutic Garden« in: Ward Thompson, C., Bell, S. und Aspinall, A. (Hg.), *Innovative Approaches to Researching Landscape and Health.* Routledge, 2010, S. 116–154.

10 Pálsdóttir, A. M.: Grahn, P. und Persson, D.: »Changes in Experienced Value of Everyday Occupations After Nature-Based Vocational Rehabilitation«. *Scandinavian Journal of Occupational Therapy,* 2013, S. 1–11. doi: 10.3109/11038128.2013.832794.

11 Pálsdóttir, A.; Persson, D.; Persson, B. und Grahn, P.: »The Journey of Recovery and Empowerment Embraced by Nature – Clients' Perspectives on Nature-Based Rehabilitation in Relation to the Role of the Natural Environment«. *International Journal of Environmental Research and Public Health,* 11(7), 2014, S. 7094–7115. doi: 10.3390/ijerph110707709. 2014.

12 Winnicott, D. W.: »Fear of Breakdown«. *International Review of Psycho-Analysis,* 1, 1974, S. 103–107.

13 Sontag, S.: At the Same Time: Essays and Speeches. Penguin, 2008, S. 214.

14 Bair, D.: *Jung: A Biography.* Little Brown, 2004.

15 Sabini, M.: The Earth Has a Soul: C. G. Jung's Writings on Nature, Technology and Modern Life. North Atlantic Books, 2002.

16 Gladwell, V. F.; Brown, D. K.; Barton, J. L.; Tarvainen, M. P.; Kuoppa, P.; Pretty, J. und Sandercock, G. R.: »The Effects of Views of Nature on Autonomic Control«. *European Journal of Applied Physiology,* 112(9), 2012, S. 3379–3386. doi: 10.1007/s00421-012-2318-8. 2012.

17 Wood, C.J.; Pretty, J. und Griffin, M.: »A Case-Control Study of the Health and Well-Being Benefits of Allotment Gardening«. *Journal of Public Health*, 38(3), 2015, S. e336-e344. doi: 10.1093/pubmed/fdv146.
18 Lambert, K.: *Lifting Depression*. Basic Books, 2008.
19 Lambert K.: *Well-Grounded*. Yale University Press, 2018.
20 Sabini, M.: The Earth Has a Soul: C.G. Jung's Writings on Nature, Technology and Modern Life. North Atlantic Books, 2002.
21 Sempik, J.; Aldridge, J. und Becker, S.: Health, Well-Being and Social Inclusion: Therapeutic Horticulture in the UK. The Policy Press, 2005.

12 Blick aus dem Krankenzimmer

1 Sacks, O.: »Warum wir Gärten brauchen« in: *Alles an seinem Platz: Erste Lieben und letzte Fälle*, Rowohlt E-Book, 2010.
2 Haviland-Jones, J.; Rosario, H.H.; Wilson, P. und McGuire, T.R.: »An Environmental Approach to Positive Emotion: Flowers«. *Evolutionary Psychology*, 3(1), 2005, 147470490500300. doi: 10.1177/147470490500300109.
3 Beauchemin, K.M. und Hays, P.: »Sunny Hospital Rooms Expedite Recovery from Severe and Refractory Depressions«. *Journal of Affective Disorders*, 40(1–2), 1996, S. 49–51. doi: 10.1016/0165-0327(96)00040-7.
4 Nightingale, F.: Anmerkungen zur Krankenpflege: Was sie ist, und was sie nicht ist. New York, 1860, S. 66.
5 British Medical Association, The Psychological and Social Needs of Patients. BMA Science & Education, 2011; siehe auch: The Planetree Model, Antonovsky, A., Putting Patients First: Designing and Practicing Patient-Centered Care. Jossey-Bass, 2001.
6 Huisman, E.; Morales, E.; Van Hoof, J. und Kort, H.: »Healing Environment: A Review of the Impact of Physical Environmental Factors on Users«. *Building and Environment*, 58, 2012. doi: 10.1016/j.buildenv.2012.06.016.
7 Ulrich, R.S.: »Effects of Healthcare Environmental Design on Medical Outcomes« in: *Design and Health: Proceedings of the Second International Conference on Health and Design*. Stockholm, 2011, S. 49–59.
8 Ulrich, R.S.: »View Through a Window May Influence Recovery from Surgery«. *Science*, 224(4647), 1984, S. 420–421. doi: 10.1126/science.6143402.

9 Park, S. und Mattson, R. H.: »Effects of Flowering and Foliage Plants in Hospital Rooms on Patients Recovering from Abdominal Surgery«. *HortTechnology*, 18(4), 2008, S. 563–568. doi: 10.21273/horttech.18.4.563.
10 Evans, D.: Placebo: The Belief Effect. HarperCollins, 2003.
11 Jencks, C.: »The Architectural Placebo« in: Wagenaar, C. (Hg.): *The Architecture of Hospitals*. NAi Publishers, 2006.
12 Ulrich, R. S.: »Effects of Health Facility Interior Design on Wellness: Theory and Recent Scientific Research«. *Journal of Health Care Design*, 3, 1991, S. 97–109.
13 Ulrich, R. S. et al.: »Effects of Exposure to Nature and Abstract Pictures on Patients Recovering from Heart Surgery«. *Psychophysiology*, 30, 1993, S. 7.
14 Ulrich, R. S.: »Health Benefits of Gardens in Hospitals« in: *Plants for People*. Floriade, 2002.
15 Lanzoni, S.: *Empathy: A History*. Yale University Press, 2018.
16 Ebisch, S. J.; Perrucci, M. G.; Ferretti, A.; Del Gratta, C.; Romani, G. L. und Gallese, V.: »The Sense of Touch: Embodied Simulation in a Visuotactile Mirroring Mechanism for Observed Animate or Inanimate Touch«. *Journal of Cognitive Neuroscience*, 20(9), 2008, S. 1611–1623. doi: 10.1162/jocn.2008.20111, 2008.
17 Sacks, O.: »Warum wir Gärten brauchen« in: *Alles an seinem Platz: Erste Lieben und letzte Fälle*. Rowohlt E-Book, 2010.
18 D'Andrea, S.; Batavia, M. und Sassoon, N.: »Effects of Horticultural Therapy on Preventing the Decline of Mental Abilities of Patients with Alzheimer's Type Dementia«. *Journal of Therapeutic Horticulture*, XVIII, 2008 S. 9–13.
19 Kuo, F. E. und Taylor, A. F.: »A Potenzial Natural Treatment for Attention Deficit/Hyperactivity Disorder: Evidence from a National Study«. *American Journal of Public Health*, 94(9), 2004, S. 1580–1586. doi: 10.2105/ajph.94.9.1580, 2004; Taylor, A. F. und Kuo, F. E.: »Children with Attention Deficits Concentrate Better After Walk in the Park«. *Journal of Attention Disorders*, 12(5), 2009, S. 402–409. doi: 10.1177/1087054708323000, 2009.
20 Nakamura, R. und Fujii, E.: »Studies of the Characteristics of the Electroencephalogram when Observing Potted Plants: Pelargonium hortorum ›Sprinter Red‹ and Begonia evansiana«. *Technical Bulletin of the Faculty of Horticulture of Chiba University*, 43(1), 1990, S. 177–183; Nakamura, R. und Fujii, E.: »A Comparative Study on the Characteristics of Electroencephalogram Inspecting a Hedge and a Concrete Block Fence«. *Journal of the*

Japanese Institute of Landscape Architecture, 55(5), 1992, S. 139–144.
21 Hägerhäll, C. M.; Purcell, T. und Taylor, R.: »Fractal Dimension of Landscape Silhouette Outlines as a Predictor of Landscape Preference«. *Journal of Environmental Psychology,* 24(2), 2004, S. 247–255. doi: 10.1016/j.jenvp.2003.12.004.
22 Joye, Y. und van den Berg, A.: Nature is Easy on the Mind: An Integrative Model for Restoration Based on Perceptual Fluency. 8th Biennial Conference on Environmental Psychology. Zürich, 2010.
23 Aus einem Brief, den William Blake 1799 an Reverend John Trusler schrieb. In: Kazin, A. (Hg.), *The Portable Blake.* Penguin Classics, 1979.
24 Ensler, E.: In the Body of the World. Picador, 2014.
25 Sacks, O.: *Der Tag, an dem mein Bein fortging.* Rowohlt, 1989.
26 Souter-Brown, G.: Landscape and Urban Design for Health and Well-Being. Routledge, 2015.
27 Cooper Marcus, C. und Sachs, N. A.: *Therapeutic Landscapes.* John Wiley & Sons, 2013.

13 Grüne Kapsel

1 Thomas, D.: *Poesiealbum 77.* Siehe: http://www.planetlyrik.de/dylan-thomas-poesiealbum-77/2017/05/.
2 https://www.plantlife.org.uk/uk/about-us/news/real-action-needed-to-save-our-vanishing-meadows.
3 Wohlleben, P.: *Das geheime Leben der Bäume: Was sie fühlen, wie sie kommunizieren – die Entdeckung einer verborgenen Welt.* Heyne, 2019.
4 Zum Beispiel: Toyota, M.; Spencer, D.; Sawai-Toyota, S.; Jiaqi, W.; Zhang, T.; Koo, A.; Howe, G. und Gilroy, S.: »Glutamate Triggers Long-Distance, Calcium-Based Plant Defense Signaling«. *Science,* 361(6407), 2018, S. 1112–1115. doi: 10.1126/science.aat7744.
5 López Pereira, M.; Sadras, V. O.; Batista, W.; Casal, J. J. und Hall, A. J.: »Light-Mediated Self-Organization of Sunflower Stands Increases Oil Yield in the Field«. *Proceedings of the National Academy of Sciences,* 114(30), 2017, S. 7975–7980. doi: 10.1073/pnas.1618990114.
6 Klimawandel und landwirtschaftliches Management sind die beiden Hauptursachen: https://nbn.org.uk/wp-content/uploads/2019/09/State-of-Nature-2019-UK-full-report.pdf
7 Cameron, R. W.; Blanuša, T.; Taylor, J. E.; Salisbury, A.; Halstead,

A. J.; Henricot, B. und Thompson, K.: »The Domestic Garden: Its Contribution to Urban Green Infrastructure«. *Urban Forestry & Urban Greening,* 11(2), 2012, S. 129–137. doi: 10.1016/j.ufug.2012.01.002.

8 Royal Horticultural Society, *Greening Grey Britain.* www.rhs.org.uk/science/gardening-in-a-changing-world/greening-grey-britain.

9 Thompson, K. und Head, S.: *Gardens as a Resource for Wildlife.* Siehe: www.wlgf.org

10 Edmondson, J. L.; Davies, Z. G.; Gaston, K. J. und Leake, J. R.: »Urban Cultivation in Allotments Maintains Soil Qualities Adversely Affected by Conventional Agriculture«. *Journal of Applied Ecology,* 51(4), 2014, S. 880–889.

11 The European Commission's Science and Knowledge Service, »Soil Erosion in Europe: Current Status, Challenges and Future Developments«. Siehe: https://ec.europa.eu/jrc/en/publication/soil-erosion-europe-current-status-challenges-and-future-developments

12 Montgomery, D. R.: *Dirt: The Erosion of Civilisations.* University of California Press, 2008.

13 Klein, N.: *Die Entscheidung: Kapitalismus vs. Klima.* Fischer Verlag, 2016.

14 World Health Organization, Depression and Other Common Mental Health Disorders: Global Health Estimates. Genf 2017.

15 Voltaire: *Candide oder der Optimismus.* C.H.Beck, 2005.

16 Davidson, I.: *Voltaire in Exile.* Atlantic Books, 2004.

Literatur

Bailey, D. S.: »Looking Back to the Future: The Re-Emergence of Green Care«. *BJPsych. International,* 14(4), 2017, S. 79, doi: 10.1192/s205647400000204x.

Barton, J., Bragg, R. Wood, C. und Pretty, J.: *Green Exercise.* Routledge, 2016.

Borchardt, R. und Schalansky, J. (Hg.): *Der leidenschaftliche Gärtner.* Matthes & Seitz, 2016.

Bowler, D. E.; Buyung-Ali, L. M.; Knight, T. M. und Pullin, A. S.: »A Systematic Review of Evidence for the Added Benefits to Health of Exposure to Natural Environments«. *BMC Public Health,* 10(1), 2010. doi: 10.1186/1471-2458-10-456.

Bragg, R. und Leck, C.: »Good Practice in Social Prescribing for Mental Health: The Role of Nature-Based Interventions«. *Natural England Commissioned Reports,* 228, 2017.

Buck, D.: *Gardens and Health: Implications for Policy and Practice,* The Kings Fund, report commissioned by the National Gardens Scheme. Siehe: https://www.kingsfund.org.uk/sites/default/files/field/field_publication_file/Gardens_and_health.pdf

Burton, A.: »Gardens that Take Care of Us«. *The Lancet Neurology,* 13(5), 2014, S. 447–448. doi: 10.1016/s1474–4422(14)70002-x.

Cooper, D. E:, A Philosophy of Gardens. Clarendon Press, 2006.

Cooper Marcus, C. und Sachs, N. A.: Therapeutic Landscapes: An Evidence-Based Approach to Designing Healing Gardens and Restorative Outdoor Spaces. John Wiley & Sons, 2013.

Francis, M. und Hester, R. T. (Hg.): *The Meaning of Gardens: Idea, Place and Action.* MIT Press, 1995.

Frumkin, H.; Bratman, G. N.; Breslow, S. J.; Cochran, B.; Jr, P. H. K.; Lawler, J. J. … Wood, S. A.: »Nature Contact and Human Health: A Research Agenda«. *Environmental Health Perspectives,* 125(7), 2017, 075001. doi: 10.1289/ehp1663.

Goulson, D.: Wildlife Gardening: Die Kunst, im eigenen Garten die Welt zu retten. Carl Hanser Verlag, 2019.

Haller, R. L.; Kennedy, K. L. L. und Capra, C. L.: The Profession and Practice of Horticultural Therapy. CRC Press, 2019.

Harrison, R. P.: *Gärten: Ein Versuch über das Wesen der Menschen.* Carl Hanser Verlag, 2010.

Hartig, T.; Mang, M. und Evans, G. W.: »Restorative Effects of Natural Environment Experiences«. *Environment and Behavior,* 23(1), 1991, S. 3–26. doi: 10.1177/0013916591231001.

Jordan, M. und Hinds, J.: *Ecotherapy: Theory, Research and Practice.* Palgrave, 2016.

Kaplan, R.: »Some Psychological Benefits of Gardening«. *Environment and Behavior,* 5(2), 1973, S. 145–162. doi: 10.1177/001391657300500202.

Lewis, C. A.: *Green Nature/Human Nature: The Meaning of Plants in Our Lives.* University of Illinois Press, 1996.

Louv, R.: *Das letzte Kind im Wald? Geben wir unseren Kindern die Natur zurück.* Beltz, 2011.

Mabey, R.: *Die Heilkraft der Natur.* Matthes & Seitz, 2018.

McKay, G.: *Radical Gardening: Politics, Idealism & Rebellion in the Garden.* Francis Lincoln, 2011.

Olds, A.: »Nature as Healer«. *Children's Environments Quarterly,* 6(1), 1989, S. 27–32.

Relf, D.: The Role of Horticulture in Human Well-being and Social Development: A National Symposium. Timber Press, 1992.

Ross, S.: *What Gardens Mean.* University of Chicago Press, 2001.

Roszak, T.; Gomes, M. E. und Kanner, A. D. (Hg.): *Ecopsychology: Restoring the Earth, Healing the Mind.* Sierra Club Books, 1995.

Sempik, J.: »Green Care and Mental Health: Gardening and Farming as Health and Social Care«. *Mental Health and Social Inclusion,* 14(3), 2010, S. 15–22. doi: 10.5042/mhsi.2010.0440.

Souter-Brown, G.: *Landscape and Urban Design for Health and Well-Being:* Using Healing, Sensory, Therapeutic Gardens. Routledge, 2015.

Sternberg, E. M.: *Healing Spaces.* Harvard University Press, 2010.

Townsend, M. und Weerasuriya, R.: Beyond Blue to Green: The Benefits of Contact with Nature for Mental Health and Well-being. Beyond Blue Ltd., 2010.

Bragg, R.; Wood, C.; Barton, J. und Pretty, J.: Wellbeing Benefits from Natural Environments Rich in Wildlife: A Literature Review for The Wildlife Trusts. The University of Essex, 2018.

Williams, F.: The Nature Fix: Why Nature Makes Us Happier, Healthier, and More Creative. Norton, 2017.

Bildnachweis

[1–3] Privatsammlung Sue Stuart-Smith
[4] Marianne Majerus
[5–6] Andrew Lawson
[7–9] Freud Museum London
[10] Arthur Coles
[11–12] Mit freundlicher Genehmigung des California Department of Corrections and Rehabilitation
[13] Lindsay Morris, mit freundlicher Genehmigung der Horticultural Society of New York
[14] Lucas Foglia, mit freundlicher Genehmigung der Horticultural Society of New York
[15] Rosa Chiara Paolicelli/EMBL
[16] Thomas Deerinck, National Center for Microscopy and Imaging Research, Kalifornien
[17–18] Imperial War Museum
[19–20] Charlie Hopkinson
[21–22] San Patrignano Archiv
[23] The New York Botanical Garden
[24] Mitchell Harris-Dennis/Bronx Documentary Center
[25–26] Mit freundlicher Genehmigung des Chicago Botanic Garden
[27] Estelle Brown
[28] Claire Gunn
[29] Privatsammlung Sue Stuart-Smith
[30] Horatio's Garden
[31] William Carson, mit freundlicher Genehmigung von New Ways Charity
[32] Maque Falgás

Register

»Schwungvoll geschrieben und hochaktuell.«

The Boston Globe

*Cover- und Preisänderungen vorbehalten

James Nestor

Breath – Atem

Neues Wissen über die vergessene Kunst des Atmens – Der New-York-Times-Bestseller

Aus dem Englischen von Martin Bayer

Piper, 336 Seiten

€ 22,00 [D], € 22,70 [A]*

ISBN 978-3-492-05851-3

Nichts ist wichtiger für unsere Gesundheit und unser Wohlbefinden als der Atem. Doch viele haben verlernt, wie man richtig atmet. James Nestor nimmt uns mit auf eine faszinierende Abenteuerreise in alle Welt, um herauszufinden, wie wir lernen, wieder richtig zu atmen und gesünder zu leben.

»Eine begeisternde wissenschaftliche, kulturelle und spirituelle Geschichte darüber, wie wir atmen – und warum wir schon so lange falsch atmen.« Elizabeth Gilbert, Bestsellerautorin

PIPER

Leseproben, E-Books und mehr unter www.piper.de